「海に住まうこと」の民族誌

ソロモン諸島マライタ島北部における社会的動態と自然環境

里見龍樹

島にかかわる人間の運動は、人間以前の島の運動をやり直す。

——ジル・ドゥルーズ

メラネシアとは、そこにおいて人々がつねに自らを驚かせているような世界である。

——マリリン・ストラザーン

口絵（前頁）の番号と説明

1 T村沖の島々の間を渡る人々	
2 無人のu島	3 a島
4 T村の教会前の広場	5 「トロ」に向かう道
6 夜間に漁をする男性	7 T村周辺の耕地

はじめに

二〇一一年七月、筆者は、南太平洋の島国ソロモン諸島（Solomon Islands）を構成する島々の一つであるマライタ島（Malaita Island）で、四度目のフィールドワークに取り組んでいた。[1] マライタ島の北東岸には、東西一〜四キロ、南北三〇キロ以上に渡り、今日ラウ・ラグーン（Lau Lagoon）と呼ばれる広大なサンゴ礁が広がっている。このサンゴ礁の海上には、アシ（Asi、海の民）またはラウ（Lau）と呼ばれる人々が、岩石状のサンゴの砕片——主として化石化したもの——を積み上げて築いた人工の島々が多数点在している。これらの島は、現地語（ラウ語）で「海の村、海にある住みか（*fera 'i asi*）」などと呼ばれる人々の居住空間であり、これまでの文献では「人工島（artificial islands）」として紹介されてきた。その数は現在九〇以上に及び、それらのうち小さなものにはわずか一世帯数人が、大きなものには数百人が居住している。この一帯では、今日でも新たな島の建設や既存の島の拡張が行われているが、他方で一部の島は、居住者のマライタ島本島などへの転出のために無人となっている。

筆者は二〇〇八年以来、アシ／ラウの人々が続けてきたそのように独特な海上居住——現地語では「海に住まうこと（*toolaa 'i asi*）」——の実態と、現在そこに生じつつある変化について明らかにすべく、フィールドワークを繰り返していた。東日本大震災直後の二〇一一年六月からの調査は、筆者にとっては約一年八か月ぶりのマライタ島訪問に当たっていた。

＊　　＊　　＊

同年七月のある日の午後、筆者は、調査生活の拠点であるT村の小学校校舎の日陰で、地元の男性たち数人と座っておしゃべりをしていた。T村は、海の上ではなくマライタ島本島の海岸部にある集落で、その沖合には右で述べたような人工島が一六個点在している。このおしゃべりの中で、村に住む二〇代の男性ローレンス（Lawrence、仮名）が、ちょうど四か月前に日本で起きた東日本大震災を話題に出した。日本での震災のニュースは、発生の直後からラジオなどを通じてマライタ島にも届いていた。日本の大部分が津波の被害を受けたと思い込んでいたT村の人々は、この年の六月に村を再訪した筆者に対し、口々に「ツナミのニュースを聞いて、私たちはあなたのことを本当に心配したんだよ」と話しかけてきた。

しかし、この日ローレンスが話題にしたのはそのことではない。日本ではほとんど知られていないだろうが、震災の日、海を隔てたソロモン諸島でも全国に津波警報が出され、海岸部に住む人々は慌てて高台に避難した。アシ／ラウの人々ももちろん例外ではない（なお結局、マライタ島では目立った津波被害は生じなかった）。ローレンスが話したのは、この警報を受けての避難のことだったのだ。

あの日、ツナミの連絡を受けて、島〔人工島〕に住んでいる人たちはT村に逃げてきた。島の人たちや海辺に家がある人たちは、皆〔高台にある〕この小学校に避難して一晩過ごしたんだ。あの夜の海はおかしかったよ！　海底がすっかり干上がるくらいの引き潮で、しかも引き潮がずっと続いた。島の人たちは、ふだんと違う潮の流れを感じたらしい。それで怖くなって逃げてきたという人たちもいたよ。

この話を聞きながら、筆者は、「おや、これと似た話を前にも聞いたような気がするぞ」と感じていた。人工島から逃げてきた人たち、小学校の校舎への避難……どこで聞いた話だったか……間もなく筆者が思い至ったのは、「ツナミ」からの避難についてのこの語りが、村の高齢者たちがそれまでたびたび聞かせてくれていた、他ならぬT村ができた時のエピソードと驚くほど似ているという事実であった。

高齢者たちによれば、四〇年くらい前まで、現在T村に住んでいる人々やその父母たちは皆、沖合の人工島に住んでいた。当時、マライタ島本島の海岸部には茂みと沼地が広がっているだけだったという。ところが、一九七〇年代から八〇年代にかけていくつかの大きなサイクロンがこの地域を襲い、人工島上の多くの住居が倒壊したり、島の石積みが崩落したりといった被害が生じた。これを受けて「海に住むのが怖くなった」一部の人々は、人工島を離れて海岸部に移り住んだ――これが現在のT村のはじまりだとされる。このような経緯について語る時、高齢者たちは、人工島の人々が暴風雨を逃れて海岸部に避難し、その際、現在でも使われている小学校の校舎に寝泊まりしたことを一様に証言する。先のローレンスの語りを聞いて筆者が気付いたのは、人々が人工島から避難して小学校校舎で不安な一夜を過ごしたという「ツナミ」の夜の出来事が、三〇～四〇年の時を隔て、かつてのサイクロンからの避難を反復・再現するものとなっている、ということだったのである。

* * *

本書は、このような語りのエピソードを一つの手がかりとしつつ、アシ／ラウにおける「海に住まうこと」の現状、とくにそこに内在する、一見感知しがたい揺れ動きや潜在的変化について明らかにしようとする民族誌である。一見した限りでは、アシ／ラウは、植民地化やキリスト教宣教といった歴史的変化を経ながらも（第一章参照）、独特な海上居住の様式とおおよそ自給的な生活を今日まで維持してきたように見える。しかしながら、調査の過程で明らかになったのは、静的にも見えるこの人々の生活が実際には、「われわれはどこで、どのように住まうべきなのか」ということをめぐる不断の揺れ動きのうちにあるという事実であった。そして、繰り返される島々からの避難についての右のような語りは、東日本大震災以前にすでに明確化していたそのような揺らぎの現状を、象徴的なかたちで示しているように思われる。

本書の課題は、アシ／ラウの人々が生きている、「海に住まうこと」をめぐるそのように不安定な現状を、社会生活をめぐるさまざまな可能性が相互に緊張関係を保ちつつ並存する、本質的に重層的で、潜在的な変化に満ちたものとして記述することに他ならない。この点において、本書における考察は、対象としての「文化」や「社会」の静的な同一性についての想定を離れ、対象をいかにして動的で非同一的なものとしてとらえるかという、近年の人類学理論における探究と軌を一にする（序論参照）。そして以下では、「住まうこと」の偶有性（contingency）――自分たちの居住・生活が〈別様でありえた〉し、また〈別様でありうる〉ということ――という概念が、そのような探究における一つのキーワードとなるだろう。

加えて、「ツナミ」からの避難についての右のエピソードは、アシ／ラウにおける「住まうこと」の揺らぎについての考察が、通常の意味での「文化」や「社会」の圏域に閉じたものではありえないことをも示唆している。そこにおいて、日本に暮らす筆者とマライタ島のアシ／ラウの人々を、唐突に、また暴力的とも言うべき仕方で結び付けていたのは、根底において人間の営みを超えた、津波という出来事や海という環境であった。端的に「自然」と呼ぶよりほかないそのような領域との関わりを通じて、アシ／ラウの「海に住まうこと」はたえず揺れ動き、またそのような揺れ動きの中で、この人々と筆者の間には、不安定な生を生きる者同士としての――さらに言えば、まさに人間同士としての――予期せぬ結び付きが、時として生み出される。以下の各章を通じて示されるのは、そのような認識・体験を一つの契機として生み出された民族誌的洞察に他ならない。

註

（1）以下で紹介するエピソードについては、別稿で、フィールドワーク論の文脈で考察したことがある［里見二〇一四b］。

● 目次

はじめに …… 1
凡例 16
序論　別様でありうる「住まうこと」——非同一的な生の民族誌に向けて …… 19
一　アシ／ラウと「海に住まうこと」の現在——素描 19
二　「住まうこと」（トーラー）とその偶有性 23
1　「住まうこと」の持続と変化 23
2　u島の事例 25
3　別様でありうる「住まうこと」 28
三　現代メラネシアにおける土地・場所・居住 31
1　現代メラネシアにおける土地の問題 31
2　「場所」と「住まうこと」の民族誌 33
四　同一性、「生成」と偶有性 35
1　人類学における同一性の問題 35
2　「生成」の民族誌 37
3　ストラザーンのメラネシア民族誌 41
4　本書のアプローチ 44
五　調査の概要 46
六　各章の概要 49

第一章 「海に住まうこと」の現在——民族誌的概観 …… 59
一 マライタ島北部のアシ（海の民）またはラウ 60
1 マライタ島とアシ／ラウ 60
2 アシ／ラウの「人工島」 62
3 アシ／ラウに関する先行研究 64
二 アシ地域における植民地時代 65
1 労働交易 66
2 イギリスによる植民地統治 67
3 キリスト教宣教 67
4 マーシナ・ルール運動 68
三 調査地——T村と沖合人工島群 70
1 T村 70
2 T村沖の人工島群 73
3 調査地の生業と経済生活 74
4 居住パターンの歴史的形成と現状 76
四 人工島居住の過去と現在 79
1 a島の事例 79
2 人工島の建設と間世代的拡張 83
3 人工島と祖先崇拝 84
4 居住、親族関係と通婚 86
五 現在における社会的動態 90
1 「故地に帰る」動き 90
2 「土地所有者」をめぐる懐疑 95

第二章　海を渡り、島々に住まう――移住と人工島群の形成史……………………107
一　T村沖の島々　107
二　アシの移住伝承　112
1　「アイ・ニ・マエ」　112
2　「トポジェニー」としてのアイ・ニ・マエ　114
3　1島の創設に関するアイ・ニ・マエ　116
［事例2―1］二人の兄弟による1島の創設　117
三　T村沖人工島群の形成史　120
四　a島の事例　126
1　G氏族とS氏族　126
2　G氏族の移住過程　127
3　S氏族の移住過程　129
4　人工島居住と婚姻・通婚関係　130
五　移住伝承の諸事例　132
1　マライタ島本島における移住　132
［事例2―2］S氏族の父系的祖先Bの、集団間戦闘への参加を契機とした移住　133
2　本島から人工島へ　135
［事例2―3］G氏族の父系的祖先の、本島からフナフォウ島への移住（図2―4の③）　135
［事例2―4］S氏族の祖先Lの、本島からフナフォウ島への移住（図2―4の3）　137
3　人工島の創設、および人工島間での移住　139
［事例2―5］G氏族の男性によるフォウエダ島の創始（図2―4の④）　141
［事例2―6］G氏族の一部の人々におけるフォウエダ島からの転出　142
［事例2―7］S氏族の一部の人々の、a島から1島への転出（図2―5参照）　142

六　出来事としての「住まうこと」　143

第三章　海を渡る生者たちと死者たち──葬制、移住と親族関係……151
一　海を渡る頭蓋骨　151
二　オーストロネシア語圏における葬制の人類学　154
三　アシの伝統的葬制と「トロラエア」　158
1　伝統的葬制の概要　158
2　伝統的葬制の詳細──一次葬／二次葬／三次葬　163
3　三次葬と氏族の移住史　166
四　伝統的葬制における氏族、移住史と祖先崇拝　168
1　氏族単位の葬送としてのトロラエア　168
2　移住と葬送経路の形成──過程としての葬制　170
五　伝統的葬制における女性と氏族　176
六　集合性／個別性をめぐる逆説　182
七　葬送儀礼と他でありうる「われわれ」　187

第四章　「カストム／教会」の景観──現在の中のキリスト教受容史……197
一　a島の〈二重の墓地〉　197

二　アシ地域における「教会」と「カストム」　200
三　「教会」の景観　203
1　「教会に行く」　203
2　「コミュニティ」としてのT村　206
四　T地域におけるキリスト教受容史　209
1　カトリック教会の受け入れ　209
2　「カストム／教会」区分の形成　213
3　キリスト教受容と本島への移住　217
五　「カストム」から切り離されたアシ　219
1　「カストム」と自己同一性　219
2　「カストム」との否定的・消極的関係　221
六　「カストム」の形象としての人工島　226
1　人工島上のバエと「カストム」　226
2　人工島をめぐる過去と現在　229
七　「カストム／教会」をめぐる偶有性　233
第五章　夜の海、都市の市場——漁業と「住まうこと」の現状……245
一　夜の海の「タウン」　245
二　メラネシアにおける漁業と海洋資源管理　250
三　アシ地域における漁業の現状　252

四　夜間の潜水漁　259
1　T地域における現状　252
2　都市市場への出荷　254
3　T地域における漁業の歴史的展開　257
1　夜間の潜水漁の概要　259
2　空間的側面──漁法と海底微地形　261
3　時間的側面──潮汐・月齢と出漁時間　268
五　漁業への意識と「住まうこと」　272
1　漁業に対する二面的な評価　272
2　漁撈・漁業に関する否定的な語り　274
3　漁撈・漁業をめぐる「負の循環」　277
4　外洋漁への期待　280
六　他なる「海」と「住まうこと」　283

第六章　生い茂る草木とともに──土地利用と「自然」をめぐる偶有性……………………297

一　草木の茂みとともに「住まう」　297
二　アシ地域における土地利用の現状──客観的分析　301
1　焼畑農耕と土地の休閑　301
2　アシ地域の現状　302
三　土地利用の空間的パターン　305
四　自給的農耕の現状　308

五　土地利用をめぐる意識——「アルトーア」の観念と「住まうこと」　319
1　望ましい土地利用と「アルトーア」　319
2　手を加えること／放っておくこと　324
六　草木の茂みと「住み、とどまること」　326
七　土地利用に内在する他者性　330

第七章　想起されるマーシナ・ルール——「住まうこと」と偶有性の時間　……………343

一　a島の「フィッシャリー」の記憶　343
二　メラネシア人類学における「カーゴ・カルト」論　347
三　マーシナ・ルールへのアプローチ——先行研究とその問題点　350
四　（ポスト・）マーシナ・ルールの痕跡と想起　353
五　T地域におけるマーシナ・ルール　355
1　「タウン」をめぐる証言　355
2　T地域における「タウン」　360
3　集合的生活の記憶と現在　362

六　T地域のポスト・マーシナ・ルール――漁業組合とその記憶　364
１　イロイとその漁業組合　364
２　ポスト・マーシナ・ルールとしての漁業組合　367
七　（ポスト・）マーシナ・ルールの想起の問題性　369
八　別様でありうる「われわれ」を想起する　372
結論……381
あとがき……389
参照文献　393
写真・図表一覧　417
索引　428

装丁＝オーバードライブ・伏見瑠美菜

凡例

（1）本書では、集落や「人工島」の名称をアルファベット一文字の仮名で示す。この際、マライタ島本島上に位置する集落の名は大文字のアルファベットで、「人工島」名は小文字で示すこととする。ただし、既存の民族誌で主要事例として取り上げられている地名については、相互参照のために実名を用いる。

（2）同様に調査地の人名には、既存の文献にも登場する政治家・聖職者などを除き、一貫して仮名を用いる。また人物の年齢は、二〇〇八～〇九年の本調査の時点で確認あるいは推定されたものを示す。

（3）本書中では原則として、聞き取りの時点を、当該の内容の後に「（〇〇年〇月）」と付記することで示す。また、引用中の〔〕内は筆者による補足である。

（4）本書中では、ラウ語およびピジン語の表現を、いずれも斜体のアルファベットで表記する。ピジン語表現については、当該の表現の後に、対応する英語などの表現を（p.……）として示すこととする。

（5）本書におけるラウ語のアルファベット表記は、言語学者リヒテンベルク（Frantisek Lichtenberk）が、同じマライタ島北部の言語であるトアバイタ語（To'abaita）の辞書で採用しているもの［Lichtenberk 2008: 7-9］とおおよそ同一の原則に従っている。ただし本書では、声門閉鎖音（glottal stop）に対しては「*q*」に代えて「'」を用い、また長母音は、「*aa*」のように同じ母音を二つ連ねることで表すものとする。また、ラウ語の複合語に関しては、読者の理解を助けるため、適宜「-」を用いてもともとの単語の境界を示した（例「一緒に住まうこと（*too-ofu-laa*）」）。現在のマライタ島で一般に用いられている表記法は、一貫性や発音の再現性などの点で多くの問題を抱えているため、本書では採用しない。ただし人名に関しては、現地の慣用的表記を尊重した。

（6）本書中では、ソロモン諸島の通貨「ソロモン諸島ドル（Solomon Islands Dollar, SBD）」を、単に「ドル」と表記する。また、ソロモン諸島ドルの日本円への換算に際しては、二〇〇九年時点の為替レートである一ソロモン諸島ドル＝一一・五円［Central Bank of Solomon Islands c2010］を一貫した基準とし、一円未満は四捨五入した。

（7）植物名や魚名は、必要に応じ、原則として「和名（ラウ語名／学名）」の形式で示す。

●「海に住まうこと」の民族誌——ソロモン諸島マライタ島北部における社会的動態と自然環境

序論　別様でありうる「住まうこと」——非同一的な生の民族誌に向けて

一　アシ／ラウと「海に住まうこと」の現在——素描

本書は、すでに述べたように、ソロモン諸島マライタ島北部（図0—1）でアシ／ラウの人々が営んできた特徴的な海上居住、この人々自身の言葉では「海に住まうこと（*toolaa 'i asi*）」の現状について、民族誌的に明らかにしようとするものである。はじめに、本書を構成する各章への導入として、口絵に掲げた一群の写真を手がかりに、今日におけるアシ／ラウの「海に住まうこと」の諸相をコラージュ風に素描しておきたい。

筆者が調査の拠点としていた、マライタ島本島の海岸部にあるT村の沖合では、見渡す限り広がるサンゴ礁の海上に、一六の中小の人工島が点在している（口絵1）。そのうち六島は現在無人となっており、u島（口絵2）もその一つである。今日、この小さな島を訪れる人はほとんどおらず、島の上には、潮流に乗って種子が流れ着いたマングローヴなど、さまざまな草木が茂り放題になっている。このため、周囲の海が満潮の時に遠くから見ると、u島は海上に浮かぶ小さな茂みのように見え、干潮の時には、それは半ば崩れかかった岩の山として姿を現す。調査の中で筆者は、当初は単なる茂みや岩の山のように見えたこのu島が、調査地の社会関係において、ある謎めいた、

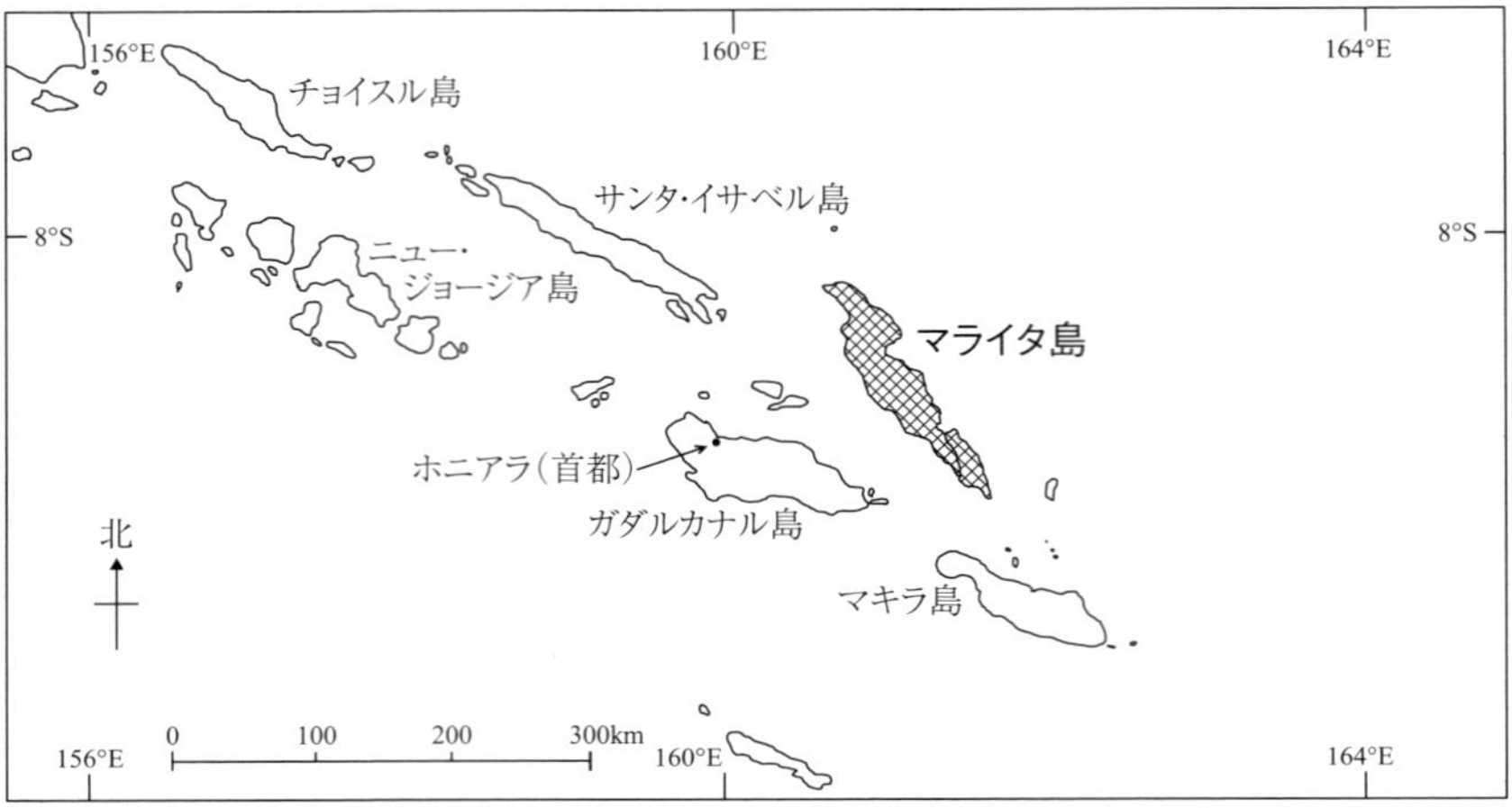

図 0-1 ソロモン諸島（Akin［2013: xx］に基づき筆者作成）

問題含みな意味を帯びていることを知ることになる（二節第２項参照）。

ｕ島の南東数百メートルのところに位置するａ島（口絵３）は、現在でも六世帯約三〇人が居住している中規模な人工島である（第一章参照）。これらの島々が位置するラウ・ラグーンの海上は、視野を妨げるものが一切ない、視覚的にごく開けた空間となっており、晴れた日の昼間には、ａ島から南方に約六キロ離れた大規模な人工島、フォウエダ島（Fou'eda Is.）の姿さえ見られるほどである。筆者がａ島に滞在していた二〇〇九年五月のある夕方、島の近くを、船外機付きボートに乗った一人の男性が通りかかった。ａ島に住む筆者の友人の男性（三〇代）は、島にボートを寄せてきたこの男性に親しげに話しかけると、その後で筆者に向き直ってこう言った。「フォウエダ島の男だよ。われわれも、もとはフォウエダ島からやって来たんだ。だから、そこの人たちとは今でもこうして親しくしている」。

ａ島も含め、人工島上にはしばしば、「バエ（*bae*）」と呼ばれる暗く巨大な茂みが見られる（口絵３）。バエは、キリスト教の浸透以前、祖先の霊に対する儀礼や死者の埋葬が行われていた空間である（第三章参照）。なお、アシ／ラウの親族集団のそれぞれは、「われわれはフォウエダ島から来た」という右の言葉にも示されるように、現

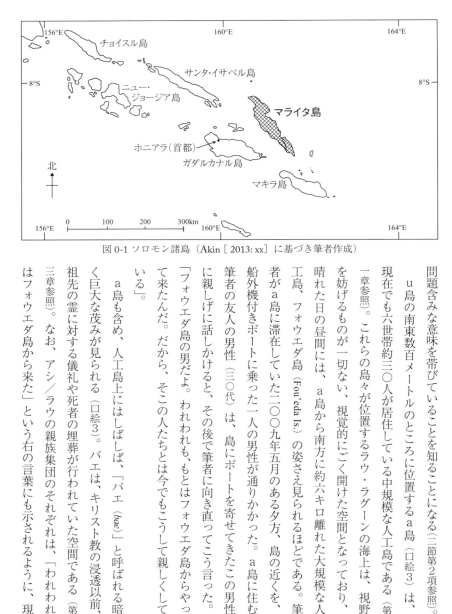

在に至る祖先の移住史に関する伝承をもっている（第二章参照）。そのような移住はしばしば、ある祖先が最初の定着地でバエを創設し、その後別の祖先がまた新たな場所でバエを創設した、という一連のバエを結ぶ経路として語られる。二〇〇九年六月のある日、筆者はａ島の元居住者の男性（五〇代）を相手にインタヴューをしていた。この男性は、自身が属する親族集団の移住経路をおおよそ説明した上で、筆者に対し、「さて、われわれの最後のバエがどこにあるのか教えてやろうか？」と水を向けた。「教えてください！」と筆者が答えると、男性は、いたずらっぽい笑みを浮かべてこう言った。「ほら、あの教会がそうだよ！」

一九三〇年代からカトリック教会が置かれているＴ村には、もともと教会付属の施設として始まった診療所や小中学校に囲まれた、数百メートル四方の芝生の広場（口絵４）がある。Ｔ村や沖合の人工島に住む信者たちによって毎週草刈りが行われているこの広場では、年間を通じて草木が旺盛に繁茂するこの地域の陸上では珍しく、つねに開けた見通しが維持されている。ミサの行われる毎週日曜日の朝には、沖合の島々からやって来て、教会に向かってこの広場を歩いて横切る人々の列が見られる。なおアシ／ラウの人々は、父母や祖父母の世代におけるキリスト教受容を、現在自分たちがミサなどに行く場合と同じ「教会に行く（*lea 'i lotu*）」という言葉で表現する。このことを踏まえると、広場を横切ってミサに向かうアシ／ラウの人々は、父母らがかつて祖先崇拝を放棄して「教会に行った」という歴史を、あたかもその都度反復しているかに見える（第四章参照）。

マライタ島北東部に住む人々は、今日まで、居住地と生業のおおよその相違に基づき、自他を「アシ」（海の民）と「トロ（Tolo）」（山の民）に区別してきた。「トロ」の人々が居住するマライタ島の内陸側も、同じように「トロ（*tolo*）」と呼ばれ、Ｔ村はちょうど「アシ／トロ」の境界に位置している（口絵５、第一章参照）。日本への帰国が近付いた二〇〇九年九月、筆者は再びａ島に滞在し、居住者の男性マレフォ（Malefo、五〇代）を相手に聞き取りをしていた。ある日の夕食後の会話の中で、マレフォは、いかにも「お前には気の毒だが」という様子で筆者にこう言った。「お前はわれわれのカストム（*kastom*）について知りたくてここに来たというが、われわれのところにはカストムはもう残っていない。カストムを知りたいならトロに行った方がいいだろう」。「カストム」は、英語の「慣習（custom）」に由来するピジン語（Pijin）表現で、主にキリスト教受容以前の伝統的慣習やそれに関わる知識を指す（第四章参照）。しかし実のところ、筆者の調査の実行可能性それ自体を疑問視するこのような言葉は、筆者にとって新しいものではなく、それどころか、調査開始の当初から繰り返し耳にしてきたものだったのである。

a島などT村沖の人工島に滞在していると、夜、周囲の海に小さな灯りがいくつも現れるのがしばしば見られる。これらの灯りは、アシ／ラウの漁師たちが、銛を使った潜水漁の際にカヌーの上に点す灯油ランタンのものである（口絵6、第五章参照）。漁師たちはこの灯りの下、夜の海で、四時間から時に八時間近くもの時間を、基本的に一人で漁をして過ごす。T村や沖合の島への滞在中、筆者はしばしば、漁師の男性が自宅でそのような漁の準備をする場面に遭遇した。「バタフライ（Butterfly）」という商標名で呼ばれる中国製の灯油ランタンは、点火され、タンクに圧力が加えられて灯油が勢いよく吹き出すようになると、まばゆい白色光を放ち始める。その灯りは、漁師の家の中をまるで昼間のように明るく照らし、子どもたちは目を細めてこれを眺める。そのような室内の様子はあたかも、昼夜が逆転した生活のために妻子と一緒に過ごせないことを、漁師たちが一時的に埋め合わせようとするかのようである。

二〇〇九年七月のある朝、筆者は、T村に住む元a島居住者の女性（五〇代）に同行して、彼女が夫とともに耕作する畑を訪ねた。アシ／ラウの人々は現在、一般に自給的な焼畑農耕と漁撈などを組み合わせた複合的な生業を営んでおり、T村の周辺には、同村や沖合の人工島に住む人々が耕す小規模な畑が一面に密集している（口絵7、第六章参照）。この女性は、そのような一帯に位置する自身の畑の中に立ってあたりを見回すと、あらためて気付いたかのように、「おやまあ、このあたりには茂み（*gano*）〔森林〕がないねぇ」とつぶやいた。一見したところ、このつぶやきは誰の目にも明らかな事実を指摘したものに過ぎない。しかし他方で、アシ／ラウの人々は現在、人口増加により海岸部で耕地が不足しつつあり、自分たちは現在のような自給的生活を続けていくことができないかもしれない、という懸念を抱いている。さらにこれと関連して、多くの人々は、人工島であれ本島海岸部であれ、現住地を近い将来に離れ、「トロ」すなわち内陸部の各地にあるという親族集団の「故地（*'ae fera*）」に「帰る（*'oli*）」ことを構想している（第一章参照）。そうであるとすれば、右の一見些細なつぶやきは、自分たちの居住の現状と今後に関する深刻な戸惑いを含意するものと言える。

二　「住まうこと」（トーラー）とその偶有性

1　「住まうこと」の持続と変化

以上の素描にも示唆されるように、アシ／ラウの「海に住まうこと」の現状においては、変化と持続という二つの契機が特徴的な仕方で共存している。[1] すなわち一方で、無人となった一部の島が示すように、アシの一定数は今日では人工島を離れ、「陸（*hara*）」すなわちマライタ島本島やソロモン諸島国内の都市部に移住している。また右でも触れた、二〇世紀を通じて進展したキリスト教の受容や、その過程での祖先崇拝その他の伝統的慣習の放棄により、居住空間としての人工島に対するアシの関わりは大きく変化してきた。他方で今日なお、九〇以上に及ぶ島々の大半には人々が居住し続けており、また、先のｕ島の事例に即して次項で見るように、無人となった島でさえもこの人々にとってしばしば重大な意味を帯び続けている。さらに、第一章で調査地の事例に即して述べるように、人工島から本島に移住した人々も、日常的な漁撈活動などを通じて海との密接な関わりを保っており、その生活様式は自他により、人工島居住と同じく「海での暮らし（*toolaa 'i'asi*）」と呼ばれる。

変化と持続のこのような並存を踏まえるならば、今日までアシが営んできた海上居住を民族誌的に考察する上で、それを単にメラネシアの一地域における特異な「伝統文化」として無時間的に記述することはできない。他方でまた、それを「近代化」や「西洋化」の過程によって一方的に衰退しつつある慣習として理解するのも適切ではない。そこで求められるのはむしろ、人工島という独特な居住空間に基づき「海に住まう」という営みが、さまざまな変化を経ながら現在まで持続し、またそのように持続することを通じて不断に変化しているという、両義的な様態をとらえることに他ならない。

このような両義性は、「住まうこと（トーラー *toolaa*）」というラウ語の表現――「住む（トー *too*）」という動詞の動名詞形――にも明確に含意されている。「トー」という動詞は、人工島居住が「海に住まう（*too 'i asi*）」と表現されるように、人がある場所に「住む、暮らす、生活する」ことを意味するが、原義としては、何らかの状態・動作の持続を意味する。たとえば、人やものが単に「いる、ある、存在する」こと、あるいは、それらが移動したり変化したりすることなく、ある場所や状態に「とどまる」こと、また消失することなく「残っている」ことは、いずれも「トー」という動詞で表現される[2]。たとえば、右で見たu島のような無人の島は、そこに人が住まなくなったにもかかわらず「〔単に〕残っている（*too gwana*）」と言われる。この動名詞形である「トーラー」は、人工島居住が「海でのトーラー（*toolaa 'i asi*）」と表現されるように、人がある場所に「住まうこと」を意味しており、それはしばしば、日本語の「生活、暮らし」に当たるような一般的な意味でも用いられる。たとえばアシの人々は、現金使用の拡大による村落部での生業パターンや食生活の変化を評して、「われわれのトーラーは変わった（*Toolaa gemelu e tatala na*）」と言い、また、ある地域で農作物がよく育たなかったり現金収入の獲得が困難であったりすることについて、「〇〇（地名）でのトーラーはよくない（*Toolaa 'i... e langi si diana*）」と語る。

このような用法を踏まえ、本書では、「トーラー」に対する訳語として、文脈に応じて「住まうこと」または「居住＝生活」を採用することとしたい。右で見たような用法には、「トーラー」が本来意味する時間の中での持続性と、それが不可避的にともなう変化の契機がともに含意されている。すなわちアシの人々は、ある場所に「住み、とどまる」がゆえに、その場所を取り巻く多様な変化を避けがたく経験することになるのであり、またこの人々が住み場所としてきた島々も、ラウ・ラグーンの海に「あり続ける」がゆえに、その意味を繰り返し変化させるのである。本書における課題は、このように、アシの人々やその島々の「トーラー」が、それ自体として内包する変化や多義性をとらえることに他ならない。

2 u島の事例

アシにおける「住まうこと」が今日帯びている性質を、より立ち入って考えるために、ここで、冒頭で紹介したT村沖の無人の人工島、u島の事例に立ち帰りたい。T村などに住む人々によれば、この島に人が住まなくなったのは一九八〇年代はじめのことである。当時u島に住んでいたのは、それを建設した男性の父系的な孫に当たるイロイ（Iroi）という男性とその弟――調査時点でいずれも五〇代――の二つの世帯であり、彼らはこの時、妻と幼い子どもたちを連れて、現在T村がある本島海岸部に移り住んだという。弟の世帯は、二〇〇〇年代に入って、ガダルカナル島（Guadalcanal Is.）北部にあるソロモン諸島の首都ホニアラ（Honiara、図0―1参照）に移住したが、イロイとその妻（五〇代）、および子どもたちの一部は、現在でもT村内の同じ場所に住み続けている（なお、本書冒頭の「ツナミ」をめぐるエピソードに登場した男性ローレンスは、このイロイの長男である）。

T村への住み込みを始めてまもなく、筆者は、イロイが周囲の人々の間で、寡黙でおとなしく、また勤勉な人物として認められていることを知った。毎週木曜に行われる教会周辺での草刈りの際には、イロイが妻と連れ立って誰よりも早く作業に向かう姿がたびたび見られた。また畑に出かけていない時には、彼はいつも自宅の床下で、住居の建材として用いられるサゴヤシの葉を編んだり、切り出してきた木材を削って斧の柄を作ったりといった作業に一人精を出していた。筆者も時に、そのようなイロイに話しかけてみたが、会話が弾むことはほとんどなく、このことは、他の人々の「彼はおしゃべりでないから（*Nia ke si baebae asiana*）」という評を裏付けているように思われた。

ところが、T村やその沖合の島々に住む人々の親族関係や移住史について調査を進めていくと、当初は物静かで目立たない男性と思われたイロイが、実はこの地域の社会関係において、潜在的に問題を含んだ立場を占めていることがわかってきた。第一章で述べるように、現在、u島など沖合の島々からの移住者たちが住んでいるT村とその周辺の土地は、この土地の先住集団であるとされるある親族集団、具体的には本書で言う「T氏族」が保有するものとみなされている。この地域の日常生活において、このT氏族の土地保有集団としての地位は、たとえば新たな畑を拓こうとする人が、同氏族の中心的な成員男性に許可を求めに行くといったかたちで、広く承認されているように見える。ところがやがて明らかになったように、この地域に住む一定数の人々はT氏族の先住集団としての正統性を懐疑しており、同氏族の成員たちではなく、右の男性イロイこそが、この土地の「本当の（*mamana*）」先住集団の父系的子孫なのだ、とひそかに主張している。

このような主張は、調査中の筆者には奇妙で謎めいたものと感じられた。上述のようにイロイは、温和で勤勉な男性として静かな敬意の対象となってはいるが、とくに大きな社会的影響力をもっているわけではない。また、彼の父親には兄弟がいなかった上、彼の唯一の弟は現在首都に住んでいるので、イロイは男系的な近親者を身近にもたず、親族関係において相対的に孤立した立場にある。筆者の知る限り、イロイ自身が自らを「本当の」先住集団の子孫であると公然と主張することは決してなく、彼とT氏族の成員たちの間の対立は、あくまで潜在的なものにとどまっていた。このようなT村の土地保有をめぐる現状は、筆者には、奇妙にもあいまいで非決定的な、宙に浮いたものと思われた。すなわち大多数の人々が、日常的にT氏族を正統な土地保有集団として承認している反面で、一部の人々はその正統性を懐疑しているのだが、そのような認識の不一致が決して顕在化されないために、けっきょくのところ、何が真実なのかは「よくわからない（*langi si haitamana diana*）」――この問題について人々がしばしば用いた表現を借りれば――ままにとどまっている、という状況がそれである。

　イロイとの断片的な会話を繰り返す中で、筆者は彼において、自らを取り巻く以上のような状況が、沖合に無人の茂みとなって浮かんで見えるu島の存在と密接に結び付いていることに気付いた。ある日の会話の中でイロイは、いつもの訥々とした調子で、u島を建設した自身の祖父らがかつて、何らかの重大な出来事、具体的には、植民地時代以前に行われていた「オメア（*omea*）」と呼ばれる集団間の戦闘・殺戮や、禁忌に違反した養取関係といった出来事と関わり合ったのではないか、そしてそのために現在、自身を取り巻く親族関係や土地保有関係が不明確になっているのではないか、という認識を筆者に打ち明けた（第一章参照）。彼によれば、祖父がもともと住んでいた現在のT村の土地を離れ、新たにu島を建設して移り住んだのも、おそらくこれらの出来事を受けてのことである。このような認識は、イロイが、一九六〇年代末に亡くなった自身の父から聞いた話に基づくものであると言う（なおこの父は、現在では無人となったu島に、ただ一人キリスト教式に埋葬されている）。ただし上述のように、男系的な近親者をほとんどもたないイロイにおいて、そのような認識は他の人々によって支持・傍証されることなく、あくまで漠然とした、また公然と語ることのできない疑いにとどまっている。

　イロイの家族はまた、極端に災厄続きの歴史をもつことで知られており、このことは、彼が漠然と抱く右のような認識をもっともらしいものにしていた。イロイの姉の一人は若くしてガダルカナル島の川で溺死しており、また彼の末の弟は、二〇代の若者であった一九九〇年代はじめ、マライタ島の自動車道でのトラックの転覆事故で亡くなっている（彼はこの事故での唯一の死者であったという）。さらに、学業優秀な女性として知られていたイロイの長女（三〇代）は、二〇〇〇年代はじめに奇矯な言動を見せるようになり、マライタ島にある、ソロモン諸島国内で唯一の精神科病棟に数年間入院していた。マライタ島において、このように極端な災厄の連続は一般に、当該の家族が、過去における伝統的禁忌への違反といった重大な「問題（*afetaia*）」を抱えており、それが対処されないままにとどまっていることを徴候的に表すものと解釈される。

このように、イロイにとってu島は、自らやその周囲の人々を取り巻く社会関係に潜在している（と疑われる）過去の「問題」、しかも今日なお未解決にとどまる「問題」を象徴的に具現する存在となっており、そのような認識は他の多くの人々にも共有されている。そしてこのために、この無人の島は、イロイとその周辺の人々を取り巻く社会関係を、あくまで潜在的に、しかし継続的に揺り動かすものとなっている。このことはさらに、先に述べた、現在のアシにおける「故地に帰る」という動向とも関わっている。第一章でより詳しく述べるように、自らを他地域からの移住者と規定する大多数の（元）人工島居住者たちは、現在、人口増加により自給的農耕のための土地が不足しつつあるという懸念から、T村周辺の土地を離れ、マライタ島の内陸部にあるという自氏族の「故地」に生活の拠点を移すことを構想している。しかし、T村周辺の土地が「本当は」T氏族のものではないとすれば、誰が将来そこに「住み、とどまり（*too*）」、また誰がそこを去るべきかという事情は一変することになる。このように、無人のu島は人々に対し、現在この地域で通用している親族関係や土地保有関係が、現時点では漠然と感じ取られているに過ぎない「真実（*mamana*）」によって全面的に転覆され、それによって自分たちの居住＝生活が現状とはまったく異なるものになるかもしれない、という可能性を示唆し続けているのである。

3　別様でありうる「住まうこと」

以上の説明が示すように、T村やその周辺に住むアシの人々には、現在通用しているような居住＝生活の諸条件、たとえばT氏族の先住集団としての立場を一方で受け入れつつ、他方で同時に、それとはまったく異なる居住＝生活のあり方を想像し続けているという、顕著に二面的な状況が認められる。居住＝生活をめぐる異なる可能性が並存する、このように多義的な状況を、本書では偶有性（contingency）という概念によって言い表すこととしたい。

偶有性は、必然性（necessity）、すなわちあるものが「そうでしかありえない」ということに対立する概念であり、あるものが「現にそうであるのだが、それはたまたまそうであるに過ぎず、それはあくまで別様でありうる」という可能性を意味している［cf. 東・大澤 二〇〇三：七五—七六、古東 一九九八、メイヤスー 二〇一六］。右でイロイとu島の事例に即して見たように、アシの人々が生きている「住まうこと」の現状には、「自分たちが今ここで、このように住まっている」ということの内部に、現在とは異なる居住＝生活の可能性がつねに潜在しているような、重層的な性格が認められる。しかもそうした可能性は、客観的・分析的にのみ指摘されうるものではなく、右の例が示すように、アシ自身によって多かれ少なかれ明示的・意識的に経験されている。また、これらの異なる居住＝生活のあり方は、一方が他方を否定・排除するに至ることなく、相互に緊張を保ったままで、アシの「住まうこと」の現状の中に共存し続けているように見える。

調査の過程で筆者が気付いたように、そしてまた、本書の各章が描き出していくように、このような偶有性は、今日におけるアシの居住＝生活のさまざまな側面に見出される。「われわれ（*gia, gami*）」は近い将来どこに住むのか、この土地の「本当の」保有集団はどの人々なのか、「われわれ」の居住＝生活は、本当に「教会に従った（*sulia lotu*）」、すなわちキリスト教的なものと言えるのか。このような多くの点について、アシの人々は、奇妙に非決定的な、宙に浮いたような意識をもっている。そしてその中で、現在の居住地とはまったく異なる場所への移住や、現状とはまったく異なる集落の形成、あるいは現在とはまったく異なる経済生活といった、別様な「住まうこと」の多様な可能性が想像され続けているのである。

そうであるとすれば、アシにおける「海に住まうこと」の現状を明らかにするという本書の作業は、「住まうこと」

をめぐるそのように異なる可能性の間での、アシの人々の不断の揺れ動きを記述するというかたちで遂行される必要がある。また理論的には、アシの「住まうこと」の偶有性を記述しようとする本書は、民族誌記述を伝統的に支えてきた対象の同一性についての想定から、決定的に離れることになる（四節参照）。本書において問題なのは、対象となる人々について、「アシはこれまでも○○であったし、これからもそうである」といった必然性あるいは不変の同一性を描くことでもなければ、「アシはかつて○○であったが、現在では××である」と表現されるような、ある同一性から別の同一性への外的な移行あるいは通時的な変化について記述することでもない。求められているのはむしろ、アシの「住まうこと」の現状それ自体を、異なる可能性が重層的に並存する、複雑な、そして根底において非同一的なものとして描き出すことなのである。

なお、u島の例が示すように、このように偶有的で非同一的なアシの「住まうこと」の現状において、この人々の伝統的な居住空間としての人工島は決定的な位置を占めている。u島は、すでに約三〇年に渡って無人となっており、多くの人々から見れば「ただそこにあるだけ（*too gwana*）」の島である。しかし逆説的にも、それは「ただそこにある」ことによって、人々の現在の内部に、つねに別様な現実の可能性を維持している。この無人の島は、その歴史的由来などがもはや「よくわからなく」なった、「われわれ」にとって根本的に疎遠で謎めいた形象であるがゆえに、現在における「われわれ」の生の中につねに異質な契機をもたらしている。そのような島が「あり続ける（*too*）」限り、「われわれ」の生は安定した自己同一性、すなわち「われわれの居住＝生活はこのようなものと決まっている」という了解にとどまることができず、異なる可能性の間で変転し続けることになるのである。

このことはまた、無人の島のみならず、現在なお人々が居住している島々についても指摘できる。以下の各章で見るように、アシにとって人工の島々は、過去における通婚や移住といったさまざまな出来事を具現し、言うなればそれらを現在の内部へと凍結し保存するものとしてある。無人か有人かに関わらず、アシの島々は、「住まうこと」

をめぐる過去や未来の多様な変化を具象化しており、それによって、現状とは異なる居住＝生活のさまざまな可能性を「われわれ」に提示し続けているのである。

三　現代メラネシアにおける土地・場所・居住

1　現代メラネシアにおける土地の問題

注意すべきことに、アシの「海に住まうこと」は今日、以上で指摘したその偶有性を否定するような本質主義的な思考、すなわち、人々の居住＝生活を必然性や本源的同一性を前提として理解するような思考としばしば接触している。今日のマライタ島でも支配的なそのような思考は、アシの人々自身にも一面で共有されつつある。こうした状況において、アシにおける「住まうこと」の偶有的で重層的な現状を記述するという本書の作業は、ともすればこの人々自身によって否認されてしまいかねない、とらえがたい契機をとらえる試みとしての性格を帯びることになる。

しばしば指摘されてきたように、ソロモン諸島を含む現代のメラネシアでは、人々と土地の結び付き、具体的には、特定の民族や親族集団と、その居住地や保有地とみなされる土地領域の本源的な結び付きを強調する思考が大きな影響力をもっている。そもそもメラネシアでは、個人や集団の社会的同一性にとって、具体的な場所・土地との結び付きが伝統的に重要性をもってきたことが知られている［e.g. Bonnemaison 1985; J.J. Fox 1997; Leach 2003; Reuter 2006; Rumsey and Weiner (eds.) 2001］。他方で、メラネシアの人々は、植民地化の過程での土地収奪やプランテーションの拡大、あるいは海岸部や都市部への人口移動など、（ポスト）植民地時代における人々と土地の関係の大規模な変動への応答として、「祖先伝来の土地との永続的な結び付き」という本源主義的な価値を強調する姿勢をしばしば示してきた。

一例として、ジョリー（Margaret Jolly）はそのような傾向を、ソロモン諸島の隣国ヴァヌアツに見られる「マン・プレース（*man ples*）」の観念に即して考察している［Jolly 1982］。「マン・プレース」は、英語の「人（man）」と「場所（place）」に由来するビスラマ語（Bislama）——ヴァヌアツの共通語であるクレオール語——であり、「特定の場所・土地に根差した存在としての人間」という理念を表現している。この理念の下では、植民地時代にやって来た西洋人と彼らがもたらした貨幣経済などの新たな社会的要素が、特定の土地に根差さず浮動し続けるだけのものとして否定的に評価される。他方でそこでは、ヴァヌアツの人々が、自らの土地との密接で持続的な結び付きの下で営んできたとされる伝統的な生活が、「われわれ」の生のあるべき姿として理念化されている、とジョリーは指摘する。

これと類似の観念は、現在のマライタ島でも無視しえない影響力をもっている［宮内 二〇一一：三〇二—三〇六、Burt 1994b］。そこではとくに、個別の土地領域と、その本来の居住者にして保有主体とされる、父系出自に基づく親族集団の本源的関係が強調される傾向にあり、「人は、自身が父系的に帰属する集団の保有地に住み、伝統的な自給的生活を営むべきであり、それが本来の住まい方だ」という理念が支配的となっている。現在のマライタ島に見られるような居住パターンは、実際には、植民地時代やそれ以前からの継続的な移住の歴史によって形作られてきたものだが（第二章参照）、今日支配的な見方は、そのような歴史を、人々と土地の本来の、永続的な結び付きに反するものとして否定あるいは否認するものとなっている。

このような状況の中で、アシが置かれた立場は明確に不利なものになっている。そもそもこの人々は、過去長期間に渡って陸上ではなく海上に住み、漁撈や交易に大きく依存した生活を営んできた。この点でアシは、同じマライタ島の他地域の人々と比べ、特定の土地との結び付きが目立って弱い。しかも、第二章で見るような長期に渡る移住史の結果として、アシの多くは現在、マライタ島内陸部の各地にあるとされる祖先の「故地」から遠く離れた場所に居住している。これらの結果として、現在のマライタ島では、アシが営んできたような「海に住まうこと」は、それ自体として、祖先伝来の土地との結び付きから切り離された、非本来的な居住形態であるという否定的な評価がしばしば語られる（第一章、第四章参照）。また、当のアシも一面ではこのような評価を共有しており、このことは、先にも述べた、内陸部の「故地に帰る」という志向の背景ともなっている。このように、マライタ島あるいはメラネシア一般における人々と土地の関係をめぐる現状の中で、アシの「海に住まうこと」は、それ自体として問題を含んだ、またアシ自身にも積極的に意味付けることの難しい事象となっているのである。

2 「場所」と「住まうこと」の民族誌

以上のような状況は、「住まうこと」あるいは人々と場所・土地の関わりという主題に対し、本書がどのようなアプローチをとるかという理論的な問題とも関わる。一九九〇年代以降のメラネシア人類学では、「場所」をめぐる人文地理学の議論や現象学その他の哲学からの影響の下、同地域における人々と土地などの居住環境の関わりを、その意味論的な厚みにおいて理解しようとする試みがたびたびなされてきた[3]。代表的な例として、ウィーナー（James F. Weiner）による、パプア・ニューギニア、ムビ河谷（Mubi River Valley）地域に住むフォイ（Foi）の人々に関する民族誌［J.F. Weiner 1991］が挙げられる。この民族誌においてウィーナーは、ハイデガー（Martin Heidegger）やメルロ＝ポンティ（Maurice Merleau-Ponty）の哲学を援用し、フォイの歌に見られる詩的言語が、この人々における日常的な活動を通じた「場所」の経験、すなわち、居住空間に自らの痕跡を刻印することでそれを有意味なものとして創出し、またそうした意味を繰り返し身体的・感性的に経験する仕方と不可分であることを描き出した。さらに彼によれば、フォイの人々は、死者が生前に関わった一連の地名を織り込んだ追悼歌に見られるように、詩的言語を通した「場所」の経験によって、「流れ」とその「停止」の両義的な関係として概念化される人間の生と死について根本的な了解を得ている。このようにウィーナーの民族誌は、人間存在に空間的および時間的な契機が本質的にともなっていることへの現象学的・

実存主義的な洞察を、メラネシアにおける人々と居住環境の関わりの理解へと大胆に適用するものであった[4]。

メラネシアにおける人々と居住環境の関わりに関するこのような考察は、一面で明らかに本書と関心を共有している。すでに述べたように、アシの人々は、植民地統治やキリスト教受容といった歴史的変化を経つつ、独特の海上居住を今日まで継続してきた。本書はこのような事例に即し、現代のメラネシアの一地域における「住まうこと」の経験を、意味論的な厚みをもって記述しようとするものである。しかし他面において、アシの事例に対し、右のような主として現象学的な「場所」論のアプローチは、必ずしも適合的でないと思われる。というのも、そのようなアプローチはしばしば、伝統的な状況における、人々と環境の間の有機的とも言うべき密接な関係を強調してきた。そうした見方からすれば、一定数の人々が人工島から本島海岸部に移住し、またキリスト教受容の結果として、人工島に関わる伝統的儀礼なども実質的に失われたアシの現状は、人々と「海」という居住環境の豊かで密接な関係を表すというよりは、その疎外・喪失の結果として理解されるだろう[5]。しかも、現代のメラネシアでは先述のように、植民地時代およびそれ以後の社会変化への一種の反動として、人々と居住空間、とくに土地の結び付きについての本源主義的な観念が影響力をもっている。そうした状況において、人々と場所の一体性を強調する現象学的なアプローチは、ともすればメラネシアの人々における本源主義に同調し、アシの「住まうこと」の現状を「非本来的」とみなしてしまいかねない。このように、アシの現状を的確にとらえるためには、人々と居住環境の密接な関わり合い、もしくはその喪失のいずれかを記述するのとは異なるアプローチが求められるのである。

四　同一性、「生成」と偶有性

1　人類学における同一性の問題

本質的に偶有的な、別様でもありうるものとして生きられるアシの「海に住まうこと」をどのように記述するか、という以上の課題設定は、理論的にはさらに、対象の同一性についての伝統的想定から自由な仕方でいかに民族誌を実践するかという現代的課題とも結び付く。すなわち、一九八〇年代以降の人類学においては、明確な地理的・社会的境界と同一性をもった民族集団とその文化という、研究対象についての古典的な想定を乗り越え、文化・社会をより動態的にとらえるという課題が一般的に共有されてきた［e.g. クリフォード 二〇〇三、杉島（編）二〇〇二］。本書と同じオセアニアを対象とする人類学において、そうした課題への取り組みは、個別の地域に見られる制度・慣習を、植民地時代あるいはそれ以前からの間社会的な相互作用過程の産物として記述し直そうとするいわゆる歴史人類学［e.g. Carrier (ed.) 1992; Thomas 1991］や、人類学者がそれまで「伝統文化」と呼んできたような対象が、現地の人々の間で、その都度の政治的状況に応じて客体化され操作される動きに注目する「文化の客体化」論［e.g. Keesing and Tonkinson (eds.) 1982; Jolly and Thomas (eds.) 1992］などとして展開されてきた。

しかし今日から見ると、これらの議論の多くはなお、根底において、対象の同一性についての伝統的な想定を維持していたように思われる。すなわち多くの議論は、「支配層／被支配層」といったすでに境界付けられた集団や、「植民地化以前／以後」などとして想定される一定の同一性をもった状態を前提とした上で、それらの間のあくまで外的な関係を、「政治的過程」や「歴史的変化」などとして分析するものとなっていた。またそこには、「人々はつねに自己同一性を求めるものだ」という、同一性主義的とでも呼ぶべき想定がしばしば見出される。たとえば、オセアニアに関する歴史人類学の主導者として知られるトーマス（Nicholas Thomas）は、同地域の人々が、特定の慣習を自らの「伝統文化」として客体化するようになる動きを、前植民地時代の交易や植民地体験における他集団との「対立的（oppositional）」な関わりを通じて、個別の集団が自己同一性を確立していく過程として分析している［Thomas 1992］。トーマスによれば、たとえばフィジー、トンガ、サモアの人々は、前植民地期に相互の長距離交易に従事する中で、それぞれの刺青の仕方の違いを、自他の区別と集団的同一性の象徴として掲げるに至った。また同じようにメラネシアの人々は、植民地時代における海外プランテーションでの労働体験を通じて、自社会の生活様式を植民地主義的な社会関係と対比して認識するようになり、それによって前者を「伝統的生活」として理念化するようになったとされる［Thomas 1992: 216-219］。

このような分析は、一見、オセアニアの文化を根本的に動態的で可変的なものとしてとらえ直すかに見える。しかし実際には、そこで指摘されている変化・動態とは、「フィジー人／トンガ人／サモア人」あるいは「植民者／メラネシア人」といった集団間で展開され、人類学者という超越的な観察者によって俯瞰される、「対立」と「自己同一化」からなるゲームのそれに過ぎない［cf. 里見 二〇一二：八五］。そのような分析においては、人々の生は、「われわれ（たとえばメラネシア人）は……である」と表現されるような集団的な同一性を基盤としている、あるいはつねにそのような同一性を目指すものである、という理解があくまで前提されている。そうした前提の下、人類学者の務めは、そのような同一性をめぐるゲームの過程を記述することとして定義されているのである。(6)

しかし、人々の生を、根底において同一性あるいは同一化に基づくものとするこのような理解は、先に述べたようなアシの「海に住まうこと」の現状を記述する上であくまで不十分なものと思われる。この現状を特徴付ける、持続性と潜在的・顕在的変化の両義的な並存、あるいは、現にそうであるような居住＝生活が、それとは異なる多様な居住＝生活の可能性をつねに含んでいるような多義的な生のあり方は、伝統的な同一性の単なる維持にも、外的な影響による、ある同一性から別の同一性への移行という単純な「変化」の図式にも回収されえない。そこで求められているのはむしろ、アシにおける生の現状を、同一性／同一化とは本質的に異なるものとしてとらえることなのである。(7)

注目すべきことに、一部の人類学者の間では近年、対象を特定の同一性の下に固定化し、それらの間の外的な関係を超越的な視点から観察・記述するという、右で指摘したような限界——一九八〇年代以降の人類学が、それ以前の人類学としばしば共有していたところの——を乗り越えようとする試みがなされてきた。アシにおける「海に住まうこと」の多義的な現状をとらえようとする本書にとって、重要な理論的先例となるのはまさしくこれらの試みである。ここでは、そうした展開の主要な例として、ヴィヴェイロス・デ・カストロ（Eduardo Viveiros de Castro）らが主導してきた「生成」の民族誌と、ストラザーン（Marilyn Strathern）らによるメラネシア人類学の新しい展開という二つを取り上げたい。

2 「生成」の民族誌

対象の同一性についての想定を乗り越え、文化・社会をいかにして根本的に動的なものとしてとらえるかという課題に取り組む上で、一部の論者たちは、哲学者ドゥルーズ（Gilles Deleuze）に由来する「生成（becoming）」の概念に関心を寄せてきた［e.g. 箭内 二〇〇二, Biehl and Locke 2010; Jensen and Rödje (eds.) 2010］。社会文化的変化についての人類学的分析の多くが、右で述べたように、個別の集団や状態を特定の同一性——「〜であること（to be）」——に基づき理解するものであったのに対し、「生成」の概念は、人々が、既存の自己同一性を超え出て、何か別の、新しいもの「になろうと（to become）」するような動きをとらえようとするものである。伝統的な人類学が、人々が「〜である」という同一性から出発し、ある同一性から別の同一性への外的な移行を「変化」として概念化してきたのに対し、「生成」の概念の下では、同一性ではなく、人々がつねに異なるもの「になる」動き・変化こそが根源的であるとされる。このような概念に依拠することで、論者たちは、変化・動態をこれまでとは根底的に異なる仕方でとらえることを試みてきた。

一例としてここでは、ドゥルーズ哲学の人類学への導入を主導してきたヴィヴェイロス・デ・カストロによる、南米アマゾン地域の先住民アラウェテ（Araweté）のコスモロジーと社会観についての民族誌［Viveiros de Castro 1992］を取り上げたい。この民族誌の中でヴィヴェイロス・デ・カストロは、「未開社会」を、自らの同一性をつねに維持・再生産しようとする社会とみなす古典的な人類学の想定を、根底的に批判している。彼によればアラウェテ社会は、そうした想定とは対照的に、つねに自らの外部に向かい、自らとは異なるもの「になろうと」する衝動に特徴付けられている［Viveiros de Castro 1992: 3-4; cf. ヴィヴェイロス・デ・カストロ 二〇一五］。アラウェテ社会にとっての外部あるいは「他者」とは、具体的には、神々や霊的存在、「白人」をも含む他集団、あるいは動物を意味する。古典的な人類学においてならば、これらの「他者」と人々との関係は、たとえば特定の動物種との供犠的・トーテム的関係、あるいは「白人」との植民地主義的な支配／被支配関係といったかたちで、個別の集団の自己同一性を構成・再構成する弁証法的な契機――「自己の鏡像としての他者」の契機――として位置付けられることになる［Viveiros de Castro 1992: 4］。

これに対しヴィヴェイロス・デ・カストロは、アラウェテのコスモロジーが、生者としての人間を、根本において中間的な、移行途中にある存在と規定し、人間が死後、神々という他者によって食われることで自ら神々「になる」という「神々による食人」の原理によって、自己（人間）と他者（神々）を結び付けていることを指摘する［Viveiros de Castro 1992: 211-214］。また彼によれば、同種の関係はアラウェテにおいて、他集団や動物、植民者などさまざまな「他者」との間にも見出される。アラウェテのコスモロジーと社会観は、「同一化の問題を、他への変成（alteration）の問題によって置き換える」［Viveiros de Castro 1992: 271］独自の食人の原理、あるいは自己が不断に他者「になる」という「生成」の関係に基づくものとして理解されるのである。このようにヴィヴェイロス・デ・カストロは、他者や客体との関係が、右で見たトーマスの歴史人類学においてそうであったように、「われわれはアラウェテ（あるいはアシ）である」という自己同一性の構成と再生産へと還元されるものでは決してなく、それどころかまったく逆に、他者との関係を通じて所与の自己同一性が乗り越えられ、人々が異なるもの「になろうと」するような「生成」的な関係というものがありうることを示している。

同一性の想定から自由な民族誌の可能性は、ヴィヴェイロス・デ・カストロと同じくドゥルーズの「生成」概念を援用する箭内によっても探究されている［箭内 一九九五、二〇〇二］。箭内は、チリの先住民マプーチェ（Mapuche）が今日生きている複雑な社会文化的状況をとらえるためには、人類学が通常対象とするような諸々の同一性、すなわち伝統的な、あるいはキリスト教化・都市化された生活様式や自己同一性といった「既に構成された形態」の水準を超え、「そうした形態を構成してゆく諸力」の水準と、そこで展開される多様な「生成」の運動を記述することが必要であるとする［箭内 二〇〇二：二一四―二一八］。そのような「生成」の民族誌によって見出されるのは、マプーチェにおいて伝統的に考えられる「力」やキリスト教その他の西洋的な文化がもつとされる「力」など、さまざまな「力」が多方向的に働く中で、「マプーチェ」あるいは「白人」といった同一性が無効化される「アイデンティティの識別不能地帯」が、現在におけるマプーチェの生の各所に生じているという事態に他ならない［箭内 二〇〇二：二二二―二二三］。このような民族誌において問題なのは、マプーチェの「伝統文化」が、キリスト教その他の外的な影響によっていかに「変化」したか、といったことではもはやない。そこではむしろ、マプーチェの人々の今日的な生を、それ自体の内部に多様な変化・「生成」を含んだ、根本的に非同一的な動きとしてとらえることが目指されているのである[8]。

人々の生を、同一性／同一化とは異なる仕方でとらえる可能性を探るこれらの議論は、アシにおける「住まうこと」の現状に含まれた偶有性や潜在的変化について考察しようとする本書にとって、直接的な重要性をもっている。第一章でも見るように、アシの居住＝生活は今日、大規模な天然資源開発といった一見して明らかな「変化」のうちにあるわけではなく、そこでは、一面で「伝統的」な自給的生活が大部分維持されている。しかし、その現状を注意深く観察するならば、そこには、先に見たような「本当の」土地保有主体をめぐる懐疑や、近い将来における「故地」への移住の予期など、潜在的な変化の契機が充満している。人々はそうした中、現にそうであるような居住＝生活と、別様な居住＝生活の多様な可能性の間の緊張関係の下で暮らしているのである。このように、現在に内在し、顕在化しないままに鋭い緊張を保っている諸変化をとらえ、また、人々の生を同一性／同一化とは異なる様態で理解するためには、人類学における「変化」の概念を再構成する必要があるだろう。ヴィヴェイロス・デ・カストロらの「生成」の民族誌は、まさしくこの点において本書に重要な示唆を与えている。

　別の言い方をすれば、本書における「偶有性」の概念は一面で、ヴィヴェイロス・デ・カストロらの言う「生成」を、アシの「海に住まうこと」の現状という固有の民族誌的文脈へと転置し再展開するものとなっている。右で見たようにヴィヴェイロス・デ・カストロは、アラウェテに関する民族誌において、「つねに自己と同一にとどまろうとする未開社会」という人類学の古典的な想定を根底的に批判していた。このような批判は、人類学が多くの場合、人々の存在様態の本質的な偶有性、すなわちAであると同時に非Aでもありうる、あるいは潜在的に非Aである、という多重的なあり方をとらえうるものではなかった、という批判として言い換えることができる。人々の生の根本的なあり方が、彼や箭内が示す通り、自己同一的な存在（〜であること）ではなく他への不断の生成（〜になること）であるならば、民族誌において記述されるいかなる所与の状態、あるいは外見上の同一性にも、潜在的なかたちで他なるあり方が内包されているはずである。そうであるとすれば民族誌は、人間存在のそのように多重的で偶有的な様態を記述するものでなくてはならない。「他への生成」をめぐるヴィヴェイロス・デ・カストロらの思考を、本書ではそのような方向で展開・延長することを試みる。

3　ストラザーンのメラネシア民族誌

以上のような課題は、本書と同じくメラネシアを対象とする研究から出発した一部の論者たちによっても、独自の仕方で取り組まれてきた。ここでは、そうした論者の代表的な例としてストラザーンを取り上げたい。ストラザーンの一連の考察には、メラネシアの社会生活に内在する〈新しいもの〉とでも呼ぶべき契機、すなわち、その本質的な動態性や出来事性をいかに概念化し記述するかという、右で見たヴィヴェイロス・デ・カストロらの「生成」論にも通じる関心を読み取ることができる(9)。

一例として、「歴史のモノたち――出来事とイメージの解釈（Artefacts of History: Events and the Interpretation of Images）」と題された論文［ストラザーン 二〇一六］においてストラザーンは、メラネシア人類学の古典的主題の一つであるいわゆる「カーゴ・カルト」について、独自の考察を展開している（第七章参照）。彼女がそこで批判するのは、それまで見たこともない西洋人とその所有物に接して圧倒されたメラネシアの人々が、それらを自らの既存の文化的枠組みで理解しようとしたために、特異で非合理的な信仰を特徴とするカーゴ・カルトが生まれた、という古典的な説明［e.g. ワースレイ 一九八一］である。ストラザーンは、このような説明の基底にある、メラネシアの人々は〈新しいもの〉の体験を自ら生み出すことができず、そこにおいて、変化や革新の契機は西洋人によって外的にのみもたらされうる、という西洋中心主義的な想定を徹底的に退ける。

これに先立つ主著『贈与のジェンダー――メラネシアにおける女性の問題と社会の問題（*The Gender of the Gift: Problems with Women and Problems with Society in Melanesia*）』［Strathern 1988］においてストラザーンは、儀礼的交換やイニシエーションといったメラネシアにおける社会的実践を、人々が、自らの人格あるいは身体を構成する一群の社会関係を開示・可視化し、それを通じてまた新たな社会関係を生み出す反復的な過程としてモデル化していた［cf. 里見・久保 二〇一三：二六八―二七二］。そこでは、親族集団のような社会的まとまりも、所与の実体ではなく、人々が贈与交換などの実践を通じて不断に構成・再構成する形態とみなされる(10)。また、個別の人格・身体を構成する社会関係は、それ自体としてまた新たな社会関係を生み出す能力を含意しており、人々は具体的実践を通じて、そのような能力をつねに新たに発揮し、また認識するとされる。このような社会生活において支配的なのは、「未開社会」についてのステレオタイプが想定してきたような伝統的同一性の維持・再生産ではなく、まったく逆に、個別的な実践を通じて「予期されざるもの」［ストラザーン 二〇一六：八五］の体験を繰り返し産出するという様態に他ならない。ストラザーンの表現では、メラネシアとは、人々が「自分たち自身を不断に驚かせている」［ストラザーン 二〇一六：八五、強調原文］ような世界に他ならず、この人々は、既知の同一性に回収されえない新たな社会的形態や出来事をたえず自ら生み出し、体験しているのである。その上でストラザーンは、カーゴ・カルトをも、そのような〈新しいもの〉の体験の不断の産出という運動の一つの表れとして理解し直すことを提唱している（第七章参照）。

メラネシアの社会生活に内在する〈新しいもの〉の契機へのこうした関心は、先に見たヴィヴェイロス・デ・カストロや箭内における「生成」の民族誌にもたしかに通じている。それらに共通するのは、対象の同一性に関する伝統的な想定から自由な仕方で、変化や動態をいかにして概念化し記述するかという問題意識に他ならない。

ストラザーンのそのような関心は、理論的な主著『部分的つながり（*Partial Connections*）』［ストラザーン 二〇一五］にも明確に示されている。この著作においてストラザーンは、『贈与のジェンダー』で定式化されたメラネシアの社会的実践についてのモデルを、人類学者が民族誌を書くという実践へと再帰的に適用することで、諸関係の「フラクタル（fractal）」（自己相似）的な展開としての民族誌という独自の視点を提示している［cf. 里見・久保 二〇一三：

二七二―二七五］。フラクタルの実例として、同書の冒頭でストラザーンが言及するのは、電気通信における信号とノイズの関係である［ストラザーン 二〇一五：六七］。電気的に通信される信号の中には、一般に、本来の信号とノイズが混在しているが、さらにこのノイズの部分だけを取り出してより詳細に見るならば、その内部にも、信号の部分とノイズの部分が並存していることが見出される。信号とノイズのこのような入れ子状の関係は、さらにそのノイズの中のノイズの内部を見るならば、同じように信号とノイズの並存が認められるというように、原理的には際限なく反復して見出されうる。この例が示すように、ストラザーンの言うフラクタルとは、ある事象Aが、その内部にAとしての側面と非Aとしての側面をつねに同時に含んでおり、したがって一面では潜在的に非Aでもあるような、本質的に多義的なあり方、およびそれを記述するために要請される形式を表現するものに他ならない。

そのようなフラクタル的な性質をもつ対象は、その内部に還元不可能な差異あるいは他者性を含んでおり、ヴィヴェイロス・デ・カストロであれば「生成」と呼ぶであろうような、もはや同一性とは言えないような同一性をもつ。一例として、『贈与のジェンダー』で取り上げられる、ニューギニア高地のイニシエーション儀礼に登場する聖なる笛は、まさしくそうしたフラクタル的対象である［Strathern 1988: 210ff.］。現地において、男性的なものとして意味付けられているかと思ったら女性的であるとも語られるこの笛は、実際にはどちらの同一性にも回収されえず、むしろ儀礼の過程において、男性性／女性性の両義的な関係それ自体を展開・上演するものとして理解されなければならない。同じように、今日のメラネシアの社会生活を記述する上で、人類学者は、何が「伝統的」な事象で何が「近代的」な事象であるかをあらかじめ判別・規定することはできない(11)。個別の事象はしばしば、「伝統的」であるかと思ったら一面で「近代的」でもあり、さらにその「伝統的」側面の中を見てみると、「伝統的」な要素と「近代的」な要素の双方が含まれており、しかもそのことに気付いたときには、もはやそこでの「伝統的」の意味ははじめの「伝統的」と同じものではなくなっている、といった多義的なあり方をしている。メラネシアに関する民族誌は、個別の事象のそのように多義的あるいは非同一的なあらわれをたどるものとして実践されるべきなのであり、フラクタル的な形式をもつストラザーンの記述は、まさしくそうした試みとなっている。[12]

ストラザーンが示唆するところによれば、人類学者はそのようなアプローチによってのみ、メラネシアの社会生活を、「伝統的同一性をつねに維持・再生産しようとする未開社会」といった図式に閉じこめることから離れ、そこに内在する〈新しいもの〉あるいは生成の契機をとらえることができる。ストラザーンが提示し実践するこのような方向性は、本書における、アシの「住まうこと」の現状を、本質的に偶有性を内在させたものとして記述するという課題とも合致する。すなわち本書で言う偶有性とは、アシの居住＝生活の現状において、現にそうであるような状態とさまざまな別様な可能性が、互いを否定し合うことなく並存しているような、根本的に多重的な状態を指すものに他ならない。アシの人々は自らの現実を、そのように多重的で非同一的なものとして認識し、また体験しているのである。そのような多重性・非同一性を、アシの現在に内在する潜在的な変化、あるいは〈新しいもの〉の生成として記述しようとする本書は、以上のようなストラザーンの洞察を受け止め、それを固有の民族誌的な文脈において展開するものと言える。[13]

4　本書のアプローチ

以上の検討が示すように、本書は、ヴィヴェイロス・デ・カストロらによる「生成」の民族誌や、ストラザーンが提示したフラクタル的な記述の方法など、対象の同一性についての古典的な想定を離れて民族誌を実践しようとする近年の試みを踏まえ、アシにおける「海に住まうこと」の現状を記述・分析しようとするものである。そこで目指されるのは、アシの人々が生きている現在それ自体を、さまざまな可能性が相互に緊張関係を保ちつつ並存する、本質的に重層的で非同一的な、そしてまた、潜在的な変化に満ちたものとして記述することに他ならない。[14] そのような記述において、アシの生の姿は、Aのように見えたと思ったら非Aのようにも見え、またその非Aの側面の中にもAと非Aが、あるいはそれとはさらに異なるBと非Bという差異が含まれているというような、単一の明確な像としてとらえることのできない、すぐれて多重的なものとして現れるだろう。このように、本書は言うなれば、マライタ島北東部のサンゴ礁で独特の海上居住を営み、自他によって「アシ」と呼ばれてきた人々について、本質的かつ不可避的に「ぶれた」一つのポートレートを提示しようとする試みである。筆者の認識では、そのような記述によってのみ、今日におけるこの人々の生を理解することができるのであり、またそのような記述は、ヴィヴェイロス・デ・カストロやストラザーンからの示唆の下、人類学／民族誌が現在とるべき一つのかたちを例示するものともなるはずである。[15]

加えて本書では、現在に内在する潜在的変化をとらえるための一つのアプローチとして、人工島をはじめとする具体的・個別的な事物やイメージを手がかりとし、それらに密着したかたちで考察を展開するという方法を一貫して採用する。そもそも、本書の対象であるアシという人々が、マライタ島北東岸に広がるサンゴ礁という空間と、その中に建設される独自の居住空間との結び付きによって自己を定義してきた以上、この人々の「住まうこと」に関する以下での考察が、そこに見出される具体的な事物に注目して進められることは必然的である。そこでは、時に単なる岩の山にも見える人工島やその他の事物が、過去や未来におけるさまざまな変化・動きを内包し、また、それらをアシの人々に対して具現していることが示されるだろう。このように個別の事物・イメージに即して分析を進めるというアプローチにおいて、本書は、体系的な全体としての「社会」や「文化」を前提するのとは異なる仕方で人類学／民族誌を実践しようとする、近年の「ものの人類学」あるいは「マテリアリティの民族誌」の試み［e.g. 床呂・河合（編）二〇一一、Henare et al. (eds.) 2007; Miller (ed.) 2005］や景観論的アプローチ［e.g. 河合（編）二〇一六、Bender (ed.) 1993; Hirsch and O'Hanlon (eds.) 1995］とも共鳴するものである。[16]

五　調査の概要

ここで、本書のもととなった現地調査について説明しておきたい。ソロモン諸島での調査は、二〇〇八年三～四月、二〇〇八年八月～二〇〇九年一月、二〇〇九年四～一〇月、二〇一一年六～一〇月および二〇一四年二～三月の五つの期間に渡って行われた。調査期間は、日本との往復や通信のために首都ホニアラやマライタ州都アウキ（Auki）に滞在していた期間も含め、延べ約一七か月に及ぶ。[17] とくに二〇〇八年八月～二〇〇九年一月および二〇〇九年四～一〇月の約一一か月間は、本書の内容の多くが得られた中心的な調査期間として、「本調査」と呼ぶべき位置を占めている。これに対し、本書の冒頭で紹介した「ツナミ」についてのやり取りは、二〇一一年の追加調査の時期からのものである。

直接の調査地となったのは、すでに言及したマライタ島海岸部の集落T村と、その沖合に広がる人工島群である（第一章参照）。二〇〇八年三月にはじめてソロモン諸島を訪れた際、筆者はどこを調査地とするかについての当てをほとんどもっていなかったが、この時、ホニアラのホテルに勤務し、日本人の知人も多いアシの男性（四〇代）が、自身の出身地であるT村周辺地域を筆者に紹介してくれた。彼は、実際にT村まで同行してくれるガイドとして自身のオイ（二〇代）を紹介してくれた上、以下で述べるT村の親族宅をホームステイ先として紹介してくれた。T村を拠点にしてアシ／ラウについての調査を行うことは、この時点で実質的に決まったと言える。

T村では、最初の訪問の時から一貫して、元小学校教師のジャウ（Diau）氏とその妻のアドゥ（Adu）氏（いずれも六〇代）が、幼い孫二人と暮らす家にホームステイさせてもらった。[18] 調査中はこの家を拠点とし、不定期に沖合の人工島を訪問して、時には日帰りで、時には数日から数週間、島に滞在させてもらって聞き取りなどの調査を行った。また時には、ジャウ氏が保有する船外機付きボートを使ってラウ・ラグーン内の他地域を訪問したり、T村の内陸側の「トロ」地域にも聞き取りに出かけたりした。調査活動においてはその都度親しい人物に助力を仰ぎ、一貫した調査助手のようなものはもたなかった。調査に使用した言語は、二〇〇八年三〜四月の最初の訪問時は英語、本調査前半の二〇〇八年八月〜二〇〇九年一月はピジン語――ソロモン諸島の共通語――である。後者の期間には、ピジン語を用いて調査を行いつつ、ラウ語の学習を進めた。その後、本調査後半の二〇〇九年四月以降は、一貫してラウ語で調査を行うようになった。(19)

本書で提示するような研究内容は、決して調査開始の当初から予定されていたものではない。もともと贈与交換論など経済人類学への理論的関心からメラネシアでの調査を志した筆者は、当初、伝統的に活発な漁撈・交易民として描かれてきたアシにおける経済生活の現状、たとえば近隣の「トロ」との市場交易などを主たる調査対象に予定していた。他方で、本書でも繰り返し前景を占めることになるアシの人工島については、当初はさほど重視していなかった。というのも、現代の人類学において、それをどのように意味のある仕方で論じることができるのか、まったく見当が付かなかったからである（数十年前の人類学ならば、「このように珍しい慣習がある」と報告していればそれでよかったのだろうが……）。そのような調査方針は、T村への住み込みを始めてまもなく変化した。T村と沖合の島々の歴史的・社会的な関係、すなわち、同村がそれらの島々からの移住者によって形成された比較的新しい集落だという、本書の冒頭で述べた事実に気付くきっかけとなったのは、調査初期の二〇〇八年一〇月一五日に先述のa島の上で行われたミサでの観察であった（このミサについては、第四章と第七章それぞれの冒頭で言及する）。これ以後、T村と人工島群からなる調査地における人々の居住と移住の歴史は、筆者にとって基本的な調査対象となった。

また、同じく本調査の最初期から筆者は、少なからぬ人々が、近い将来に「トロ」すなわちマライタ島の内陸部に「帰る」つもりだという構想を語るのに接し、戸惑いを覚えた。筆者自身は、調査地の人々が「われわれはアシである」と明確に自己規定し、人工島をはじめとする「われわれ」の伝統文化について語ってくれると予期していたのに、多くの人々はむしろ、「われわれは今は海（アシ *asi*）に住んでいるが、もとはトロから来たのだ」と強調し、「アシ」としての自己同一性や、「われわれ」の居住空間としての人工島の自明性を疑問視しているかのように見えた。本書の一貫した方針、すなわち、人工島はこのように建設されるとか、島の上ではかつてこのような儀礼が行われていたといった民族誌的事実についての安定的な記述ではなく、現在におけるアシの「海に住まうこと」の揺れ動きをとらえることこそが必要なのだという方向性は、調査初期以来のそのような認識に基づくものである。[20]

加えて、本調査の過程で筆者は、自らの調査が高齢者相手の聞き取りに偏っており、調査地の人々が日常的に多くの時間を費やす生業活動、具体的には畑仕事や漁撈について十分な観察ができていないことを、次第に不満に感じるようになった。すぐ右で述べた「トロに帰る」という構想にしても、畑を作るための土地が足りなくなっているから、と説明されるのが通常である。そうであるとすれば、「トロに帰る」という志向を理解するためには、実際の畑仕事やそれが行われている場所を観察しなければならないはずである。しかし、アシにおいて畑仕事は主として既婚女性の仕事であり、道徳的理由から畑仕事への同行は容易でなかった。また、一節でもその一端を見たように、T村周辺における現在の漁撈活動は主に夜間に行われるため、安全上の不安や昼間の調査活動との両立の困難さから、当初はほとんどそれを観察することができなかった。

本調査の後半以降、筆者はこれらの困難に少しずつ対処を試み、自身の調査活動の幅を広げるよう心がけた。畑仕事については、ごく単純なやり方ながら、T村や人工島に住む親しい男性に頼んで畑に同行させてもらう、ということを執拗に繰り返すことで、その実態が徐々に見えてくるようになった（第六章参照）。漁撈活動については、自給用の昼間の漁への同行を繰り返し行ったほか、二〇一一年六～一〇月の追加調査を機に、衛星画像、GPS端末とそれらのデータを表示・分析するためのソフトウェア（カシミール3D）を新たに導入した。[21] これによって、筆者にとってそれまで不可視にとどまっていた「夜の海」という活動領域が、はじめて目に見えるようになってきた。本書、とくに漁撈活動について考察する第五章では、地理学や人類生態学で多用されるそれらの調査技術を、文化人類学においてよりオーソドックスな継続的聞き取りと組み合わせた、多元的な分析を試みる。そのようなアプローチによってのみ、調査者は、アシにおける「海に住まうこと」の重層的な現状を理解することができるというのが、マライタ島での調査体験に基づく筆者の認識である。また、主として聞き取りに基づき、移住史やキリスト教受容などの社会文化的な主題を扱う前半（第二〜四章）から、ＧＰＳ端末・衛星画像のデータや人類生態学的な知見をもち取り込んでアシと居住環境の関わりを考察する後半（第五〜六章）へと移行する本書の構成は、一面で、ここで述べたような調査の通時的展開を再現するものとなっている。

六　各章の概要

最後に、先に指摘したところの、アシの「海に住まうこと」の現状を特徴付ける顕著な偶有性、すなわち、現にそうであるような居住＝生活が、つねに同時に別様な居住＝生活の可能性を内包しており、そのために、人々の生がそれらの間で不断に揺れ動き続けているようなあり方という、本書全体の主題に立ち帰りたい。筆者の見るところ、「海に住まうこと」のこのような性格は、アシにおいて主に三つの条件に由来している。本書では、アシの海上居住全般と、先にも言及した筆者の調査地について説明する第一章に続き、移住と人工島建設の歴史（第二章）、伝統的葬制（第三章）、キリスト教受容（第四章）、生業としての漁撈活動（第五章）、焼畑農耕をはじめとする土地利用（第六章）、および過去の反植民地主義運動の記憶（第七章）という個別の主題に即して、これら三つの条件を多角的に考察していく。

アシの「海に住まうこと」に顕著な偶有性を与えている第一の条件として、他でもなく、この人々が営んできた人工島という居住形態が挙げられる。アシの間で語られる、祖先の移住と人工島の創設に関する一群の伝承によれば、マライタ島北部において「海（*asi*）」――今日ラウ・ラグーンと呼ばれるサンゴ礁内の海――は、事実上誰でも自由に「住まう」、すなわち自らの居住空間を建設することができる空間であり続けてきた。このことは、マライタ島本島の土地への居住が、当該の土地領域における先住集団としての立場やそうした集団との親族関係など、それを正統化する根拠を必要とすること（第一章参照）と対照的である。一群の伝承によれば、今日「アシ」と呼ばれる人々の祖先たちは、出自その他の正統性に依拠することなく、さまざまな、ごく偶然的な出来事をきっかけとして繰り返し人工島を創設し、「海に住まって」きた。そして、今日ラウ・ラグーンの海に点在する島々は、そのように偶然的な移住と定住の歴史を、現在において記録し具現するものに他ならない。このような移住史と島々の存在は、アシの「住まうこと」に、先に述べたような偶有性を付与してきた主要な条件の一つと考えられる。

第二章では、祖先たちの移住と人工島の反復的な建設に関わる、「アイ・ニ・マエ（*'ai ni mae*）」と呼ばれる一群の伝承を例示し検討することで、アシの海上居住の、そのように出来事的で偶有的な性格を示す。そこではとくに、父系出自の共通性に基づく親族集団――本書で言う「氏族」（第一章参照）――の集合性（collectivity）と、それらの集団を横断する通婚関係の個別性（particularity）という二つの対比的な原理が重要となる。[22]続いて第三章では、移住や海上居住と密接に結び付いたアシの独特な葬制、具体的には、キリスト教の一般的受容以前に行われていた「トロラエア（*toloraea*）」と呼ばれる多段階葬について考察する。この章では、アシの伝統的葬制が、親族集団の集合性と通婚関係の個別性を逆説的な仕方で関係付けることによって、現在の居住＝生活に内在する、過去の移住や通婚に由来する偶有性を、時とともに消失させることなく維持する機制となっていたことを示す。

アシにおける「住まうこと」を顕著に偶有的なものにしている第二の条件として指摘できるのは、この人々が経験してきたキリスト教受容や植民地主義などの歴史的変化である。西洋世界との継続的接触が始まった一九世紀末以降の歴史的展開については第一章で概説するが、先に見た、祖父の世代に起こったかもしれない集団間の戦闘・殺戮などについてのイロイの疑念にも示されるように、アシにおける「海に住まうこと」の過去と現在は、初期植民地時代以来の歴史的経過と密接に、ただししばしば不明瞭な仕方で結び付いている。「カストムの時代（*kada kastom*）／教会の時代（*kada lotu*）」という対比の観念（第四章参照）が示すように、アシの人々は今日、過去二〜三世代の間に自分たちが暮らす世界が激変したという認識をもっているが、それと同時に、そのような変化の詳細については、たとえばキリスト教受容によって一部の伝統的知識が継承されなくなったといった事情から、しばしば「よくわからない」と感じている。このような歴史的変化とそれについての認識の不確実性は、固有の仕方で、今日のアシに、「われわれの居住＝生活は、現状とはまったく別様でありえたし、また現に別様になりうる」という偶有性の意識をもたらしている（先に述べた、T村の土地の「本当の」保有集団についての人々の疑いは、植民地時代の歴史と不可分なそうした意識を端的に表す例と言える）。このような、アシにおける歴史的経験と現在におけるその含意については、この人々のキリスト教受容史について考察する第四章、および太平洋戦争直後の反植民地主義運動、マーシナ・ルール（Maasina Rule）の記憶について扱う第七章で主として検討する。

　最後に、本書が問題にするような偶有性は、アシにおける「住まうこと」の重要な一部分である、生業を通じた人々の環境との関わり方にも由来するものと考えられる。本書では、現在でもアシの主要な生業形態をなしている漁撈活動について第五章で、サツマイモ栽培を中心とする自給的農耕について第六章で検討する。これらの生業活動を具体的に検討することから明らかとなるのは、アシの環境利用が、環境の中に、つねに自分たちが関与しない余白を残すような性格をもっているという事実である。そのような性格は、具体的には、漁撈活動における時間的・空間的な限定性や、焼畑農耕における耕地の休閑、すなわち耕地を「放っておき」、そこに草木が「茂るにまかせる」

という契機の不可欠性に見て取ることができる。第五章および第六章で示すように、生業活動を通じて創出され維持されるそのような余白により、アシの「住まうこと」の内部には、現在とは異なる環境との関わり方の可能性がつねに維持され、さらにそれによって、現在とは異なる居住＝生活の可能性が創出され保持される。そのような別様な居住＝生活の可能性は実際に、人々により、新たな商業的漁業の導入により自分たちの社会経済生活が一変する可能性や、現住地とは異なる場所、具体的にはマライタ島内陸部にあるという親族集団の「故地」で自給的な生活を再開する可能性などとして想像され続けている。

注目すべきことに、環境の中に「われわれ」が関与しない余白をつねに残すようなアシの生業活動は、その実践を通じて、現在の「われわれ」の居住＝生活を超えた領域とでも呼ぶべきものを繰り返し現出させ、人々に体験させる。そのような領域は、具体的には、「われわれが魚を捕り尽くせない海」や、「われわれが耕作しようとするまいと、つねに育ってくる草木」などとして、人々に体験され認識されている。アシにとって、「われわれ」の営みを本質的に超えたものであるそうした領域は、分析的には、「自然」と呼ぶことができる——あるいは、そうとしか呼びえない——だろう［cf. 里見 二〇一四ａ］。すなわちアシは、生業活動の実践を通じて、「われわれ」にとって強い意味で他者性を帯びた「自然」という領域の存在をつねに確認し体験しているのである。このことはさらに、生業を通じてアシの人々が経験している偶有性を、この人々の「自然」との関わりが本質的に帯びている偶有性として理解し直す可能性を示唆する。そもそもアシの海上居住は、人工島の建材としてのサンゴや、海岸部の限られた土地でも栽培できるサツマイモの存在など、人間活動の領域を本質的に超えた、「自然的」と言うべき条件によって可能になっていた。本書のねらいの一つは、アシにおける、本質的に非同一的で偶有的な「住まうこと」の体験を、そのような他者性としての「自然」との関わりにおける人間の生の姿として、さらに言えば、一つの「存在論（ontology）」（結論参照）として示すことにある。

註

（1）本書では以下、主題となる人々を、これまでの民族誌で用いられてきた「ラウ」に代えて「アシ」の呼称で指示する。この点についての説明は第一章で示す。

（2）ある場所に「ずっといる／ある」ことが「トーォトーォ（toootooo）」という誇張された長母音によって表現されるように、この〈持続〉という原義は、「トー」という動詞の発音それ自体と無関係でないように思われる。

（3）ここでの「場所（place）」は、抽象的で均質なものとして想像される「空間（space）」に対し、人々の具体的な実践を通じて有意味なものとして創出され、また人々の自己同一性の基盤となる地理的領域を指す［トゥアン 一九九三、レルフ 一九九九］。なお、メラネシアに限定されない、人類学における「場所」論の代表的な論集として次が挙げられる［Feld and Basso (eds.) 1996］。

（4）フェルド（Steven Feld）は、ウィーナーと類似の関心に基づき、パプア・ニューギニアに住むカルリ（Kaluli）における「場所」の認識・経験において、聴覚が重要な役割を果たしていることを論じている［Feld 1996］。これら以外にも、同様な「場所」論的関心に基づくメラネシア民族誌として以下が挙げられる［e.g. Anderson 2011; Bonnemaison 1985; Mondragón 2009］。なおメラネシア人類学以外では、インゴルド（Tim Ingold）が、ウィーナーらと同様に現象学的な立場に拠りつつ、自らのアプローチを、ハイデガーの用語を借りて「住まうことの視点（the dwelling perspective）」と呼んでいる［Ingold 2000: 185-187; cf. ハイデガー 二〇〇九］。インゴルドによれば、「住まうことの視点」は、主体としての人間を客体としての環境から独立した存在とみなす「建てることの視点（the building perspective）」、つまりは近代的な人間／環境観と対比をなし、人間が、事物との実践的な関わり合いを通じて、本質的に環境の中に埋め込まれているという前提から出発するアプローチである。彼において「住まうこと」とは、人間がそのように本質的に周囲の事物との関わりの中で生きているというあり方を表す概念に他ならない。なおこれに対し、本書における「住まうこと（トーラー）」が、あくまで現地語の概念であることに注意されたい。

（5）マライタ島北部において、現象学的な「場所」論の立場をとる論者は、アシよりもむしろ、焼畑農耕に基づく自給的な生活様式を相対的に維持しているとされる「トロ」の事例を、自らのアプローチに適合的なものと見るだろう。なお、今日のマライタ島北部における「アシ／トロ」の対比については第四章を参照。

（6）同様な限界は、メラネシアの社会文化的現状を、西洋世界からの外的な「影響」によって伝統的状態に生じた「変化」、すなわちある同一性から別の同一性への移行の結果として記述してみせるような研究、たとえば同地域の土地制度の現状に関する多くの議論［e.g. Burt 1994b; McDougall 2005; Schneider 1998］にも指摘できるだろう。

（7）この点において、アシの「住まうこと」の本質的な偶有性に関する本書の議論は、既存の人類学における一見それと類似した議論、すなわち、「日常的な社会的現実」と「それを超越する理念的な秩序」というイデオロギー的な二重性についての議論と区別される。マルクス主義における「イデオロギー」の概念に典型的に見られるように、人々が所与の社会的現実、たとえば経済的諸関係や政治的支配／被支配関係を生きつつ、他方で同時に、そうした現実と矛盾・対立するような理念的秩序を生きているという指摘は、人類学を含む社会科学においてこれまでごく一般的になされてきた［cf. Hirsch 1995］。たとえばブロック（Maurice Bloch）は、マダガスカルのメリナ（Merina）における複葬儀礼が、現実には移住によって各地に離散している親族集団の成員を、「祖先の土地」へと儀礼的に結び付けることで、親族集団の理念的なあり方を再生産していると論じている［Bloch 1994[1971]］（第三章参照）。彼によればメリナは、集団成員の離散という現実と「祖先の土地」への定住という理念からなる矛盾をはらんだ二重性を生きているのであり、葬送儀礼はそうした矛盾をイデオロギー的に解決する機制となっているのである。本書が「偶有性」の概念で表現するアシの生の多重性は、このような日常的現実／イデオロギーという二重性と、一見似ていながら異なる。まず、ブロックのような議論において、イデオロギー的・理念的な秩序は、それ自体として明確な同一性をもつ、固定的・永続的な状態であるとされている。これに対し、本書で示すように、アシが想像する別様な居住＝生活はそれ自体として多様であり、この人々は、それらさまざまな可能性の間を不断に揺れ動いている。さらに、アシの価値判断において、現状のような居住＝生活と別様な可能性は、イデオロギー論が想定するように後者によって前者が一方的に否定されるという関係にはなく、むしろ、どちらも否定されないままで多重的な現実を形作っている。本書の課題は一面で、理念的同一性の再生産を主題とするイデオロギー論に対し、〈他でありうる〉という潜在的他者性の契機を、民族誌に明示的に（再）導入することであると言えるだろう。

（8）同じように箭内［一九九五］は、一見「伝統的」に見えるマプーチェの儀礼やコスモロジーの中に、「想起」と呼ばれる同一性の原理と、それを不断に逸脱しつつも支えている「力」の原理が両義的な仕方で共存していること、それによってマプーチェの社会文化的生活に、「伝統的」状態と現代的な「変化」を連続的にとらえることを可能にするような、本質的な生成性がもたらされていることを指摘している。いわゆる「伝統文化」に内在する同一性と「力」の緊張関係についてのこのような考察は、アシの「住まうこと」における集合的同一性と個別的な出来事の関係を考察する本書の第二章および第三章にも通じるものと思われる。

（9）ストラザーンの著作においては、「新しい思考（new thoughts）」や「新たな行為（fresh actions）」といった表現がしばしば重要な位置を与えられている［e.g. Strathern 1988: 16, 20］。なお、ここで言うような関心は、メラネシアにおける社会的実践の根底に、象徴を、その使用を通じて不断に拡張し変容させる「インヴェンション（invention）」（発明・創造）の営みを見出し、さらにこの概念を文化一般に関する理論へと展開してきたワグナー（Roy Wagner）にも見出される［e.g. ワグナー 二〇〇〇、Wagner 1972］。なお、ワグナーの「インヴェンション」論は、ヴィヴェイロス・デ・カストロやストラザーンにも直接の影響を与えている［e.g. ヴィヴェイロス・デ・カストロ 二〇一一、Strathern 1988］。

（10）メラネシアの社会組織に対するこのような理解は、それ以前のメラネシア人類学とも一面で連続的である［cf. Josephides 1991; Scott 2007: 24-26］。

（11）この点については、『贈与のジェンダー』においてストラザーンが「伝統的」なメラネシア社会／文化を実体化しているというキャリアー（James G. Carrier）の批判［Carrier 1998］と、それに対するストラザーンの反批判［Strathern 1999: 141-146］を参照されたい。

（12）本書と部分的に共通する関心から、メラネシアの社会生活に内在する他者性・非同一性を主題化した民族誌として以下がある［Stasch 2009］。なお、ストラザーンの「フラクタル」と類似の、相互に対立する側面が入れ子構造を形作っているという事例は、本書の中でも、アシの「海に住まうこと」の諸側面に関して繰り返し指摘される（ただし、ストラザーンが提示する理念的モデルとは異なり、実際には、そうした入れ子関係は際限なく反復されうるわけではない）。そのような入れ子構造は、ここで述べているようなアシの生きる現実の多重性・非同一性を端的に表すものと言える。

（13）ストラザーンの議論とのこのような関連は、本書が、メラネシアという地域的文脈においてどのような一般的射程をもつかという問題とも関わる。一面において、本書における考察は、ストラザーンの理論と同様、既存のメラネシア人類学の系譜、とくにそこで繰り返されてきた、同地域の社会組織の流動的で非決定的な性格についての議論と連続的な関係にある。しかし他面において、筆者の見るところ、ストラザーンが『贈与のジェンダー』で検討したようなかつてのメラネシア人類学は、アシの事例に即して先に述べたような、メラネシアの社会的現実に内在している（かもしれない）非同一性や生成性を、必ずしも的確にとらえるものではなかった。一例としてワトソン（James B. Watson）は、古典的な論文［Watson 1970］において、ニューギニア高地の社会組織を、明確な境界をもった諸集団に代えて、人々の反復的な移住からなる「組織された流れ」を基盤としてとらえ直すことを提唱していた。メラネシアの社会組織を根本的に流動的なものとしてとらえるこのようなアプローチは、一面で、本書と同様、考察対象の偶有的・非同一的な性質を認めるものと見える。しかし、他面においてワトソンの主張は、ローカルな水準では欠如している社会組織の体系性を、より広域的な水準において、「組織された」移住の過程として見出すことができる、というものになっている。すなわち彼の議論には、流動的な社会過程を、人類学者が総体として俯瞰し記述・分析することができるという認識論的な想定が含意されている。そこにおいて、メラネシア社会の流動性とは、人類学者によって超越的な視点から観察される一つの体系の性質に過ぎないのであり、そこにはヴィヴェイロス・デ・

カストロやストラザーンがとらえようとする生成性の契機は欠けている。本書は、このような理解に基づき、メラネシア各地の社会的現実に潜在しているかもしれないがこれまで必ずしもとらえられてこなかった偶有性・非同一性をとらえるためのアプローチを、アシの事例に即して探究するものである。

（14）過去から現在への、あるいは現在から未来への通時的変化をではなく、現在それ自体の重層性を記述するというこのような課題設定は、ストラザーンの次のような言葉とも共鳴する。「未来〔として描かれるもの〕はつねにあまりに単純である。現在の複雑性に対する私の訴えは、諸事象を、それらが現在ある通りの姿で考えようというものであり、したがってまた、現在を（つねにあまりに）複雑なものとしてつくり直そうというものである」[Strathern 1999: 84]。

（15）メラネシアの人々が生きる現実に対するこのようなアプローチは、ストラザーンを除いても、決して先例のないものではない。一例として、土地をめぐる先住民系フィジー人の意識について考察した春日の論考［一九九九］が挙げられる。そこにおいて春日は、イギリスによる植民地統治の過程で固定化された慣習的土地保有が、現在のフィジー人において、「われわれ」に関わる「あるべき本当の現実」を不断に問題化するものとして経験されていること、その中で、土地をめぐる経験が、現在の「われわれ」の非本来性の認識と〈まだ＝ない〉本来の現実の到来への予期からなる時間的循環として成り立っていることを論じている。このような考察は、「植民地統治による伝統的土地制度の変容」といった単純な図式を離れ、フィジー人が生きる現在を、植民地統治という歴史的過去や、いまだ実現していないあるべき「われわれ」という未来の契機をも織り込んだ動的で重層的なものとして描き出すものである。この点において春日の論考は、先に見たヴィヴェイロス・デ・カストロやストラザーンの方向性とも通じ合い、本書にとって重要な先例となっている。

（16）またここに、箭内の提唱する「イメージの人類学」［箭内 二〇〇八］を挙げることもできるだろう。さらに、本書におけるアプローチは、基底的な水準において、哲学者ベンヤミン（Walter Benjamin）の方法と親和的と思われ、事実そこから多くを学んでいる（ベンヤミンの方法については、たとえば今村［一九九五］を参照）。たとえばベンヤミンは、その内部に相対立する諸契機を共存させ、それ自体が鋭い緊張関係を具現しているような両義的なイメージを、「弁証法的イメージ」あるいは「静止状態の弁証法」と呼び、一貫してそのようなイメージを手がかりに思考を展開した。また彼は、社会科学や歴史学が通常想定するような連続的時間ではなく、時間的切断の可能性を含んだ〈現在〉を自身の思考の前提としている。このようなベンヤミンの方法は本書のそれに明らかに通じており、たとえば本書では、個別の人工島をはじめ、ベンヤミンが「静止状態の弁証法」と呼ぶような個別的で両義的なイメージを、繰り返し考察の手がかりとする。なお筆者の理解では、先に紹介したストラザーンの方法論も、ベンヤミンと根本的に親和的な面をもっている。

（17）ホニアラおよびアウキ滞在中も、筆者は、以下で述べる調査地の出身者であるアシの世帯にホームステイしていた。なお二〇一一年六~七月には、ホニアラにあるソロモン諸島国立文書館（Solomon Islands National Archive）で、植民地時代の政府文書をはじめとする史料の探索と検討を行った。その成果は、調査地における人工島群の形成史やキリスト教受容史、あるいは太平洋戦争直後の反植民地運動、マーシナ・ルールの展開などに関連して、本書の各章に反映されている。

(18) T村内に電力の供給はないため、筆者は、ノートパソコンなどの利用のために、ホニアラで購入した太陽電池を用いていた。

(19) これは、十分なラウ語能力が身に付いたからというよりも、調査対象者の拡大などのために、能力が不十分でもともかくラウ語を用いると自ら決心したことによる。とはいえ結果的には、本調査後半を通じて、調査に必要なラウ語能力を身に付けることができたと認識している。

(20) またこの点で、本調査からの帰国後の二〇一〇年、ヴィヴェイロス・デ・カストロの一連の著作と出会ったことは、本書に至る理論的方向付けとして決定的であった。

(21) この際には、筆者自身もごく末端的なかたちで編集に関わった地理情報処理の入門書［古澤ほか（編）二〇一一］が、大いに助けになった。なお、これらの装備を用いた漁撈や自給的農耕についての調査は、二〇一四年二~三月の追加調査の際にも継続した。

(22) ここでの「集合性／個別性」という対比は、直接にはストラザーンの議論［e.g. Strathern 1988: 48-49, 92-97, 1999: ch.5］に基づくものである。ストラザーンにおいて「集合的」とは、当該の関係性が人々の間で共有された属性——たとえば出自——に基づいていることを、逆に「個別的」とは、関係性が差異に基づいていることを意味する。このような概念に基づきストラザーンは、メラネシア民族誌において、共通出自に基づく「氏族関係（clanship）」を、氏族間の通婚など歴史的で個別的な出来事によって構成される「親族関係（kinship）」と対比して理解することを提唱している［Strathern 1988: 255-260］。このような「集合性／個別性」の対比は、以下の各章で示すように、アシの「海に住まうこと」を成り立たせてきた社会的諸関係を分析する上でも大いに有用と思われる。

第一章「海に住まうこと」の現在——民族誌的概観

マライタ島北東部に住むアシ（海の民）またはラウと呼ばれる人々は、今日に至るまで、具体的にはどのように「海に住まって」きたのか——本章では、以下の各章への導入として、まず、この人々が続けてきた独特の海上居住、ラウ語の表現では「海に住まうこと（*toolaa 'i asi*）」について、同地域における植民地史も含めて概説する（一・二節）。続いて、序論でも言及した筆者の調査地、マライタ島本島海岸部の集落T村とその沖合に広がる島々について、より詳しく紹介する（三節）。さらに、T村沖の島々の一つであるa島を事例に、海上居住の空間と伝統的な祖先崇拝の関連や、居住集団の社会的構成など、以下での考察の前提となる諸事項について概説する（四節）。最後に、現在のアシの間に見られる、序論で指摘した「住まうこと」の偶有性に直接関わる動き、すなわち、人工島や海岸部の集落など現住地における自らの居住＝生活を相対化するような、「故地に帰る」という動向などについて見る（五節）。

一　マライタ島北部のアシ（海の民）またはラウ

1　マライタ島とアシ／ラウ

マライタ島は、北西端から南東端まで約二〇〇キロの細長い島で、面積は四一〇〇平方キロあまり、現在（二〇〇九年時点）の人口は約一三万七六〇〇人となっている[1]［Solomon Islands Government c2013a: 25-26］。ソロモン諸島の行政区分において、マライタ島はいくつかの「離島（Outer Islands）」とともにマライタ州（Malaita Province）をなしており、同島の中西岸には州都のアウキ（Auki）が置かれている。州庁舎、警察署や公設市場の他、小中学校・高校や華人商店が集中するアウキは、現在のマライタ島で実質的に唯一の町――アシの人々の言う「タウン（*taomi*）」（p. town）――となっている。

マライタ島内では、ラウ、トアバイタ（To'abaita）、バエレレア（Baelelea）、バエグ（Baegu）、ファタレカ（Fataleka）、クワラアエ（Kwara'ae）、ランガランガ（Langalanga）、クワイオ（Kwaio）、クワレクワレオ（Kwarekwareo）、アレアレ（'Are'are）、サアア（Sa'a）など、数え方にもよるが一〇前後の異なる言語あるいは方言――いずれもオーストロネシア系の南東ソロモン諸島諸語（Southeast Solomonic languages）に属する――が用いられている（図1―1）[2]。これらの言語区分は、マライタ島の人々により、たとえば「東クワラアエの村」や「クワイオの人たち」というように、島内の地域区分および集団区分としても用いられる[3]。この用法に従えば、本書の対象である、マライタ島北東部の海上および海岸部に住む人々は「ラウ」と呼ばれることになる[4]。

このような言語・集団区分と並び、マライタ島の中部から北部――おおよそクワラアエ地域から北――に住む人々は、序論の冒頭でも述べたように、自他を伝統的に「海の民（*Too 'i asi*）」と「山の民（*Too 'i tolo*）」に区別してきた［Ivens

図 1-1　マライタ島とその言語区分

1978[1930]; Ross 1978a]。「海の民」は、海上あるいは海岸部に居住し、漁撈と市場交易を主な生業とする人々とされ、日常的には、本来単に「海」を意味する「アシ」の略称で呼ばれる。これに対し「山の民」は、内陸部に居住し、イモ類を中心とする焼畑農耕を営む人々とされ、「山地」を意味する「トロ」の名で呼ばれる（序論でも述べたように、これらの人々が住む内陸部も同様に「トロ」と呼ばれる）。マライタ島の中部から北部では、「アシ」と「トロ」の間で魚とイモ類が物々交換される「ウーシア（*uusia*）」と呼ばれる市場交易が、長期に渡って行われてきたとされる[5]［Ross 1978a］。

これまでの民族誌的文献（本節第3項参照）においてラウは、序論で紹介したような特徴的な海上居住を営むとともに、活発な漁撈活動や、近隣の「トロ」の人々——言語・民族集団としてはバエレレアおよびバエグ——との間での市場交易に従事する人々として紹介されてきた。なお、現在のマライタ島北東部の日常生活において、ラウの人々は、自称・他称のいずれにおいても「ラウ」より「アシ」と呼ばれることが多いよう

写真1-1　「人工島」（写真右はフォウエダ島）

に見受けられる。[6] これを踏まえ、本書でも以下、既存文献で言われる「ラウ」を「アシ」と呼ぶこととするが、両者の指示対象は基本的に一致すると言える（すなわち本書で言う「アシ」は、マライタ島北東部の海上および海岸部に住むラウ語話者の人々を指している）。同様に以下では、アシ／ラウの居住地域を「アシ地域」と呼ぶこととする。[7]

2　アシ／ラウの「人工島」

序論でも述べたように、アシの人々は今日まで、サンゴ礁内の浅い海に、海底から採取されるサンゴの砕片――主として化石化したもの――を無数に積み上げて居住空間を築く独特の慣習を続けてきた[8]（写真1―1）。このような海上の居住空間は、これまで「人工島」として紹介されてきたが［e.g. Ivens 1978[1930]; Parsonson 1966］、本書でもこの呼称を便宜的に維持する。[9] アシ地域に現存する人工島の数は、二〇〇九年九月に筆者が試みた計数によれば約九四に及び、うち現在でも居住されているものが七九、無人のものが一五となっている。これらの島々は、アシの人々が「マイ（*mai*）」と呼ぶサンゴ礁あるいはラウ・

ラグーンの南端から北端まで広く、ただし決して均等ではない仕方で分布している。

これまでの文献において、アシ地域における人工島居住の歴史は、一八世紀あるいはそれ以前にさかのぼるものと推定されてきた[Ivens 1978[1930]: 72; Parsonson 1966: 5]。アシがなぜこのような居住形態をとるようになったのかという、人工島の「起源」については、（1）二〇世紀初頭以前のマライタ島で盛んであった集団間戦闘における防衛の目的で、（2）マラリアを媒介する蚊を逃れるため、（3）漁撈や交易活動上の利便性のため、といった説明がこれまで提示されてきた[Ivens 1978[1930]; Parsonson 1966, 1968]。このような説明はいずれも、今日、個別の人工島の建設動機として、アシの人々によって語られることがある。しかし、「起源」に関するそのような説明と同等かそれ以上に重要と思われるのは、どのような事情からであれいったん成立した人工島という居住形態が、アシの人々の間で拡大・一般化され、また今日まで継続されてきたという事実である（第二章参照）。

この点に関して、一九二七年にアシ地域に滞在した英国国教会の宣教師アイヴェンズ（Walter G. Ivens）の著作［Ivens 1978[1930]］には、示唆的な事実が見出される。この著作には、同年の滞在と観察に基づき、三五個の人工島がそれらの名称とともに列挙されているのだが［Ivens 1978[1930]: 26, 49］、これに対し先述のように、現在の同地域には約九四個の島々が現存する。すなわち、これらの数を比較することによって、現在アシ地域に存在する人工島の三分の二に当たる約六〇個もが、一九二七年から現在までの間に建設された——逆に、現存する島々のうち、同年以前に建設されたものは三分の一に過ぎない——という推定が導かれるのである。[10] 後に紹介する筆者の調査地に関する限り、このような推定を否定するような情報——たとえば、アイヴェンズが記載していないある島が、たしかに一九二七年以前に建設されていたはずだというような——は得られていない。次節で述べるように、マライタ島は一九世紀末以降、植民地統治やキリスト教宣教を通じ、西洋世界からの直接の影響下に置かれるようになる。そして以上の推定によれば、現在アシ地域で行われているような人工島居住は、そのような時代を通じて継続され拡大されてきた——少なくとも島の数の上では——のである。

3　アシ／ラウに関する先行研究

アシ／ラウとその人工島居住については、これまでに一定の研究蓄積がある。この人々に関する詳細な報告としては、右で触れた宣教師アイヴェンズによる一九三〇年の著作［Ivens 1978[1930]］が最初である。[11] 同書は、右で述べたような人工島居住の「起源」やこの居住形態の拡散過程を主な関心の対象としつつ、アシ地域中部のスルフォウ島（Sulufou Is.）[12]——現在でも最大の居住人口をもつ人工島——を事例に、アシ／ラウの親族組織や宗教生活、漁撈その他の生業活動など、この人々の社会生活を広範に記述するものとなっている。現代の人類学の規準からすれば、アイヴェンズの記述の体系性や概念的厳密さは十分とは言えず、その内容には疑問の残る点も多い。それでもなお、彼の著作は、アシ地域において伝統的な祖先崇拝やそれに関連する禁忌がなお活発に実践されていた時期の記録として資料的価値をもつ（また筆者から見ても、彼のラウ語理解は十分に高度で的確である）。またその後、パーソンソン（G.S. Parsonson）は、アイヴェンズの関心を部分的に受け継ぎ、マライタ島を含めメラネシア島嶼部に散見される人工島居住の成立に関して、伝播論的な仮説を提示している[13]［Parsonson 1966, 1968］。

さらに、マランダ（Pierre Maranda）とケンゲス＝マランダ（Elli Köngäs Maranda）は、主として一九六〇年代末のフォウエダ島——アシ地域中部の、古く大規模な人工島（序論一節および写真1—1参照）——での調査に基づき、構造主義的・象徴人類学的な枠組みに依拠した一連の研究を発表している［Köngäs Maranda 1970; 1973, 1975, 1976, 1978; Maranda 2001; Maranda and Köngäs Maranda 1970］。マランダは、四節で述べるような祖先崇拝儀礼やそれに関わる空間的・身体的禁忌など、キリスト教受容以前のアシ／ラウの文化を主な考察対象とし、それらに対して、数学を援用するなど高度に形式主義的な分析を施している。そこには、『構造人類学（*Anthropologie structurale*）』［レヴィ＝ストロース 一九七二］

をはじめ、レヴィ＝ストロース（Claude Lévi-Strauss）の初期の著作群からの影響が色濃い。他方、民俗学者であるケンゲス＝マランダは、マランダと同じく主として構造主義・象徴人類学に依拠し、アシ地域で収集した諸種の伝承・説話を分析しているほか、アシ／ラウにおける女性の立場についても考察している。

マランダとケンゲス＝マランダの研究は、アシ／ラウの文化・社会生活の伝統的側面をたしかに詳細に検討しているが、そこで展開される分析は過剰に形式主義的かつ観念論的と言わざるをえない。とくに、両者が行う儀礼や伝承の象徴論的分析からは、本書で焦点となる、人工島居住や漁撈活動といったアシ／ラウの社会生活の空間的・物質的な側面が完全に捨象されている。また、そのような形式主義的分析は、本質的に、この人々における社会文化的な変化について考察しえないものと思われる［cf. Maranda 2001］。

最後に秋道智彌は、右のフォウエダ島にほぼ隣接するフナフォウ島（Funafou Is.）での一九七〇年代半ばと九〇年代初頭の調査に基づき、アシ／ラウの漁撈活動や海洋資源管理に注目した一連の生態人類学的研究を発表している［e.g. 秋道 一九七六、一九九五、二〇〇四、二〇一三、Akimichi 1978, 1991］。秋道の研究は、本書の第五章で、現在のアシ地域における漁業とそれを取り巻く動きについて検討する際にも、重要な参照対象となる(14)。

二　アシ地域における植民地時代

次に、一九世紀後半以降におけるアシ地域の歴史について概観しておきたい。ここではとくに、労働交易、イギリスによる植民地統治、キリスト教宣教、およびマーシナ・ルール（Maasina Rule）運動という四つの事象に注目する。なお、より最近の歴史的出来事として重要な、ソロモン諸島におけるいわゆる「民族紛争」については五節第1項で言及する。

1 労働交易

アシにおける西洋世界との継続的な接触は、一八七〇年代半ばに始まるいわゆる労働交易（Labour Trade）を端緒とする。アシ地域に関する文書記録が現れるのも、実質的にはこの時期からである。労働交易とは、メラネシア各地の若年男性たちが、クイーンズランド（現オーストラリア北部）やフィジーのサトウキビ・プランテーション向けの労働力として徴募され、数年間の年季労働に従事した制度である［Corris 1970, 1973］。アシ地域における労働交易は、一八七五年、クイーンズランド行きの船舶ボブテイル・ナッグ（*Bobtail Nag*）号が同地域中部に来航したことに始まり、クイーンズランド向けには一九〇六年まで、フィジー向けには一九一一年まで継続された[15]。

マライタ島において労働交易は、鉄製刃物や衣服、タバコ、銃器など西洋世界の物資を大量に流入させ、また一部の労働者におけるキリスト教の受容といった社会文化的変化を引き起こしたと指摘されている［Corris 1973: ch.7; Keesing 1992: ch.4］。とくに、労働力としての若者の提供と引き替えに地域の有力者に贈与された銃器は、一八七〇年代から一九一〇年代半ばまで、マライタ島で「ラモ（*ramo*）」その他の名称で呼ばれる戦士たち［Keesing 1985］の勢力を拡大させ、集団間における戦闘・血讐を一時的に激化させたとされる[16]［Boutilier 1983: 47; Keesing 1982a: 21-22］。また、今日の主作物にして主食であるサツマイモがマライタ島にもたらされたのも、この時期と推定されている［Ross 1977］。連作に強く、海岸部の限られた土地でも栽培できるサツマイモの導入は、マライタ島における人々の居住パターンの変化の一契機となったと指摘されており［Bennett 1987: 193-194］、このことはおそらく、アシ地域における人工島居住の拡大とも関わっている（第二章参照）。

2　イギリスによる植民地統治

一八九三年、マライタ島を含むソロモン諸島南部はイギリスの「保護領（protectorate）」とされ、一九七八年の独立まで続く、事実上の植民地統治が開始される。マライタ島では、現在のアウキに行政府が置かれた一九〇九年に直接的な統治が始まるが、右で述べたような島内の戦闘状態を沈静化させることは、その当初の主要な課題の一つであった［Boutilier 1983: 56ff.］。同島におけるいわゆる「平定（pacification）」の過程は、行政官ベル（William R. Bell）が着任した一九一五年以降に本格化する。ベルは、マライタ島内に新たな行政区分を施行し、それに従って現地人の監督官（headman）や治安官（village constable）を任命して統治の実質化を進めたほか、銃器の没収を精力的に行い、一九二三年には人頭税の徴収も開始した。一九二七年、クワイオ地域東部を訪問中のベルは、人頭税に対する不満を一つのきっかけとして、現地の戦士たちによって殺害される。植民地政府は同年、これに対する報復として、ヨーロッパ人入植者や他地域のマライタ島民からなる征討部隊を組織し、クワイオ地域で大規模な破壊・殺戮を遂行する[17]［Keesing and Corris 1980］。これ以後、マライタ島において植民地政府への暴力的な敵対や集団間の戦闘はほとんど見られなくなったとされ、一九二七年の事件は今日まで、マライタ島の「平定」の実質的完了を画するものとみなされている。

3　キリスト教宣教

マライタ島におけるキリスト教宣教は、一九世紀後半、植民地統治に先立って開始され、二〇世紀の大部分を通じて継続された［Laracy 1976; Ross 1978b］（なお、同島における伝統的宗教形態である祖先崇拝については四節で述べる）。現在までにマライタ島に定着した主要な教会は、英国国教会系のメラネシア教会（Melanesian Church）、ローマ・カトリック教会、南洋福音教会（South Sea Evangelical Church、ＳＳＥＣ）、セブンスデー・アドベンチスト教会（Seventh-Day Adventist、

SDA）の四つである。⒅

マライタ島で継続的な宣教活動を行った最初の教会は、英国国教会系のメラネシア宣教団（Melanesian Mission、現メラネシア教会）である。同宣教団は、一八七六年にマライタ島南部で活動を開始し、一九〇一～〇二年には、スルフォウ島周辺を拠点にアシ地域中部にも定着した。続いて一八九〇年代、もともとマライタ島出身の労働者たちのための聖書教室としてクイーンズランドで生まれた南洋福音宣教団（South Sea Evangelical Mission、現SSEC）――当初の名称はクイーンズランド・カナカ宣教団（Queensland Kanaka Mission）――が、マライタ島北端のトアバイタ地域を拠点に活動を開始した。ローマ・カトリック教会の宣教活動は、当初、フランスに拠点を置くマリスト会（La Société de Marie）によって行われ、マライタ島南部に最初の伝道所（mission station）が築かれた一九一二年以降に本格化される。アシ地域では、筆者の調査地であるT村に一九三五年に伝道所が置かれたほか、一九六一年には、同地域の南端に当たるアタア（Ata'a）にも伝道所が設置されている。最後にSDA教会は、やや遅れて一九二四年にクワイオ地域で宣教を開始し、主に太平洋戦争後に信徒数を増やしたとされる。⒆

アシ地域に関する限り、現在ではほとんどの個人が、何らかの教会で洗礼を受けたキリスト教徒となっており、かつて行われていた祖先崇拝は実質的に断絶している。キリスト教受容にともなう歴史的・文化的断絶の意識は、アシの人々により、「カストム（*kastom*）」と「教会（*lotu*）」という対比によって表現され、この意識は現在、この人々の社会生活を多くの面で規定している（第四章参照）。

4　マーシナ・ルール運動

太平洋戦争中の一九四二年、ソロモン諸島に侵攻した日本軍とアメリカ軍の間で激しい戦闘が展開されると、多くの植民地行政官や宣教師はオーストラリアその他に退去し、ソロモン諸島では一時的に植民地統治の空白状態が生じた。その影響は、直接の戦闘がほとんど行われなかったマライタ島にも及び、一九四三年以降同島では、アメリカ軍が組織したソロモン諸島労働部隊（Solomon Islands Labour Corps）への参加者を中心に、イギリスの植民地統治への反対を表明する集会が各地で開かれるようになる。一九四四年から翌年にかけ、それらの動きは互いに合流し、やがて、参加者たちによって「マーシナ・ルール」と称される反植民地主義的な社会運動として姿を現すことになる。[20]

マーシナ・ルールは、一九四四年から五〇年頃までマライタ島の全域で展開され、最盛期には、当時の人口の九五パーセントに当たる約四万人もの人々が参加したとされる。運動参加者たちは、植民地政府の行政組織にも似た階層的なリーダーシップの下で組織化され、当時行政府が置かれていたアウキで数千人規模の集会を繰り返しつつ、プランテーション労働や人頭税を拒否し、政府に対し法的・政治的な自治や社会経済的な待遇改善を要求した。これと並行して、それまで内陸部に居住していた多くの人々が、海岸部に移住して「タウン（*taoni*）」（p. town）と呼ばれる新集落を建設し、「ファーム（*faama*）」（p. farm）と呼ばれた集団農園を耕作するなど、それまでの小規模で分散的な居住・生業形態の変革が試みられた。また「タウン」では、これ以後のマライタ島で「カストム」と呼ばれることになる、親族集団の系譜や慣習的禁忌など伝統的知識の文書化が進められたことが知られている。[21]

植民地政府は当初、マーシナ・ルールを、マライタ島民による自発的な社会開発の動きとして好意的に受け止めていたが、運動が政府への対立姿勢を強めると弾圧に転じ、参加者の一斉逮捕や「タウン」の破壊を繰り返した。この結果、一九五〇年頃にはマライタ島全体での運動は事実上終息するが、その後も、マーシナ・ルールを多様なかたちで継承する活動が各地で展開されたことが知られている（第七章参照）。また、植民地政府は一九五二年、マーシナ・ルールにおける政治的自治への要求を部分的に受け入れるかたちで、主としてマライタ島各地から選出された評議員からなるマライタ評議会（Malaita Council）を設立する。権力移譲はその後も進められ、一九七八年のソロモン諸島の独立に至ることになる。

三　調査地――T村と沖合人工島群

1　T村

筆者の調査拠点であるT村は、マライタ島北部を海岸線に沿って走る自動車道を、アウキから乗り合いトラックで約四時間――走行距離にして一〇〇キロ――走ったところに位置する、本島海岸部の集落である[22]（図1―1、図1―2参照）。同村はアシ地域の北端近くに位置し、本書の冒頭でも述べたように、その沖合にはａ島、ｕ島など合計一六の人工島が点在している。本書では、T村とその沖合の人工島群を一括して「T地域」と呼ぶこととするが、そのような一体性は、後述するT村の形成史に基づき、この地域に住む人々にも認識されている[23]。

T村に住む人々は、村内や近隣地域での日常的なやり取りにおいて、その沖合の島々に居住する人々と同様、総体として「アシ」と呼ばれ、また自称する。このことは同村が、序論でも触れたように、一九七〇年代から八〇年代にかけて、沖合の島々からの人々の移住によって形成された集落であることと関わっている。またT村居住者の言語も、沖合人工島の人々のそれと同一――すなわち、「ラウ語（*baelaa Lau*）」または「アシの言葉（*baelaa Asi*）」――とみなされている。他方、T村の西側――おおよそ自動車道より内陸側――は、「トロ」の人々の居住地域、言語・民族区分で言えばバエレレア地域に当たっている。とくに「トロ」と対比される場合、後述するように漁撈活動などに大きく依存したT村の人々の生活様式は、人工島に住む人々のそれと同様、「海での暮らし（*toolaa 'i asi*）」と呼ばれる。

T村は、二〇〇八年一〇月の時点で三九世帯約二六〇人が居住する、現在のマライタ島における基準からすれば

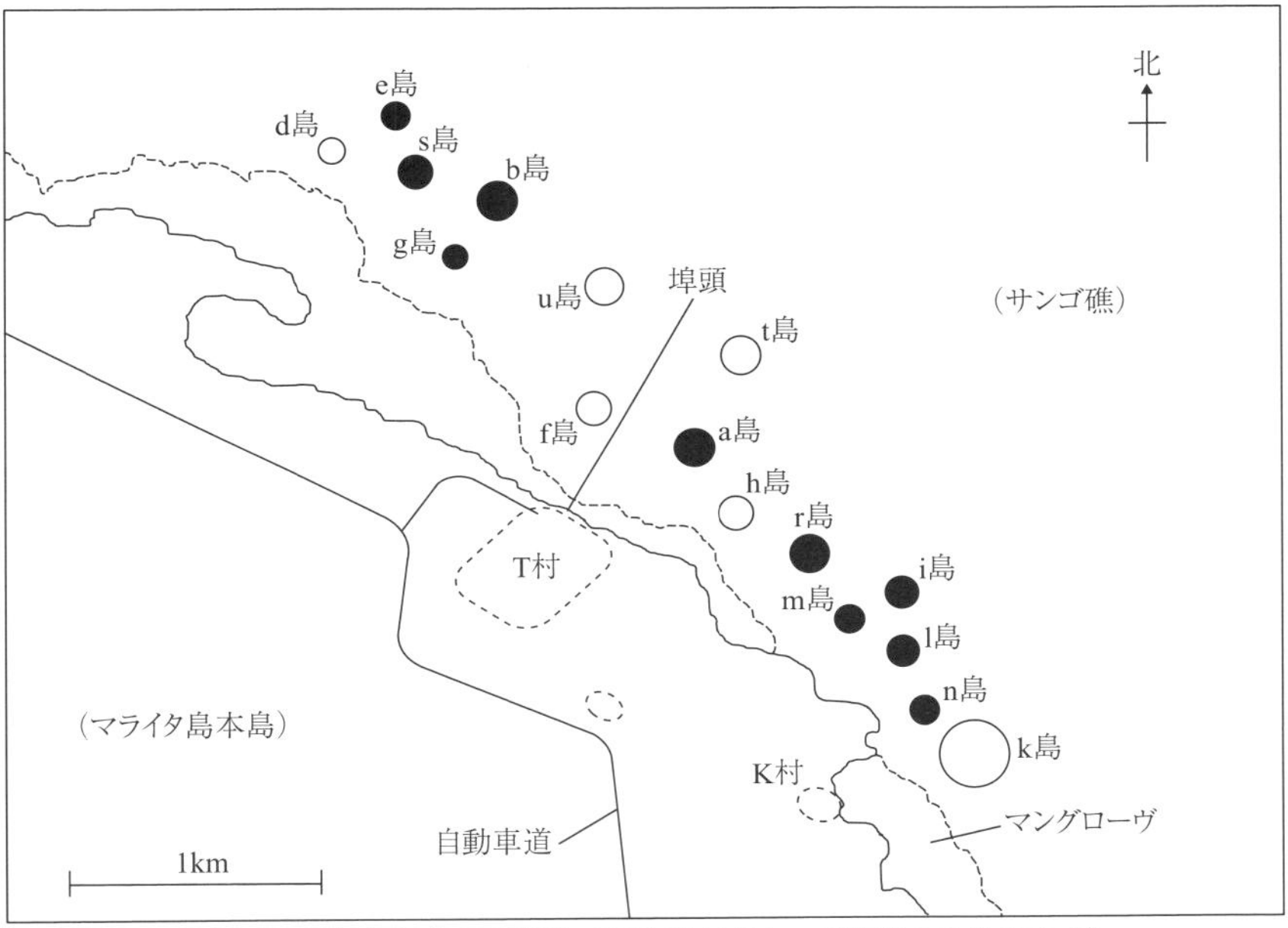

図 1-2 T村と沖合人工島群(●は現在有人、○は無人の島を表す)

写真 1-2 T村の家々

比較的大規模な集落である（写真1―2）。同村は、海に向かってゆるやかな斜面をなす、おおよそ平坦だがところどころに石灰岩が露出する土地の上に位置している。村の東南側には、小さいがつねに清浄で豊富な水流をもつT川が流れており、現在ではこの川の水が、村内に点在する蛇口まで水道で引かれている。

序論でも触れたように、T村には、一九三五年以来現在まで、司祭が常駐するカトリック教会が置かれている。[24] T地域におけるキリスト教受容の過程については第四章で見るが、現在では、同地域に住む人々はほぼ例外なくカトリック教会の信徒となっている。[25]

図1―3に示すように、現在T村と呼ばれる一帯は、大きく二つの部分に分かれている。同村の東半分は、主にサゴヤシ（*hao*）の葉を建材とする高床式の住居（*luma*）と、別棟の土間式の調理小屋（*kisini*, p. kitchen）が多数立ち並ぶ、集落の中心部となっている（一部には、木材とトタン板製の住居も見られる）。それぞれの住居には、夫婦と未婚の子どもたちからなる一家族が居住しており、[26] この家族は、日常的な食物消費の単位となっている（本書では、この単位を「世帯」と呼ぶ）。筆者のホームステイ先や、序論で紹介した男性イロイの住居は、いずれもこの中心部に位置している。

他方、T村の西半分は、教会堂（*beu lotu*）を象徴的な中心とし、広場の周囲に、司祭の住居（*beu batere*）や小中学校（*sukulu*, p. school）、診療所（*kilinika*, p. clinic）など、もともと宣教師によって設けられた施設が点在する一帯となっている。この一帯は、後述のようにT村周辺の土地を伝統的に保有するとされるT氏族からカトリック教会が賃借している土地である。住居や調理小屋が密集するT村の東半分とは対照的に、建物が少なく、また海に面した広場をもつ西半分――本書では、これを「教会の敷地」と呼ぶ――は、序論の冒頭でも述べたような視覚的にごく開けた空間となっている（口絵4参照）。またこの敷地内には、一九九〇年代に日本からのODAによって建設され、現在ではT村周辺の商業的漁業（後述、第五章参照）の機能的中心となっている建物、通称「フィッシャリー（*fisharii*）」（p. fisheries）も位置している（図1―3参照）。

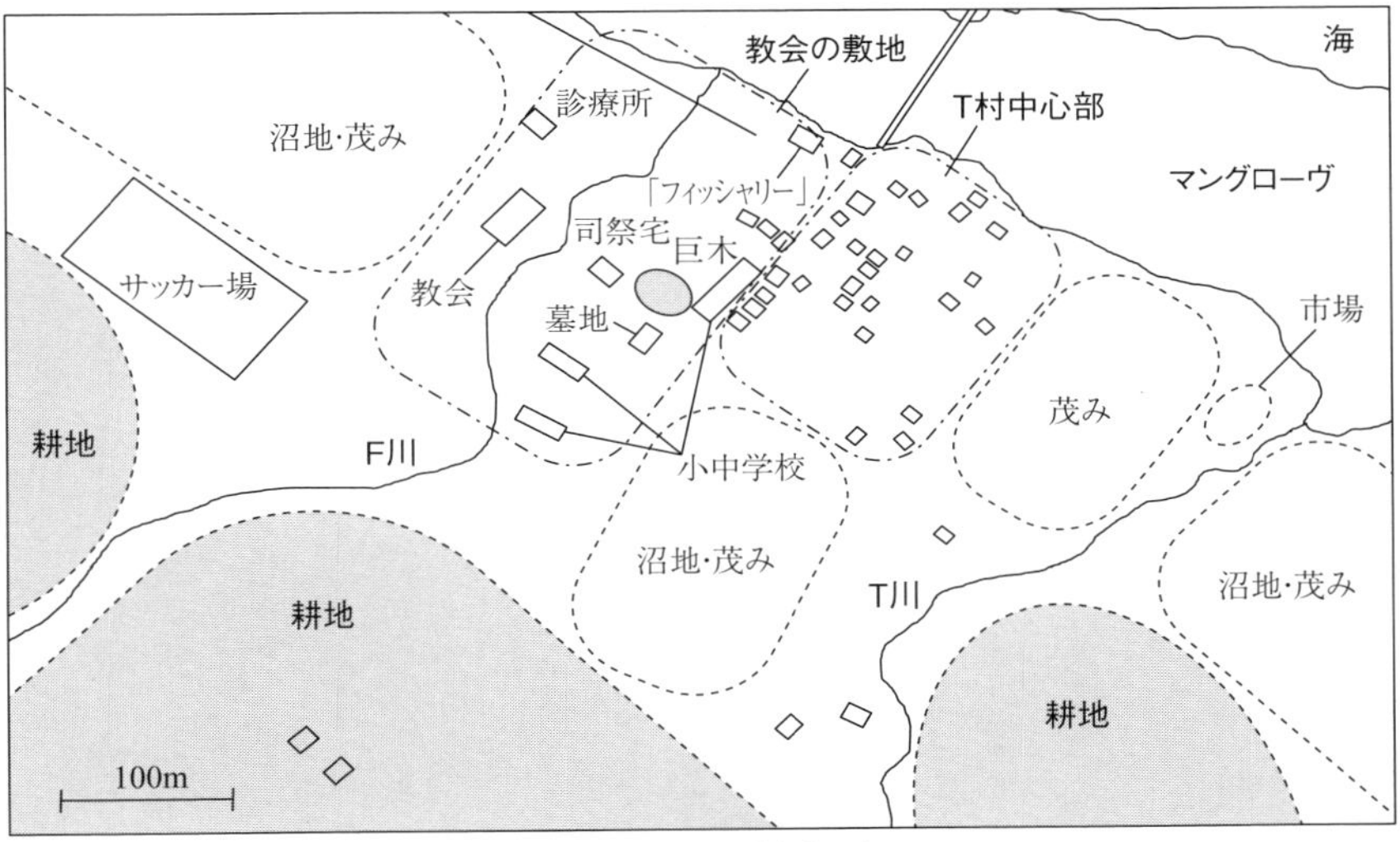

図 1-3　T村（拡大図）

2　T村沖の人工島群

T村の沖合には、先にも述べたように一六個の人工島が、マライタ島本島からそれぞれ数百メートル離れ、北西から南東へと約三・四キロの範囲に渡って点在している（口絵1参照）。これらの島々のうち一〇島には現在でも約三六世帯一九〇人が居住しているが、序論で見たu島など六島は無人となっている。T村沖の人工島は、その南端に位置するk島——五〇メートル×八〇メートル程度と大きいが、現在は無人——を除き、いずれもアシ地域全体の基準からして小〜中規模な部類に属する。[27]

これらの島々に住む世帯はいずれも、サツマイモ（*kairoki, kaakai*）を中心とする自給用の耕地をT村周辺にもっており、人々は、刳り舟式のカヌー（*ola*）で本島との間を日常的に往復して生活している。[28] 本島との行き来の際には、T村の中央部から海上に延びた「埠頭（*waafu*）」（p. wharf）や、同村周辺の数か所に位置する船着き場（*maatakwa*）が用いられる。人工島に住む人々はまた、T村内の水道での水汲みや、教会や診療所への訪問、小中学校への通学などのために頻繁にT村を訪れ、日中の多くの時間を本島上で過ごす。

これらの島々が散在するT村沖の海、すなわちアシの人々が「マイ（*mai*）」と呼ぶラグーン内の海は、その大部分がごく浅く、また内部に多様な微地形をもっている（第五章参照）。T村沖は、アシ地域の中でももっとも広大なサンゴ礁が見られる海域であり、本島の海岸からサンゴ礁と外洋の境界までの距離は四キロ以上に及ぶ（アシ地域内の他の海域では、サンゴ礁の幅は通常一～二キロ程度である。後掲図5―1参照）。T村沖の海は、陸から一～二キロの範囲では、多くのところが水深二メートル以下と浅く、またサンゴ礁によって荒波や強風から守られているため、アシの人々にとってきわめて都合のよい漁場となっている。また、人工島が位置する本島から数百メートルの一帯はとくに水深が浅く、干潮時にはしばしば広大な干潟となってカヌーの航行を妨げる。(29)

T村沖の人工島群において、先にも言及した、一九二七年の滞在に基づくアイヴェンズの著作にその名が記載されているのは、現存する一六島のうち四島のみ――具体的にはe島、t島、a島とk島――である。このことは、残りの一二島が同年以降に建設されたものであることを含意するが、これらの島々の、現在および過去の居住者による説明や、T村のカトリック教会に保存されている出生・死亡記録は、そのような推定を基本的に裏付けている。さらに、高齢者たちの説明によれば、例外的に建設時期の早いk島を除き、T村沖の初期の島々であるe島、t島とa島は、いずれも現在の中高年層から数えて四世代前に創始されたものであり、それらの建設時期は一九世紀末から二〇世紀初頭と推定される(30)（第二章参照）。

3　調査地の生業と経済生活

今日のT地域において、多くの世帯は、小規模な自給的農耕と漁撈や市場活動を組み合わせた複合的な生業を営んでいる。(31) 漁撈や農耕といった個別の生業活動の比重は世帯によって異なり、またそれらの比重について、本島と人工島の諸世帯の間に明確な対比は見出されない。具体的に言えば、T村にも人工島上にも、漁撈活動に熱心な世帯とそうでない世帯の双方が見出され、同じことは自給的農耕についても言える。

現在の同地域における漁撈活動――ラウ語で言う「デーラー（*deelaa*）」――は、副食としての魚の自家消費を目的とした自給的漁撈、および、以下で述べる近隣の市場やアウキやホニアラなど都市の常設市場での販売を目的とした商業的漁撈として行われている（第五章参照）。先行研究が示すように、アシ地域では伝統的に、男性たちが集団で行う大小の規模の網漁が主要な漁法であったが［秋道 一九七六、Ivens 1978[1930]: 253-259］、現在のT地域で網漁を行う男性はごく少数にとどまる。これに代わって、とくに魚の販売を目的とする場合、序論の冒頭でも紹介した、灯油ランタンなどの照明器具を用いて夜間に行う潜水漁（口絵6）が支配的となっている。他方、自給目的の漁撈はもっぱら日中に行われ、晴れた日のT村では、二〇～四〇代の男性が息子を連れて潜水漁に出かける姿がしばしば見られる。

同じく序論の冒頭で見たように、T地域に住むほとんどの世帯は、主食のイモ類の自給を目的とする小規模な耕地（*hara, raoa*）を本島海岸部にもっている。とくにT村の南側および南西側の一帯（図1―3および後掲図6―1参照）には、同村および沖合人工島に住む諸世帯の耕地が一面に密集しており、数百メートル四方に渡って視野を妨げるものがない独特の景観――序論のエピソードで、T村の女性が「茂みがない」と指摘したところの――が広がっている（口絵7参照）。これらの耕地で行われている耕作法は、メラネシアの多くの地域で伝統的に見られる粗放的な焼畑農耕（swidden cultivation）の類型におおよそ合致する（第六章参照）。耕地は世帯単位で耕作され、日常的な畑仕事の大部分は女性（妻）によって担われる。現在のマライタ島では、かつて主作物であったタロイモ（*alo*）に代わりサツマイモが支配的となっており、T村周辺の耕地の多くは一面に広がったサツマイモの葉に覆われている。副次的な作物としては、キャッサヴァ（*kai'ai*）、ヤムイモ（*kai*）、「パナ（*pana*）」（*fana*、「パナ」はピジン語の呼称）などのイモ類のほか、バナナ（*bou*）、パパイヤ（*'ai kafoa*）、「デー（*dee*）」と呼ばれる在来種の野菜などが見られる（第六章参照）。

T村近隣で開かれるいくつかの「市場（*uusia*）」は、T地域の人々にとって、重要な現金収入源および社交生活の場としてある。「アシ」と「トロ」がそれぞれ魚とイモ類を持ち寄って取引する市場は、マライタ島北部に特徴的な制度として、これまでの文献でも注目されてきた［e.g. Ross 1978a］。かつての物々交換は、今日では現金を媒介とした売買に大部分取って代わられているが、取引は基本的に女性が行い、男性たちは市場の端に座ってこれを眺めているという作法は、現在でもおおよそ維持されている。T地域でもっとも大規模な市場は、毎週火曜と土曜の午後に、T村の外れに当たるT川の河口付近で開かれる市場である。この市場には、毎回数十人の売り手が、魚やイモ類、バナナや諸種の野菜を持って集まり、その敷地は数百人もの人でごった返す。T村や人工島群に住み、とくに漁撈活動に熱心な世帯は、この市場における常連の魚の売り手となっており、またそのような市場活動は、これらの世帯にとって重要な現金収入源としてある。

4　居住パターンの歴史的形成と現状

以上で見たように、今日のT地域には、本島海岸部に大規模集落があり、その沖合には一部が無人化した人工島群が広がっているという、複合的な居住空間が見られる。同様なパターンは今日のアシ地域各地に見られ、この点で、T地域の現状はアシ地域を代表するものと言える。

アシの人々はそのような居住パターンを、歴史的に新しく、また近隣地域と比べて特殊なものとして認識している。T地域の人々、とくに中高年層の説明によれば、現在見られるようなT村は、一九七〇年代から八〇年代にかけ、一連のサイクロンによる被害を受けて、人々が人工島群から本島海岸部に移住する過程で徐々に形成された。アシ地域は、一九六〇年代後半のいくつかのサイクロンに続き、一九七二年のサイクロン・アイダ（Cyclone Ida）、一九八六年のサイクロン・ナム（Cyclone Namu）という大規模なサイクロンに襲われ、これによりT村沖でも、住居や島の損壊などの被害が生じたとされる。高齢者たちの証言によれば、サイクロン・アイダの際、人工島群に住む人々は「陸に逃げ（*tafi 'i hara*）」、暴風雨が収まるまで、教会の敷地内に位置する小学校の寄宿舎――現在でも校舎として用いられている――に寝泊まりした。本書の冒頭で紹介した、「ツナミ」についての語りのエピソードで、筆者が「どこかで聞いたことがある」と思い出していたのは、まさしくこの避難についての証言である。その後、人々は現在のT村中心部などに仮の住居を建て、人工島との間を往復しながら住居や島の修復を行っていたが、水汲みの必要など島での生活の不便さや、サイクロンの再来への恐怖などから、徐々に生活の中心を陸に移す人々が増えてきた。そうした中、ソロモン諸島各地に空前の被害をもたらした一九八六年のサイクロン・ナムが契機となり、人工島居住者の多くが本島海岸部に定着し、現在のT村が形成されたというのである。またこれにより、一部の人工島は現在見られるように無人となったとされる(32)。

現在T地域に住む人々は、以上のような経緯で成立したT村が「新しい村（*fera faalu*）」であることを強調する。人々の説明によれば、一九七〇～八〇年代に移住の波が生じる以前、現在T村があるあたりには、カトリック教会や学校、診療所が置かれている他は、わずかに数世帯――主として、後述するT氏族の成員たちの父母、祖父母たち――が居住していたに過ぎなかった。また、現在集落の中心となっているT村の東半分は、一九八〇年代までは一面の沼地（*kunu*）であり、そこには人工島に住む人々により、湿地性のタロイモ「カカマ（*kakama*）」が多数植えられていた。人工島群から移り住んだ人々は、水路を掘って水はけをよくするなどの作業により、この土地を徐々に居住可能なものに変えていったという。他方で当時、沖合の島々には現在よりもはるかに多くの住居が建ち並び、そこには、今日T村に住む中高年層やその父母、祖父母たちが居住していた。このように人々の説明によれば、筆者の調査時点の約三〇年前まで、T地域の居住パターンは現在とはまったく異なるものだったのである（ただし、筆者がやがて認識したように、T村のこのような形成史には、先述の反植民地主義運動マーシナ・ルールの過程における「タウン」の形成という前史がある。その意味で、人々の言うT村の「新しさ」は実は部分的なものに過ぎない。第七章参照)[33]。

また、現在のT地域に見られるような居住パターンは、単に歴史的に新しいのみならず、近隣の「トロ」地域のそれとの比較においても、明確に異質なものとして認識されている。マライタ島の内陸部では、四方を熱帯林に囲まれ、わずか一～三世帯からなる小規模な集落が伝統的な居住形態であったことが知られているが［Keesing 1982a: 18; Ross 1973: 249-254］、今日T村近隣の「トロ」地域で見られる集落も、そうした形態に基本的に合致する。T地域の人々は、畑や市場との往復の際などに、「トロ」のそうした居住空間としばしば接しており、そのような小規模集落と、T村のように数十もの住居と調理小屋が密集した大規模な新集落が「異なる（*'e'ete*）」ものであることを、明確に認識している。

さらに、「トロ」の小規模集落とT村は、単にその規模だけでなく、居住者の間の社会的関係という点でも異質とされる。「トロ」の集落においては通常、各世帯の中心である男性は相互に男系的な（agnatic）親族関係――具体的には父と息子、実の兄弟など――にあり、そこに見られる親族関係は比較的単純で均質である。これに対し、多数の人工島からの移住者であるT村居住者の出自やこの人々同士の親族関係はきわめて多様・複雑であり、人々はこれを、同村では「〔出自などが〕異なる人たちがごちゃ混ぜに住んでいる（*Imola 'e'ete gi too dodola*）」といった言葉で表現する。

なお、T村の形成過程において、人工島からの移住者たちは、現在同村が位置する土地に自由に住み着いたわけではない。序論でも述べた通り、T村が位置する一帯は、教会の敷地も含めて、本書でT氏族と呼ぶ親族集団が、先住集団（*'ae fera*）として保有する土地――現在のソロモン諸島で言われる「慣習地（customary land）」――とみなされている（五節第2項参照）。マライタ島において、このような土地に居住したりそこに耕地をもったりすることは、原則として、それを保有する親族集団と何らかの親族・姻族関係をもつ人々にのみ認められる［Burt 1994b; Keesing 1970; Scheffler and Larmour 1987］。T地域の場合、T村沖の島々に居住していた人々の大半は、一九七〇〜八〇年代のT村の形成に先立ち、何らかの時点でT氏族と通婚などの関係を結び、それを根拠に海岸部の土地を耕作していたとされる。T村の形成に際して根拠となったのもこのような関係であるとされ、このため現在でも、T村に住む人々は自他を、T氏族を中心に、多様な親族・姻族関係によって結び付いた「親族（*imola futa*）」――ただし、しばしばごく間接的で「遠い（*tau*）」それ――として認識している（ただしこのような認識には、序論で述べたような懐疑や不明確さがともなっている。この点については五節第2項でも述べる）。

四　人工島居住の過去と現在

1　a島の事例

次に、T村沖の主要な人工島の一つであるa島（口絵3）を事例に、人工島という居住形態の実情と、それに関わるかつての慣習や親族関係について概観したい。同島は、T村沖の島々の中でもT村中心部にもっとも近接した島の一つであり、低潮時には、カヌーに乗らなくても干上がった海底を歩いて行き来することができるほどである。同島は社会的にもT村と関係が深く、このことは、同村に住む三九世帯のうち一三世帯にa島の元居住者またはその子が含まれる――筆者のホームステイ先のジャウ氏もその一人である――という事実に示されている。T地域におけるこのような重要性のため、本書でも、a島は一貫して主要事例としての位置を占めることになる。

a島は、本書でG氏族と呼ぶ親族集団に属する一人の男性によって創設されたと言われ、現在の主な居住者は、この創始者を含め同島居住者の第四世代に当たる（後掲図1―5参照）[34]。同島の創設時期は一八九〇〜一九〇〇年頃と

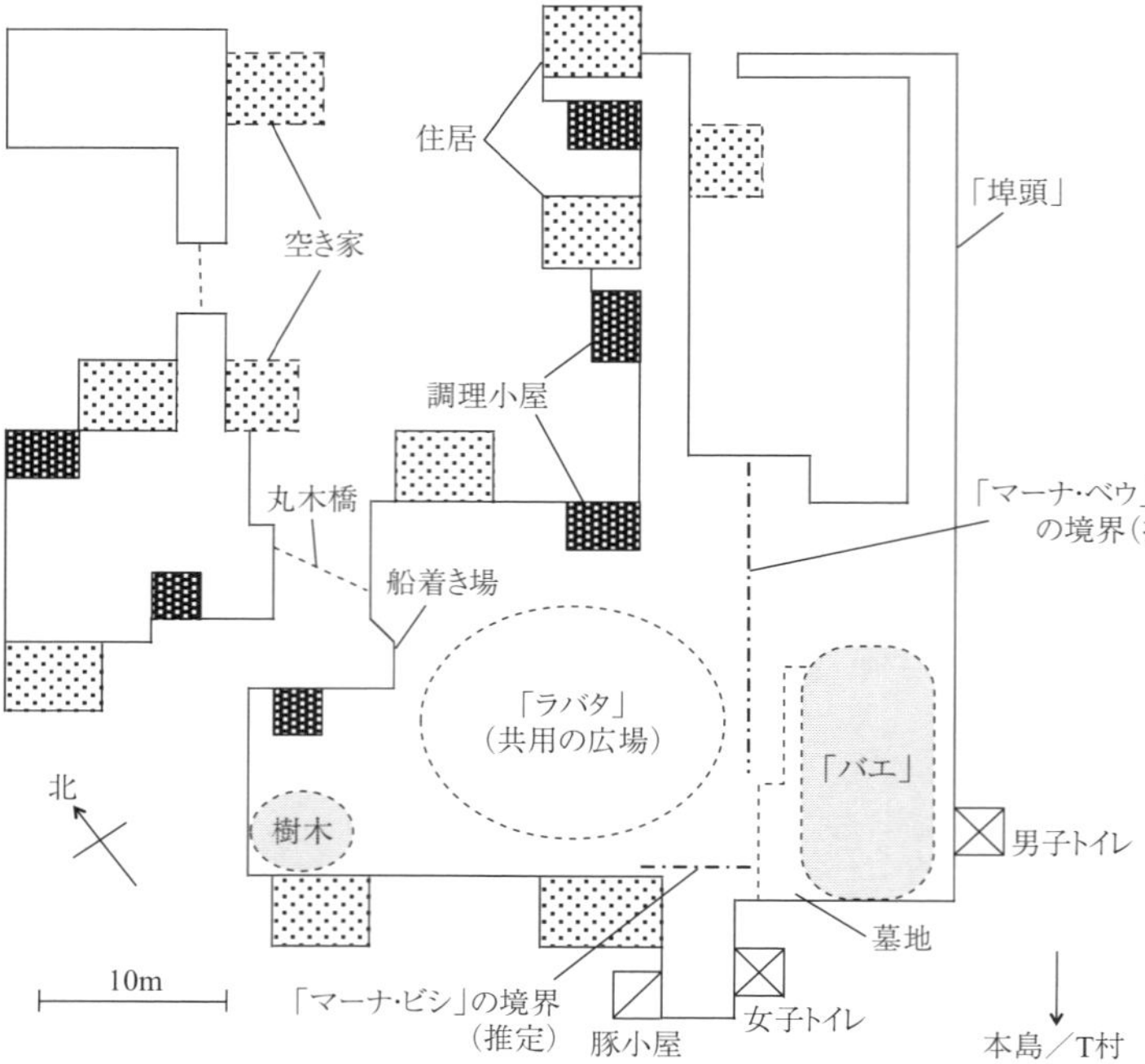

図 1-4　a 島（平面図）

推定され（第二章参照）、先述のように、その名はアイヴェンズの一九三〇年の著作にも記されている。現在（二〇〇八〜〇九年時点）、a島に住んでいるのは六世帯約三〇人であり、そのうち成人の男女は一二人である。これに対し、元居住者たちの証言によれば、過去には最大で一〇世帯六〇人以上が居住していた――具体的には、一九五〇〜六〇年代頃――とされる。

現在のa島上の空間構成を平面図に表すと、おおよそ図1―4のようになる。同島は丸木橋で結ばれた三つの部分に分かれており、島の大きさは最大で約六〇メートル四方、その中心部――図1―4における右下の部分――だけを見るなら三〇メートル×四〇メートル程度である。島内の二つの独立した区画は後から造り足されたものであり、中心部に隣接

写真1-3　a島上の空間（彼方にr島、i島が見える）

した区画はおそらく一九六〇年代に、残りの小さな区画は二〇〇〇年代に入ってから建設された。a島への訪問者は通常、島の中心部にある船着き場にカヌーを横付けして島に上がる。島の上面は、樹枝状のサンゴの破片や砂が敷き詰められて平坦になっており、一部は芝生のようになっている（写真1―3）。島の周囲には、主にサゴヤシの葉を建材とする住居と調理小屋が建ち並んでいる。これらの建物に囲まれた島の中心部は、一五メートル四方ほどの芝生の広場になっており、日常的には子どもたちの遊び場となっているほか、親族の集まりやミサの会場としても用いられる（このような人工島上の共用の広場は、一般に「ラバタ（*labata*）」と呼ばれる）。なお、日中のa島は、ほとんどの大人が本島の畑などに出かけてしまうためにひっそりとしており、このことは他の島々でも同様である。

人工島上に身を置いた時、何より印象的なのは、その空間的・視覚的に開けた性格である。これは決して筆者の主観にとどまるものではなく、アシの人々自身、本島、とくに四方を熱帯林に囲まれた「トロ」の居住空間と対比して、「遠くまで、はっきりと見える（*ada tau, ada folaa*)」という人工島上の空間の特徴をしばしば指摘する。晴れた日のａ島は、強烈な日光をたえず照らし返す海面に四方を囲まれ、その光の中には時折、カヌーに乗って漁に出る男性たちのシルエットが浮かび上がる。また、序論の冒頭でも述べたように、ａ島からは南方に約六キロ離れたフォウエダ島をも見ることができる。他方、島からマライタ島側を見ると、ほぼ隙間なくマングローヴ林に覆われた海岸線の向こうに、内陸の低い山々が見える。例外的にマングローヴ林が途切れているのはＴ村の教会周辺の一帯であり、海に面した広場の向こうに教会堂や司祭の住宅が見える。

広場に面したａ島の南端部分には、その中に住居が四軒ほども収まってしまうような、巨大で暗い樹木の茂みがそびえ立っている（口絵3、図1―4および写真1―3参照）。この茂みは、かつてその中で祖先霊に対する供犠や死者の埋葬が行われていた「バエ（*bae*）」と呼ばれる儀礼用の空間であり、アシの間で祖先崇拝が行われなくなった現在でも、それらは一部の島の上に残されている（Ｔ村沖では、ａ島の他、ｅ島、ｆ島、ｉ島、ｋ島の四島にバエが現存する）。キリスト教徒となった現在のアシにおいて、かつての祖先崇拝に関わる空間と自分たちが生きるキリスト教的空間は、つねに厳密に区別され分離されていなければならないとされる（第四章参照）。このため、人々は人工島上のバエにも立ち入ってはならないとされており、この禁忌に違反した場合、当事者やその親族には病や死などの災厄が訪れるとされる。このような事情から、狭小なａ島上の空間において、バエの暗く巨大な茂みは、そこに住む人々に独特な脅威や不気味さを感じさせるものとなっている。なおａ島には、このバエにぴったりと沿うようにして、一九個ほどのコンクリート製の墓石が並ぶ墓地があり、そこには主に、Ｔ村の教会で洗礼を受けキリスト教徒となったａ島居住者たちが埋葬されている（第四章参照）。

さらに島の東端を見ると、細長く築かれた岩の壁によって四角く囲まれた水泳用プールのような部分が目に入る（図1―4参照）。過去や現在のａ島居住者によれば、この岩の壁はかつて、Ｔ地域とホニアラを結ぶ船舶が島に横付けできるように建設されたものであり、それは現在でも「埠頭」と呼ばれる（ただし、船舶がこの地域を訪れることがなくなった現在、この「埠頭」はまったく使用されていない）。調査の過程で筆者は、この埠頭が、一節で言及した太平洋戦争直後のマーシナ・ルール運動と密接な関わりをもっていることに気付いた。これについては第七章で詳述する。

2　人工島の建設と間世代的拡張

個別の人工島は一般に、その創始者によって短期間に完成されるものではなく、人々がそこに居住する過程で、長期に渡り繰り返し増築され拡張される。図1―4を見ると、a島が、単純な四角形や円形ではなく、あちこちに突出部をもった不規則で複雑な形状をしていることがわかる。そのような形状は、この島が間世代的に居住され増築・拡張されてきた過程を直接に反映したものであり、同じことは、アシ地域の多くの島々について指摘できる。

人工島の建設作業は、動詞的には「岩で住み場所を造る（*'ui(a) fera*）」と表現される。[35] 島を建設しようとする男性は、海底の一部が干上がる干潮時に、鉄製の棒などを用いてサンゴを破砕し、いくつかの場所に積み上げておく。[36] その上で、一〇メートル四方ほどの筏（*faoa*）を丸太で組み上げ、潮が高くなると、先に海中に準備しておいた岩をその上に載せて建設現場に運び、積み上げ始める。建設の際、理想的には、単に岩を放り出して積み上げるのではなく、それらがぐらつかないように慎重に組み上げるべきとされる。具体的には、大きな岩をはじめに積み上げて強固な「岩の壁（*sulu fou*）」、すなわち外壁を築き、その後でその内部に小さな岩を積み重ねていくという手順がとられる。また過去には、建設を開始する際、島が「しっかりした（*ngado*）」ものになるよう、岩の一つに呪文を語り込めるなど、祖先霊に対して助力を乞う手続きが行われていたとされる。

人工島は一般に、低潮時にはほぼ干上がるような浅瀬（*fafomai*）に築かれる。建設作業は、島の上が高潮時にも浸水しない程度の高さ――一・七メートル前後――が得られるまで続けられ、その後で、サンゴの小片などが敷かれて島の上面が平らにされる。このような建設作業は、過去においても現在においても、男性一人で行われることが一般的であり、多くても、兄弟や父親とその息子など二〜三人からなる小さな集団で行われる［cf. Ivens 1978[1930]: 59］。このため人工島の建設は、一般にごくゆっくりとしたペースで進められる。

新たな人工島が創始される際、当初建設されるのは通常、その上に住居一軒がようやく建てられるだけのごく小さな島に過ぎない。そのように始まった島は一般に、創始者とその息子たち、孫たちによって間世代的に居住され続ける過程で、繰り返し増築され拡張される。理念的には、島の創始者の息子たちが成長し、まもなく婚姻しようという時期になると、この息子たちは、自身の婚姻後の新居を建てるための新たな区画――「家の場所（*fuli luma*）」と呼ばれる――を増築する（アシでは、婚姻後の夫婦は夫方に居住するのが標準的とされる）。そうした区画は通常、自身の父が建設し、自らも子ども時代に居住していた区画に隣接し、それを拡張するかたちで建設される。[37] このような増築は、さらに次の世代が成人し婚姻する際や、創始者の子孫ではない男性が、何らかの事情で島に住み始める場合にも行われるべきとされる（実際に、過去や現在におけるａ島居住者は、同島のどの部分を誰が建設したかをおおよそ説明することができる）。このためアシの人工島には一般に、多くの世代に渡って居住されている古い島ほど大きく、新しい島ほど小さいという傾向が指摘できる。[38]

3　人工島と祖先崇拝

人工島という居住空間は、かつてアシの間で行われていた祖先崇拝――「祖先・祖霊を祀る（*foosia agalo*）」こと、あるいは「フォア（*foa*）」[39]――とも密接に関わっており、その痕跡は、先に見た儀礼用の空間「バエ」をはじめ、今日でもさまざまなかたちで残されている。[40] マライタ島における祖先崇拝は一般に、個人の生命・健康や、畑の作物やブタの発育、漁撈活動の成功など、人々の生存と繁栄に関わるあらゆる事柄は、「アガロ（*agalo*）」と総称される祖先たちの霊からの影響力あるいは加護――ラウ語では「ママナー（*mamanaa*）」――によって支えられている、という認識に立脚していた［Keesing 1982a: 46-47; Ross 1973: ch.11］。バエにおける、祖先の父系的系譜の誦詠などをともなうブタの供犠は、そのような加護を乞うための基本的な手続きとなっていた。また祖先からの加護は、以下で述べる男女の空間的・身体的分離など、現世と霊的世界の関係を秩序付ける数多くの禁忌を遵守することによってのみ保証されるものとされ［Maranda and Köngäs Maranda 1970］、逆にそれらの禁忌への違反は、祖先の「機嫌を損ねる（*faa-rakehasu*）」ことで、人々における病や死、あるいは作物やブタの発育不良などの災厄をもたらすとされていた。

かつてのマライタ島で一般的に見られた祖先崇拝の中でも、アシのそれは、他地域と比べ、本書で「氏族」と呼ぶ父系的な出自集団（次項参照）を単位とする、単系的で集団主義的な性格が強いと指摘されてきた［Keesing 1982a: 11; Köngäs Maranda 1976: 180］。具体的には、アシの個人は、もっぱら自身の父系的な（patrilineal）祖先たちに対して供犠・崇拝を行い、それらから加護を得るものとされていた。またそのような供犠・崇拝は、「アーライ・ニ・フォア（*aarai ni foa*）」と呼ばれる氏族の祭司を中心的な担い手とし、同一氏族の男性たちが参加する集団的な儀礼として行われたとされる。このことは、たとえばマライタ島中部のクワイオにおける祖先崇拝が、個別の祖先ごとに異なる供犠・崇拝集団が組織され、また個人の崇拝対象に、父系的祖先のみならず、非父系的祖先や傍系親族も含めた多様な死者が含まれるというように、顕著に双系的・双方的で個別主義的な性格をもっていたこと［Keesing 1970, 1982a］と対照的である。

マランダとケンゲス＝マランダが詳細に論じたように、アシの祖先崇拝は、月経や出産の期間における女性の隔離をはじめ、数多くの禁忌――ラウ語では「アブラー（*abulaa*）」――による男女の空間的・身体的分離と結び付いていた［Köngäs Maranda 1970, 1976; Maranda 2001; Maranda and Köngäs Maranda 1970］。キリスト教の一般的受容以前、人工島上の空間は、（1）バエや男性小屋「ベウ（*beu*）」を含み、男性のみが立ち入ることができる空間「マーナ・ベウ（*mama* beu)」、（2）月経や出産の際に女性が隔離される区画「マーナ・ビシ（maana bisi）」、および（3）男女の両性が滞在しうる、個別世帯の住居が立ち並ぶ区画「フェラ（fera）」に区分されていた。[41] マランダらによれば、これらの空間的区分は、祖先との関わりの特権的な担い手としての男性の身体、とくにその頭部を純粋な——「けがれて（sua）」いない——状態に維持するための、さまざまな禁忌や儀礼的手続きと結び付いていた。[42] またこれらの結果として、キリスト教受容以前のアシの社会生活は、男女の厳格な分離と男性の社会的・象徴的優位という外見上の特徴をもっていたとされる。

a島においても、高齢の元居住者たちからの聞き取りにより、かつてのマーナ・ベウ／マーナ・ビシの位置と境界をおおよそ推定することができる（図1―4参照。かつて、これらの区画の間は石垣で隔てられていたとされるが、現在では、ごく一部を除いてそれらはほとんど崩れ去っている）。T地域では、先述の通り一九三〇年代からカトリック教会による宣教が行われ、人工島群の人々の間では、T村の教会での受洗というかたちをとったキリスト教の受容が進んだ（第四章参照）。同地域で祖先崇拝が実質的に断絶するのは、G氏族をはじめ主要な氏族の祭司たちが亡くなった一九七〇年代のことである。これ以後、ごく一部に非キリスト教徒の高齢男性が残っていたものの、後継の祭司は立てられることなく、祖先崇拝の儀礼も行われなくなる。a島の場合、女性たちがすべてキリスト教徒となったためにマーナ・ビシは一九七〇年代に消滅し、マーナ・ベウも一九八〇年代にはなくなったと推定される。[43]

4　居住、親族関係と通婚

アシにおいて個人は、父系出自に基づき、「アエ・バラ（'ae bara）」——「もとを同じくする人々」といった意味——と呼ばれる親族集団の一つに帰属する。本書では、先行研究［e.g. Maranda and Köngäs Maranda 1970］にならい、アエ・バラを「氏族（clan）」と呼ぶこととする。[44] 氏族は多くの場合、その始祖とされる男性の居住地の地名を集団名としており、始祖から現在の成員たちまでを父系的にたどる氏族の系譜、および儀礼などの際にそれを誦詠する行為は、「タリシバラー（*talisibaraa*）」と呼ばれる。現在のアシ地域で知られている氏族の系譜は、現在の世代も含め、通常一七世代前後の深度をもつ。氏族は原則として外婚的であり、氏族への帰属は婚姻によって変化しない。アシでは夫方居住が標準的とされるため、婚姻は理念的には、出身地から夫方の集落・島への女性の移住というかたちをとる。[45] 島と島を結ぶそうした婚姻は、夫方の人々がカヌーの船団を組んで妻方に赴き、貝貨（*malefo*）を中心とする婚資を支払って花嫁を連れ帰る儀礼「ダオウリゲニラー（*dao-uri-geni-laa*）」――字義通りには、「女を求めて行くこと」――として上演される。[46]

なお、個別の氏族には、当然ながら男性成員と女性成員の双方が含まれるが、先に述べた祖先崇拝の儀礼からの女性の排除にも見られるように、アシの氏族は男性中心・男性優位の性格を顕著に帯びている。今日でも、たとえば高齢男性が自氏族の成員を列挙する際に女性成員たちが捨象されるように、氏族は多くの場合、あたかも父系出自を共有する男性たちのみからなる集合であるかのように想像される。

すでに言及した、T村一帯の土地の先住集団とされるT氏族や、a島の創始者や現在同島に住む男性たちが帰属するG氏族は、その成員が現在のT地域に住む氏族の主要な例である。先述のように、人工島群からの移住者である現在のT村居住者たちは、出自・親族関係においてごく多様であると認識されている。事実、T村に居住する男性が帰属する氏族だけを見ても、その数は一一に上り、さらに、近隣地域をはじめ、マライタ島北部の各地から婚入してきたその妻たちの氏族も含めるならば、その数ははるかに多くなる。[47]

父系出自に基づく氏族という単位と個別の人工島の居住集団の間には、独特な二面的関係が見出される。一方で、夫方居住の選好により、個別の人工島は通常、その創始者の父系的な子孫を主な居住者としている。このため個別の島は、以下で述べるように他氏族成員の男女を居住集団に含みながらも、「特定の氏族の島」という性格をもつ。

T村沖の例で言えば、a島は、G氏族の成員男性によって創設され、今日まで同氏族の成員男性たちを主な居住者としてきた「G氏族の島（*fera G*）」であり、k島は、現在では無人となっているものの、F氏族の人々が創設し居住してきた「F氏族の島（*fera F*）」として認識されている。そのような認識において、個別の人工島はあたかも、その創始者に父系的に由来する単一の氏族の成員たち、しかも男性たちのみによって住まわれているかのように想像されていると言える。

他方で、個別の島の居住集団は、実際には決して単一の氏族と合致しない。第一に、一氏族の成員は、男性に限って見ても、多くの場合異なる居住集団に分散している。たとえば、上述のG氏族はかつて、T村沖だけでもe島、a島、b島、h島、d島およびg島という六つの島に分かれて居住しており、一部の成員はさらに他地域に居住していたとされる。第二に、先にも述べた氏族外婚の原則が必然的に含意するように、ある氏族の成員男性を中心とする島には、例外なく他氏族の成員女性たちが婚入してくる。現在のa島を見ても、そこに住む成人男性がいずれもG氏族成員であるのに対し、彼らの妻たちは、トアバイタ、バエレレア、バエグ、スー地域など、マライタ島北部のさまざまな地域の出身であり、それぞれの地域の氏族に帰属している。このような「妻たち（*'afe gi*）」の存在を考慮する限り、個別の人工島の居住集団は本質的な社会的多様性を含んでいる。[48]

最後に、個別の人工島の居住集団は、特定氏族の成員男性を中心としつつ、多くの場合、それとは異なる氏族の成員男性たちを副次的な構成部分として含んでいる。再びa島について見れば、一九七〇年代半ばまで同島には、G氏族の成員男性たちと並び、S氏族と呼ばれる親族集団の成員男性たちが一定数の世帯を構えていた。a島に関わる一群の移住伝承に即して次章で見るように、S氏族の人々は、G氏族との通婚関係、具体的には、現在三〇～五〇代の成員たちの父系的な曾祖父が、a島創始者の妹と婚姻したことを契機として、同島に定着したとされる（図1―5）。この例に見られるように、個別の人工島における異なる氏族の共住関係は、多くの場合、過去の何らかの

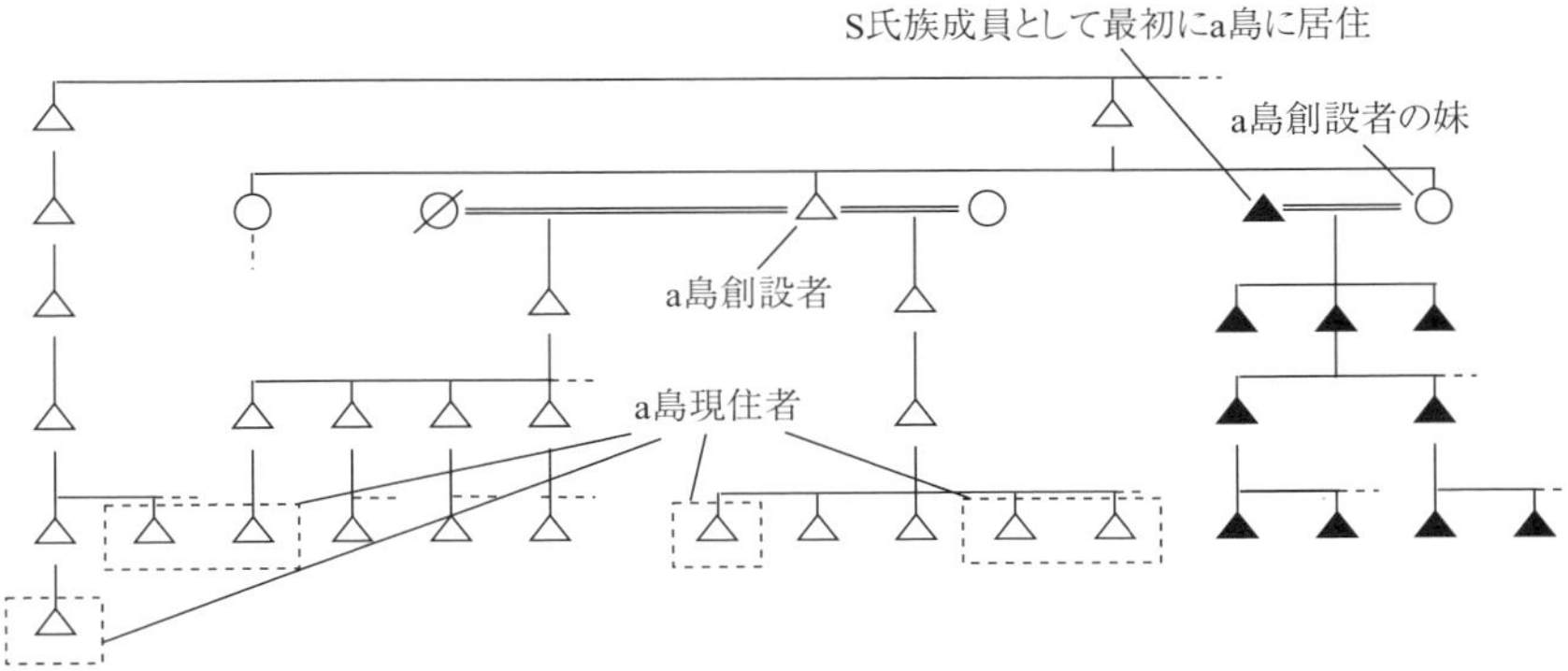

図 1-5　a 島居住者の系譜・親族関係（部分。△は G 氏族、▲は S 氏族の成員男性を表す）

時点で結ばれた婚姻・通婚関係に端を発するとされ、そのような関係はしばしば具体的に記憶・伝承されている。またそうした婚姻関係の帰結として、それら異なる氏族の成員たちの間には、非男系的な（nonagnatic）親族関係が認識されることになる。

そのような通婚関係と非男系的な親族関係を、アシの人々は、「フタ・ニ・ワネ（*futa ni ngwane*、男から生まれた）／フタ・ニ・ゲニ（*futa ni geni*、女から生まれた）」という範疇——分析的には、おおよそ「男系的／非男系的成員・親族」と翻訳されうる——で表現する。たとえばa島に住むG氏族成員たちは、同島のS氏族成員たちを、自氏族の成員女性の子孫、すなわちG氏族の「女から生まれた」人として、「われわれのフタ・ニ・ゲニ（*futa ni geni gami*）」（非男系的親族）と呼び、それとの対比において、自らを「G氏族のフタ・ニ・ワネ（*futa ni ngwane G*）」（男系的成員）と称する。[49] 人工島において「フタ・ニ・ワネ」と「フタ・ニ・ゲニ」の立場は決して対等ではなく、たとえば両者の間で衝突が起こった場合、島から転出しなければならないのは、創始者の父系的子孫に当たらない「フタ・ニ・ゲニ」の側である（第二章参照）。またこれと関連して、a島におけるS氏族成員たちのように、「フタ・ニ・ゲニ」としてある場所に居住することを、アシの人々は「女の場所に住む（*too 'i fuila geni*）」と表現する。[50] この表現は、当該の島の本来の居住集団と自身の関係が、過去に実在した特定の女性によって媒介されている、という認識を含意するものと言える（第二章参照）。なお、以上の「フタ・ニ・ワネ／フタ・ニ・ゲニ」という区別や「女の場所に住む」という表現は、人工島に関してのみならず、本島上の集落、たとえば現在のT村におけるT氏族成員とその他の人々の関係についても用いられる。

五　現在における社会的動態

1 「故地に帰る」動き

先に概観したような、調査地すなわちT村と沖合人工島群における人々の居住＝生活の現状には、「植民地化・キリスト教化の過程での人工島群から本島海岸部への移住」といった単純な「変化」の図式には回収されえない、複雑な動きが含まれている。すでに見たように、T村は、一九七〇～八〇年代の人工島群からの移住によって形成された比較的新しい集落であり、また、その居住者同士の親族関係は、「トロ」の集落や小規模な人工島の居住集団と比べてごく多様で複雑である。そのように非伝統的な集住形態としてのT村に対し、今日のT地域に住む人々は、しばしば違和感や批判的見解を表明する。たとえば、T村に住む中高年の男性が、同村では、親族関係において互いに「遠い」人々が「ごちゃ混ぜに住んでいる（*too dodola*）」という批評を語ることは珍しくない。また時には、「トロ」から婚入してきた若い女性や、「トロ」の祖母宅での休暇から帰ってきたばかりの少年さえもが、T村を、さまざまな人々が密集して住んでいて「まるでタウンのようだ（*mala taoni*）」――具体的には、ホニアラやアウキのようだ――と評する。そして人々はしばしば、そのような「ごちゃ混ぜ」で「タウンのような」集住形態の弊害として、教会行事の準備や村の共用施設の改修などに際し、T村の人々が「うまく一緒に働くことができない（*lafusia rao-ofu-laa*）」といった問題や、集落内のリーダーシップが明確でないために、一部の若者における飲酒や暴力沙汰、窃盗といった問題に対し適切な制裁が行われていない、という現状を指摘する。このように、T村の社会生活がど、こ、か、う、ま、く、行、っ、て、お、ら、ず、この新しい集住形態がそれ自体として不安定さを抱えているという感覚は、現在のT地域に住む人々の間で広く共有されている（この点については第四章でも再論する）。

そのような感覚は、今日のT地域でしばしば語られる、近い将来、現住地、すなわち人工島やT村を去って「トロに帰る（*'oli 'i tolo*）」という構想とも密接に関わっている。次章で見るように、今日「アシ」と呼ばれる人々は、自分たちの祖先はもともと「トロ」、すなわちマライタ島内陸部の各地に居住していたのだが、それぞれの氏族の祖先が移住を繰り返す過程で、人工島を建設し「海に住まう」に至った、という認識を共有している。この人々はまた、他氏族との分化などによって、自らの氏族が現在に至る同一性を獲得したとされる時点における祖先の居住地――通常は「トロ」に位置する――を、自氏族の「故地、もともとの居住地（*'ae fera*）」として認識している。たとえばG氏族の場合、父系的祖先の初期の定着地である、現在のクワラアエ地域東部に位置するFという土地を自らの「故地」と認識しており、またS氏族の場合、ファタレカ地域西部のEという場所が「故地」であるとされる（第二章参照）。多くの場合、それぞれの氏族の祖先は、住む人のない密林が広がっていた「故地」を切り拓き、事実上最初の居住者としてそこに定着したと語られる。

これに対し現在、T地域に限らずアシの人々の間に広く見出されるのは、そのような祖先の移住史を逆向きにたどり、現住地を去って「トロ」の「故地」に移住しようとする動きである。たとえば、T村近隣に住む男性ディメ（Dime、五〇代）――幼少時にa島からl島に移住したS氏族成員――は、調査を始めて間もない筆者に、上述の通りファタレカ地域西部にあるとされる「故地」に「帰る」計画について語った（二〇〇八年九月）。彼によれば、「われわれ（S氏族）はもともとここ（T地域）の人たちではなく」、T村周辺に「われわれのもの」と言える土地をもたないため、子どもや孫たちが将来もこの地域で畑などを確保できるかどうかには不安がある。そこで近年、T地域やホニアラに住む親族が話し合って、氏族の「故地」に「帰る」ことを決めたという。ファタレカ地域の「故地」では、自分たちは先住集団に当たるため、その土地を「われわれの土地」として主張することができる。現在同地には、自分たちS氏族成員にとって「フタ・ニ・ゲニ」に当たる遠縁の親族が住んでいるが、すでにこの人々とも交渉し、同地に住居や畑を設けることについて同意を得ているという。同じように、T村に住む元a島居住者の男性（六〇代、G氏族成員）はある時、クワラアエ地域東部の「トロ」にあるというG氏族の「故地」について語ってくれた（二〇〇九年六月）。男性によれば、同地には現在でも、少数ながらG氏族の成員たちが住んでおり、自分たちに対し、「帰って来たければ帰って来い」と呼びかけてくれている。「自分たち老人はすでにここ（T地域）に居着いてしまっているが、子どもたちや孫たちは（故地に）帰ることになるだろう」というのがこの男性の見通しである。

筆者は当初、ほとんどの場合自ら居住したことのない「トロ」の土地に「帰る」というこれらの構想――その語り手は、ほぼ例外なく過去や現在における人工島居住者である――を、非常に空想的で奇妙なものと感じた。これに対し、アシの間では現在、そのような構想はあくまで自然な、当然とも言うべきものとして通用し、共有されているように見える。(51) なおT地域では、筆者の知る限り、実際に現住地を去って「故地」に生活の拠点を移したという事例はないが、右の語りにも見られるように、「トロ」の「故地」への訪問や、そこに住む遠縁の親族との交渉などは散発的に行われている。(52)

「トロ」の「故地」を自らの本来の居住地と規定し、そこに「帰ろう」とするこのような動きは、アシにおける「住まうこと」の現状を端的に宙に浮いたものにしている。そこでは、人工島や本島海岸部に居住し、自らを「アシ」と呼んできたこれらの人々の自己同一性が潜在的に疑問に付されており、このことは、「アシ」の人々とその文化・社会生活を対象とする筆者の調査の企図をも揺るがすものと思われた。

調査の過程で明らかになったように、このような動きには、いくつかのアシに固有の事情が関わっている。まず、現在のマライタ島、とくにその北部では、序論でも触れたように、人口の増加と海岸部への密集により、自給的農耕のための土地が足りなくなりつつあるという不安が広まっている。実際に、二〇世紀後半から現在まで、マライタ島の人口は急激に増加してきた。一九七〇年の時点で、離島を含むマライタ州の人口が約五万二〇〇〇人であったのに対し、二〇〇九年の人口は約一三万八〇〇〇人にまで増加している［Solomon Islands Government c2013b: 2］。また、一九八六年から九九年にかけての平均年間人口増加率は三・三パーセントに上る［Solomon Islands Government c2002: 24］。とくにマライタ島北部の海岸部は、ソロモン諸島の村落地域の中でももっとも人口密度が高い地域の一つとして知られる。具体的には、国内の平均人口密度が一七人／平方キロであるのに対し、T村を含むアシ地域北部の海岸部における人口密度は、その約三倍の五〇人／平方キロ以上に及ぶと推計されている[53]［Foale et al. 2011: 360］。

土地不足に対するそのような不安は、子どもや孫たちが将来畑を確保できるかどうかわからないから、という右のディメの説明にも見られるように、「故地へ帰る」という動きの主要な背景となっている。基本的事実として、マライタ島における慣習的土地保有は、当該の土地に最初に定着したとされる人々の父系的子孫が優位の土地権をもつ、という先住性の原則に基づいている（三節第4項参照）。これに対し、上述のように自らを他地域からの移住者——ラウ語では「よそから来て居着いた人（*imola dao ka too*）」——と規定するアシは、ほとんどの場合、現住地やその付近に「われわれの土地（*gano gami*）」と言える土地を持たない。人工島に居住するアシは一般に、海岸部の土地を、それを先住集団として保有する人々との通婚関係などに基づいて利用してきたとされ［cf. Ivens 1978[1930]: 85-86］、土地権に関して明確に劣位の立場にある[54]。

これまでのマライタ島において、居住や耕作というかたちでの土地利用は、それを保有する先住集団の成員のみならず、先述の「フタ・ニ・ゲニ」をはじめ、先住集団とさまざまな親族・姻族関係によって結び付いた人々にも、広く認められてきた［宮内 二〇一一：第4章、Burt 1994b; Scheffler and Larmour 1987］。アシの人々が、人工島に近接する本島海岸部に自給用の耕地をもってきたことは、その明確な例である。これに対し今日のアシは、人口の増加・密集により土地の利用状況が逼迫する中、現在のような土地利用を将来に渡って継続できるという確信を持てずにいる。T地域においても、近い将来、土地保有集団とされるT氏族の成員たちが他の人々の土地利用を制限・排除するようになり、自分たちは現在の土地を離れることを余儀なくされるのではないか、という不安を多くの人が語っている。

このような不安は、一九九〇年代末から二〇〇〇年代初頭にかけてソロモン諸島で生じた「民族紛争（Ethnic Tension）」によっていっそう強められた[55]。この「民族紛争」では、多数のマライタ島出身者が、移住先のガダルカナル島から武装勢力によって暴力的に排除・追放されるという事態が生じた。この事態はその後、首都ホニアラとその周辺を中心に、ガダルカナル島民とマライタ島民それぞれによって組織された武装勢力同士の本格的な戦闘状態へと発展し、治安の悪化と社会的不安はマライタ島など他地域へも急速に拡大した。マライタ島北部のファタレカ地域で調査を行った宮内が指摘するように、このような紛争と避難・移住の体験は、「自分たちの土地」ではない土地に生活することの不安定性を、マライタ島の人々に強く印象付けたと考えられる［宮内 二〇一一：二九九―三〇六］。このことは、上述のように自らを「よそから来て居着いた人々」と規定するアシに関して、とくに強く当てはまる。加えてアシにおいては、紛争によりアシ地域とアウキ、ホニアラを結ぶ交通手段が機能不全に陥り、魚の出荷先としての都市市場が実質的に失われたという事情がある。このような体験は、アシにおいて、漁業や市場活動に依存した生活様式よりも、「トロ」の伝統とされる、焼畑農耕を中心とする自給的生活の方がより信頼できるという意識を強めたと考えられる。

これらの事情を背景に、現在のアシ地域では、人工島であれマライタ島本島の海岸部であれ、自分たちは現在の居住地を離れ、「トロ」の各地にあるそれぞれの氏族の「故地」に「帰る」べきだ、という意識が広く共有されるに至っている。また、より最近では、本書の冒頭で言及したような、環太平洋地域で頻発する地震・津波などの自然災害も、

「海に住まうこと」をめぐるアシの意識に大きな影響を与えている。そしてそのような状況の中で、アシの現住地は「われわれの住み場所」としての自明性を失い、それとともに、「われわれはアシである」という集合的な自己規定も、潜在的に相対化されているように見えるのである。

2 「土地所有者」をめぐる懐疑

T地域における人々の居住＝生活は、序論でも述べた、そこでの土地保有をめぐる潜在的対立によって、いっそう不安定なものにされている。すでに述べたように、現在のT村とその周辺の土地は、その先住集団とされるT氏族の成員たちによって保有されていると了解されており、その他のT村居住者や、現在も人工島に住む人々のほとんどは、T地域に「われわれのもの」と言える土地を持たない[56]。他の人々から「土地所有者（*landouna*）」（p. landowner）と呼ばれるT氏族の成員たちは、現在のT地域においてあくまで少数派に過ぎないため[57]、土地保有をめぐる同地域の現状は、少数の「土地所有者」と多数の非「土地所有者」という明確に非対称的なものとなっている。なお後者の人々は、すでに述べたような「トロ」からの移住史を根拠に、T地域において自らが「よそから来て居着いた人」であることを認めており、そのような立場について直接には争おうとしない[58]。

T地域の日常生活において、T氏族成員たちの「土地所有者」としての地位はあくまで盤石に見える。同氏族の現在の「中心人物（*ngwane 'initoo*）」とされる男性マエリ（Maeli）は、四〇代の若さにも関わらず、多くの人々により、氏族の系譜や移住に関する伝承、個別の「バエ」の由来などについて、誰よりも詳細な知識をもつと認められている（そうした知識は、マライタ島において通常、土地保有の正統性の根拠とみなされる）。またT地域の人々は、新たな場所に住居や畑を設けようとする場合、事前にマエリに「尋ね（*soe ledia*）」、土地利用の許可や利用場所についての指示を求めるべきとされ、筆者の調査中にも、そうした相談は繰り返し行われていた[59]。

しかし、こうした現状の反面で、序論でも述べたように、T地域に住む一定数の人々は、マエリらT氏族成員たちの「土地所有者」としての正統性をひそかに懐疑している[60]。これらの人々によれば、T氏族は今日、T村の先住集団にして土地保有集団として通っているが、実際には、比較的最近になって他地域から移住してきて、何らかの仕方で、この地域の「本当の」先住集団に取って代わったに過ぎない。このような成り代わりの経緯については、人々の間で異なる憶測が語られている。一部の人々は、一九三〇年代におけるカトリック教会の宣教師たちとの交渉（第四章参照）の際、当時のT氏族の中心人物――現在の主な成員たちの父方祖父――が、「少しばかり英語を知っていたために」、自らを「土地所有者」として認めさせることに成功したのだ、と指摘する。また、先のイロイを含む少数の人々は、現在から約三世代前、当時のT氏族が、現在のT村付近に住んでいた先住集団を襲撃・殺戮し、それ以後この地域に居座るようになったという、より劇的な事情を語る[61]。また、どのようにしてかは「よくわからない」が、ともかく過去のある時点でそうした成り代わりが生じたのだ、と言う人も少なくない。T氏族に対するこれらの懐疑は、決して公然と語られることはないが、その存在は、当のT氏族の成員たちにも認識されている。

以上のような見方をとる人々は、いわゆるT氏族の成員たちではなく、T村に住む男性イロイこそが、この土地の「本当の」先住集団の父系的子孫なのだ、と異口同音に指摘する。現在のT地域でとくに大きな社会的影響力をもっているわけでもない、この物静かな男性こそが「本当の土地所有者」なのだという一部の人々の説は、筆者には奇妙で謎めいたものと感じられてならなかった。イロイ自身は、先述のようにあくまで漠然と、自らがT村の「本当の土地所有者」だと考えているが、そのように公然と主張することは決してない。このことを人々は、「彼は争いを好まないからだ」とか、「彼は〔土地権の根拠となる伝承や系譜について〕しゃべるのが苦手だからだ」などと説明する。彼はまた、自らを「T氏族」の成員と認識しており、また先のマエリなどいわゆるT氏族の成員たちもそのことを認めているが、両者の間に具体的にどのような親族関係があるのか、あるいはそもそも、彼らが本当に同じ氏族に属するのかどうかは、どちらの側においても、またその他のT地域住民においても、あくまで不明確なままにとどまっている。

以上のような現状は、T地域における土地保有関係を、奇妙にも二面的で非決定的なものにしている。すなわち、一方で大多数の人々は、先述のように過去の移住史を根拠に、現在自らが居住し耕作する土地は「われわれの土地」ではないと認めている。先に見た「故地に帰る」という動向は、そのような認識に基づくものに他ならない。しかし他方で、これらのうち少なからぬ人々は、現在の土地保有関係がいつの日か一挙に転覆されるかもしれない、という可能性を認識している。一部の人々は筆者に対し、イロイやその二人の息子たち——一人は二〇代、もう一人はまだ中学生の——が、いわゆるT氏族を相手取って土地裁判を起こすようなことがあれば、その時には、これまで隠されていた「真実（*mamanaa*）」がついに明らかにされ、誰がT村における「本当の土地所有者」であるのかが最終的に確定されるだろう、と語った。もちろんその場合でも、T地域住民の大多数が非「土地所有者」であるという状況は変わらない。それでも、土地保有の正統性がそのように再定義されるならば、誰がどのような根拠でT村やその周辺の土地に住まい、それを耕すのかという関係は、大きく書き換えられることになる。このように、T地域における人々の居住＝生活が近い将来にどのような姿をとるのかは、あくまで不確定なものと見られている。同地域に住むアシの人々は、自らの居住＝生活の現状を、そのように高度に偶有的な、すなわち、現にあるような姿で通用してはいるが、他方でまったく別様でもありうるものとして生きているのである。

異なる可能性が相互に緊張をはらんだままで並存する、このように重層的で偶有的な居住＝生活は、今日のアシにおいて、どのような機制によって可能になっているのか。この問いとの取り組みの第一歩として、次章では、反復的な移住を通じてアシが今日まで「海に住まって」きた歴史と、それに関するこの人々の認識について検討したい。そのような検討からは、序論で見た無人のu島のように、人々が現にそこに「住んでいる（*too*）」か否かに関わらず、ラウ・ラグーンの海上に「とどまり続ける（*too*）」人工島が、アシの「住まうこと」の現状の中に、それが別様でありうるという不断の可能性をもたらしていることが明らかになるだろう。

註

（1）　ただし、ここで挙げたのは行政区分上の「マライタ州」の人口であり、そこには州内の「離島」の人口も含まれている。なお、マライタ島は厳密には、その大部分を占める狭義の「マライタ島」と、その南端に隣接する小マライタ島（Small Malaita Is. または Malamasike）の二つの部分からなる（図1—1参照）。本書では、既存の民族誌的文献における慣例に従い、双方を一括して「マライタ島」と呼ぶこととする。

（2）　マライタ島北部で用いられる、ラウ、トアバイタ、バエレレア、バエグ、ファタレカの五言語・方言は、現地の人々の間で、異なる語彙や発音を含むが相互に理解可能とみなされている。なお、言語学者のトライオン（Darrell Tryon）とハックマン（Brian Hackman）は、トアバイタ、バエレレア、バエグ、ファタレカを単一の言語（北部マライタ語）の異なる諸方言とみなす一方で、ラウ語をこれらから独立した一つの言語と分類している［Tryon and Hackman 1983: 21］。

（3）　それらはまた、従来の民族誌的文献でも、マライタ島における事実上の民族区分を表すものとして用いられてきた［e.g. de Coppet and Zemp 1978; Keesing 1982a; Ross 1973］。

（4）　一九九九年の国勢調査では、ラウ語を第一言語とする人口は一万六九〇〇人あまりと推計されている［Solomon Islands Government c2001: 170］。ただし、ここにはアウキやホニアラなどマライタ島北東部以外の地域に居住する人々も含まれ、また二歳六か月未満の幼児は除外されている。なお、ソロモン諸島の国勢調査には「ラウ」という独立の地域区分が存在しないため、マライタ島北東部に居住するアシ／ラウの人口は特定しがたい。

（5）　言語・民族集団としては、トアバイタ、バエレレア、バエグ、ファタレカ、クワラアエが総体として「トロ」に分類されるのに対し、本書の対象であるラウは、マライタ島中西岸に住むランガランガと並び、全体として「アシ」に区分される。なおランガランガは、ラウと並ぶ「アシ」として、人工の島々に住まい、漁撈や市場交易に従事してきたほか、マライタ島北部で伝統的交換財として用いられてきた貝貨（*malefo*）の製作でも知られる［後藤　一九九六、Cooper 1971］。ただし、ラウとは異なり、ランガランガは海上居住をすでに全面的に放棄しており、また州都アウキへの近接性のために比較的多くの現金収入機会をもつなど、前者とは多分に異なる社会経済的状況に置かれている［Guo 2001, 2003］。

（6）　たとえば、アシ／ラウにおける葬制などの慣習（第三章参照）や言語について筆者に説明する際にも、現地の人々は、「われわれアシは（*Gemelu Asi gi*）～する／と言う」という言い方をする場合が多い。なお、「アシ／ラウ」範疇の使い分けについてごく簡潔に述べるならば、（1）マライタ島北東部という限定的な地域的文脈において、居住地や集団帰属の差異が問題にされる際には、「アシ／トロ」の対比が、（2）マライタ島全体が想像され、その内部における言語や地域の区分が問題にされる際には、先述の「ラウ／バエレレア／バエグ……」という区分が用いられる場合が多い、と言うことができる。

（7）他方、アシ／ラウの言語に対しては、既存の言語学的文献［e.g. Fox 1974; Tryon and Hackman 1983］で「ラウ語」の呼称が確立していることから、本書でもこれを採用する。

（8）マライタ島において、類似の海上居住空間は、ランガランガ地域、マライタ島北端の湾内のスー（Suu）地域（図1―1参照）、および小マライタ島東岸にも見られるが、多数のそうした島々が現在も居住されているのはアシ地域のみである。

（9）アシの海上居住空間に対するラウ語表現はごく多様であり、これを単一の現地語または翻訳表現で代表することは困難である。名詞的にはたとえば、先述の「フェラ・イ・アシ」（海の村、海にある住みか）や、「フェラ・ウイラナ（*fera 'uilana*）」（岩で造った住みか）といった呼び名がある。現在では「アイラニ（*aelani*）」（p. island）という表現も用いられるが、「アイラニ」には天然の島、たとえばマライタ島北東沖のマーナオバ島（Maana'oba Is.）も含まれる。また、人工の海上居住空間に住むことは、動詞的には「トー・イ・アシ（*too 'i asi*）」（海に住まう）と表現され、その居住者は「イモラ・イ・アシ（*imola 'i asi*）」（海の人、海にいる人）と呼ばれる（すなわち、いずれの場合も「島」に相当する名詞は用いられない）。このような事情から、本書では、簡潔さと一貫性のために、「人工島」という呼称を維持することとする。

（10）また、次に紹介するパーソンソンは、一九六〇年代の時点で、アイヴェンズの列挙の約二倍に当たる六〇以上の人工島が存在しており、なおも新たな島々が建設されつつあったと記している［Parsonson 1966: 5］。

（11）マライタ島の人工島群は、アイヴェンズの著作に先立ち、同島における植民地統治の最初期から注目されていた。たとえば、ソロモン諸島の初代駐在弁務官（resident commissioner）を務めた博物学者ウッドフォード（Charles M. Woodford、一八九六―一九一五年在任）による一九〇八年の報告にも、それらへの言及が見られる［Woodford 1908］。

（12）アイヴェンズは、同島の名を「スル・ヴォウ（Sulu Vou）」と表記している（ラウ語の発音では[f]と[v]がしばしば置換される）。

（13）パーソンソンは、マライタ島の人工島を、トンガに見られる類似の建造物を起源とし、ポリネシアからの移住者によって伝えられたものと推定している。また彼は、人工島居住の一般化に際しては、マラリア感染の回避が主要な動機となったと指摘している。

（14）加えて竹川大介は、小マライタ島東岸に「飛び地」のように存在する「ラウ」の居住地（図1―1参照）で調査を行い、そこで行われるイルカ漁や、この人々における空間認識について論じている［e.g. 竹川 一九九五、二〇〇二、二〇〇七］。小マライタ島に住むこれらの「ラウ」の人々は、マライタ島北東部からの移住者の子孫とされるが、その言語や社会生活は移住先のそれと高度に混淆しており、また今日ではマライタ島北東部との交流もほとんどないため、本書では考察の対象に含めない。

(15) この時期以降、マライタ島には多数の年季労働者が送還されることになる。なお、次節で紹介する調査地でも、現在の中高年層から三～四世代前の男性たちで、クイーンズランドやフィジーに働きに行った例が記憶されている。これらの記憶は、他の証拠とともに、調査地における個別の人工島の建設時期を推定する手がかりとなる（第二章参照）。

(16) このような歴史的事情は、序論で見た、祖父の時代における戦闘・殺戮についてのイロイの疑念を、客観的にももっともらしいものにしている。一九世紀末から二〇世紀初頭のマライタ島で銃器を用いた戦闘が激化していたことは、多くの論者が指摘する事実であり、今日のT村の周辺でそうした戦闘と殺戮が行われたという可能性は十分にある。

(17) アイヴェンズのアシ地域滞在は、ちょうどこの殺害・報復事件が起こった時期に当たっていた。なお一九二七年のこの事件は、以下で述べる太平洋戦争やマーシナ・ルール運動と並び、現在のマライタ島民の間でもっともよく知られた植民地史上の出来事である。たとえば、筆者の調査地の高齢者たちは、個別の人工島の建設時期について説明する際、「ベル氏が殺されるより前（あるいは後）」という表現をしばしば用いる。

(18) 二〇〇九年時点の統計によれば、マライタ島の総人口に占める信者の割合は、メラネシア教会が二六パーセント、ローマ・カトリック教会が二四パーセント、SSECが三一パーセント、SDAが六パーセント、その他が一三パーセントとなっている［Solomon Islands Government c2013b: 24］。

(19) マランダとケンゲス＝マランダの調査地であるフォウエダ島、および秋道の調査地であるフナフォウ島やそれらの周辺に住む人々の大半は、現在SDA教会の信徒となっている。

(20) マーシナ・ルールについては、これまで数多くの研究がなされてきた［e.g. 棚橋 一九九三、一九九八、二〇〇〇、ワースレイ 一九八一、Akin 2013; Keesing 1978, 1992; Laracy 1971; Laracy (ed.)1983］（第七章参照）。

(21) エイキン（David W. Akin）の研究によれば、マーシナ・ルールにおける「カストム」への関心の背景には、一九三〇年代末の植民地行政における「間接統治」導入の試みと、その過程での「土着の慣習（native custom）」に対する政策的注目があった［Akin 2013: ch.2］。なお運動の後半には、一部の地域で、「アメリカ人」が厖大な物資を持ってマライタ島民を解放するためにやって来るとの期待が広まったとされる。このため、行政官や一部の研究者の間では、マーシナ・ルールを「カーゴ・カルト」（第七章参照）の一形態とする解釈もなされた。

(22) 図1―2は、T村沖の人工島の位置や相対的な大小を示すための、あくまで抽象化された地図であり、図中における島々の大きさや形状は実物に対応していない。また、図1―2には記入していないが、自動車道から内陸側には、通常一～三世帯からなる「トロ」の小集落が散在している。

(23) 本書で言う「T地域」に対応する現地語の呼称はとくにないが、この地域の人々が「われわれのさと、われわれが住んでいるところ（*fera gia* あるいは *fera gami*）」と言う時、通常想定されているのは、T村と沖合の島々からなるまとまりである。

(24) 現在のマライタ島では、駐アウキのアメリカ人司教を除き、カトリック教会の司祭はほぼ全員が同島出身者となっている。

(25) T村の外れに当たるT川付近に住居をもつ二～三世帯は、独自にSDA教会に改宗しているが、この人々はホニアラに居住している場合も多く、本書ではT村居住者に含めていない。

(26) アシにおいて、婚姻した子どもは父母とは独立の住居を構えるべきとされ、事実ほとんどの場合そうされる。

(27) 地理的に見て、T村沖に位置する一六の人工島は、他の島々とは区別された一つのまとまりをなしている。具体的に言えば、これらの島々がT村沖に数百メートル間隔で密集しているのに対し、それらの北端に位置するe島より北では六キロ以上、南端のk島より南では三キロ以上に渡って、海上には一つの人工島も見られない（後掲図5―1参照）。アシ地域の人工島は、一般にこのように不均等に、すなわち複数の島が一つの地域的なまとまりを構成し、それらのまとまりの間にはほとんど島が見られないという仕方で分布している。本書で「人工島群」と呼ぶそのようなまとまりは、アシ地域の約六か所に見られ、T村沖の人工島群はその最北端のものである。個別の人工島群は一般に、一つまたは二つの古く大規模な島――T村沖ではk島がこれに当たる――があり、その付近に多数の小さな、また相対的に新しい島が散在しているという構造をもつ。次章で見るように、このような地域的構造は、人工島群の形成史を直接に反映したものである。

(28) ラウ語において、「耕地」と「陸地、本島」は同じ「ハラ（*hara*）」という語で表される。このため人工島居住者は、「畑に行く」と「陸に行く」を、いずれも「レア・イ・ハラ（*lea 'i hara*）」と表現する。

(29) このため、とくに人工島居住者は、日常的な移動のために、潮汐の変化や、干潮時でも航行の可能な水路（*fakali, tafaa*）の位置をよく把握していなければならない。また同じ理由から、人工島は通常、低潮時でも干上がらない水路に面した場所に建設されている。

(30) k島については、元居住者たちの系譜的な説明から、その建設は一八世紀以前と推定される。これは、アシ地域全体でも初期の島の例と言える。

(31) 現在のマライタ島では、多くの地域でコプラの生産が主要な現金収入源となっているが［cf. 宮内 二〇一一：一〇三―一〇五］、T地域にはココヤシ林自体がほとんど見られず、コプラ生産はまったく行われていない（第五章、第六章参照）。

(32) ただし、個別事例の聞き取りによれば、サイクロンとは無関係な時点で本島に移住している世帯も少なくない。序論で紹介したイロイの世帯もそうした例であり、彼自身の説明（二〇〇九年七月）によれば、この世帯は一九八一年頃、「海での暮らしは大変過ぎるから」と現在のT村に移住したという。また、a島に住んでいたある世帯は、妻／母が一九七三年に亡くなったのを契機に、翌年、本島に住居を移したという。なお第四章では、アシ地域におけるキリスト教受容の進展と、人工島群から本島への移住の関連について考察する。

（33）メラネシアでは、植民地統治やキリスト教受容の過程で、人々の内陸部から海岸部への移住が推進され、また伝統的な集落よりも大規模な集落が形成された事例が広く見られる［e.g. Barker 1990; Burt 1994a; White 1991］。カトリック教会の伝道所に隣接して大規模集落が新たに形成されたT村の事例も、移住が内陸部からではなく海上から行われたという点を除けば、一見そのようなパターンに合致する。他方でT地域の場合、一九三五年のカトリック教会の定着から八〇年代における大規模集落の形成まで約五〇年もの時間差があり、教会の定着は新集落の形成を直接に帰結したわけではない。この点については第四章で考察する。

（34）G氏族はT村沖で、a島の他にもe島、b島とh島、さらにはいずれもごく小規模な島だがd島とg島を建設してきた親族集団として、T地域における「海に住まうこと」の歴史において重要な位置を占めている（第二章参照）。

（35）建材となるサンゴの砕片は、「海の岩（*fou ni asi*）」、あるいは単に「岩（*fou*）」と呼ばれ、多くの場合、海底に見出されるサンゴ化石が用いられる。なお「ウイ（ア）（*'ui(a)*）」は、主に石・岩に関わるさまざまな動作を表す動詞であり、「（人などに）石を投げつける」、「（木の実などを）石で打ち割る」、「（弓・銃などを）撃つ、発射する」などと並び、「（人工島を）岩を積み上げて建設する」という意味で用いられる。

（36）十九世紀末における鉄器の流入以前には、「ナギ（*nagi*）」と呼ばれる石斧や木の棒を用いてサンゴの破砕が行われていたとされる［cf. Ivens 1978[1930]: 59］。このことは、西洋世界からの鉄器の流入により、人工島の建設が飛躍的に容易になったことを示唆する。先述のように、現存する人工島の多くが二〇世紀に入ってから建設されているという事実は、一面でおそらくこのことと関連している。

（37）他方、創始者が建設し居住していた、当該の島における最古の部分は、その死後、先に見たような共用の広場やバエに転化される場合が多い。

（38）ただし、個別の島が実際にどのように拡張される――あるいはされない――かは、居住する諸世帯における男子の数など、さまざまな偶然的要因に左右される。たとえば、T村沖のb島は一九四〇年代頃に創始され、a島よりも一世代ほど新しいと推定されるが、b島生まれの男性の多くが同島に定着してきたため、現在ではa島よりも大きく、また居住者も多くなっている（b島の居住者は一三世帯約六〇人で、調査時点のT村沖で最多であった）。他方、序論で見たu島は、創始者に男子が一人しかいなかった上、その男子の二人の息子も一九八〇年代はじめに本島に転出したため、現在でもごく小さな島にとどまっている。

(39) 「フォア（*foa*）」は「祀る（*foosi(a)*）」の名詞形であり、祖先崇拝やそれに関連する儀礼を全般的に指す。

(40) 第四章で詳述するように、T地域では主に一九七〇年代まで、祖先崇拝の儀礼やそれと関連した禁忌が行われていた。なお、創始者がキリスト教徒である場合、島にはバエが設けられないので、先に述べた島の大小と並び、バエの有無は、個別の島の新旧を知る上でのおおよその手がかりになる。

(41) 同様な空間区分は、マライタ島本島に住むバエレレアやバエグの人々の間でも行われていた［Ross 1973: 118-125］。「マーナ・ベウ／マーナ・ビシ」はそれぞれ、「ベウ／ビシのあるところ」といった意味である。「ビシ（*bisi*）」は、月経期間中に女性が滞在する小屋のことであり、これとは別に、女性がその上で出産を行う、人工島から少し離れた場所に置かれた岩は「ウウ（*'u'u*）」と、出産後の母子が滞在する小屋は「ビシ・クワラウェラー（*bisi kwala-ngwela-laa*）」（子を産むためのビシ）と呼ばれた。

(42) たとえば男性は、「マオマ（*maoma*）」と呼ばれる葬宴（第三章参照）のために集団的網漁を行う場合、それに先立つ三〇日間、妻子と離れてマーナ・ベウ内にとどまらなければならなかった。また女性は、出産後同じく三〇日間マーナ・ビシ内にとどまり、その後、海で水浴と剃髪をしてから「フェラ」に戻ってくるものとされていた。

(43) 現在でもアシ地域には、フォウエダ島、フナフォウ島など、女性の立ち入りの禁じられたマーナ・ベウを保っている人工島が一部に見られる。これに対し、筆者の知る限りマーナ・ビシは現存しない。

(44) アシの人々は時に、個別のアエ・バラの内部に父系的な下位集団を認めている。通常は独立の集団名をもたないこれらの下位集団は、ラウ語で「クワラファー（*kwalafaa*）」――「クワラ（*kwala*）」は「子を産む」の意味――と呼ばれる。ただし、これはやや古語的な表現であり、現在ではあまり用いられない。

(45) アシにおいては、氏族が異なっていても、一次イトコや二次イトコといった近親者同士は婚姻すべきでないとされる。加えて、人工島上であれ本島上であれ、同一集落に居住する同世代の男女は近親者同士とみなされる傾向にあるため、とくに大規模な集落・島を除けば、アシには一般に集落外婚の傾向が認められる［cf. Köngäs Maranda 1976］。

(46) カヌーに乗せられた花嫁が夫方の島に到着する際、夫方親族の女性たちは、パンダナスの葉を編んだ「カウヴェ（*kauve*）」と呼ばれる敷物を花嫁の通り道に敷きつめ、彼女が島の地面を直接踏むことがないようにする。現在でもアシの間で行われているこの慣習は、花嫁に対する敬意を表現するものとされる。

(47) アシ地域全体では、他地域から婚入してきた女性のそれを除いても、氏族の数はおそらく数十に上るであろう。

(48) ただし、夫方に居住するそれらの女性は、かつてであれば祖先崇拝儀礼の単位となったような男系的集団を構成することができず、あくまで他集落・他氏族からの婚入者として、相対的に孤立した立場にある。また、たとえばa島を「G氏族の島」とみなすような、氏族を基本的な社会的単位とする想像力において、それらの女性たちの存在はあくまで後景化されている。なお、かつてのアシにおいて、氏族の父系的集合性に回収されないこれらの「妻たち」の存在がもっていた社会的含意については、第二章および第三章で考察する。

(49) なお、「フタ・ニ・ワネ/フタ・ニ・ゲニ」の関係は、必ずしも対称的・相互的ではない。たとえばa島において、S氏族成員たちがG氏族の「フタ・ニ・ゲニ」であるのに対し、G氏族成員たちは、S氏族の成員女性を直系の祖先にもたないため、S氏族の「フタ・ニ・ゲニ」ではなく(図1—5参照)、これらの範疇の参照軸は、あくまで同島の創始者が帰属するG氏族の側に置かれている。なお、視点を個人(エゴ)に移せば、それぞれの個人は、自身が男系的に帰属する一つの氏族の「フタ・ニ・ワネ」であると同時に、双系的な出自関係に基づき、自身の母の帰属氏族や父方祖母の帰属氏族など、多数の氏族に「フタ・ニ・ゲニ」として結び付いていると言える。

(50) アシの言う「女の場所に住む」は、「妻方居住」や「母方居住」といった分析的な範疇には必ずしも言い換えられない。たとえば、a島で生まれ育ったS氏族成員の男性は、婚姻後同島に父方=夫方居住し続けたとしても、G氏族の「フタ・ニ・ゲニ」として、引き続き「女の場所に住んでいる」ことになる。「女の場所に住む」を強いて概念的に翻訳するならば、過去における婚姻と女性の移住によって媒介された「非男系的居住」とでもなるだろう。なお次章では、氏族間の通婚と男性たちの「女の場所」への居住が、アシの人工島居住の拡大過程において重要な契機となっていたことを示す。

(51) 宮内[二〇一一:第7章]は、同じマライタ島北部のファタレカ地域から、内陸部の「自分たちの土地」への移住の動きを報告しており、「故地」をめぐるこのような意識・動向は、現在のマライタ島である程度一般的なものと推測される。他方で、アシにおける「故地に帰る」という動きには、以下で述べるように、この人々に固有の諸条件が明らかに関わっている。

(52) 氏族への帰属が父系的に決定されるアシ地域では、原理上、女性は自身の子どもに土地保有集団の成員としての立場を継承させることができない。このためアシの女性は通常、自身が帰属する氏族の「故地」ではなく、自身の夫の氏族の「故地」に「帰る」ことに関心を示す。別の言い方をすれば、既婚女性は多くの場合、夫の視点に同一化するようにして、「われわれの土地に帰る」見通しを語るのである。

(53) マライタ島北部における人口増加と自給的農耕の危機については、研究者や援助機関によってもたびたび指摘されてきた[e.g. Allen et al. 2006: 86; Jansen et al. 2006: 16; cf. 中野 一九九六:六〇—六一](第六章参照)。

(54) アシ地域の土地保有に関するこのような整理に対しては、それが、マライタ島やメラネシアの他地域で現在影響力をもっている、先住集団による単系的・排他的保有を強調するイデオロギーに過剰に影響されているのではないか、という疑義があるかもしれない。たとえば、マライタ島中部のクワラアエ地域で調査を行ったバート（Ben Burt）は、そのようなイデオロギーを相対化する意図から、「土地権の双系的継承」という契機を強調し、先住集団の父系的および非父系的な子孫の全員が土地の利用権をもつのであり、前者はその中で相対的に優位の権利をもつに過ぎない、と論じている［Burt 1994b］。しかし筆者の見るところ、このようなモデルは、「双系的継承」の包摂性を強調するあまり、現在に至る居住パターンや親族・姻族関係を形作ってきた歴史的過程を後景化しており、アシ地域に対する適合性は乏しい。たとえば、先述の通りアシ地域では、人工島居住者は他地域からの移住者であるという認識が共有されているが、このことは、「土地権の双系的継承」という平等主義的な原理に回収されうるものではない。

(55) ソロモン諸島の「民族紛争」については、以下の文献を参照［藤井 二〇一四、宮内 二〇一一：第6章、Dinnen and Firth (eds.) 2008; Fraenkel 2004］。

(56) T地域の土地保有関係において唯一の例外と言えるのは、s島に住む男性たちである。この男性たちは、T地域では少数派に属するが、アシ地域全体では最大の氏族の一つであるN氏族の成員であり、同島は一九六〇年代半ば、彼らの父親によって、T村北方に位置するN氏族の慣習的保有地の近くに建設された。このため彼らは、現に人工島に居住しながら、それに近接する本島海岸部に先住集団として土地を保有するという、アシ地域でも例外的な立場にある。

(57) T村の三九世帯のうち、T氏族の成員男性の世帯は一三世帯——以下で述べるように、T氏族への帰属があいまいな男性イロイとその長男の二世帯を含む——に過ぎない。現在同氏族の成員たちは人工島に住んでいないので、沖合人工島群の諸世帯を含めるならば、同氏族の割合はさらに低くなる。なお、現在のT氏族成員たちの父、祖父らは、T村沖で過去にu島とf島という二つの人工島を創設しているが、わずか一〜二世代の後には、これらの島々を離れ本島に戻っている（第二章参照）。

(58) メラネシアに関しては、鉱山開発や森林伐採といった大規模開発などを契機として、異なる集団が自らの土地保有権を主張して相互に争っている、という状況が繰り返し描かれてきたが［e.g. Rumsey and Weiner (eds.) 2004; Schneider 1998］、T地域にはそのような構図は見出されない。

(59) ただしアシ地域には、土地保有集団に対する貢納や借地料の支払いの慣習はない。

(60) このような懐疑を抱いているのが具体的にどのような人々であるかについては、表立った調査が困難だったが、たとえばG氏族成員の元a島居住者たちの多くがそうした疑いをもっていることが確認できた。全体的な印象としては、親族関係上の立場に関わらず、T地域に住む多くの人々が、そのような主張に対して半信半疑の見方をもっていると見受けられる。

(61) 注意すべきことに、これらの憶測は、二節で概観したような、一九世紀後半から二〇世紀初頭に至るマライタ島の初期植民地史において、いずれも現実にありえた事柄を指摘するものとなっている。すなわち、人々の憶測はいずれも、マライタ島における西洋世界との接触の初期に、現在のT地域の社会関係を決定づける「何か」が起こった――その「何か」は、現在では「よくわからなく」なってしまっているのだが――という、歴史的に根拠のある感覚を表現しているのである［cf. 春日 一九九七］。

第二章　海を渡り、島々に住まう——移住と人工島群の形成史

一　T村沖の島々

T村沖の海には今日、前章でも見たように、海岸線からそれぞれ数百メートル離れ、合計で一六個の人工島が点在している（図1—2参照）。T村の中心部からは、全長四四〇メートルにも及ぶ長大な「埠頭（*waafu*）」が、マングローヴ林を突き抜けて海に向かって延びており（写真2—1）、この埠頭の上は、沖合の島々を一度に眺めることができる数少ない場所となっている。T地域に住む人々によれば、この埠頭は一九六〇年代末、島々に住む人々が干潮時でも本島にアクセスできるようにと、当時駐在していたアメリカ人司祭の主導の下で建設された——人工島と同様、岩石状のサンゴの砕片を積み上げる工法で——ものである。T村を調査生活の拠点としていた筆者は、ほとんど毎朝のようにこの埠頭の上を散歩し、時にはまばゆい朝の陽光に浸され（写真2—2）、また時には、曇天の下、灰色の鏡のように澄み渡った海面に浮かんで見える島々を眺めていた。

今日T村沖に見られるこれらの島々は、いつ頃、どのようにして形成されたのか。そこには、これまでどのような人々が居住してきたのか。またそれらの人々は、現在T村に住む人々とどのような関係にあるのか——これ

写真 2-1　T村の「埠頭」（左手の奥に見えるのは無人のｆ島）

らは筆者の調査の初期における基本的な問いであった。それらに取り組む過程で明らかになったように、アシの人々にとってこれらの島々は、「われわれ（*gia, gami*）」、言い換えれば自らの祖先たちが、マライタ島内のさまざまな場所から「やって来て（*sifo mai*）」、この場所――現在のT村沖――に「住み着いた（*havali too*）」という移住と定着の歴史を、現在において具現するものに他ならない。前章でも述べたように、今日「アシ」と呼ばれる人々の祖先たちは、マライタ島内陸部のさまざまな場所にもともと居住していたが、多様な事情によって移住を繰り返す過程で「海に住まう」ようになり、やがて「われわれ」が現在住んでいる場所に定着したとされる。アシにとって、今日見られるような人工島のそれぞれは、そのような反復的な移住と定着、「移り住むこと（*sifolaa*）」と「住み、とどまること（*toolaa*）」の物質的痕跡であり、それらを「証拠立てる（*faa-mamana*）」（本当であることを示す）ものに他ならない[1]。またアシの認識において、これらの島々は、それぞれ孤立して存在しているのではなく、それまで別の島に居住していた祖先が、そこから転出

写真 2-2　T村の「埠頭」から東方の島々を望む（中央はa島）

して新たな島を建設したといった無数のエピソードによって相互に結び合わされたものとしてある。

　人工島と祖先の移住史に関するこうした認識は、たとえば次のような語りによく示されている。二〇〇九年五月、首都ホニアラに滞在中であった筆者は、T村沖のa島の出身である男性アラド（Alado、四〇代）に、かつての人工島での生活について話を聞いていた。彼が少年であった一九七〇年代のa島には、男性のみが立ち入ることのできる区画「マーナ・ベウ」がまだ存在しており、その中には男性小屋「ベウ」や、祖先崇拝の儀礼と埋葬のための空間「バエ」が置かれていた（前章参照）。a島のバエの中で行われていたブタの供犠などの儀礼について思い出しながら、アラドは次のように言った。

> 　a島のような小さな島はふつう、氏族のフォア（祖先崇拝）の中心地ではなかった。というのも氏族は、自分たちがもともと住んでいた場所に、中心的なベウ・アーブ（*beu aabu*）〔バエ内の祭壇〕をもっている

ものだから。島は、よそから来て居着いた人たちが住む場所なんだよ。（傍点は筆者）

アラドによれば、現在までａ島の居住集団の主要部分を構成しているＧ氏族（前章参照）は、Ｔ地域の約六キロ南方に位置するフォウエダ島に「中心的なベウ・アーブ」をもっており、氏族の成員が多数集まる大規模な儀礼の際には、成員たちが同島まで出向いていたという。後述のようにフォウエダ島は、Ｇ氏族の父系的な祖先が、ａ島の創設に先立って居住していた島であるとされる。同じように、アラド自身が属するＳ氏族は、マライタ島北端のスー地域に位置するＯという土地に主要なバエあるいはベウ・アーブをもっていた。Ｓ氏族においても、土地Ｏは、父系的祖先の男性が「海に住み」始める以前に住んでいた場所であるとされる（Ｇ氏族、Ｓ氏族の移住史については四節と五節で検討する）。

この語りが示唆するように、アシにとって個別の島の存在は、自分たちがいつ、どのような経緯で「ここ（*see gi*）」、すなわち現在の居住地に住むようになったのかについての認識と一体をなしている。たとえばａ島の（元）居住者にとっては、この島自体が、自らの祖先がフォウエダ島あるいはスー地域から移住してきてＴ村沖に「住み着いた」という事実の物証であり、ａ島がそこに「とどまる」限り、そのような事実は忘却されえないとされる。たしかに、序論で見たｕ島のように、今日では、個別の島がいつ頃、どのような経緯で建設されたのか不明確になっている場合もある。しかし、そのことが先のイロイのような人物にとって不安や苦悩の原因となるのは、そもそも、「人工島は祖先の移住史の物証であり、そうである以上、われわれは島の歴史について知っていなければならない」という認識が、アシの間で共有されているからに他ならない。このように人工島の存在は、アシにとって、現在における「われわれ」の居住＝生活の存立についての認識と不可分なのである。

アシにおいて、祖先の移住と「海に住まうこと」に関するそうした認識の根拠となっているのが、「アイ・ニ・

マエ（*'ai ni mae*）」と総称される一群の口頭伝承である。これらの伝承は、それぞれの氏族の父系的祖先たち――「祖先（*agalo*）」あるいは「祖父（*koo*）」たち――が、移住を繰り返しながら「海に住まい」、その過程で人工島という居住空間が次々と創出されていく様子を物語っている。それらの伝承は、現在見られるような人工島群がどのように形成されてきたか、そこに居住してきたのはどのような人々なのかについての、アシ自身による説明となっている。さらにそれらは、現在のマライタ島北部で通用している「アシ」という集団的な同一性が、共通祖先の存在といった根拠をもたず、むしろ、反復的な移住とその中での人工島居住の拡大・共有によって、漸進的に形成されてきたものであることをも示している。本章では、そのような口頭伝承「アイ・ニ・マエ」の諸事例に即して、アシの移住史と、それがこの人々の「海に住まうこと」の現状に対してもつ含意について検討する。

なお前章では、マライタ島の海岸部における耕地不足への懸念から、近い将来、「トロ」すなわち内陸山地部にあるという各氏族の「故地」に移住しようというアシの人々の構想について述べた。現住地における自らの居住＝生活を根本的に相対化するこのような志向も、それぞれの氏族の父系的祖先がどこに居住していたかを物語る「アイ・ニ・マエ」に直接依拠するものに他ならない。筆者の見るところ、「故地に帰る」という志向がその一つの表れであるような、自分たちの「住まうこと」の現状が根本的に偶有的な、すなわち別様でもありうるものであるというアシの意識は、人口増加による土地不足への不安などによってはじめて生み出されたものではない。そのような意識は、たしかに一面で、この人々の移住史と人工島という独特の居住形態それ自体によって可能にされているのである。

すなわち、右で述べたように、アシにとって人工島は、祖先における移動と定着という二つの契機を内包する両義的な形象であり、先のアラドの言葉にも見られる通り、その存在自体によって、自分たちが「よそから来て居着いた人々」であることを絶えず想起させる。しかもアシの伝承は、以下で見るように、人工島に関わるそうした移住と定着を、雑多で偶然的な出来事にその都度媒介された、本質的に偶有的なものとして語っている。すなわちアシの認識において、「われわれ」の居住地が「ここ」である必然性はないのであり、過去における移住の連鎖は、現在あるいは近い将来においていつでも再開されうるものである。この意味において人工島は、「われわれ」の居住＝生活が、現住地とは別の場所における、別様のものでもありえたし、また現に別様でありうるという可能性を、アシの人々につねに意識させるものとなっているのである。

以下ではまず、祖先の移住に関するアシの伝承の特質を、具体的な事例に即して指摘した上で、それらの特徴を、オセアニアの他地域に見られる類似の伝承・神話に関する既存の分析と比較する（二節）。次いで、T地域で聞き取った一群の伝承と文献資料に基づき、T村沖に現存する人工島群の形成史について再構成する（三節）。続いて、前章と同様a島を事例に、個別の人工島の創設に至る移住史と、異なる氏族からなるその居住集団の構成過程について検討する（四節）。最後に、a島の居住集団を構成していたG氏族とS氏族の事例に即して個別の移住伝承を紹介し、そこに示された「海に住まうこと」の特質について考察する（五節）。

二　アシの移住伝承

1　「アイ・ニ・マエ」

アシにおいて「アイ・ニ・マエ」は、広義には事物の由来についての語り一般を指すが、通常、氏族の父系的な祖先が、ある場所から別の場所に移住し定着するに至る経緯を語る伝承を指す(2)。アイ・ニ・マエは、あくまで個別の氏族の祖先に関わる伝承であり、筆者の知る限り、全体としてのアシに共通の祖先に関わる伝承・神話といったものは存在しない。それぞれの伝承は、通常一人の祖先に関わる個別のエピソードを語るものであり、一つの出来事についての物語として完結した形式をもつ。具体的には、後に見るような親族との衝突、戦闘への参加や禁忌への違反など、祖先における居住地の変更を帰結した一つの出来事が、個別のアイ・ニ・マエの中心をなしている。アシの移住伝承は、そのようにあくまで個別的な伝承の集合として存在しているのである。

アイ・ニ・マエの中では、多くの場合、現在でも同定できる具体的な場所・地名が言及される。アシにおいて、氏族の系譜・歴史は、「祖先AはXという場所からYという場所に移住し、その息子BはYからZという場所に移住し……」といった、具体的な地名――もちろん人工島を含む――と結び付いた移住の連鎖として認識されており、個別のアイ・ニ・マエは、そのような移住史の各段階に対応するものと言える。また、そのようなものとしてアイ・ニ・マエは、氏族の父系的な系譜「タリシバラー」（前章参照）を、具体的な場所あるいは場所から場所への移住に関連付けることで空間化するものともなっている。アイ・ニ・マエの主人公はほぼ例外なく男性の祖先であり、女性を主人公とする伝承はほとんど存在しない(3)。このことは外見上、前章で指摘した、アシの氏族の父系的かつ男性中心の性格とも整合的だが、実際には後に見るように、アイ・ニ・マエにおける男性の移住と女性の移住の間にはすぐれて両義的な関係がある。なお、以下でも示すように、現在から二～三世代前など、比較的近い過去の出来事についてのアイ・ニ・マエも少なくない。

かつてのアシ地域において、アイ・ニ・マエは、男性小屋での会話などの際に、成人男性から若者・子どもたちに語り伝えられたほか、葬送儀礼などの際には、節を付けた歌のかたちで披露されたとされる。他方、現在語られる形式を見る限り、語りとしてのアイ・ニ・マエには定型性が乏しく、用いられる表現・語彙は多様かつ可変的である。また、アシにおいてアイ・ニ・マエは、部分的に秘儀的な――ラウ語の表現では「秘密の（*aabu*）」――性格を帯びてきた。たとえば、アイ・ニ・マエに登場する中心的なバエの名称や祖先の名――通称ではない「本来の名前（*hata 'initoo*）」――など、とくに重要とされる内容は、氏族の中でも少数の男子にのみ伝えられてきたとされる。他方でそれ以外の内容は、他氏族の成員たちに知られてもとくに問題ないとされてきた。このため、たとえばａ島出身のＳ氏族の成員男性たちは、同島でともに居住してきたＧ氏族のアイ・ニ・マエについても一定の知識をもっており、逆もまた同様である[4]。

２　「トポジェニー」としてのアイ・ニ・マエ

以上のような特徴をもつアシのアイ・ニ・マエは、オセアニアや東南アジア島嶼部などオーストロネシア語圏からの諸事例をもとにフォックス（James J. Fox）が提唱した「トポジェニー（topogeny）」の類型［J.J. Fox 1997］におおよそ合致する。「トポジェニー」は、神話的祖先や集団の移動を主題とし、その中で一連の場所・地名が言及される歌や神話を指すフォックスの造語である。彼によれば、そのような歌や神話はオセアニアや東南アジア島嶼部に広く見られ、それぞれの地域において、社会的・集団的秩序の形成を記憶し説明するものとして伝統的な重要性を帯びている。一例として、ボヌメゾン（Joël Bonnemaison）が論じているヴァヌアツのタンナ島（Tanna Is.）では、人間が生まれる以前の神話的な過去において、いくつもの「白い岩」が島内を動き回り、現在でも見られる山や谷、道などの地形を形作ったという神話が語り継がれている［Bonnemaison 1985］。これらの岩はやがて静止し、そこから最初の人間、さらには現在見られるような一群の社会集団が生まれたとされる。このような神話的な岩の移動は、今日でも認識される一連の地名や地形に言及しつつ語られるが、タンナ島において、具体的な場所・空間と結び付いたそうした伝承は、現在見られるような地理的および社会的区分がいかに形成されたかを説明する物語として受け取られているという。これと類似の「トポジェニー」の事例は、マライタ島と同じくオーストロネシア語圏に属するメラネシア島嶼部の各地から報告されている[5]［e.g. Anderson 2011; Eves 1997; Mondragón 2009; Patterson 2002; Toren 1995］。

これらの諸事例との共通性の反面で、アシのアイ・ニ・マエには、「トポジェニー」に関する従来の分析には回収しがたい特質も認められる。すなわち、フォックスの「トポジェニー」論は一面において、祖先の移住やそれに関わる一連の場所についての神話的な語りが、現存の社会秩序や権力関係を正統化するものとして機能するという、政治的・イデオロギー的な分析とも親和的である。フォックスらによれば、そのような語りは多くの場合、現在通用しているような社会関係が、神話的な過去において形成され確定されたものであり、したがって今日では必然的で改変不可能であることを示している。たとえばオーストロネシア語圏では、マライタ島と同様、個別の土地領域に最初に住み着いたとされる人々の子孫が、その土地に対して首位の権利をもつという原則がしばしば見られる［Fox and Sather (eds.) 1996; Vischer (ed.) 2009］。そのような場合、各集団の移住と定着の歴史に関する「トポジェニー」は、当該の土地に対する権利を根拠付ける物語として政治的・係争的な意義をもつことになる。

たとえばパネル（Sandra Pannell）は、インドネシア、マルク州（Maluku Province）南西部のダマール島（Damer Is.またはDamar Is.）に見られる移住伝承を事例に、それが現代の政治的状況の中で帯びている意義について考察している［Pannel 1996］。ダマール島の移住伝承は、異なる土地に由来する一群の親族集団が段階的に移住・定着することで、現在に至る一つの集落が形成されたという過程を物語るもので、フォックスの言う「トポジェニー」の類型にまさしく合致する。この伝承は、異なる親族集団を定着の順序に従って序列化・階層化するものであり、そのように階層化された各集団の立場は、集落内の儀礼における役割などとして表現され再生産される。パネルによればダマール島の移住伝承は、現存する階層的な社会秩序を、その歴史的根拠を語ることで正統化するものとなっているのである。ただし集団間の階層的関係は、儀礼を取り巻く政治的状況に応じて異なる仕方で表現されるなど、実際には文脈依存的な性格をもっており、またそのような状況は、現代におけるインドネシア国家の関与によっていっそう複雑で流動的なものになっている。このように、社会秩序を正統化する根拠としての移住伝承は、ダマール島の現代的状況の中で、集団間の政治的競合や操作の対象になっている、とパネルは分析する。「トポジェニー」についての類似の政治的分析は、たとえば天然資源開発に際し、先住集団としての土地保有権を主張するために、人々が系譜や伝承を操作・改編しているといったかたちで、現代のメラネシアについてもしばしばなされてきた［e.g. Burt 1994b; Schneider 1998］。

これに対し、以下で検討するようなアシの移住伝承は、「神話を通じた社会秩序のイデオロギー的正統化」、あるいは「政治的・経済的な利害関心に基づく伝承の操作」といった図式には、あくまで不適合であるように思われる。T地域の事例に即して前章で指摘したように、現在のアシ地域において、人工島の（元）居住者であるアシのほとんどは、現住地において自らが「よそから来て居着いた人」であることを認めており、そこでの土地保有権について争おうとはしない。「トポジェニー」についての政治的・イデオロギー的な分析に見られるのとは対照的に、アシの移住伝承はほとんどの場合、当該の氏族における、その土地の先住集団としての立場を主張し正統化するものにはなっていないのである。さらに、他地域の「トポジェニー」が多くの場合、社会的現状を必然的で正統的なものとして提示する語りとして分析されてきたのに対し、アシの移住伝承は、自分たちの「住まうこと」の現状を、一連の偶然的な出来事の産物であり、したがって根本において別様でもありえたものとして提示するという特徴をもっている。それらは、現在営まれているような居住＝生活を神話的に根拠付けるどころか、むしろその語りを通じて、何らの必然性をもたない宙釣りの状態にとどめるのである。このことを次に、T村沖に位置するl島（写真2―3）の創設に関するアイ・ニ・マエに即して見てみよう。

3　l島の創設に関するアイ・ニ・マエ

l島は、T村のやや南東方に位置する人工島であり、現在の居住者は五世帯約三〇人と、前章で見たa島とほ

写真 2-3　l 島（右に見えるのは m 島、次いで k 島）

ぼ同じ規模の島である。次に示すのは、筆者がT地域在住の中高年の男性三名から聞き取った、l島創設の経緯についてのアイ・ニ・マエの概要である。[6]

［事例2―1］二人の兄弟によるl島の創設

l島を始めたのは、バカレ老人（Olomani Bakale）とその兄の二人だ。[7] 二人はR氏族の成員で、フォウエダ島の出身だが、若い頃は〔主にF氏族の人々が居住する〕k島に住んでいた。というのも、二人はF氏族のフタ・ニ・ゲニ〔非男系的親族、前章参照〕でもあったからだ。ある時、k島の人々は島でクリケットをして遊んでいた。この時、バカレ老人たちの母方オジ（*koo*）である男性〔F氏族成員〕が打った球が、彼の兄の顔に当たった。このために、彼はk島のオジたちとけんかをすることになった。k島から少し離れたところに、海の上に飛び出している岩があったが、彼は弟と二人でこの岩の周りに島を造って、そこに移り住んだ。l島はこのように始まったのだ。

右の話に登場するバカレ老人——一九一〇年代後半生まれと推定される——自身の証言も含め、いくつかの手がかりから、ここで語られているl島の創設は一九三〇年代頃のことと推定される。[8] 筆者にこの話をしてくれた男性たちは、いずれもこれを笑い話として紹介したが、筆者自身も当初、「クリケットの球が顔に当たってけんかになったなど、新たな人工島はそんな些細なきっかけで建設されるものなのか?」と意外に感じた。要するに右の語りは、現在に至る人工島居住の経緯を説明するものとしてはあまりにコミカルで、「軽すぎる」ように見えるのだ。少なくともそれは、他地域の「トポジェニー」がしばしばそう分析されてきたように、人々の居住＝生活の現状の必然性や正統性を示す語りとはとうてい思われない。しかし、人工島の創設や祖先の移住に関する伝承をより広く検討してみると、l島創設に関する右の語りに、アシのアイ・ニ・マエに一般的に当てはまるいくつもの特徴が含まれていることがわかってくる。

第一に右の語りは、l島の創設を、ごく些細で偶然的なきっかけから帰結した出来事として物語っている。この語りは、少なくともその表層において、クリケットの球が兄の顔に当たらなかったなら、バカレ老人たちはl島を創設することなどなかっただろう、という実現しなかった可能性を含意している。すなわちl島は、存在しなかったこともありえた島なのであり、アシの人々にとっては、その存在自体が一つの出来事なのである。このように、祖先の移住や人工島の創設を本質的に偶然的な出来事として語ることは、以下で見るように、アシの伝承にごく一般的に見られる特徴となっている。

第二にこの語りでは、新たな人工島の建設が、あたかもごく容易な選択肢であるかのように語られている。k島の非男系的親族とけんかをした兄弟は、マライタ島本島や出身地であるフォウエダ島に移住する代わりに、今日のラウ・ラグーンの海上に新たな島を建設することを選んだ。仮に人工島の新設それ自体が技術的あるいは社会的に困難であったならば、そのような選択肢はとられなかっただろう。以下で見るように、アシのアイ・ニ・

マエには、親族との対立などの「問題（*'afeteia*）」を抱えた個人が、「海に逃げる（*tafi 'i asi*）」、すなわち既存のものであれ自ら新設するものであれ、人工島に転出・移住するという類似のエピソードが数多く語られている（序論で述べたように、T村に住む男性イロイも、父方祖父によるu島の建設を、そのような「問題」からの逃避の動きであったと推測している）。ここには、そもそも人工島の建設が、必要とされる技術や建材の点で決して困難なものではなく、また「海」が、マライタ島本島の土地とは異なり、事実上誰でも自由に居住することのできる空間であり続けてきたという、アシの移住・居住史の根本的な前提が示唆されている。

第三に、右の語りにおいてl島を創始した兄弟は、それまでマライタ島本島ではなく、別の人工島、具体的には近隣のk島に居住していたとされており、そこではあたかも、既存のk島からl島が新たに派生したかのようである。このように、ある人工島に居住していた人々がそこから転出して新たな島を建設し、これによって既存の島から新たな島が派生・分出するという過程は、T村沖の事例に即して次節で見るように、アシの移住史に広く見出される。逆に、それまでずっと本島に居住していた人々が、突如として自ら島を建設するという事例はほとんど語られない。また、新たな人工島のそうした形成過程においては、R氏族の成員である兄弟が「フタ・ニ・ゲニ」としてk島に居住していたように、父系的な居住とは異なる居住パターン——前章で述べた「女の場所に住む」というパターン——がしばしば重要な位置を占めている。

最後に、l島創設に関する右の語りには、クリケットというすぐれて西洋的な事象が登場している。クリケットは、一九世紀末から二〇世紀初頭、労働交易（前章参照）からの帰還者によって、クイーンズランドまたはフィジーからマライタ島にもたらされたと推定され、それは同島における植民地主義の歴史を端的に具現するものと言える。そのような歴史的に新しい事象と、以上で指摘したようなアイ・ニ・マエの一般的形式を組み合わせている点において、l島創設に関する語りは、アシにおける移住と人工島建設の動きが、植民地時代に入っても継続・

反復されていたことを示している。またT地域の人々にとっては、クリケットがきっかけで創設されたというl島の存在それ自体が、同地域における植民地時代の歴史を記録するものとなっている。アシにとって歴史的記憶は、西洋世界との接触の前後を問わず、過去の出来事を現在の景観の中に物理的にとどめる人工島の存在——レヴィ＝ストロースの表現を借りれば、「物的に現在化された過去」〔レヴィ＝ストロース 一九七六：二八六〕——と不可分なのである。

三　T村沖人工島群の形成史

以上でその一例を見たような、移住と個別の人工島の創設に関する諸伝承を紹介・検討するに先立ち、それらを通じて把握される、T村沖の人工島群の形成史について確認しておこう。右で見たように、これらの島々の一つであるl島は、一九三〇年代頃、k島から転出した二人の兄弟によって創始されたと語り継がれている。これと同じように、T村沖に現存するその他の島々についても、それぞれがいつ頃、誰によって建設され、またそこにどのような人々が居住してきたかについて推定・検証することができる。たしかに、序論で見たu島のように、現在T地域に住む人々の間で、建設の経緯などが「よくわからない」とされる島もあり、また創始者の名などについて異なる見解が語られることもある。他方で、少なくともそれぞれの島の建設時期については、先述のアイヴェンズの著作〔Ivens 1978[1930]〕やT村の教会に保存されている洗礼・死亡記録などの文書[9]、および過去の居住者たちの世代上の関係や、人々に認識されている建設の順序——たとえば、e島とt島がa島より早く建設されたという点について、T地域の中高年層の見解は一致する——などに基づき、おおよその推定を行うことが可能である。これに加えて、先のl島の事例のように、それぞれの島の創始者がそれまでどこに居住していたかにつ

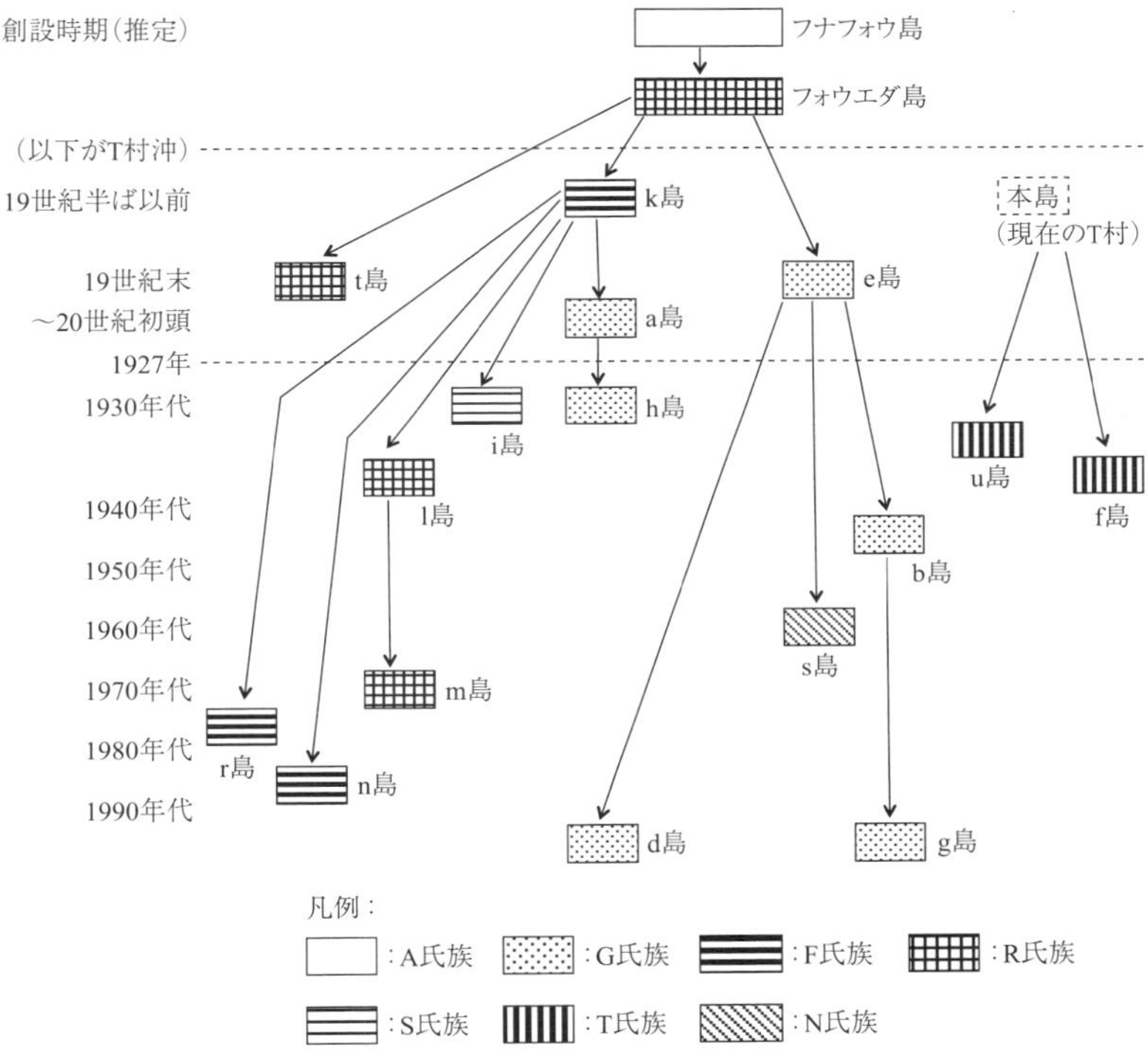

図 2-1　T村沖の人工島の形成時期（推定）

いても、人々の証言を得ることができる。これらを踏まえることで、T村沖に現在見られるような人工島群が、いつ頃、どのように形成されてきたかについて推定・再構成することが可能となる。

　そのような推定に基づき、T村沖における人工島群の形成過程を図示すると図2―1のようになる。それぞれの島の縦軸上の位置は、それが建設され居住され始めたと推定される時期を表している。図中の矢印は、ある島が、それまでどこに住んでいた男性(たち)によって創始されたかを示しており、それぞれの矢印は、先に例示したような個別のアイ・ニ・マエにおおよそ対応する。加えて図2―1では、T村沖の島のそれぞれが、どの氏族の成員男性(たち)によって建設されたかを、

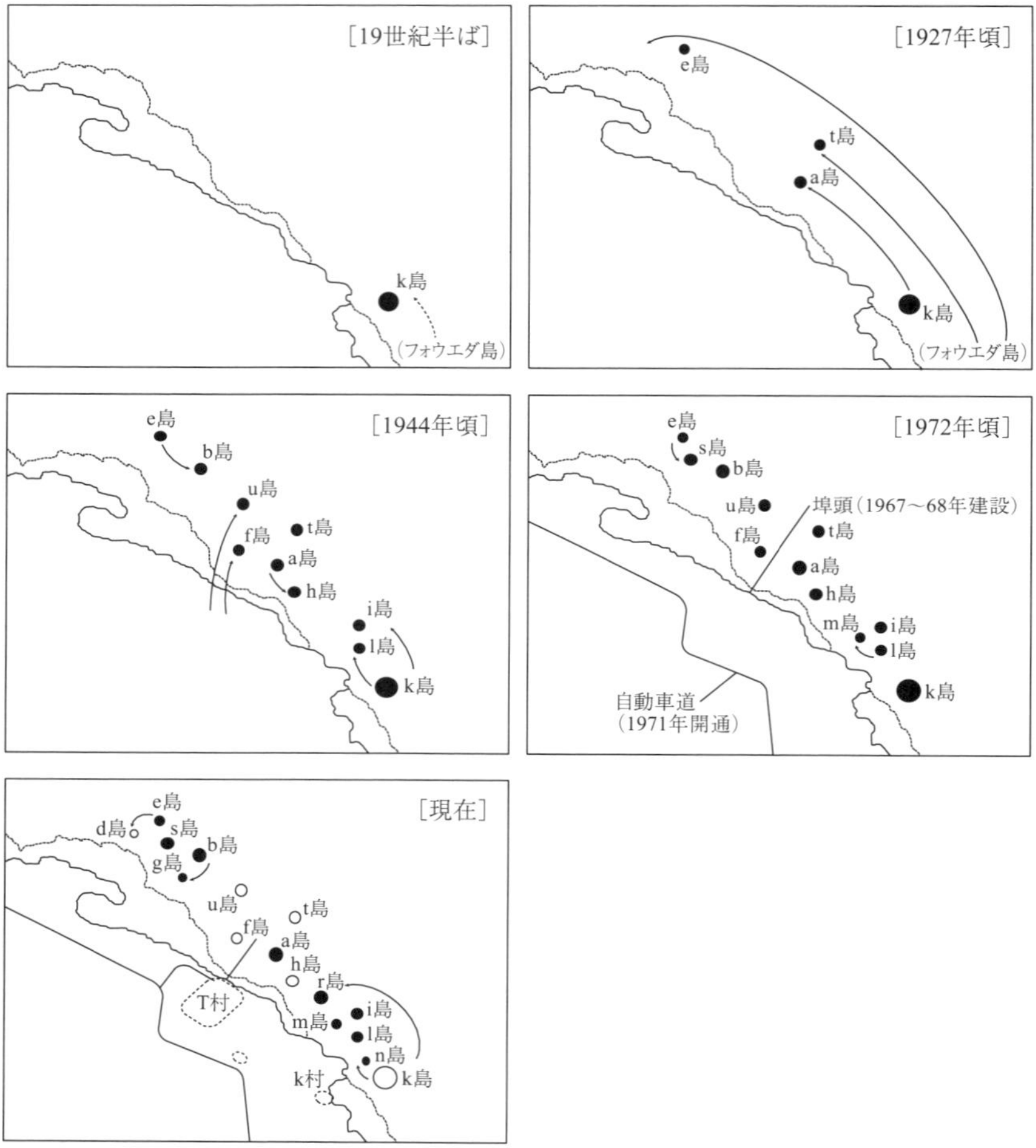

図 2-2　T村沖の人工島の形成時期（推定）

氏族ごとの塗り分けによって示してある。[10]前章で述べたように、人工島では通常、創始者の父系的な子孫たちが居住集団の主要部分を占めるため、多くの場合、創始者が帰属する氏族とその後の主な居住者の氏族は一致する。図2―1を一見しただけでも、T村沖の島々が多様な氏族の成員たちによって建設され居住されてきたこと、またそれらの中でも、合計で六つもの島を建設してきたG氏族がある程度中心的な位置を占めていることがわかる。

前章で述べた通り、一九二七年にアシ地域に滞在したアイヴェンズによってその名が記録されているのは、T村沖に現存する一六島のうち、k島、t島、e島とa島の四島のみであり、その他の一二の島々はこの年以降に建設されたものと推定される。[11]島々の建設時期と順序についてのT地域の人々の説明も、こうした推定を基本的に裏付けている。人工島群の形成史をこのように再構成することにより、前章で述べた、相対的に古い島ほど大きく、新しい島ほど小さいという一般的な傾向も確認できる。また図2―1からは、一九二〇年代末から四〇年代半ばまでの二〇年間足らずの間に、六つもの島が相次いで建設されていることが読み取れる。図2―1に基づき、現在のT村沖に新たな島が次々と建設されていく過程を、一連の時系列的な地図に表示するならば、図2―2のようになるだろう。この図には、今日見られるような島々が、二〇世紀の大部分を通じて徐々に建設され住まわれてきた過程が、はっきりと示されている。

図2―1と図2―2からは、先にもl島の事例に即して指摘したところの、アシの「海に住まうこと」の歴史に関わるいくつかの基本的な特徴を読み取ることができる。第一に、そこに示されたT村沖の事例は、新たな人工島がほとんどの場合、他の人々が創始した、より古い島にそれまで居住していた男性たちによって創始されるという傾向を明示している。たとえば前章で取り上げたa島は、T村沖で最古とされるk島に居住していたG氏族成員の男性によって創始されたとされ（この事例については次節で詳しく見る）、さらにa島に隣接するh島――現在は無人――は、一九三〇年前後に、a島から転出した男性によって建設されたと伝えられる。アシの認識によ

れば、これらの例とは逆に、それまで人工島居住の経験がなかった人々が、突如として自ら島を建設して住み始めるという事例はごく限られており（以下でも述べるように、図2―1の右端に見られるu島とf島はそうした例外に当たっている）、このような傾向はおそらくアシ地域一般について指摘できる。別の言い方をすれば、新たな島を建設し、そこに居住してきたアシの人々の大半は、まったく新たに「海に住み」始めたのではなく、むしろそれまで続けてきた「海に住まうこと」を継続・延長していたのである。[12] このことの結果として、アシ地域における人工島群の形成は、事後的に見ると、図2―1のように、最古の人工島と言われるフナフォウ島から始まり、島々が次々に枝分かれしながら増えていく過程として現れることになる。

第二に、図2―1の塗り分けから明らかなように、既存の島から派生する新たな島は、そのもととなった島と同じ氏族を主な居住集団とするとは限らない。先に見たl島の事例においても、R氏族に属する創始者の兄弟は、もともとF氏族を主な居住集団とするk島に「フタ・ニ・ゲニ」として居住しており、このため図2―1でも、k島とl島は異なる塗り方で表示されている。同様なパターンは、たとえば「e島（G氏族）→s島（N氏族）」や「k島（F氏族）→a島（G氏族）」という派生の過程にも見出される。このように人工島群の形成過程において、「X氏族の島からはX氏族の島が派生する」という同一性・一貫性は必ずしも成り立たず、そこではむしろ、l島の事例に見られるような非男系的な親族関係、さらにはその背後にある過去の婚姻・通婚関係がしばしば重要な媒介となっている（この点については、アイ・ニ・マエの諸事例に即して以下でも考察する）。言い換えれば、氏族への帰属が父系的に決定されるアシの出自とは対照的に、図2―1に示したような人工島群の「系譜」は、明確に非父系的な側面をもつのである。このことを模式図に示すならば、図2―3のようになるだろう（なお図2―3は、アシ自身の空間表現に従い、通常の地図とは逆に、南を「上（*langi*）」、北を「下（*haegano*）」にして描いてある。同様な描き方は、以下でも適宜採用する）。

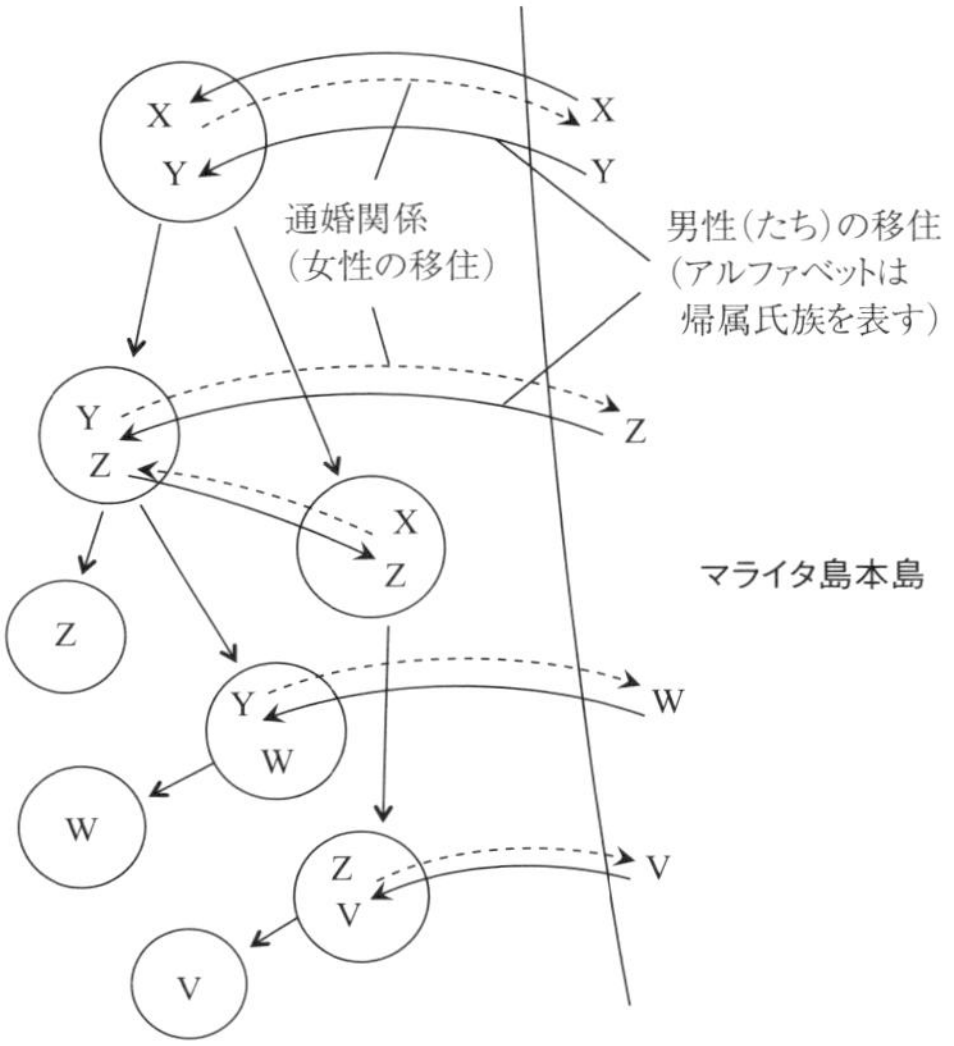

図 2-3　移住と人工島群の形成過程（模式図）

なお、図2―1の右端に表示されているu島とf島は、一見したところ、「新たな島は既存の島からの転出者によって建設される」という以上で指摘したパターンへの例外をなしている。これらの島は、前章で紹介した、T村周辺の土地を先住集団として保有するとされるT氏族の成員男性たちが、いずれも一九三〇年代と推定される時期に建設したものである。[13] 当のT氏族の成員たちも含め、現在T地域に住む人々の認識では、これらの島を創始した、現在の主な同氏族成員の父方祖父たちは、それまで一貫してマライタ島本島、具体的には今日のT村の近辺に居住しており、「海に住んだ」ことはなかった。[14] すなわちこれらの人々は、一見したところ、u島とf島を創設することにより、まったく新たに「海に住み」始めたかに見える。

しかし他面において、u島とf島の事例は、人工島居住の拡大における氏族間の通婚関係の重要性という右の指摘を裏付けるものでもある。現在の中高年層によれば、これら二つの島の建設作業は主に、T氏族の男性たちにとって姻族（*baraa*）に当たっていた、人工島の建設・居住経験の豊富なG氏族の成員たちによって行われた。たとえば、u島の創始者であるイロイの父方祖父は、e島の創始者であるG氏族の成員男性の娘を妻にもっていた。u島の建設作業において、イロイの祖父は、e島に住む妻の兄弟たちから助力を得たと言われている。一見まったく新しく創始されたかに見えるu島とf島も、このように一面では、すでに「海に住んでいる」人々との通婚関係の媒介によって形成されたものと認識されているのである。

四　a島の事例

1　G氏族とS氏族

次に、前章で取り上げたのと同じa島を事例に、アシの認識における個別の人工島とその居住集団の形成過程について、より具体的に検討したい。すぐ前でも見たように、a島は、今日に至るT地域の居住パターンの形成史において中心的な位置を占めている。このため、高齢者も含め過去および現在の居住者が多く、関連する伝承の聞き取りやそれらの照合が比較的容易である。[15] 同島では一九七〇年代半ばまで、G氏族とS氏族という二つの氏族の成員男性たちの諸世帯が、居住集団の主要部分をなしていた。過去および現在の居住者たちによれば、a島の創始者とされるG氏族の成員男性Mは、現在の主な居住者から数えて四世代前の父系的祖先に当たる（図2―5参照）。このような系譜上の知識や、T村の教会の洗礼記録、および一九世紀末から二〇世紀初頭に行われていた労働交易との関連などから、a島が建設され居住され始めた時期は、一八八〇年代後半から一九〇〇年頃と推定される。[16]

a島の創設とそこへの定着に至るG氏族とS氏族の移住伝承は、現在から十数世代さかのぼる父系的祖先たち

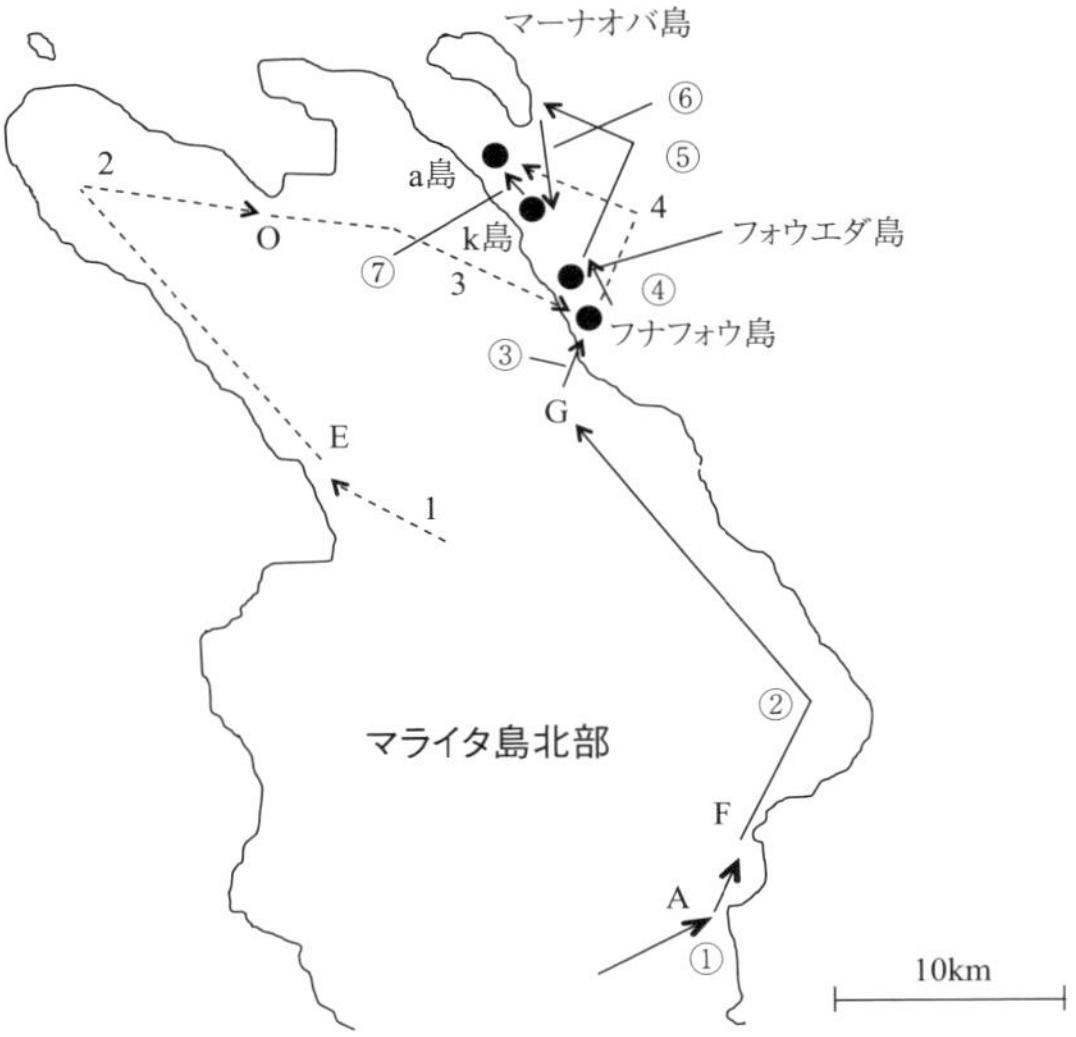

図 2-4　伝承に語られるG氏族、S氏族の父系的祖先の移住経路

が、それぞれ現在のクワラアエ地域東部とファタレカ地域西部に当たる「トロ」に居住していた、というところから始まる。[17] これらの伝承は、以下で見るように、異なる祖先たちが、マライタ島の内陸部から海岸部へ、海岸部から既存の人工島へ、さらには別の人工島へ、という段階的な移住を行う過程を物語るものとなっている（図2―4）。序論の冒頭でも触れたように、各氏族の祖先は、本島上であれ人工島であれ、主要な定着地ごとに、祖先崇拝の儀礼を行うための空間「バエ」を設置したとされ、移住伝承の中では、それらのバエの固有名がしばしば言及される。またそれらの伝承は、今日のアシにおける、自分たちの祖先はもともと「トロ」の各地に居住していたが、長期に渡る移住を経て「海に住まう」ようになった、という認識の根拠ともなっている。

2　G氏族の移住過程

一連の伝承によれば、G氏族の父系的祖先に当たる男性ははじめ、現在のクワラアエ地域に当たるマライタ島中部の「トロ」に住んでいた。この男性はある時、クワ

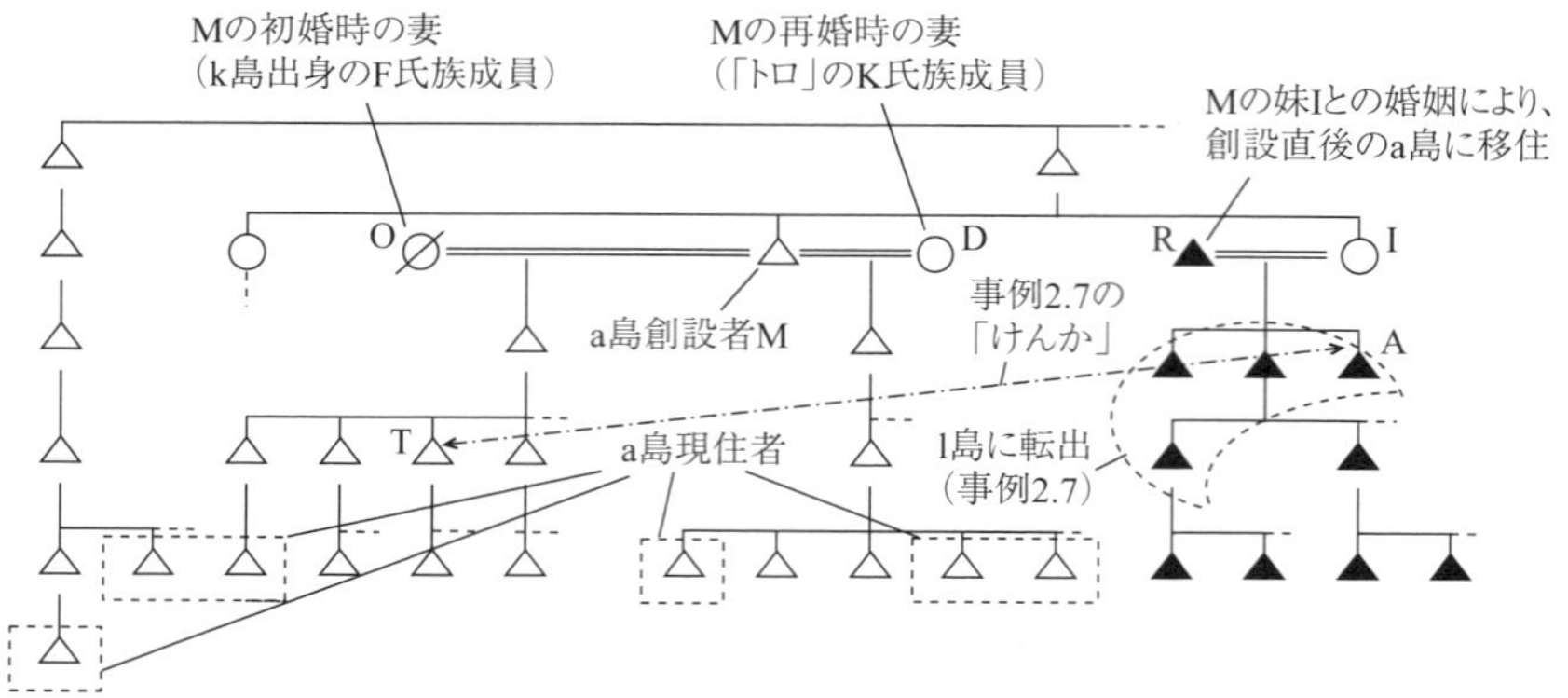

図2-5　a島居住者の系譜・親族関係（部分。図1-5に追記）

ラアエ地域東部にあるAという場所に移り、次いでそのやや北方に位置するFという場所に移住した[18]（図2―4では①として表示。以下も同様）。AとFは、いずれも現在のT地域の約四〇キロ南方に位置しており、とくにFは、現在G氏族の「故地」とみなされている。

この数世代後、右の男性の父系的な子孫に当たる人々がマライタ島北東岸を北に向かって移住し、現在のアシ地域に接する海岸部の土地G――現在の区分ではバエレレア地域――に定着した（②）。G氏族の名は、この土地Gの地名に由来するとされる。この人々が土地Gに居住していた時、後に事例2―3として紹介する出来事、具体的には祭司による重大な禁忌への違反が生じる。これをきっかけとして、一部のG氏族成員たちは、他氏族の人々によってすでに建設されていたフナフォウ島――すでに述べたように、アシ地域最古の人工島の一つとされる――に移住した（③）。伝承によれば、これがG氏族の男性たちがはじめて「海に住まう」ようになった時点であり、現在の世代から数えて約九世代前のこととされる[19]。なお、後に見る事例2―5に語られるように、G氏族の人々はまもなく、自らフォウエダ島を建設してフナフォウ島から転出することになる（④）。現在のアシの人々の認識では、当時のアシ地域の海上には、フナフォウ島、フォウエダ島などわずか数個の人工島があるのみであった。

G氏族の人々は、その後もフォウエダ島に定住していたとされるが、現在の世代から数えて約五世代前、「ラモ」(戦士)であったとされる同氏族成員の男性Kが、何らかの事情により、単身でフォウエダ島から転出する⑤。彼はマーナオバ島の近くの小島に移住し、やがて結婚して男子一人と女子二人をもうける[20](これ以後のG氏族成員たちの親族関係については、図2―5を参照)。この男子Mは、成人して後、k島の創始・居住集団であるF氏族に属する女性Oと結婚し、妻方のk島に住む⑥。しかし、この妻は男子一人を産んでまもなく亡くなってしまう。その後、男性Mは、現在のT村北方に居住していた「トロ」のK氏族出身の女性Dと再婚する。それと前後して、彼はk島の北西約一・五キロのところに新たにa島を建設し、前妻Oとの息子とともにk島から転出・移住する⑦。これが現在に至るa島の始まりであり、上述のように、一八九〇～一九〇〇年頃のことと推定される。その後a島には、創始者である男性Mの妹夫婦――次に述べるように、夫はS氏族の成員である――や、彼の父方イトコたちも移り住むことになる(図2―5参照)。

3　S氏族の移住過程

伝承によれば、S氏族の父系的祖先はもともと、現在のファタレカ地域に当たる「トロ」に住んでいたが、ある時、同地域西部にあるEという場所に移住した(図2―4では1として表示。以下も同様)。土地Eは現在、S氏族の「故地」とされる。その後、事例2―3として後述するように、「ラモ」であったとされる男性B――一部のインフォーマントによれば、現在から約一三世代前に当たる――が、集団間戦闘への参加を契機としてEから転出し、マライタ島北端のスー地域の土地Oに単身で移り住んだ②。彼はこの地で結婚し、その後、S氏族成員の一定数は土地Oに居住することになった。

男性Bの六世代後、土地Oに住んでいた男性成員の一人Lが、後に事例2―4として見るような経緯により、漁撈用の網の製作者としてフナフォウ島に招かれることになる（3）。男性Lは単身でフナフォウ島に移住して同島の女性と結婚し、そこに定着することになる。伝承によれば、S氏族の男性たちが「海に住まう」ようになったのはこの時からであり、これは現在から約七世代前のこととされる。そのさらに四世代後、フナフォウ島に住んでいたS氏族成員の男性Rは、T村沖にａ島を創始したG氏族の男性Mの妹Iと結婚する（図2—5参照）。男性Rの夫婦は、当時建設され始めたばかりであったａ島に、自ら一区画を建設してそこに住み始める（4）。これが、現在に至るS氏族の人々のT地域への定着・居住の端緒であり、また、ａ島上でのG氏族とS氏族の共住の始まりであるとされる。

4　人工島居住と婚姻・通婚関係

このように、一群の移住伝承は、マライタ島内陸部にまったく異なる起源をもつ二つの氏族が、それぞれ偶然的な出来事に媒介された反復的な移住を経て、ａ島の上で合流・共住するに至る過程を物語っている。注意すべきことに、以上のような移住過程を「ある氏族の」祖先たちに関するものとみなすことができるのは、あくまで事後的な意味においてに過ぎない。以下でより具体的に見るように、アシの伝承の多くは、男性一人あるいはせいぜい二〜三人による移住を語るものとなっており、明確に「集団的」と言える規模の移住が語られることはほとんどない。他方で、そのように少数の移住者の男性が男子をもうけ、それ以後の父系的な系譜が現在までたどられうるならば、それらの移住者は、氏族の現存成員たちにとって「われわれの祖先（*agalo gami*）」であるということになる。アシにおける「氏族の」移住史とは一面で、そのような移住の連鎖が、氏族の父系的な一貫性を体現するものとして、事後的に意味付け直されたものであると言える。

同じことは、「アシ」という集団的同一性についても指摘できる。G氏族やS氏族の祖先が、移住過程の初期においてマライタ島の「トロ」に居住していたとされるように、本章で見るような一群の伝承は、あらかじめ存在する「アシ」という集団の移住をではなく、むしろ、繰り返される多様な移住を通じて「アシ」という集団的なまとまりが徐々に形成される過程を物語っている。言い換えれば、アシの伝承は総体として、自分たちの祖先が、反復的な移住と「海に住まうこと」を通じて、いかにして「アシ」になったかという、現在に至る集団的同一性の形成についての語りをなしているのである。

また、以上の二氏族の事例には、前章でも指摘したところの、アシの移住における婚姻・通婚という契機、より具体的には、婚姻によって媒介された、男性の「女の場所（*fuila geni*）」、すなわち妻方や母方、父の母方など、自身が非男系的に結び付いた場所への移住・定着の重要性を、明確に読み取ることができる。すでに述べたように、アシにおいては氏族外婚が原則であり、また婚姻後の夫婦は夫の出身地に居住するのが標準的とされる。このため、アシにおける婚姻は理念上、ある氏族が住む集落あるいは人工島から、別の氏族の集落あるいは人工島への女性の移動――貝貨（*malefo*）を中心とする婚資の贈与（*foelaa*）と引き換えの――として概念化される。またそのような原則の下では、前章でも指摘したように、自身の出身地に居住する男性たちが、共通の父系出自に基づき「われわれX氏族（*gemelu 'ae bara faasi X*）」という集合性を形成するのに対し、さまざまな場所からそれぞれ独立に婚入してくる女性たちは、あくまで個別的な立場を占めることになる。

これに対し、以上で見たようなアシの諸氏族の移住伝承においては、そのような原則に対して一見例外をなすかのような、また本質的に個別的な出来事として生じる、男性（たち）の「女の場所」、とくに人工島への移住が頻繁に語られている。たとえばS氏族の移住史では、成員男性Lのフナフォウ島への移住、および男性Rのａ島への移住がいずれも、それらの島の出身である、あるいは、それらの創始者と男系的な親族関係にある女性との婚姻を媒介とし、妻方の島への定着として行われたものとして語られている。これらの伝承に従えば、男性Lが妻方のフナフォウ島に移住・定着せず、自身の出身地である本島の土地Oにとどまっていたならば、そもそもS氏族の人々は「海に住み」始めてさえいなかったであろう。また、フナフォウ島に住んでいた男性Rが、妻の兄が建設したばかりのa島に移住しなかったならば、S氏族の人々はフナフォウ島に住み続けており、現在のT地域には定着していなかったであろう。このように、一見変則的な男性たちの「女の場所」への移住は、アシにおいて、現在に至る氏族の居住史にとって本質的・構成的な意義をもつものとされているのである。また、アシの認識においては、本来的とされる父方＝夫方への居住が何らの説明を要しないものであるのに対し、「女の場所」への移住には、まさしく伝承の主題とされるような、さまざまな個別的事情がともなうものとされる。

氏族の集合的同一性とは異なる原理としての、婚姻・通婚と非男系的な居住のこのような重要性は、T地域に住む他の諸氏族の事例に関しても一般的に指摘できる。アシの認識において人工島居住は、そのように本質的に婚姻・通婚と「女の場所」への居住によって媒介・構成されているのである。以下でも見るように、このことは、アシの「海に住まうこと」に固有の偶有的な性格を与えている決定的な契機の一つと考えられる。

五　移住伝承の諸事例

1　マライタ島本島における移住

本節では、右でその概要を見たG氏族とS氏族の移住伝承をより具体的に見ることで、アシにとっての「移り住むこと」と「住み、とどまること」の意味について考えたい。先に1島創設の事例に即して述べたように、アシの移住伝承の一つの特徴は、氏族の祖先における移住を、親族間の対立や集団間戦闘への参加、あるいは禁忌への違反といった出来事を契機とする、本質的に偶発的なものとして語ることにある。そのように偶発的な移住は、「X氏族の人々はAの土地に住んでいる」という既存の居住パターン、言い換えれば人々と土地の必然的な結び付きに従うことなく、むしろそれを書き換えるような動きとして現れる。一例として、前節でも言及した、S氏族の父系的祖先である男性Bの、土地Eから土地Oへの移住（図2―4の2）に関する伝承を見てみよう。

［事例2―2］S氏族の父系的祖先Bの、集団間戦闘への参加を契機とした移住

われわれの祖先の男性Bは、〔現在のファタレカ地域西部に位置する〕土地Eに住んでいた。彼はラモ〔戦士〕であった。Bはある時、〔マライタ島北端、スー地域の〕土地Oの人々がフィニシ（*finisi*）〔対立集団の成員を殺害することへの懸賞〕を掲げていることを聞いた。彼の妹が土地Oに嫁に行っており、彼は妹を通じてこのフィニシについて聞いたのだ。Bは土地Oの人々の戦い（*omea*）に加わりたいと考えた。そこで彼は占い（*ilitooa*）〔字義通りには「試すこと」〕を行った。土地Eを流れる大きな川には、一羽の鷲が住んでいて、われわれの祖先たちは、戦いの前にはこれを泳いで渡るという占いを行っていた[21]。鷲に襲われることなく川を泳ぎ渡ることができたなら、戦いに勝つことができる。途中で鷲に襲われたなら、戦いには行くべきでないということになる。Bはバナナの幹で筏を作り、それに乗って川を渡り始めたが、鷲がやって来るとその場でつかまえて殺してしまった。彼は「戦いに行っても無事ということだな！」と考え、土地Oに行って戦いに加わった。土地Oの人々は、〔目的通りに〕相手の人々を殺すと、掲げていたフィニシを分けることにした。彼らはBに対し、「貝貨でもブタでも、好きなものを取るがいい」と言った。Bは何も言わずにスビ（*subi*）〔先端が菱形の短い棍棒〕を手に取ると、座ったままで地面をコツコツと叩いた。土地Oの人々は、「ああ、土地がほしいのだな」と理解して、彼にOの土地の一部を与えた。Bはこうして土地Oに住むことになり、やがてそこで結婚した。

この事例は、S氏族の祖先たちがいまだ「海に住んで」いなかった時期の移住を語るものであり、狭い意味では「アシの」移住伝承の事例とは言えない。この伝承は主として、S氏族における土地権の獲得を正統化する物語となっており、人工島間での移住についてのアイ・ニ・マエとは一面で性格を異にしている。

他方でそこには、アシの移住伝承に広く見られるいくつかの特徴を指摘することができる。まずこの事例では、移住と親族関係の（再）構成、具体的にはS氏族の男性と土地Oの先住集団の間の共住関係の成立の動因として、一九二〇年代以前のマライタ島で行われていた「オメア」と呼ばれる集団間戦闘（前章二節参照）が語られている。このような戦闘や、その主要な担い手として語られる「ラモ」という人物類型は、アシの移住伝承において定型的に言及される。アシの認識において、ラモによって担われる戦闘は、既存の居住パターンや親族関係を、氏族の父系的同一性からはまったく独立した仕方で書き換える、独自の力をなすものに他ならない[22]。

また右の事例では、土地Eから土地Oへの移住が、一人の、しかも未婚の男性によって行われたとされており、先述の通り、これを「S氏族の」移住とみなすことができるのはあくまで事後的な意味においてのみである。また、アシの伝承においては、右のように、移住先にはすでに先住集団がいるとされることも多く、この場合移住者の男性は、先住集団にとっては明確な他者性を帯びた「よそから来た男（*ngwane dao*）」として現れることになる（右の事例では、そのような他者性は、男性Bが「何も言わずに地面をコツコツと叩いた」という描写によく表れている）。このように一見逆説的にも、自らの祖先を移住先における「よそ者」として語ることは、アシの移住伝承にしばしば見られる特徴である（たとえば以下の事例2―4を参照）。

最後に、右の事例における「占い」のエピソードには、戦闘を媒介として行われるこのような移住の本質的な偶有性についてのアシの認識が象徴的に示されている。たしかに、S氏族の祖先は結果的に土地Eから土地Oへの移住を実現したが、男性Bはもともと、妹が同地に婚出していたことを除けば、土地Oやその先住集団と何らの結び付きをもっておらず、このような移住は行われないことも十分にありえた。もし占いの途中で男性Bが鷲に襲われていたら、また、土地Oでの戦闘に彼らの方が負けていたら、あるいはそもそも、土地Oの人々が「フィニシ」を掲げていなかったら、S氏族の移住は実現しなかっただろう——以上の伝承は、これらの実現しなかった可能性を含意している。この結果として、仮に男性Bの子孫たちが土地Oに住み続ける場合、同地におけるこの人々の居住＝生活は、明確な偶有性あるいは出来事性の規定の下に置かれ続けることになる。以下でも見る通り、アシの移住伝承は一般に、そのように現住地における「住まうこと」を、本質的に別様でもありえたものとして認識させ経験させ続けるのである。

2　本島から人工島へ

次に、アシにより固有と言うべき、「海に住まうこと」に直接関わる伝承の事例を見ることとしたい。先に指摘した、「トロ」から海岸部、さらには「海」すなわち人工島への移住というパターンからして必然的であるように、今日「アシ」とみなされる氏族の多くは、自らの父系的祖先がはじめて「海に住まう」に至った経緯に関する伝承をもっている。ここでは、G氏族とS氏族のそれぞれに関するそのような伝承を見る。後にa島上で共住することになるこれら二氏族は、いずれも、ただし異なる時期に、アシ地域で最初の人工島と言われるフナフォウ島に移住することで「海に住み」始めたとされる。

［事例2―3］G氏族の父系的祖先の、本島からフナフォウ島への移住（図2―4の③）

われわれの祖先たちは、〔現在のバエレレア地域東部に位置する〕土地Gに住んでいた。ある時、彼らの祭司がGの川に沿って歩いていて、人の胞衣（*buri ngwela*）〔字義通りには「子どもの後」〕を見付けた。そのあたりに住んでいる人々が、子どもを産み終えて、川岸に胞衣を捨てたのだ。祭司はこれを見て、ブタの内臓だと思い込んでしまった。彼は人の胞衣とブタの内臓を見分けられなかったのだ。彼はこれを持ち帰ると、石蒸し焼きにして食べてしまった。他の祖先たちはまもなくこれに気付き、「われわれのベウ〔男性小屋〕はけがれて（*sua*）しまった！　祭司が胞衣を食べてしまったのだから」と言い出した。別の祖先の男性は、フナフォウ島出身の妻をもっていたが、彼は、ベウに置かれていた〔氏族に伝わる〕弓などの大切なものをカヌーに積み込むと、海〔すなわちフナフォウ島〕へと逃げて行った。そうして、彼は妻や他の人々とともにフナフォウ島に住むことになった。

この事例では、祭司の「過ち（*garo*）」による禁忌への深刻な違反が、G氏族の祖先たちにおける本島海岸部から人工島への移住を帰結したものとして語られている[23]（右の伝承は、直後に、フナフォウ島に移住した男性が自らフォウエダ島を新設するというエピソードを語っている。後掲の事例2—5参照）。そこにおいて、G氏族が本島の土地を離れて「海に住み」始める契機は、人の胞衣を食用のブタの内臓と勘違いするという、ごく深刻ながらも滑稽な、また根本的に偶発的な出来事として語られている。また注意すべきことに、右の事例では、伝承の主題である「G氏族の男性の本島からフナフォウ島への移住」の背後に、これに先立つ、男性の妻のフナフォウ島から本島の土地Gへの婚入・移住という契機が、語られないままに前提されている。同じことは、祖先の男性Bが、土地Oにすでに婚出していた妹から戦闘とその懸賞について聞いたという、先の事例2—2についても指摘できる。通婚による女性のそうした移住は、男性たちの移住とは対照的に、それ自体としては氏族の居住地を変更するものとはみなされず（というのも、父系出自の下では、女性は自らの子どもたちに氏族への帰属を継承させられないので）、伝承の主題とされることもない。それにもかかわらず、アシの多くの伝承において、父系的に構成される氏族の境界を横断する通婚関係とそれによる女性の移住という契機は、それなしには男性たちの——事後的に見れば、氏族の——移住も生じなかったであろうような、本質的な前提となっているのである（この点については、キリスト教受容以前のアシにおける葬制と移住史の関連を論じる次章で、より立ち入って考察する）。

このように右の事例２—３は、Ｔ村沖の人工島群の形成史に即して先に指摘したところの、人工島居住の拡大が、しばしば父系出自以外の関係に沿って行われるという傾向を例示するものとなっている。同様な傾向は、Ｓ氏族の祖先がはじめて「海に住まう」ようになった経緯を語る、次の伝承——先の事例２—２の六世代後の出来事とされる——にも明らかである。

［事例２—４］Ｓ氏族の祖先Ｌの、本島からフナフォウ島への移住（図２—４の３）

われわれの祖先たちは、（事例２—２に登場した）土地Ｏに住んでいた。あるとき、Ｌという祖先の男性が、近くのＫ川の傍で開かれる市場に出かけて行った。[24]市場では、フナフォウ島から来た男性Ｕが、海で魚を捕るための網を作ることができる人物を探し求めていた。昔の人々は、森で採れるツルを使って縄をない、網を作っていたのだ。Ｌは、川で魚を捕るために網を作ることに慣れていたので、「網なら私が作れるぞ」とＵに言った。そこで、彼はＵとともにフナフォウ島に行くことになった。Ｌはフナフォウ島に住んで、人々のために網を作っていたが、ある時病気になってしまった。彼がベウの中で寝込んでいると、Ｕは、自分の妹であるＡに、「彼の世話をしろ」と言った。Ｕは妹を彼に（妻として）与えたわけだ。[25]そうして、ＬはＵと結婚することになった。このようにして、われわれは海に住まうようになったわけだ。

この事例は、先の事例２—３とは異なり、通婚関係がもともと存在しなかった場所への、男性単身での移住を物語っている。ここでは、男性と先住集団の間の婚姻関係は、事例2—2と同様、移住の後に樹立され、定着の根拠となったとされる。この事例の一つの特徴は、人工島への移住のきっかけとして、マライタ島北部に特徴的な、トロとアシの人々が交易を行う「市場（*usia*）」が言及されている点である。同地域の市場は、今日に至るまで、日常的には相互に離れて居住する人々が一時的に集まる場であり、このため、市場での身体的接触などの小さなトラブルは、しばしばアシ／トロの氏族間の衝突などの端緒となってきたとされる。異なる人々が多数集まる市場は、現在までアシにとって、何が起こるかわからない、多様な出来事を潜在させた空間であると言える。右の伝承では、市場におけるまったく偶然の出会いが、S氏族の祖先における「海」への移住を引き起こしたと語られている。そこにおいても、S氏族におけるその後の人工島居住は、根本的に偶有的な、他でもありえた結果として語られているのである。

以上で見たG氏族とS氏族の事例に関してとくに注目すべきは、そこにおいて人工島という居住形態、さらにはその産物としての「アシ」という同一性が、出自上の同一性に基づく氏族間の境界や、ある時点における「アシ／トロ」の区別を、繰り返し横断するものとして語られている点である。右で見た二つの事例は、人工島居住が、フナフォウ島の居住者などすでに「海に住んでいる」人々から、それらの人々と姻族関係などによって結び付いた、いまだ「海に住んで」いない人々へと、波及的に広がっていく過程を物語っている。これらの伝承において、「海に住まうこと」は、すでに形成された特定の集団に限定されるどころか、まったく逆に、禁忌への違反や市場での出会いといった雑多で偶然的な媒介によって、次々と伝播・拡大していくものとして現れている。アシの移住伝承はそのように、「海に住まうこと」が既存の集団的同一性をたえず横断し、さらにそれによって、「アシ」という集団的なまとまりも徐々に形成・拡大されていく過程を物語っているのである。

3　人工島の創設、および人工島間での移住

次に、アシ地域で数多く語り継がれている、人工島から別の人工島――一部では、マーナオバ島など天然の島――への移住・転出を語る伝承を見ることとしたい。それらの一部は移住先の島が既存のものである場合を、また別の一部は、先に見たl島の事例のように、移住先の島が新たに創始・建設される場合を物語っている。

T村沖の事例に即してすでに指摘したように、アシ地域の人工島の大半は、それまで他の人工島に住んでいた男性が、その島から転出して自ら新たに島を創設するというかたちで成立したとされる。また、l島の例に見たように、多くの伝承において、新たな島の創始や既存の島への移住は、あたかもごく容易なことであるかのように語られる。事例2―1の兄弟が非男系的親族との「けんか」によってk島から転出したように、アシの伝承には、ごく些細で偶然的なきっかけによって既存の人工島に移住したり、新たな島を築いたりした男性の例が数多く語られている。そこではあたかも、現住地において何らかの「問題」を抱えた男性にとって、「海に逃げる」という選択肢が、つねに容易に採りうるものとして存在してきたかのようである。また、アシ地域の海上に今日九〇以上もの島々が点在しているという事実は、移住・転出と島の新設が実際にそのように容易に行われてきたことを証拠立てているようにも見える。

人工島の新設のそうした容易さは、一面で、アシにおける海域保有の慣習によって支えられていたと考えられる。今日ラウ・ラグーンと呼ばれる海域は、現在まで、アシの諸氏族やその下位集団によって部分的に――言うなればパッチ状に――保有されてきた［秋道　一九七六、Akimichi 1991］。保有の対象となるのは通常、集団的な網漁に適した漁場である、周囲を岩場に囲まれた深み（*lobo*）であり（第五章参照）、そのような保有海域は「アラタ（*alata*）」と呼ばれる。これに対し、人工島は一般に、作業を容易にするために、低潮時には干上がるような浅瀬（*fafomai*）に建設される。そのような浅瀬は、多くの場合「誰のものでもない（*mola*）」、すなわち特定の集団によって保有

されていない海域に当たっており、そこに新たな島を建設することに対する社会的な妨げはない。また、仮にその浅瀬が何らかの集団の保有海域に含まれていたとしても、浅瀬は網漁の漁場としての重要性が低いため、そこへの人工島建設は保有集団によって許可されるのが通常である。このように、アシにとって「海」は、氏族などによって部分的に保有されてきたにもかかわらず、事実上誰でも自由に住むことができる空間であり続けてきた。

居住空間としての海のこのような特徴は、マライタ島本島の土地がもつ性格と顕著な対照をなす。前章で述べた通り、本島上の土地区画、たとえばT村やその周辺に居住したりそこに耕地をもったりするためには、個人は、その土地を先住集団などとして保有する氏族との間に、男系的あるいは非男系的な何らかの親族・姻族関係をもっていなければならないとされる。すなわち、本島の土地への居住には、それを正統化する親族・姻族関係上の根拠が必要とされるのである。たしかに、先の事例2―2に見たように、アシの伝承の一部には、先住集団との間に親族関係をもたない男性がやって来て、戦闘における功業などを通じてその土地に定着する、というパターンも見られる。これに対し多くの伝承は、何らの正統性にも拠らない新たな人工島の建設を、そのような土地権の獲得よりもはるかに頻繁に、一般的に行われてきたこととして語っているのである。

居住空間としての海の以上のような特質は、アシの移住史に、独特の非本質主義的な性格を付与している。すなわちアシの人々は、「海に住んでいる」限りにおいて、自らの居住の現状を、たとえば先住集団としての立場を主張することによって正統化しようとすることなく、むしろ以上で諸伝承に読み取ったように、それがあくまで偶然的で別様でもありえたことを、明示的に認め続けるのである。

島から島への移住についての伝承の例として、まず、右の事例2―3の続きに当たる、本島の土地Gからフナフォウ島に「逃げた」G氏族の男性による、フォウエダ島の創設についての伝承を見てみよう。

［事例2―5］G氏族の男性によるフォウエダ島の創始（図2―4の④）

われわれの祖先たちは、このようにフナフォウ島に移り住んだ。さて、フナフォウ島から少し離れたところに、海の上に飛び出している岩があった。この岩は、婚礼の際などに、フナフォウ島の女性たちが髪や体を赤く塗ったりして身繕いをする（*'eda*）ための場所として使われていた。ある時われわれの祖先は、この岩の周りに岩を積み上げ、その上に家を建てられるようにすることを考えた。フナフォウ島にいる妻方の親族に尋ねたところ、「ああ、あんな岩などお前の好きなようにすればいいとも！」と言われた。そこで彼はその周りに岩を積み上げ、やがてその上に家やベウを建ててフナフォウ島から移り住んだ。これがフォウエダ島〔「身繕いする（*'eda*）ための岩（*fou*）」の意味〕の始まりである。

このようにG氏族の伝承によれば、アシ地域でも初期の島の一つであるフォウエダ島は、すぐ近くのフナフォウ島から転出した同氏族成員の男性によって創始されたものである。フナフォウ島の姻族による、「あんな岩など好きにすればいい」という許諾の言葉には、右で述べた、海には誰でも自由に住むことができるという原則がよく示されている[26]。

次に見るのは、G氏族の一部の人々、具体的には、後にa島に居住する人々とは異なる、e島やb島を創始する下位集団に属する人々の祖先が、フォウエダ島から転出するに至った経緯を語る伝承である[27]。ここでは、アシ地域の移住伝承においてもっとも一般的に語られる契機の一つであり、先にも事例2―1に見たところの、親族間の「けんか、衝突（*firulaa*）」が語られている。

[事例2―6] G氏族の一部の人々におけるフォウエダ島からの転出

フォウエダ島に住んでいた頃、われわれの祖先たちはウミガメ（*fonu*）を捕る漁を行っていた。[28] ある時、フォウエダ島に住んでいた〔別の氏族に属する〕意地の悪い男性が、われわれの祖先が捕ったウミガメの甲羅をマーナ・ビシ〔女性の隔離区画〕に投げ込んでしまった。〔これによって、祖先たちのウミガメ漁はけがされてしまった。〕このため、祖先たちはフォウエダ島の他の人々とけんかをすることになり、この島を出てマーナオバ島に移り住んだ。

この事例では、先の事例2―3と同様な空間的禁忌への違反が、それまで人工島の居住集団を構成していた親族間の対立、さらには一部の人々の転出を帰結したものとして語られている。このように、それまで人工島の上で共住していた親族との対立をきっかけとして、対立の一方の当事者が島を転出し、新たな島を建設したという伝承は、アシ地域で数多く語り継がれている。最後に、先の事例2―1と同様に比較的新しい時期の、同じように親族間の対立を契機とした移住についての語りを見ることとしたい。

[事例2―7] S氏族の一部の人々の、a島からl島への転出（図2―5参照）

〔S氏族の男性成員としてはじめてa島に住んだ〕男性Rには、三人の男子がいた。〔一九五〇年代と推定される〕この頃、三人はすでに高齢であり、とくに妻をすでに亡くした三男Aは、頭がよくなくなって〔ぼけかかって〕いた。ある時Aは、同じa島に住んでいた男性T〔a島創設者Mの初婚時の男子の三男、G氏族成員〕と話をしていて口論になり、Tをののしった（*kwalangia*）。Tはこれに腹を立て、Aを海に突き落とした。Aは海からはい上がり、a島の隅の岩の上にしゃがんでベソをかいていた。その時、漁から帰ってきたl島の男性たち〔事例2―1の兄弟など〕がa島のそばを通りかかった。彼らは、ひとりでベソをかいているAを見付けると、「どうしたんですか？」と尋ねた。Aは、「Tに突き落とされた」と答えた。これを聞いて、l島の人々はAをカヌーに乗せ、島まで連れて行った。その後、畑からa島に戻ってきたAのオイ〔Aの次兄の長男〕らも、話を聞くと荷物をまとめてl島に行った。Aの兄ら〔長兄と次兄〕もl島に移り住んだ。彼らは、やがてl島で自分たちの家を建てる区画を建設し、そこに住み着くことになった。

この事例で語られているのは、現在の高齢者の多くがまだ子どもであった、一九五〇年代後半と推定される時期の出来事である。注目すべきは、このように比較的最近の出来事に関しても、アシの伝承が、親族間の対立による転出という定型的なパターンを反復しているという点である。すでに三節で見たように、T村沖では、二〇世紀の後半に入っても複数の島が新たに建設されており、島々の間では右のような移住が継続・反復されていた。すぐ右の事例に読み取れるような語りの定型性は、それらの移住と人工島建設に、より古い時代からの連続性という性格を付与し、アシにおける、「われわれの祖先たちは、今日に至るまで、つねに島から島へと移住してきた」という認識を支えるものとなっている。

六　出来事としての「住まうこと」

以上で見てきたように、アシの間で語り継がれている一群の伝承は、祖先たちの反復的な移住を通じて、現在見られるような多数の人工島が造られてきた過程を物語っている。それらの島々は、それぞれが独立してあるのでは決してなく、無数の移住経路によって相互に結び合わされており、また人々における現在の居住地は、そのような移住史の今日における到達点として認識されている。そのようにアシは、自らを本質的につねに移住してきた人々として、したがってまた、現住地における「よそから来た人々」として認識している。このことは、本章冒頭で見た、「島はよそから来て居着いた人たちが住む場所なのだ」という男性アラドの言葉にも端的に示されている。

さらにアシにおいては、そのような反復的な移住の運動が、個別の人工島というかたちで具象化され、現在の日常的な景観の一部をなしている。一見不動の岩の山のように見えるこれらの島々は、比喩的に言えば、過去における移住という出来事を、現在において凍結し保存する形象に他ならない。そのような島々がアシ地域の海に存在し続ける限り、人々は、「われわれ」が「よそから来た」こと、そしてまた、現住地が「われわれ」の居住地である必然性などなく、これまで行われてきたような偶発的な移住がいつでも再び生じうることを忘れはしない。このように、人工島はアシに対し、自らの「住まうこと」の本質的な偶有性、すなわち、「われわれ」は別の場所で、別様の居住＝生活を営むことがありえたし、実際に、さらなる移住先でそうすることがありうるという可能性を、つねに想起させ認識させる。このように、アシにおいて〈別様でありえた〉と〈別様でありうる〉は表裏一体なのである。祖先の移住史を逆向きにたどり、氏族の「故地」に「帰ろう」とする前章で見たような志向も、まさにこのような条件によって可能になっているものと考えられる。

なお、「つねに移住を繰り返してきた」という特徴だけならば、マライタ島本島に住む「トロ」の人々、あるいはメラネシアの焼畑農耕民一般についても指摘することができるだろう［cf. Keesing 1982a; Ross 1973: ch.12; Strathern and Stürzenhofecker (eds.) 1994］。これに対し本章の考察は、アシの「住まうこと」を特徴付ける偶有性が、この人々の移住史のどのような特質に由来するものであるかを明らかにしている。

まず、アシの移住伝承には、父系出自に基づく氏族の集合的同一性と、そのような氏族の間を横断する婚姻・通婚という二つの原理の間の緊張関係が認められる。すなわち、一方でアシの移住伝承は、氏族を単位とし主体とする移住史の語りという性格をもち、そうした性格は、事例2―2に見た土地権獲得についての伝承のように、「この土地／島はわれわれのものだ」という主張をも導きうる。しかし他方で、以上で見たように、移住史の個別の段階を構成するエピソードは、しばしば父系出自とは異なる原理、具体的には、氏族の境界を横断して行われる個別の婚姻によって媒介されていた。後者の契機はたとえば、事例2―3および事例2―5に見たような、何らかの「問題」により、それまで住んでいた自身の出身地に住めなくなった男性が、妻方の人工島に移住し、その後自ら新たな島を建設するといった伝承に読み取ることができる。そのように個別的な出来事に媒介されている限りにおいて、アシの「海に住まうこと」は、氏族単位の集合性に回収されえない、根本的に個別的で出来事的な性格をもつと言える。

このように二面的な性格において、アシの移住伝承は、他地域の「トポジェニー」がしばしばそのように解釈されてきたような、自らの先住集団としての正統性を根拠付ける神話や、「祖先たちが、新たな土地や海を次々と自分たちのものにしていった」という、集団のテリトリー拡大の物語とは根本的に異質であると考えられる。そのような解釈においては、オーストロネシア語圏の人々にとって、父系出自に基づく氏族といった「われわれ」の集合的同一性や、「われわれ」とその居住地・保有地の間の必然的で正統的な結び付きが、本質的な理念あるいは価値としてあることが前提されている。これに対しアシの伝承は、自らの「海に住まうこと」を、まさしくそのような同一性や必然性から繰り返し逸脱していく運動の産物として物語っており、この点において、他地域との比較における一定の特殊性が認められる。他方で、居住＝生活の偶有性を抑圧あるいは隠蔽することなく、半ば明示的なままにとどめるアシの事例は、他地域の「トポジェニー」に関しても、従来必ずしも注目されてこなかった偶有性の契機について考えるための手がかりとなりうるだろう。

さらにアシの伝承においては、以上で見てきたように、個別の移住のエピソードが本質的に偶発的な出来事として語られる。このためアシにおいては、個別の移住とその帰結としてのある場所での居住＝生活が、根底において「そうでないこともありえた」という偶有性の認識が保持されている。すなわちアシの移住伝承は、過去に行われた移住と定着を神話的に正統化し必然化するどころか、その語りを通じて、それらがあくまで偶発的な、「起こらないこともありえた」ものであったことを繰り返し明示するのである。すでに述べたように、このような特徴は、海上の居住空間としての人工島という形態と密接に関連している。すなわちアシの認識によれば、マライタ島本島の土地とは異なり、海には原理的には誰でも自由に住むことができ、またその居住＝生活を、出自や先住性の主張によって正統化する必要はない。まさにこのことによって、アシの移住史、およびその帰結としての居住＝生活の現状には、高度な偶有性・出来事性の性格、すなわち、われわれは「ここ」とは異なる場所にも住むことができたし、現にそうすることができるという可能性が付与されてきたのである。アシにとって、ラウ・ラグーンの海に点在する島々は、まさしくそのような可能性を具象化するものに他ならない。

なお、キリスト教の一般的受容以前のアシにおいて、そのような移住の歴史は、単に口頭伝承として語られるだけのものではなかった。次章では、死者の葬送を通じて島と島とを結び付け、過去の移住史――少なくともその一部――を現在において反復的に現出させていた、かつてのアシにおける葬送儀礼について見ることとしたい。注目すべきことにアシの人々は、生者としてだけでなく死者としても繰り返し海を渡ってきた。そのような死者の移動は、本章で見たような生者の移動に単に付随するものではなく、時にはそれを可能にするような本質的条件として、アシの「海に住まうこと」それ自体を支えてきた。次章では、生者の移動と死者の移動のそのように入り組んだ関係と、それによってこの人々の「住まうこと」にもたらされてきた独特の性格について明らかにする。

註

（1）本章で言う祖先の移住は、ラウ語では通常、「やって来る」という意味の動詞「シフォ（*sifo*）」で表現される。また、本章における「移住（史）」におおよそ対応するラウ語の名詞として、「シフォ」の名詞形である「シシフォア（*sisifoa*）」がある。

（2）アシにおける伝承・物語一般については、ケンゲス＝マランダの整理［Köngäs Maranda 1975］を参照。なお、「アイ・ニ・マエ」という呼称の意味をアシの高齢者に尋ねても、通常「わからない」という答えが返ってくるが、ケンゲス＝マランダは、その原義を「［祖先の］死（*mae*）の（*-ni*）理由（*ʻae*）［*ʻai* ではない］」と推定している［Köngäs Maranda 1978: 39］。

（3）例外的に、女性でありながら「ラモ」（戦士）であった人物や、男女の空間的分離に関わる禁忌を意図的に犯すことによって破滅的な結果を招いた女性など、言うなれば「規格外」の女性に関わる伝承が知られている［Maranda 2001: 102-104］。

（4）アイ・ニ・マエは今日まで主に男性たちの間で語り継がれてきたが、女性がそれらを知ることもとくに禁じられておらず、T地域でも、中高年の女性の一部はアイ・ニ・マエについて豊富な知識をもっている。

（5）また類似の神話は、「シド（Sido）」その他の名で呼ばれる伝説的人物の移動に関するニューギニア各地の伝承など、メラネシアの非オーストロネシア語圏やオーストラリアでも知られている［e.g. Rumsey and Weiner (eds.) 2001; Strathern and Stürzenhofecker (eds.) 1994; Wagner 1972］。

（6）ここで挙げるような、個別の人工島の創設に関するアイ・ニ・マエは、「島［の由来］についてのアイ・ニ・マエ（*ʻai ni mae sulia fera*）」と呼ばれる。なお先述のように、今日のアイ・ニ・マエにおいては、語彙・表現のレベルでの定型性は想定されない。本章で示す諸事例はいずれも、異なるインフォーマントからの聞き取りに基づき、それらに共通する内容をまとめたものである。

（7）バカレ老人は、調査時点で九〇代と推定されるT地域の最高齢者で（二〇一〇年末に没）、二〇〇八～〇九年には、三男の家族とともに、自ら建設したm島――l島に隣接する、ごく小さな島――に住んでいた。なお、「老人（*olomani*）」（p. old man）はピジン語の表現である。

（8）l島の名は、一九二七年の滞在に基づく先述のアイヴェンズの著作には記載されていないが、T村の教会の洗礼記録（後述）にはすでに一九四二年に登場する。またバカレ老人はl島の建設を、一九二七年の行政官ベル殺害事件（前章参照）より後のことと明言している（二〇〇九年五月）。

（9）筆者は二〇一一年九月、司祭の許可を得て、一九三六年に始まるT村の教会の洗礼記録、死亡記録、婚姻記録の全ページをカメラで複写した（教会設立の初年に当たる一九三五年については、なぜか記録が残されていない）。その検討の結果は、人工島の建設時期の推定や個人の生没年の特定などのかたちで、本書の各章に反映されている。ただし、これらの記録には一部で大幅な欠落も見られ、たとえば死亡記録は一九七七年七月から八二年二月まで一切記入されていない。

（10）後に見るように、G氏族の人々はフォウエダ島を、自分たちの父系的祖先によって創始されたものと語り継いでいる（事例2―5参照）。これに対し、今日までフォウエダ島の主な居住集団をなしてきたR氏族――T地域では少数だが、アシ地域全体では多数の成員をもつ主要な氏族――の人々は、これを認めていない。図2―1では、アシ地域で支配的と思われる認識に従い、フォウエダ島をG氏族ではなくR氏族の島として表示しておく。

（11）T村の教会の一九三六年の洗礼記録には、受洗者の居住地としてi島とh島の名がすでに記されており、これらの二島は一九二七～三六年の間に居住され始めた可能性が高い。さらに、一九三八年にはu島、一九四二年にはl島およびf島の名も記されている。

（12）前章で見たように、アイヴェンズらの論者は、アシの人工島がそもそもどのような動機で建設されるようになったかについて、さまざまな憶測を提示していた。他方でこれらの論者には、その「起源」がどうであれ、既存の島から新たな島が反復的に分出することで現在見られるような人工島群が形成されてきた、という過程への視点が不十分であったように思われる。

（13）序論で言及したイロイの父方祖父（u島創始者）も、具体的な出自・親族関係は不明ながら、T氏族の成員と考えられている。

（14）前章で述べたように、今日のマライタ島北部では、人工島居住者は一般に「よそから来て居着いた人たち」であり、その付近の土地の先住集団ではないと認識されている。この点で、T氏族がT村周辺の先住集団とみなされていることと、その成員たちが一九三〇年代まで「海に住んだ」ことがなかったという事情は、相互に整合的と言える。

（15）以下で示すa島に関連する移住史は、主として、T地域に住む三〇～七〇代の（元）a島居住者の男性七人から聞き取られた伝承に基づき再構成したものである。聞き取りの言語はラウ語で、一部はICレコーダーで録音された。またこれらの伝承は、より多くの（元）居住者からの断片的な聞き取りと照合された。これらの聞き取りには、一部に内容上の不一致が見られ、また、以下で示す二氏族の移住史にはおそらく部分的な欠落が含まれる。他方で、各氏族の全体的な移住経路に関しては、（元）居住者たちの認識に明確な一致が認められる。

（16）ここでの推定は、たとえば以下のように行われている。（1）a島創始者の男性Mの長男――最初の妻との間の子（図2―5参照）――の次男は、一九三六年の洗礼記録から、一九二二年頃の生まれと推定できる（長男の長男については記録なし）。後述のように、男性Mは、この最初の妻との間の子が生まれた後でa島を建設したとされる。なおホグビン（H. Ian Hogbin）は、二〇世紀はじめのマライタ島北部において、男性の通常の初婚年齢は二五歳あるいはその少し後、女性は一九歳前後であったと記している［Hogbin 1970: 47-48; cf. Ross 1973: 207］。これを踏まえ、右の男性Mの長男が一八九〇年前後の生まれと仮定すると、a島の建設はその直後の一八九〇年代と推定される。（2）T地域の人々の認識は、a島はe島より後に建設されている、ということで一致している。なお、e島創始者とされる男性は、同島建設に先立ち、労働交易によってクイーンズランドに働きに行っていたと語り継がれている（なおこの男性は、この世代では珍しく英語風の名前をもっていた）。アシ地域の労働交易は一八七五年に始まっているので、e島の建設は一八七〇年代末以降である可能性が高い。さらに、a島居住者の第二世代、具体的には、創始者の男性Mの妹の息子たち三人（S氏族成員）は、同じく労働交易によってフィジーに働きに行っていたとされる。労働交易に行ったのは、一般に一〇代後半から二〇代前半の若者たちであったとされるが、フィジー向けの労働交易は一九一一年には停止している。よって、フィジーに行ったa島居住者の第二世代は、一八九〇年代はじめまでに生まれていると推定され、a島の建設は一八九〇年前後と考えられる。

(17)　このように移住伝承が、祖先の島外からの渡来などではなく、祖先が内陸山地部に住んでいる状態から始まるというパターンは、アシやマライタ島内他地域に一般的に見られる［e.g. Ross 1973: 113］。

(18)　筆者の聞き取りでは、このような初期の移住に関する詳細な説明は得られなかった。

(19)　パーソンソンは、アイヴェンズが記録した初期の人工島に伝わる系譜［Ivens 1978[1930]: 63, 66-68］――一九二〇年代の時点で、創始者から現在まで五〜六世代に及ぶ――に基づき、最古の人工島の建設を一八世紀あるいはそれ以前と推定している［Parsonson 1966: 5］。ここで見たような、約九世代前の祖先が最初期の人工島に住み始めたというG氏族の伝承は、アイヴェンズとパーソンズによる記録・推定に照らしても不自然でない。

(20)　本章のもととなった拙稿［里見 二〇一一：三六］では、男性Kの子どもを「男子二人と女子一人」と記していたが、その後の聞き取りから、現在のG氏族成員たちの間では、「男子一人と女子二人」との認識がより一般的であることが明らかになった。

(21)　ここで言及されている土地Eの川は実在し、マライタ島北部の人々の間でよく知られている（次の事例2―3で言及される土地Gの川も同様である）。ここには、アシの移住伝承が、現在でも同定可能な場所や地形を繰り返し参照しながら語られる、「トポジェニー」としての性格をもつことがよく示されている。

(22)　事例2―2において、ラモのこうした性格は、占いを成り立たせていた鷲を殺してしまうという逸脱的な力の行使として表現されている。また現在のT村に関しても、序論や前章で述べたように、かつて行われたオメアによる先住集団の殺戮によって、居住者が一夜にして入れ替わったことがあるのではないか、という懐疑を一定数の人々が抱いている。このような懐疑はまさしく、かつて行われていたような戦闘が、実際に既存の親族関係と居住パターンを大きく書き換えうるものであったという認識によって可能になっている。

(23)　前章で述べた通り、キリスト教の一般的受容以前のアシ地域および近隣の「トロ」では、祖先崇拝の領域を霊的に保護された状態に保つために、祭司をはじめとする男性たちを、女性の月経や出産から空間的に隔離する禁忌が厳格に行われていた。それらの禁忌への違反、たとえばある女性が、月経期間中であるにもかかわらず隔離区域「マーナ・ビシ」から出てしまうといった違反が生じた場合には、親族の男性たちに病や死などの災厄が降りかかることを回避するために、急遽祭司による祖先への供犠が行われたとされる。これに対し、集落のバエそれ自体がけがされるなど、禁忌への違反があまりに深刻な場合や、軽微な違反の累積が集落の人々に深刻な影響を及ぼしつつあると判断された場合には、その集落を放棄して移住するという選択もしばしばなされた［cf. Ross 1973: 247-248］。事例2—3は、そのような移住のパターンを物語るものと言える。

(24) ここで言及されているK川沿いの市場は、マライタ島北端地域の主要な市場として、現在でも開かれている。

(25) 男性Lのように、「よそから来て」島に一時的に滞在している男性は、家族の住居「ルマ」をもたないため、男性小屋「ベウ」に寝泊まりするのが通常であった。ベウは、男性だけが立ち入ることのできる区画「マーナ・ベウ」の中にあるので、これらの訪問者は、ベウにいる限り島の女性と接触することはできない。そうである以上、男性Uによる「彼の世話をするように」という妹への言いつけは、彼と結婚してルマを持つように、ということを含意している。

(26) 事例2—5において、G氏族の祖先の男性は、なぜ自ら新たな島を建設しようと考えたのか。ここには、妻の出身地であるフナフォウ島において、避難者であるG氏族の男性（たち）が「よそから来た人々」に過ぎないという事情が明らかに関わっている。アシにおいては一般に、成人男性が、自身が創始者の父系的子孫に当たらない「他人（*imola ('e'ete)*）」の島に住み続けることは「よくない（*langi si diana*）」とされる。これに対処する一つのやり方は、島の創始者の父系的子孫たちの許可を得て、島に新たな区画を増築するというものであり、妻の兄が創始したa島に移住したS氏族成員の男性Rの場合も、そうした増築を行ったとされる。この場合、当初の移住者の息子たちが成人する頃にも、彼らが婚姻後も同じ島に住み続けようとするならば、同様な増築が繰り返されなくてはならない。もう一つのやり方は、事例2—5におけるG氏族の男性のように、移住先の島から転出して「われわれの島（*fera gami*）」と呼べるものを新たに造るというものであり、そうした事例は数多く知られている。一例として、T村沖のs島の創始者であるN氏族成員の男性は、婚姻後、妻の出身地であるe島に居住していたが、男の子が三人も生まれたことを受け、「他人の島に住み続けることはとうていできない」と考えて、一九六〇年代半ばにs島を建設したとされる（同島居住者の四〇代男性の話。二〇〇九年七月）。アシにおいて、事例2—3および事例2—5に読み取られるような、「妻方や母方の島への移住→新たな島の創設」という連鎖には、このように明確な動機付けがあると言える。

(27) この下位集団とa島居住者たちの親族関係はかなり遠いものとされ、このため前者については図2—4、図2—5に記入していない。

(28) かつてのウミガメ漁は、使用される網に祭司によって霊的な力が付与され、この網は女性が触れるどころか目にしてもいけないとされるなど、祖先崇拝やそれに関連する禁忌と密接な結び付きをもっていたとされる。

第三章　海を渡る生者たちと死者たち——葬制、移住と親族関係

一　海を渡る頭蓋骨

第一章でａ島を例に見たように、今日の人工島上にはしばしば、「バエ（*bae*）」と呼ばれる暗く巨大な茂みが見られる（口絵3および写真1—3参照）。この茂みは、キリスト教受容以前のアシにおいて、ブタの供犠など祖先崇拝の儀礼が行われていた空間であり、また前章でも触れたように、祖先たちにおける新たな場所への定着を示す物証として、移住伝承「アイ・ニ・マエ」とも密接に関連している。加えてバエは、キリスト教受容以前のアシにおいて死者の埋葬地としても用いられており、今日に至るその重要性は一面で、非キリスト教徒の祖先たちがそこに「眠っている（*teo*）」という事実に由来している。本章で考察するのは、そのような埋葬地としてのバエを主要な構成要素とする、キリスト教の一般的受容以前におけるアシの葬制である。この葬制はまた、前章で見たアシの移住史とも密接で複雑な関係にある。

Ｔ地域に住み込みを始めて半年あまり経った二〇〇九年五月一六日、筆者は、第一章でも登場したａ島およびｌ島の元居住者の男性ディメ（五〇代）の自宅で話を聞いていた（ディメの家族が一九五〇年代にａ島からｌ島に移住した経緯は、

前章で事例2―7として紹介した。また、彼は次章でも重要な事例として登場する)。この日、過去のa島居住者の親族関係について筆者に説明する中で、ディメは、同島に定着したS氏族成員の第二世代に当たる(図2―5参照)自身の父方祖父やその兄弟の埋葬に言及した。彼によれば、伝統的な祖先崇拝に従っていた父方祖父とその兄は、死後l島から戻されて、いずれもa島のバエの内部に埋葬された。ところが、亡くなった時期の違いのために、両者の埋葬のされ方にはある明確な相違がある。すなわち兄の遺体は、埋葬後に祭司が「その頭蓋骨を取り除いた(*lafua ketena*)」のに対し、ディメの父方祖父の遺体は、単にバエに埋葬されたままになっている、というのである。

ディメによれば、アシ地域ではかつて、死者の頭蓋骨(*kete*)を取り除いて別の場所に移送・安置する「トロラエア(*toloraea*)」という慣習が行われていた。ところが一九三〇年代以降、教会で洗礼を受け、死後はキリスト教式に埋葬される人々が増えてくるに従い、そうした慣習は徐々に行われなくなった(第四章参照)。T地域の場合、一九七〇年代に祭司たちが亡くなると、非キリスト教徒の死者であっても、もはやその頭蓋骨を取り除く人はいなくなった。このため、ディメの父方祖父とその兄のように、同じ非キリスト教徒であっても、亡くなった時期の違いによって埋葬のされ方に違いが生じることがあったというのである。

キリスト教の一般的受容以前、アシの間で、死者の頭蓋骨を切除し移送する特徴的な慣習が行われていたことは、アイヴェンズの著作[Ivens 1978[1930]: 139, 208-209]などにも断片的に記されている。ディメとの右の会話の後、T地域に住む高齢者たちに話を聞いてみると、同地域においてこの「トロラエア」の慣習が、一九七〇年代と比較的最近まで行われていたことが明らかになった。元a島居住者の男性(六〇代、T村在住)は、自身が目撃したという一九七〇年代の「トロラエア」の様子を、ありありと目に浮かぶように語ってくれた(二〇〇九年九月)。この時、e島とa島それぞれの男性小屋「ベウ」に保管されていたG氏族の死者たちの頭蓋骨は、当時マーナオバ島の一画に独居していた高齢の祭司によってカヌーで運ばれたという。行き先は、前章で見た通りG氏族のかつての居住地とされるフォウエダ島である。この時、女性や子どもたちは、禁忌に従い、祭司が漕ぐカヌーを目にしないよう人工島上の住居に身を潜めた。祭司は、e島とa島のベウから「頭蓋骨をたくさんカヌーに積み込み」、フォウエダ島まで渡って行ったという。

本章では、ここで語られているような、キリスト教の一般的受容以前のアシ地域で行われていた葬制「トロラエア」を考察の対象とする。(1) トロラエアとは、ごく大雑把に言えば、死者の頭蓋骨を切除・保管し、一定期間の後に、しばしば数キロから二〇キロも離れた特定の場所に海上移送する慣習である。以下で見るように、かつてのアシにおいてこの慣習は、人工島上やマライタ島本島の海岸部に位置する一群のバエを、頭蓋骨の移送によって相互に結び合わせ、過去の移住史に対応する「バエのネットワーク」とでも言うべきものを反復的に現出させる機会となっていた。前章で見たように、今日「アシ」と呼ばれる人々は、新たな人工島を次々に創設しつつ、ラウ・ラグーンの海上を不断に移動しながら「海に住まって」きた。葬制に関する以下の検討は、この人々が、生者としてのみならず死者としてもたえず移動してきたこと、それら生者の移動と死者の移動が複雑な仕方で相互に結び付いてきたこと、さらにはそのことが、アシの「住まうこと」の内部に独特な動態性をもたらしてきたことを示すだろう。(2)

以下で示すように、トロラエアには、氏族を単位とする集合的葬送としての側面と、主に女性の死者を個別に葬送する側面という二つの側面がある。ここでは、前章でアシの移住伝承に即して示したところの、氏族の父系的集合性と、女性の移動によって具現される、婚姻・通婚の個別性という二つの原理の間の緊張関係が、再び主題化されることになる。ただし以下でも見るように、アシの人々によるトロラエアについての説明で前景化されるのは、もっぱら前者の集合性の側面であり、後者の側面は通常、前者によって後景化された――ストラザーンの言葉を借りれば、「蔽い隠された（eclipsed）」［Strathern 1988: 155, 157］――状態にとどまる。筆者の認識では、トロラエアの慣習がアシの「海に住まうこと」に対してもってきた意義は、このような二面性とそこに含まれた逆説を明らかにすることによって、はじめて理解されうる。

このため本章の考察も、まずトロラエアの「表の面」としての氏族の集合的葬送を検討し、その上で「裏の面」としての、主に女性を対象とする個別の葬送に注目することで、両者の逆説的関係を明らかにするという手順を採る。具体的には、まずマライタ島もその一部であるオーストロネシア語圏の葬制に関する人類学的研究を概観した上で（二節）、上述のトロラエアを中心とする、キリスト教受容以前のアシにおける葬制の概要を述べる（三節）。ここでとくに問題となるのは、アシの葬制と、その外見上の単位である氏族の移住史の密接な関連である（四節）。その上でさらに、氏族を単位とする葬制という理解には回収されえない、婚姻を通じた女性の移住とその葬送という契機に注目することで、アシの伝統的葬制に内在していた、集合性と個別性、移動と定住の間の両義的な関係を明らかにする（五・六節）。

二　オーストロネシア語圏における葬制の人類学

マライタ島もその一部であるところのオーストロネシア語圏——より詳細にはマラヨ＝ポリネシア語圏——における葬制、とくにその各地で見られる複葬の慣習は、エルツ（Robert Hertz）の古典的論文［Hertz 1928[1907]］以来、人類学の葬送儀礼論における主要事例の一つとなってきた[3]［e.g. メトカーフとハンティントン 一九九六、Bloch 1994[1971]; Metcalf 1982; cf. 内堀・山下 一九八六、森山 一九九六］。これらの研究には、当該地域における死生観や霊魂・他界観と葬送儀礼の関係に注目する、エルツ以来の観念論的・象徴論的アプローチ[4]［e.g. メトカーフとハンティントン 一九九六］や、ブロック（Maurice Bloch）に代表される、葬送儀礼に関わる社会組織や権力関係を明らかにしようとする社会学的アプローチ［e.g. Bloch 1994[1971]; Bloch and Parry 1982］など、異なる理論的方向性が見出される。その反面で、以下で言及するメラネシア島嶼部に関する文献も含め、多くの研究には、オーストロネシア語圏の葬送儀礼に関するある程度共通した理解が認められる。そうした理解をここでは、死者の「集合化（collectivization）」、およびそれを通じた「社会的再生産（social reproduction）」の機制としての葬送儀礼という見方としてまとめておきたい［cf. Bloch and Parry 1982: 9-15; Foster 1995: 140］。

ここで言う「集合化」とは、死者たちが、一定の儀礼的過程、とくに複葬制における一次葬から二次葬への移行を経ることで、その個別性を捨象され、出自など共通の属性に基づく抽象的で均質化された集合、たとえば出自集団にとっての「祖先たち」として、生者たちの関わりの対象とされることを指す(5)［e.g. Hertz 1928[1907]: 47］。そのような匿名の集合としての死者たちとの関わりは、出自集団などにとって、個別の成員の死を超えて自らの同一性や永続性を反復的に確認する機会となるとされる［e.g. 内堀・山下 一九八六：一二〇―一二七］。オーストロネシア語圏の葬送儀礼は、このように多くの場合、死者を集合化することによって社会集団の観念的・象徴的な再生産を可能にする機制として分析されてきた。

たとえばブロック［Bloch 1994[1971]］は、マダガスカルのメリナ（Merina）の人々における、「ファマディハナ（*famadihana*）」と呼ばれる複葬・移葬慣習の意義を、次のように分析している。ブロックによれば、メリナにおける親族集団――彼の言う「ディーム（deme）」――のそれぞれは、理念上、集団の死者たちが埋葬される集合的な石墓が位置する「祖先の土地（*tanindrazana*）」に結び付けられている。しかし実際には、過去の移住史の結果として、集団の成員の多くは「祖先の土地」とは異なる場所に分散して居住している。このような状況の下、「ファマディハナ」においては、他地域で仮埋葬された死者の骨が「祖先の土地」の集合墓へと移送され、それ以前の死者たちと合わされる。この過程で個別の死者たちは、生前に結んでいた一連の社会関係を捨象・忘却され、集団の祖先たちの匿名の集合に組み込まれる。ブロックによれば「ファマディハナ」は、そのように現実の社会生活における個別的・偶有的な諸条件をイデオロギー的に否定することで、親族集団の統一性と永続性を再現する儀礼となっている。またメリナにおいては、これによって集団成員たちに対する祖先たちの加護・祝福が保証されるとされる。そのようなものとして、「ファマディハナ」は社会的再生産上の意義をもつのである。

「死者の集合化を通じた社会的再生産の機制としての葬送儀礼」という類似の理解は、同じくオーストロネシア語圏に含まれるメラネシア島嶼部、とくにニューギニア島東端沖のマッシム（Massim）地方を事例に展開されてきた「葬送交換（mortuary exchange）」論にも読み取ることができる。メラネシア島嶼部では、死者の葬送の過程で、大規模で複雑な贈与交換儀礼が行われる例がしばしば見られ、長期に渡る準備と多大な支出をともなうそれらの儀礼は、当該社会で大きな社会的関心の焦点となっている（キリスト教受容以前のアシも例外ではない）。しばしば「葬送交換」と呼ばれるこれらの贈与交換儀礼は、ワイナー（Annette B. Weiner）のトロブリアンド民族誌［A.B. Weiner 1976］以来、数多くの民族誌的研究の対象となってきた［e.g. Battaglia 1990; de Coppet 1981; Damon and Wagner (eds.) 1989; Foster 1995; Guidieri 1980; Küchler 2002; Liep 2007; Munn 1986; Wagner 1986］。

メラネシア島嶼部において、葬送儀礼はなぜ大規模な贈与交換——多くの場合とくに、死者の出自集団とその姻族の間での集団間交換——として行われるのか。論者たちはこの点を、メラネシアにおける人格（personhood）と社会関係、および財の贈与・交換の相互関連に注目することで明らかにしてきた。すなわちメラネシアにおいて、個別の人格は、自身やその父母における婚姻関係など一連の社会関係から「構成され（composed）」ているとみなされており、またそれらの社会関係は、多くの場合財の贈与・交換によって具象化される［Strathern 1988; A.B. Weiner 1976］。そのような人格・社会関係観の下、葬送儀礼は、死者の生前においてその人格を構成していた社会関係を、一連の贈与交換を通じて清算・解消し、死者の人格を最終的に「解体する（decompose）」という意義をもつ。社会関係の諸要素は、そのような解体によって個別の人格から解き放たれ、出自集団の自己同一的な再生産過程へと送り返され、新たな人格の構成要素として再利用されることができる。メラネシア島嶼部における葬送交換の論理は、多くの場合このようなものとして解釈されてきた。またその際、死者およびその父母における婚姻関係――集団の本質的同一性にとって外的とみなされる、個別的で偶有的な関係――が、葬送交換を通じて解消・捨象されるべき主要な社会関係に当たることが、たびたび指摘されてきた［e.g. Damon and Wagner (eds.) 1989; cf. Bloch and Parry 1982: 27-32］。

たとえばワイナー［A.B. Weiner 1976］によれば、トロブリアンド諸島キリウィナ島（Kiriwina Is.）において、すべての個人は、自身が帰属する母系リネージ「ダラ（*dala*）」の霊的な実体である「バロマ（*baloma*）」を、自らの人格の構成要素として分かち持っているとされる。他方で個人は、その生前において、婚姻をはじめとする一連の社会関係を通じて、自身が属するのとは異なるダラとの不断の関わり合いの内にある。このような中、キリウィナ島における葬送儀礼は、死者の母系親族と姻族の間での贈与交換を通じて、死者の生前における他のダラとの関わり合いを清算・解消し、その人格を構成していたバロマを、ダラの自己同一的な再生産のサイクルへと送り返すことを目的として行われる。葬送儀礼の中で、バナナの葉の繊維やそれから作られる腰蓑が贈与・交換されるのは、これらの財が、ダラの母系的な同一性を具現しているために他ならない。ワイナーの議論はこのように、贈与交換を通じた死者の人格の解体と集団への再統合という視点において、オーストロネシア語圏の葬送儀礼に関する「死者の集合化を通じた社会的再生産」という理解を反復するものとなっている。同じことは、ワイナー以降の多くの葬送交換論にも、大枠において指摘できる［e.g. Battaglia 1990; de Coppet 1981; Foster 1995; Munn 1986］。

以下で見るように、かつてのアシの葬制は、葬送の過程における死者の個別性の解消、大規模な贈与交換をともなう葬宴「マオマ（*maoma*）」の反復的な開催、それらの葬宴と喪の段階的な解除との対応関係など、多くの点でメラネシア島嶼部他地域の事例との共通性を示している[6]。またアシの事例は、以上で述べたトロラエアの「表の面」、すなわち氏族単位の葬送という側面を見る限り、「死者の集合化を通じた社会的再生産の機制としての葬送儀礼」

という通説に適合的であるように見える。しかし、アシの伝統的葬制、とくに女性の個別的葬送という「裏の面」には、メラネシア島嶼部の葬送儀礼に関する従来の分析には回収されえない契機がたしかに見出される。すなわちアシの葬制は、移住や通婚といった個別的で偶有的な関係を単純に捨象するのではなく、一面において、それらをむしろ反復的に現出させ、さらには一見逆説的な仕方で氏族の集合性と関連付けるような機制となっていた。そしてこのことによって、トロラエアは、アシの「住まうこと」の現状の中に、本質的な非同一性と、それが別様でありえたという可能性を、つねに保存するものとなっていた——本章で示したいのはこのことである。(7)

三　アシの伝統的葬制と「トロラエア」

1　伝統的葬制の概要

冒頭で述べたように、アシの伝統的葬制は、死者の頭蓋骨を切除・保管した後に、多くの場合数キロ以上離れた特定の場所に海上移送する「トロラエア」という慣習を中心に成り立っていた。より具体的に言えば、アシの葬制は、死者の遺体を、時間的に明確に区別された三つの段階に渡って取り扱うものであった(8)。本章がそれぞれ「一次葬／二次葬／三次葬」と呼ぶこれらの段階は、聞き取りと既存文献に基づく再構成によれば、おおよそ次のような内容をもつ。

一次葬：人工島上または本島海岸部のバエに遺体を埋葬する。

二次葬：一次葬の三か月ほど後、遺体を掘り出して頭蓋骨を切除し、人工島上にある各氏族の男性小屋「ベウ」に保管する。同時に、頭蓋骨以外の骨を、それまでと同じバエの内部に置き直す。

三次葬：後述する特定の時点で、同じ氏族に属する他の死者たちの頭蓋骨とともに、祭司が頭蓋骨を特定のバエ──その場所は氏族ごとに異なる──へと海上移送し、バエの中にある頭蓋骨の安置所「デデア（*dedea*）」に最終的に安置する。

トロラエアという呼称は、右の二次葬または三次葬のそれぞれを指すこともあれば、それらの双方を合わせて指示することもあり、その用法・指示対象には一定のあいまいさがともなう。(9) 本章では以下、混乱を避けるため二次葬と三次葬の区別を明示するが、単に「トロラエア」と呼ぶ場合には、現在の一般的な用法に従い、二次葬と三次葬を合わせた総体を指すものとする。

このような多段階葬の実態を、T村沖のa島やe島で居住集団の中心をなしてきたG氏族の事例に即して見てみよう。(元) 居住者たちの説明によれば、これらの島に居住するG氏族の成員男性の死者は、通常次のように葬送されていた（ここでの死者は成人の非キリスト教徒であるとする。また、女性の死者に対する葬送については五節で述べる）。

一次葬：生前に居住していたa島またはe島のバエに埋葬される。
二次葬：約三か月の後、G氏族の祭司によって遺体が掘り出され、頭蓋骨が切除される。頭蓋骨は同じ島にあるベウに保管され、それ以外の骨は、それまでと同じバエの内部に置き直される。
三次葬：後述する特定の時点で、当該の死者の頭蓋骨は、a島およびe島それぞれのベウに保管されていた、その他のG氏族成員たちの頭蓋骨とともに、祭司によってカヌーに載せられ、約六キロ南方のフォウエダ島にある同氏族のバエに移送され（写真3─1）、その内部のデデアに安置される。

G氏族における、男性の死者のこのような葬送パターンを模式図にするならば、図3─1のようになるだろう。

写真 3-1　フォウエダ島とそのバエ

以上のように概観しただけでも、アシの伝統的葬制が、個人単位の葬送（一次葬）から氏族単位の集合的葬送（二次葬から三次葬）へという明確な移行の構造——オーストロネシア語圏の複葬制について、つとに指摘されてきたところの［e.g. Hertz 1928[1907]: 47］——をもつこと、また、異なる人工島を頭蓋骨の海上移送によって結び合わせる、独特の空間的性格をもつことが見て取れる（そのようなトロラエアの空間性とアシの移住史の関連については三節第3項で述べる）。

なお、このようなアシの葬制は、マライタ島内の他の言語・民族集団との比較において、注目すべき独自性を示している。すなわち、祖先崇拝や霊魂観といった文化的要素や言語上の類似性の反面において、かつてのマライタ島では、以下のように遺体の取り扱いに関して明確に異なる三種の葬制が併存していた[10]。

（1）単純土葬（一次葬のみ）：バエグ［Ross 1973］、バエレレア[11]

（2）複葬（頭蓋骨の切除・安置をともなう二段階葬）：ファ

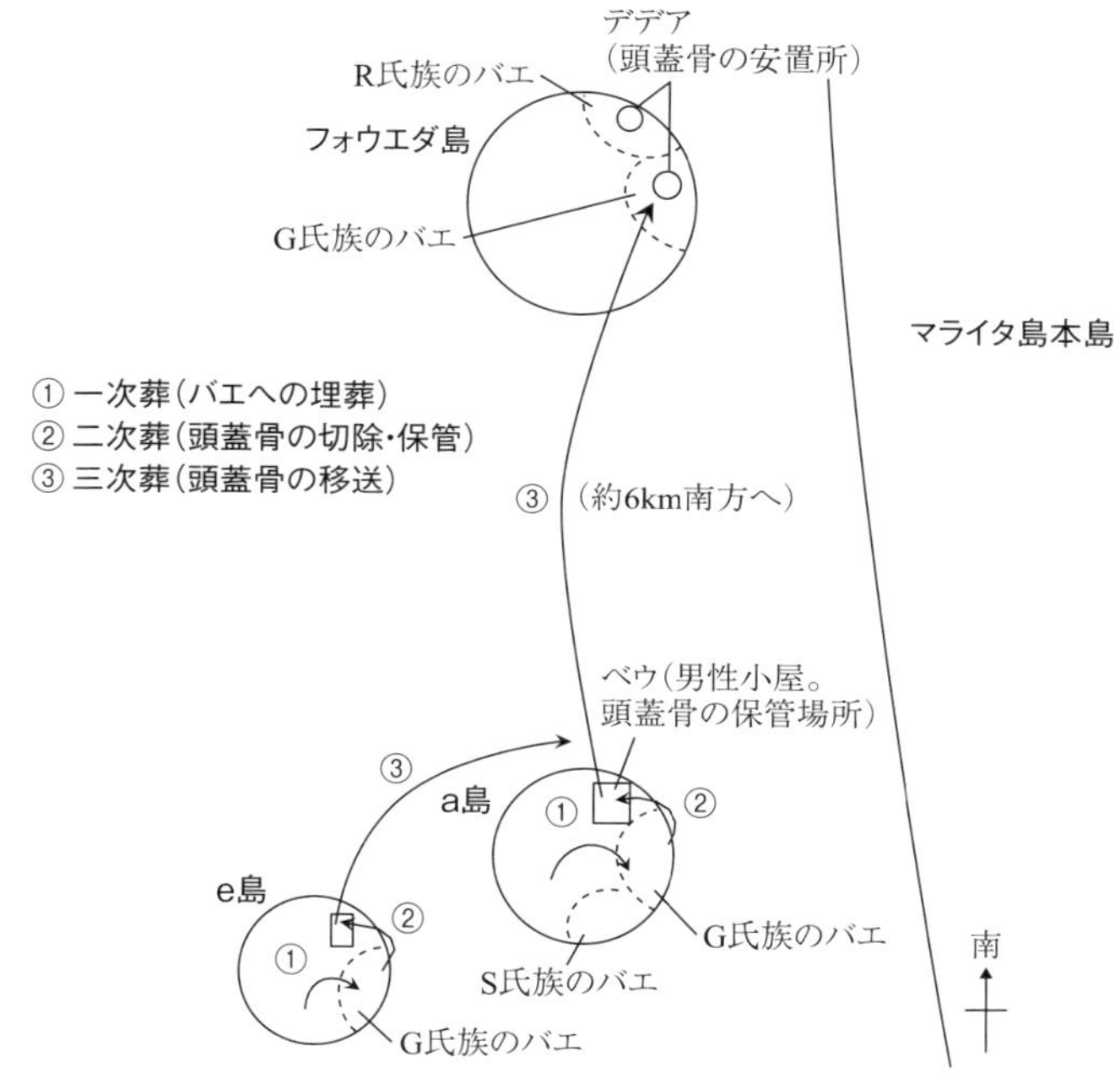

図 3-1　a 島、e 島に住む G 氏族の成員男性の葬送経路

タレカ［Guidieri 1972, 1980］、クワイオ［Keesing 1982a］、アレアレ［de Coppet 1981］、クワラアエ［Burt 1994a］

（3）三段階葬：アシ／ラウ

筆者が知る限りでは、遺体の取り扱いの三段階を明確に区別し、かつ頭蓋骨の移送という空間的契機をともなう葬送を慣習的に行っていたのは、マライタ島内でアシのみである。とくに、アシが「トロ」の人々――バエレレアおよびバエグ――と境を接して居住するマライタ島北東部では、相互に理解可能な言語を話し、日常的に接触・交流してきたこれらの人々の間で、（1）一次葬のみの単純土葬と（3）頭蓋骨の切除・移送をともなう三段階葬という、まったく異なる葬制が行われていたことになる。[12]

アシに固有の葬制としてのトロラエアの成立には、ほぼ疑いなく、海上居住という独自の空間的条件が関わっている。すなわち第一に、カヌーによる人工島間の海上移動は、長距離に渡って遺体やその一部を移送することを技術的に容易にしていた。すでに述べたように、アシの諸氏族は時に二〇キロも離れたデアに頭蓋骨を移送していたが、そのような移送は、熱帯林に覆われたマライタ島の内陸部ではきわめて困難であり、とうてい慣習化されえない。第二に、居住集団が転出すれば数年のうちに茂みに戻ってしまう「トロ」の集落とは対照的に、アシの人工島は、居住空間としてあくまで固定的・持続的であるという特徴をもつ。[13]このような特徴は、「トロ」とは対照的に、アシの人々が、もともとの人工島から転出した後も、そこに残るバエやその中に埋葬された遺体と継続的に関わることを可能にしていた。遺体それ自体を繰り返し取り扱いの対象とし、また遺体やその一部分の空間的な移動を焦点とするアシに独自の葬制は、このような条件の下で可能になっていたと考えられる［cf. 内堀・山下 一九八六：七二―七四］。

なお、本章でアシの伝統的葬制の再構成を試みる上では、これについての人々の説明や既存文献の記述の間に見られる、いくつかの不一致が問題となる。たとえば一次葬は、右で述べたようにバエの内部に行われたのか、それとも、アシの言語で「フェラ」と呼ばれる一般の居住空間（第一章参照）、たとえば故人の住居の敷地に行われたのか[14]［cf. Ivens 1978[1930]: 203-204］。また、二次葬で頭蓋骨を掘り出した際、それ以外の骨は埋まったままにされたのか、それとも、同じく右で述べたように、掘り出されてバエ内に置き直されたのか。このような細部に関して、単に異なる語り手や文献の間に不一致が見られるばかりか、筆者の経験では、時には一度の聞き取りの中で、同一の語り手が相互に矛盾した説明をすることもあった。

このような不一致には、いくつかの理由が考えられる。第一に、本章で言う伝統的葬制が行われなくなってから、すでに一定の時間――調査時点で約四〇年――が経っている以上、葬制に関する人々の認識にあいまいな点があったとしても不自然ではない。[15]第二に、より重要な点として、かつてのアシにおける葬制には、おそらく実際に一定の地域的および時期的な差異・多様性がともなっていた。アシと呼ばれる集団が、前章で見たように、もともとマライタ島各地から移住してきた多様な出自をもつ人々であり、さらに後述のように、この人々が人工島という居住形態を共有する過程で独自の葬制が形成・拡大されてきたのだとすれば、そうした差異は当然予想されうる。(16)

他方で、そのような差異にもかかわらず、現在のアシの人々は、過去における葬制がどのようなものであり、それにどのような意味があったかに関して、ある程度一貫した認識をもっている。以下で示すのは、そのような認識に読み取られる、アシの伝統的葬制の論理と言うべきものに他ならない。

2　伝統的葬制の詳細——一次葬／二次葬／三次葬

以上でその概要を述べたアシの伝統的葬制について、より詳細に見てみよう（ただし、先に述べたアシの葬制の二面性、すなわち、男性と女性の葬送方式の差異という重要な、かつアシの人々の説明において後景化されがちな点については、五節で立ち入って検討する）。男性であれ女性であれ、通常の成人の死者の場合、一次葬は土葬のかたちで行われた。(17) T地域の人工島群を含む多くの場合において、男性の死者は人工島上のバエの内部に、女性の死者は本島海岸部に置かれた別のバエ——後述する「女のバエ（*bae ni geni*）」——に、同じ人工島に住む親族または姻族の男性たちによって埋葬されたとされる。人工島上での埋葬の場合、墓穴（*kilu*）はバエの内部の岩を一部取り除くことで造られた。本島においても人工島上においても、遺体は、脚を折り曲げた状態で植物の蔓で縛り、パンダナスの葉で作った「カウヴェ（*kauve*）」と呼ばれる敷物を二枚縫い合わせたもので包んだ状態で、死の一～三日後に埋葬された［cf. Ivens 1978[1930]: 202-205］。死の直後から、死者と同一の人工島やその近隣に居住する人々、およびその他の親族や姻族は「喪に服した（*toofe maea*）」——具体的には、樹木の伐採や漁撈を自粛するなど——が、死者の配偶者など近親者を除く大半の人々においては、埋葬と前後して喪が解除された。

二次葬、すなわち「遺体を掘り出し（*tolo rae* あるいは *tae rae*）」、「頭蓋骨を取り除く（*lafua kete*）」ことは、一次葬とは異なり、原則として祭司によって行われた[18]。切除された頭蓋骨は、先にも述べたように、人工島上のベウの内部にある棚の上に置かれて保管された。この時、どの頭蓋骨が誰のものであるかわかるように、個別の容器に入れて棚に置く、あるいは植物の葉や蔓を結び付けて印を付けることがしばしば行われたとされる［cf. Ivens 1978[1930]: 204］。頭蓋骨の切除の際、その他の骨もバエから掘り出されたが、これらの骨は、再び土葬されるのではなく、同じバエの内部の特定の区画に単に置き直された［cf. Ivens 1978[1930]: 207］。なお、夫の死の場合の妻、祭司の死の場合の「息子（*'alakwa*）」――実の息子または兄弟の息子など、同一氏族に属する後継者――など近親者における喪は、この二次葬の完了を待ってはじめて解除された[19]［cf. Ivens 1978[1930]: 119］。

三次葬――頭蓋骨をデデアに「持って行く（*ngalia*）」こと――は、前回の三次葬が行われて以降に亡くなった、同一の氏族に属するほぼすべての男性および女性の死者たち（注17参照）に対する、集合的な葬送として行われた。一節で元a島居住者の男性が語っていたように、祭司は、個別の人工島上のベウに保管されている、同一氏族に属する男女の死者たちの頭蓋骨をまとめてカヌーに載せ、氏族のデデアがある人工島あるいは本島海岸部へと渡って行った（次項では、氏族ごとの移送先の諸事例を示す）。移送先に着くと祭司は、氏族の系譜の誦唱やブタの供犠を行った後、バエの内部にあるデデアを「開き（*'ifinia*）」――具体的には、頭蓋骨を納める穴をふさいでいる石を取り除き――、一群の新たな頭蓋骨をその内部に納めた後、再びそれを「閉ざした（*bilaka*）」とされる。

アシの人々は今日、このような頭蓋骨の集合的移送・安置が、そこで対象に含まれる個別の死者にとって、「葬儀の終わり（*isilama maea*）」としての意義をもっていたことを強調する。すなわち、三次葬が行われるまで、個別の死者の葬送はあくまで未完了の状態にとどまり、またいったん頭蓋骨が移送され安置されれば、個別の死者やその遺体に対してそれ以上の葬送儀礼が行われることはなかったとされる[20]。この点について、序論の冒頭でも登場した

a島在住の男性マレフォ（五〇代）は筆者に次のように説明した（二〇一一年九月）。

> 昔は、生きている人々ではなく死んだ人々が重要と考えられていた。それだから、ある人が死んでからも、人々はずっとその人のことを思い続け、マオマなどいろいろなことをし続けた。この最後の段階がトロラエア〔三次葬〕であって、それによってすべての葬儀（*maea*）が終わるのだ。それ以上はもう何もしない。

また重要なことに、個別の死者は、その頭蓋骨がデデアに安置されてはじめて、祭司による祖先崇拝の対象に含められた——とくに男性の場合、供犠の際に唱えられる父系的祖先の系譜にその名が含められた——とされる。アシの葬制と祖先崇拝のこのような関連については、次節で立ち入って考察する。

個別の氏族において、そのような三次葬はどのような時点で行われ、またその頻度はどの程度のものであったのか。既存の文献および人々の説明によれば、氏族の祭司の死は、数年おきに大規模なマオマを繰り返す長期的な葬送過程を開始させたが、氏族の集合的葬送としての三次葬およびそれにともなう「トロラエアのマオマ（*maoma ni toloraea*）」は、この過程の終結点として行われる、もっとも大規模な儀礼・葬宴であった［Köngäs Maranda 1976: 187; Maranda and Köngäs Maranda 1970: 843］。一人の祭司は、先代の祭司の頭蓋骨の移送を含む三次葬を、生涯に一度だけ行った——その後は、自身の死に至るまで一切のマオマを行わなかった——と説明されるように、各氏族、あるいはより正確には、地域的なまとまりをもつその一部分におけるその実施頻度は、二〇～三〇年に一度程度であったものと推定される(21)。

一例として、T村沖に住むG氏族の場合、高齢者たちの証言によれば、フォウエダ島への頭蓋骨の最後の移送は一九七二～七三年頃に行われた（一節で、元a島居住者によって想起され語られていたのは、この葬送である）。頭蓋骨を移送したのは、e島出身で当時マーナオバ島に住んでいた祭司（一九七八年頃没）であり、G氏族の先代の祭司にしてe島創始者であるこの祭司の実父の頭蓋骨も、この時に移送されたとされる。一九七二〜七三年のG氏族におけるこの三次葬は、同氏族はもとよりT地域全体において、本章で言う伝統的葬制が行われた実質的に最後の機会とされている。

なお注意すべきことに、以上の説明は、「トロラエア」あるいは頭蓋骨の移送が、二〇〜三〇年に一度しか行われなかったということを意味しない。ここで問題になるのが、先にも述べたこの呼称の多義性である。すなわち、氏族成員の頭蓋骨の集合的移送としてのトロラエア（三次葬）が、一世代に一度の頻度でしか行われないものであったのに対し、個別の死者におけるトロラエア（二次葬）、とくに、他の人工島などへ婚出した女性の死者における頭蓋骨の切除と出身地への移送——五節で見る「女のトロラエア（*toloraea ni geni*）」——は、より頻繁に行われていた。同じ「トロラエア」という名称で呼ばれ、かつ、個別的／集合的という違いはあれ、頭蓋骨の移送という共通の形態をもつこれらの二つの葬送の相互関係については、五節および六節であらためて考察する。

3　三次葬と氏族の移住史

集合的葬送としての三次葬に関し、加えて重要なのは、そこで氏族の死者たちの頭蓋骨がどこに移送されていたのかという点である。この点について、既存文献およびアシの人々の説明は明確であり、すなわち、三次葬における頭蓋骨の移送先は一般に、それぞれの氏族の父系的祖先がかつて居住していた場所であるとされる。[22] このことは、前章で検討したアシの移住史と葬制の密接な関わりを示唆している。

たとえば、a島やe島に居住していたG氏族成員の頭蓋骨は、先述のようにフォウエダ島に移送され、そこにある同氏族のバエに安置されていた（図3―1参照）。他方、前章で紹介した移住伝承によれば、同氏族の父系的祖先は、

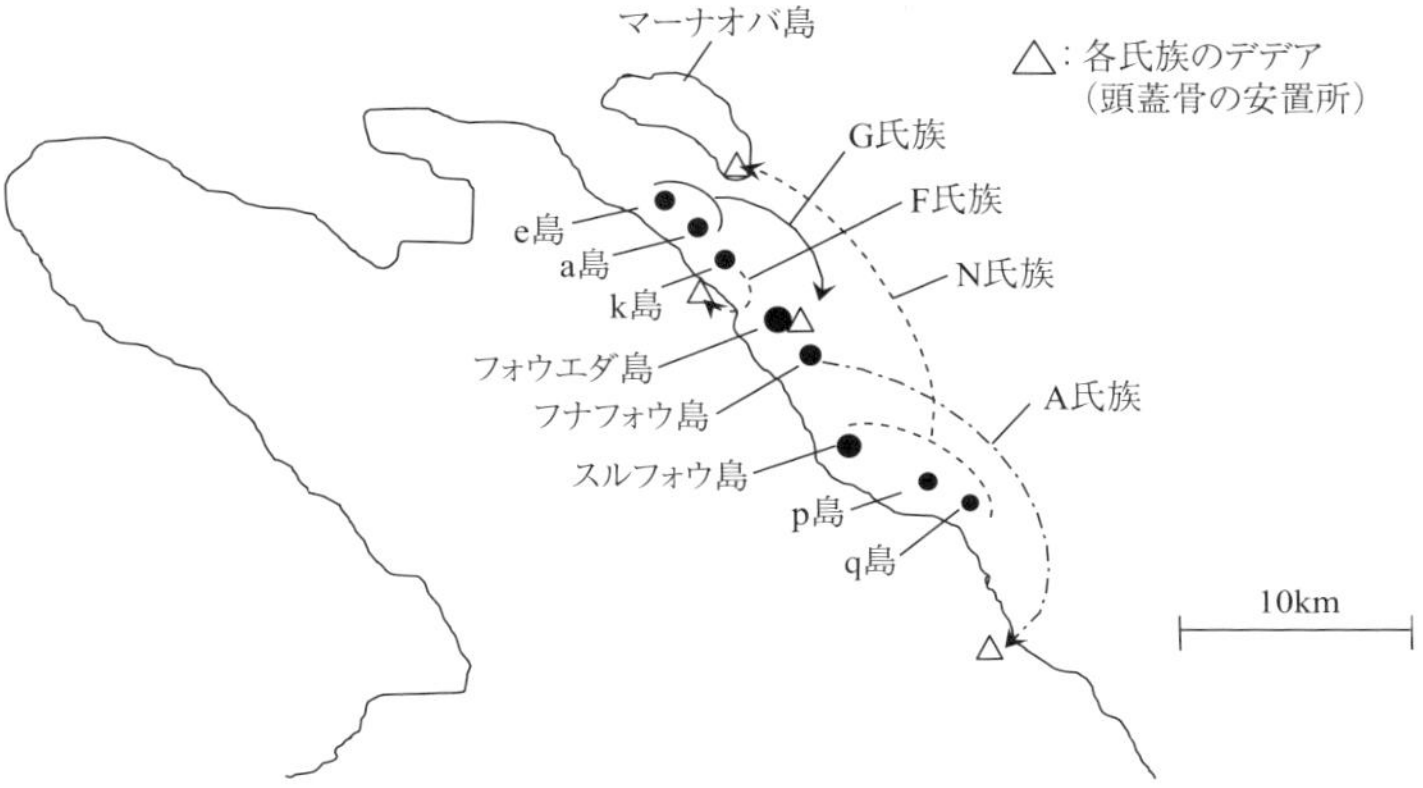

図3-2　アシの諸氏族における頭蓋骨の移送経路

現在のT地域に移住してa島やe島を創始する以前、フォウエダ島に居住していたとされ、同島にG氏族成員の居住者がいなくなった現在でも、そこにはG氏族のバエが残っている[23]。かつての葬制において、G氏族の死者たちの頭蓋骨は、あたかも祖先の移住経路を逆向きにたどるかのように、アシ地域の海上を、a島やe島からフォウエダ島へと向けて移送されていたのである。

　これ以外にも、既存の民族誌や人々の証言から、いくつかの氏族における移住史と三次葬の移送先の対応関係を、以下のように例示することができる（図3―2）。

（1）N氏族：アシ地域南部の古い人工島であるスルフォウ島や、その近隣のp島、q島の主な居住氏族（また前章で示したように、T村沖のs島の創設者とその息子たちもN氏族成員である）。アイヴェンズおよびs島居住者たちによれば、スルフォウ島などのベウに保管されていた頭蓋骨は、アシ地域北端のマーナオバ島、より詳細には、そのほぼ南端に位置するN氏族のバエへと移送され、安置されていた[24]［Ivens 1978[1930]: 208］。マーナオバ島は、N氏族の父系的祖先にしてスルフォウ島の創始者である男性のかつての居住地とされ、アイヴェンズはこの移送を、祖先の出身地に死者とその霊魂を連れ戻す慣習として解釈している [Ivens 1978[1930]: 208-209]。

（2）A氏族：アシ地域最古の人工島の一つとされ、前章でも再三登場したフナフォウ島の主要な居住氏族。同じくアイヴェンズによれば、A氏族成員の頭蓋骨は、同島から約二〇キロも離れたアシ地域南端の海岸部にあるバエに移送されていた [Ivens 1978[1930]: 209]。この地域も、フナフォウ島の創始に先立つ、同氏族の父系的祖先の居住地であったとされる。

（3）F氏族：T村沖のk島の主な居住氏族。同氏族における頭蓋骨の移送先は、k島からわずか数百メートル離れた直近の本島海岸部にあるバエであったとされ、移送距離が極端に短い点で以上の諸事例とはやや異質である。ただしこの場合でも、この移送先が、k島の創設に先立ってF氏族の祖先が移住・定着した場所であり、そしてバエがそのような移住史の証拠と見られているという論理に変わりはない。

以上で例示した移送経路を図示するならば、図3―2のように、アシ地域の海の全体を南北に行き来するいくつもの矢印が描かれることになる（もちろん同地域には、ここには示されていない移送経路をもつその他の氏族が数多く存在する）[25]。このようにトロラエアという慣習は、頭蓋骨の集合的な移送によって、氏族の移住史――少なくとも、人工島間での、あるいは本島から人工島への移住に関わるその一部――を反復的に再現することを、一つの特徴としていたのである。

四　伝統的葬制における氏族、移住史と祖先崇拝

1　氏族単位の葬送としてのトロラエア

以上の概観が示すように、アシの伝統的葬制は一面において、父系出自に基づく氏族を単位とする葬送としての

性格を強くもっている。すでに指摘したように、この葬制は、遺体の取り扱いの諸段階を通じて、個人単位の葬送から氏族単位の集合的葬送へと明確に移行する。一次葬の段階では個別の遺体として埋葬された死者は、二次葬によって、同一氏族に属する他の頭蓋骨とともに保管されるが、この段階ではまだ頭蓋骨の個別性が維持されている。そのような個別性は、三次葬における移送と安置を通じて最終的に解消され、移送先のデデアには、氏族の死者たちの匿名化された集合が、どれが誰のだかわからない頭蓋骨の山として具現化されることになる。ここには、先述のようにエルツ以来の葬送儀礼論で繰り返し指摘されてきた「死者の集合化」の過程が明確に見出される。そしてアシにおいては、氏族ごとに設けられ、異なる氏族に属する死者の頭蓋骨は決して納められることがないというデデアに象徴されるように、父系的同一性を根拠とする氏族がこの集合性の単位となっているのである。

葬送の過程では、このような集合化と並行して、人工島の居住集団というまとまりが段階的に解消される。a島を事例に第一章で指摘したような、個別の島の居住集団に含まれる出自上の多様性とは対照的に、アシの伝統的葬制は、あくまで死者を氏族ごとに区別して葬送する――とくに、葬送の後の段階になるほどそうした区別が厳格になる――ということを原則としている。たとえば、T村沖のk島にはかつて、その主要な居住氏族であるF氏族と並び、G氏族の成員男性たちが一定数居住していたとされる（後掲図3―3参照）。生前におけるこのような共住関係は、かつての葬制の下では、人々の死後まで継続されえない。k島に居住していた男性の死者だけを見ても、F氏族成員であればk島上のF氏族のバエに、G氏族成員であれば同じ島のG氏族のバエに埋葬（一次葬）され、二次葬を経て頭蓋骨が別々に保管された上で、三次葬の段階において、先に図3―2に見たように、まったく異なる移送経路をたどってそれぞれの氏族のデデアへと運ばれる。このように、アシの葬制は一面で、人工島の居住集団に含まれる出自上の複数性を解消し、死者たちを氏族単位に分離し集合化する機制となっていたのである。

アシの葬制のこのような特徴は、その祖先崇拝上の意義とも密接に関わっている。T村在住の四〇代男性はある時、「昔の人たちはなぜトロラエアを行っていたのか？」という筆者の問いに対し、「死者たちを一緒に祀る（*foosi ofu*）ことができるようにするためだ。というのも、フォア（祖先崇拝）とは、祭司はその父に呼びかけ、父は祖父に呼びかけ……というように行われるものだから」と答えた（二〇一一年八月）。このようにトロラエアは通常、祖先崇拝に関わる目的で、具体的には、氏族の死者たちを一箇所に「集めて（*ofu*）」統一的な供犠・崇拝の対象とするために行われていた、と説明される。[26] すなわちこの慣習は、頭蓋骨を媒介として、それらの移送先であるバエあるいはデデアにおいて、氏族単位の供犠・崇拝の対象としての「祖先たち（*agalo*）」の集合を創出する手続きとなっていたのである。[27]

なおそもそも、右の男性の説明が示唆するように、アシの人々が祖先崇拝のために頭蓋骨を移送しなければならなかったという事実は、すでに再三問題にしている、人工島居住との関わりにおけるこの人々の移住史と関連している。すなわち、人々は「死者たちを一緒に祀ることができるように」トロラエアを行っていたのだという説明は、この葬制が、反復的な移住を通じた氏族成員たちの分散の中で、氏族単位の祖先崇拝の連続性や統一性を維持するという意義をもっていたことを示している。[28] そのような意義においてトロラエアは、氏族単位の「死者の集合化」のみならず、それを通じた「社会的再生産」、具体的には祖先崇拝の担い手にして祖先からの加護の受け手としての氏族の再生産の機制ともなっていた。この点でアシの事例は、オーストロネシア語圏あるいはメラネシア島嶼部の葬送儀礼に関する先に見たような通説に適合的であると言える（ただし次節で論じるように、これは事態の一面に過ぎない）。

2　移住と葬送経路の形成——過程としての葬制

移住および祖先崇拝との以上のような関連はまた、アシの葬制が、人々が移住を繰り返しつつ新たな人工島を創設していく中で、新たなバエや頭蓋骨の移送経路が不断に形成されるという、高度に動態的な過程としての性格をもっていたことを示唆している。そのような性格において、アシの伝統的葬制は、前章で見た反復的な移住と人工島創設の過程と表裏一体の関係にあったと言える。

そもそも、埋葬地としてのバエは、人々が既存のバエに新たな死者を埋葬するだけでなく、埋葬を通じて新たなバエが形成されるという側面を明確にもっている。前章で述べたように、アシにおいて新たなバエの創設は、人工島上であれ本島上であれ、新たな居住地への定着を象徴する行為として語られる。ただし実際には、移住・定着の当初に創設されるのは埋葬地ではなく、祖先に対する供犠・崇拝を継続するための、「ファファラー（*fafaraa*）」と呼ばれる小規模な儀礼用空間であったとされる。理念的には、移住者の第一世代が定着先で没し、その地のファファラーに埋葬（一次葬）されることにより、ファファラーは、儀礼用空間にして埋葬地でもある狭義のバエに転化する。たとえばａ島上に現存するバエは、同島の創始者である男性Ｍによってファファラーとして創設された後、この男性が最初の被埋葬者とされることでバエに転化したとされる。この例に見られるように、人工島上において、その島の創始者の埋葬によって新たなバエが形成されるというパターンは、アシ地域である程度の一般性をもっている。

このように、間世代的な移住と定着・居住の過程を通じて形成される一群のバエは、さらに、先に見たような頭蓋骨の移送によって相互に結び合わされてきた。これにより、新たな人工島やバエの成立と並行して、新たな頭蓋骨の移送経路がつねに生み出されることになる。このことを、Ｇ氏族におけるＴ村沖での移住と人工島の形成過程を事例として図示すれば、図３―３のようになるだろう。

前章で見たように、Ｇ氏族の移住伝承には、同氏族の成員男性が、本島からフナフォウ島への「避難」を経て、フォウエダ島を自ら創設した経緯が語られている。[29] 現在でも、フォウエダ島にはＧ氏族のバエが存在することが知られているが、このバエは、同氏族の成員たちが二世代以上に渡り同島に居住する過程で、この人々の埋葬地として形成されたものと考えられる（図３―３の（１））。

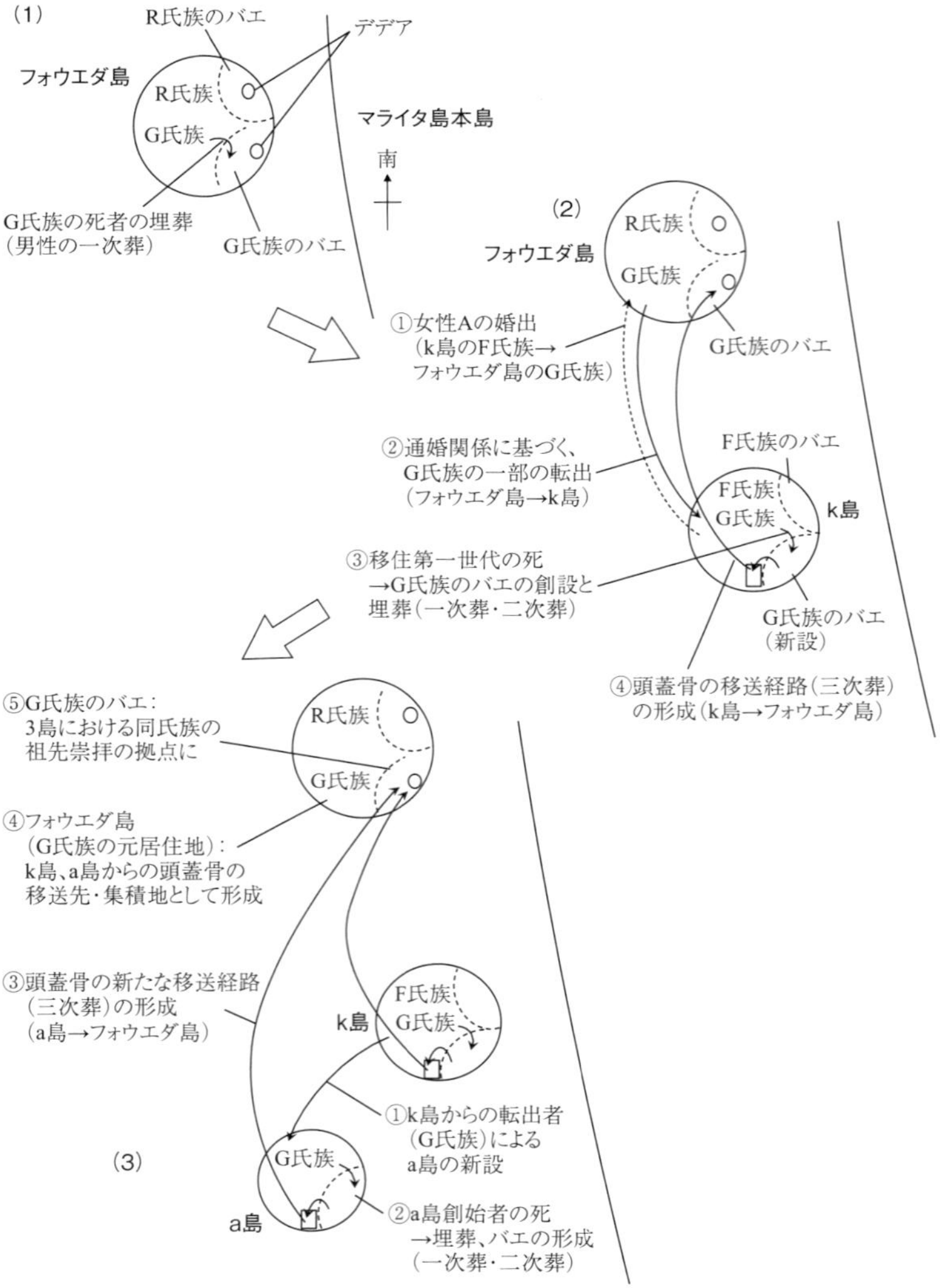

図 3-3　G 氏族における移住と葬送経路の形成

その後、フォウエダ島に居住していたＧ氏族の成員男性たちの一部は、いくつかの段階にわかれてｋ島に転出・移住したとされる。Ｆ氏族およびＧ氏族成員の高齢者たちによれば、これら二氏族の間には、Ｇ氏族がフォウエダ島に居住していた当時、Ｆ氏族成員の女性ＡがＧ氏族に婚入したことによって、最初の通婚関係が結ばれた。これ以後、Ｇ氏族成員の一定部分はＦ氏族の「フタ・ニ・ゲニ」（非男系的親族）であることになり、そのような男性たちの一部は、自らにとって「女の場所」であるｋ島に移住し定着したとされる[30]（図３―３の(2)）。他方、ｋ島への移住の初期にはフォウエダ島にもＧ氏族成員が残っており、その一部は、前章の事例２―６で見たように、フォウエダ島からマーナオバ島に転出し、その後ｅ島やｂ島を創始したとされる。Ｇ氏族成員たちの移住の当初、ｋ島にはすでにＦ氏族のバエが存在したが、ここでも、Ｇ氏族の男性たちが二世代以上に渡って居住を継続する中で、同氏族の新たなバエが創設された[31]。これによってＧ氏族は、人工島上だけでもフォウエダ島とｋ島の二箇所にバエをもつことになる。

このようにＧ氏族成員たちがフォウエダ島とｋ島という二つの島に分散して居住しており、この人々が、自氏族の死者たちを合わせて供犠・崇拝の対象としようとすれば、その一つのやり方は、これらの死者の遺体あるいはその一部を何らかの場所に集めるということであろう。このことはたとえば、死者の頭蓋骨をｋ島からフォウエダ島に移送し、フォウエダ島で埋葬された死者たちの頭蓋骨と「一緒にする（*ofu*）」という仕方で行われうる。この場合、Ｇ氏族の死者たちの頭蓋骨は、図３―３の(2)に示すように、同氏族の数世代前の祖先がたどった移住経路を逆向きにたどるように移動することになる。トロラエアにおける頭蓋骨の移送経路は、理論的にはこのような経緯――移住それ自体と同様、本質的に他でもありえた過程――によって形成されたと考えられる（また六節で見るように、元ａ島居住者らによる説明も、こうした理解と基本的に合致する）。

さらにその後、前章で見たように、ｋ島に居住していたＧ氏族成員の男性Ｍが、同島出身の妻の死と「トロ」出身の女性との再婚を契機として、k島から転出してa島を自ら新たに建設する（図3―3の⑶）。すでに述べたように、新たな人工島では、その創始者の死と埋葬をもって新たなバエが形成されることが一般的であり、a島の場合も、創始者の男性Mがそのバエの最初の被埋葬者であるとされる。a島でのバエの形成により、G氏族は、これまで居住してきたフォウエダ島、k島、a島のそれぞれに、一次葬の埋葬地としてのバエをもつことになる。この段階で、同氏族において、フォウエダ島での祖先崇拝儀礼のために、k島から同島へと死者の頭蓋骨を移送する慣習がすでに形成されていたならば、新設されたa島からの頭蓋骨も、k島ではなく、k島からの頭蓋骨との合流が成り立つフォウエダ島に移送されるであろう（具体的に言えば、祭司はa島とk島の頭蓋骨を合わせてフォウエダ島に移送するであろう）。これによって、a島からフォウエダ島へという頭蓋骨の新たな移送経路が形成され、それと同時に、G氏族のかつての居住地であるフォウエダ島のバエが、a島およびk島からの共通の移送先――したがって、総体としてのG氏族の祖先崇拝儀礼が行われうる場所――として位置付けられることになる。[32] G氏族における移住史と葬送方式から再構成されるこのような過程は、先に検討した、移住、祖先崇拝とトロラエアの関係をめぐるアシの人々の認識にも合致するものと思われる。

ただし、このように頭蓋骨の移送によって氏族の死者たちを集合化し、祖先崇拝の連続性・統一性を維持するという側面は、あくまでアシの葬制の一面に過ぎない。そもそも、死者たちを一箇所に集めることが重要であるならば、一次葬の段階で遺体全体を移送することも可能であろうに、[33] なぜアシの人々はそのようにしていなかったのか？この問いは、アシの葬制におけるもう一つの重要な契機、すなわち死者を生前の居住地に埋葬（一次葬）することの意義への注目を促している。

筆者の見るところ、生前の居住地への一次葬は、アシにおいて、その場所と、そこに住み続ける近親者に対する死者の関係を維持・保証する手続きとしての意義をもっていた。このことをよく示しているのが、先にも述べた、新たな人工島の創始者がその島のバエへの最初の被埋葬者として埋葬される——アシの人々によれば、当然そうされるべきである——という慣例である。一方で、死者をそのように生前に関わりの深かった場所に埋葬することは、その死者と場所との結び付きを再確認し、また不動のものとしてとどめるという意義をもつ。人工島の創始者が、生前に自ら建設し居住した島に埋葬されなかったならば、アシの人々は、愛着のあった島からそのように引き離されて、彼は「気の毒だ（*kwaimanatai*）」と言うであろう。他方、近親者たちは多くの場合、死者の生前の居住地にその後も住み続ける以上、遺体の一部がそこに埋葬されていることによって、死者との関係を物質的に媒介されたかたちで維持することができる。個別の人工島上に位置する、一次葬の埋葬地としてのバエは、たとえばａ島に居住するＧ氏族成員たちにとって同島のバエがそうであったように、居住集団における、ヤムイモの初物供進などの小規模で日常的な祖先崇拝儀礼の場として機能する。(34) そこに遺骨が置かれている近親の死者たちは、異なる島のデアにその頭蓋骨が安置されている氏族全体の「祖先たち」との関係を媒介する役割を果たしていたと言える。もし個別の人工島での一次葬が行われず、遺体がはじめからかつての居住地に移送されるならば、これら二つの場所は、少なくとも遺体の物質性という具体的なかたちでは結び付けられないことになるだろう。

このようにアシの葬制は、遺体を異なる場所に分割して埋葬・安置することを通じて、新たな死者を氏族全体の「祖先たち」へと集合化すると同時に、個別の死者と近親者や生前の居住地の結び付きを維持するという二面的な意義をもっていた。同じように死者の親族は、現住地にその骨が置かれている近親の死者を通じて、総体としての氏族の「祖先たち」への供犠・崇拝を行うことができた。アシの多段階葬は、そのような媒介を可能にする機能となっていたのである。

五　伝統的葬制における女性と氏族

以上で検討してきたように、アシの伝統的葬制は一面で、移住と人工島の新設を通じた居住集団の反復的な分裂の中で、氏族における祖先崇拝の連続性・統一性を維持する機制となっていた。「死者たちを一緒に祀ることができるように」頭蓋骨を移送するのだ、というアシの人々の説明は、たしかにそうした意義を強調している。他方で注意すべきことに、氏族単位の葬制としてのトロラエア――先に述べた「表の面」――に関するそのような説明では、この慣習に含まれていた固有の複雑性が捨象されてしまっている。ここで問題にしたいのはとくに、この葬制における男性と女性の葬送方式の差異という点である。

注目すべきことに、アシの伝統的葬制においては、同一氏族の成員であっても、男性と女性で（1）一次葬の埋葬地、および（2）頭蓋骨の移動パターンが明確に異なっていた。筆者の経験では、「トロラエアとはどのようなものだったのか？」という単純な質問に対し、アシの人々がそれらの差異を自ら指摘することはほとんどなく、人々の説明は多くの場合、あたかもすべての死者が男性――しかも、婚姻後も自身の出身地に居住する男性――であったかのようなものになっている。本章でも、人々のそのような語り方に従い、これまであえてそうした差異を後景化して考察を進めてきた。また、男女間のそのような差異は、以下で見るように、かつてのアシにおける葬送の過程で漸進的に解消されるものであった。とくに三次葬の段階では、個別の死者が男性であったか女性であったかにかかわらず、同一氏族に属する死者たちが一まとめに葬送されていた。すなわちトロラエアは、そこに含まれる女性の葬送パターンの固有性が、その過程を通じて、氏族単位の葬送という外見によって包摂され「蔽い隠される」ような葬制となっていたのである。このことを踏まえれば、かつての葬制に関する人々の説明において男女間の差異が捨象されがちであることは、単に忘却や省略のためであるというより、一面においてこの葬制自体が生み出す効果であるようにも思われる。

かつての葬制における男性／女性の葬送方式の差異を、右で指摘した二つの点に関して見ていこう。まず、(1)一次葬の埋葬地は一般に、個別の死者がどの氏族に帰属するかによってではなく、死者のジェンダーによって規定されていた。アシの人々は今日、「カストムの時代（*kada kastom*）」（第四章参照）には、女性が人工島上に埋葬（一次葬）されることは「禁じられて（*abu*）」いた、ということを強調する。女性の埋葬に関わるこのような禁忌は、人工島という空間と祖先崇拝の結び付きの直接的な帰結であるとされる。たとえば、先にも登場したa島在住の男性マレフォはある時、「昔の人たちは〔祖先の化身である〕サメ（*baekwa*）を崇拝していて、サメによって島をしっかりしたものにして（*faangado*）いた。だから女を島に埋葬することは禁じられていたのだ」と筆者に説明した（二〇一一年九月）。ここで述べられているように、かつてのアシにおいては、新たな人工島の建設に際し、島に対する霊的な保護を祖先たちに請う手続きがしばしば行われ、島全体が祖先との霊的な結び付きの下に置かれたとされる。また第一章でも述べたように、かつてのアシにおける祖先崇拝は男女の厳格な空間的・身体的分離に立脚しており、女性たちは、たとえ当該氏族の成員であったとしても、祖先崇拝の儀礼が行われる男性の隔離区画「マーナ・ベウ」から排除されていた。人工島と祖先の霊的存在のこのような結び付き、そして生前における女性の祖先崇拝からの排除という原則のために、一次葬に際し、女性が男性たちと並んで人工島上のバエに埋葬されることはありえなかったとされる。[35]

他方で、個別の人工島の居住集団は、島に近接する本島の海岸部、具体的にはマングローヴ林の付近などに、「女のバエ（*bae ni geni*）」と呼ばれる女性の一次葬のための埋葬地をもっていた。[36]「女のバエ」には、男性の埋葬地である人工島上のバエには見られない固有の特徴がある。第一章で述べたように、夫方居住の優越の下、個別の人工島

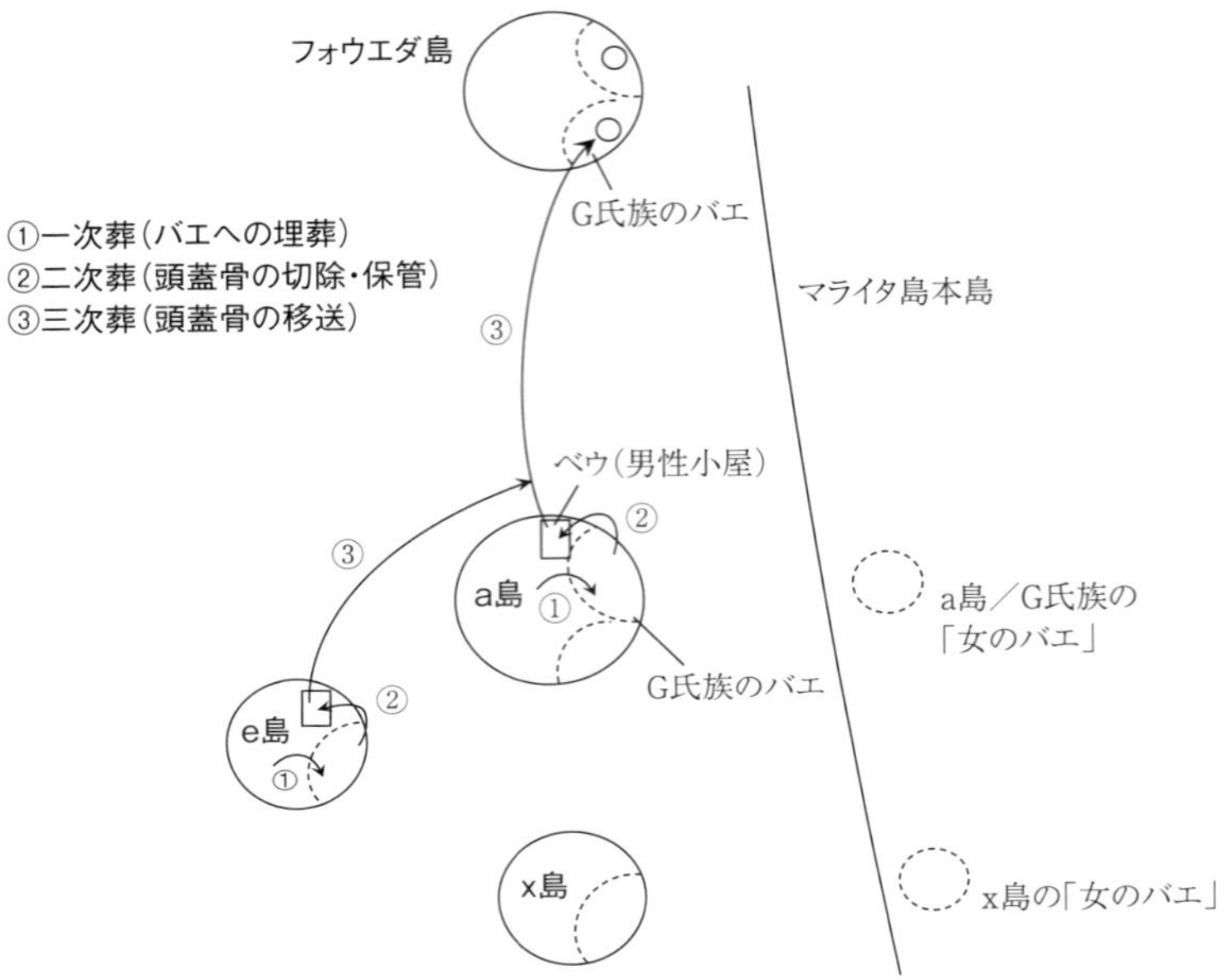

図 3-4　a 島、e 島に住む G 氏族の成員男性の葬送経路

にはさまざまな氏族に帰属する女性たち――島に婚入してきた「妻たち（*'afe gi*）」――が共住しており、しかも次に述べるように、これらの女性たちの一次葬は夫方で行われることが原則とされていた。このため、「女のバエ」には一般に、そのように多様な出自をもつ女性たちがまとめて埋葬されていた。このことは、男性の死者たちが氏族ごとに分けられて埋葬（一次葬）される人工島上のバエ、および男女の死者の頭蓋骨が、同じように氏族単位で保管あるいは安置されたベウやデアと顕著な対照をなす。すなわち、男性または氏族の埋葬地であるそれらにおいて、死者たちが、先に論じた通り氏族単位に集合化されていたのに対し、本島海岸部の「女のバエ」には、そのような被埋葬者の集合性が端的に欠如していた。そこでは「妻たち」が、出自上の差異と個別性を保ったままで、ラウ語の表現を借りれば「ごちゃ混ぜに（*dodola*）」埋葬されていたのである。

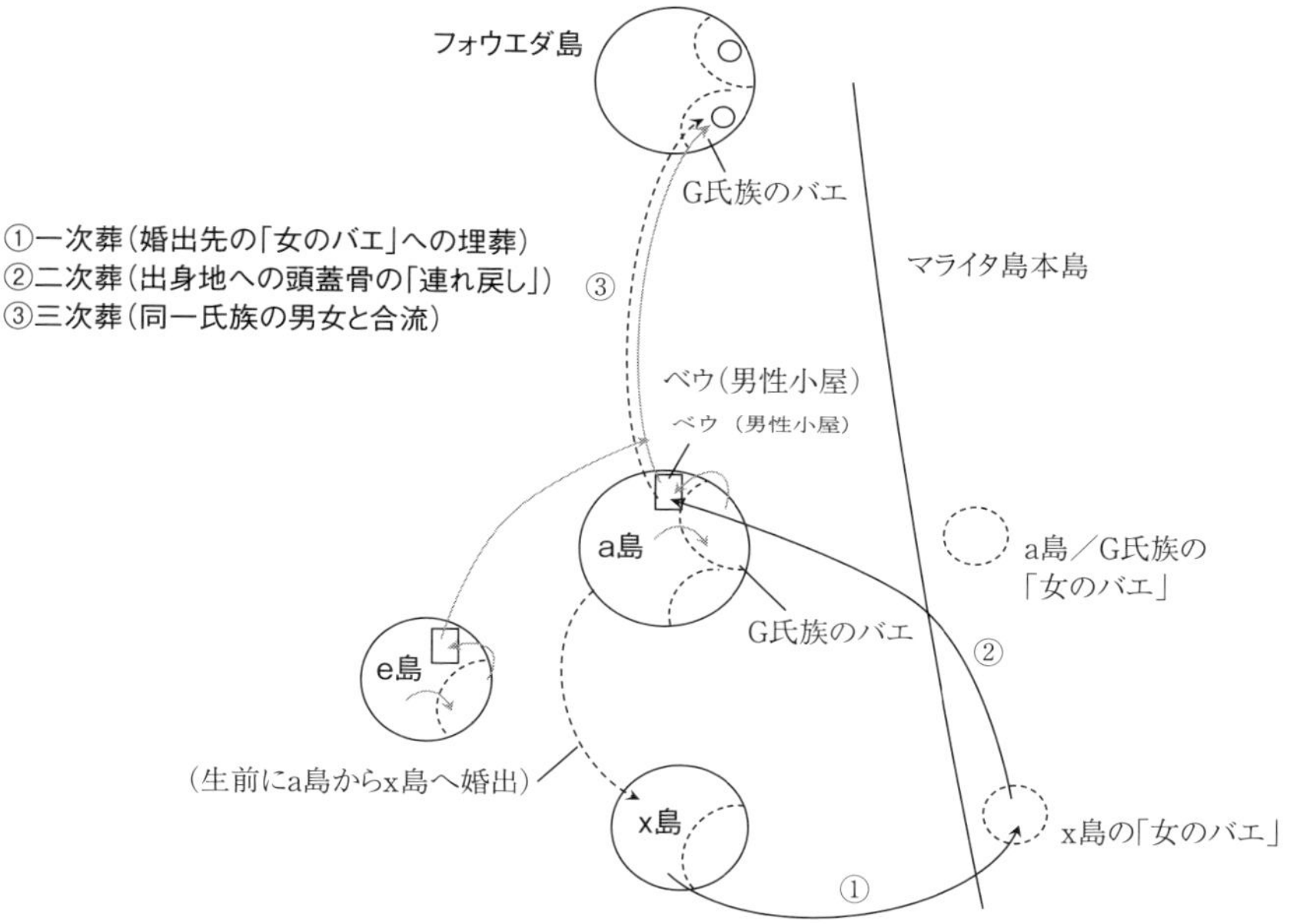

図 3-5　a 島から x 島に婚出した G 氏族の成員女性の葬送経路

このことは、アシの伝統的葬制における男女の葬送方式の第二の差異、すなわち（2）頭蓋骨の移動パターンの差異とも関連する。この差異は、死者のジェンダーおよび帰属氏族によって異なる葬送経路を、再びG氏族を例に図3―4～3―6のように図示することで一目瞭然となる（なお、図3―5と図3―6では、図3―4との対照のために、男性の葬送経路を薄い矢印で示してある）。すなわち、図3―4（先の図3―1と事実上同一）が示すように、父方＝夫方居住の下では、男性の死者の頭蓋骨が、生前に居住していた島の外へと移送されるのは、三次葬の段階においてのみである。これに対し、婚出先で「女のバエ」に埋葬（一次葬）された女性の場合、図3―5および図3―6に見られるように、一次葬の際の「女のバエ」への移送に加えて、すでに二次葬の段階で頭蓋骨の移送が行われる。すなわち、一次葬の三か月後などの時点で、夫方親族は、「女のバエ」に埋葬されていた女性の頭蓋骨を切除

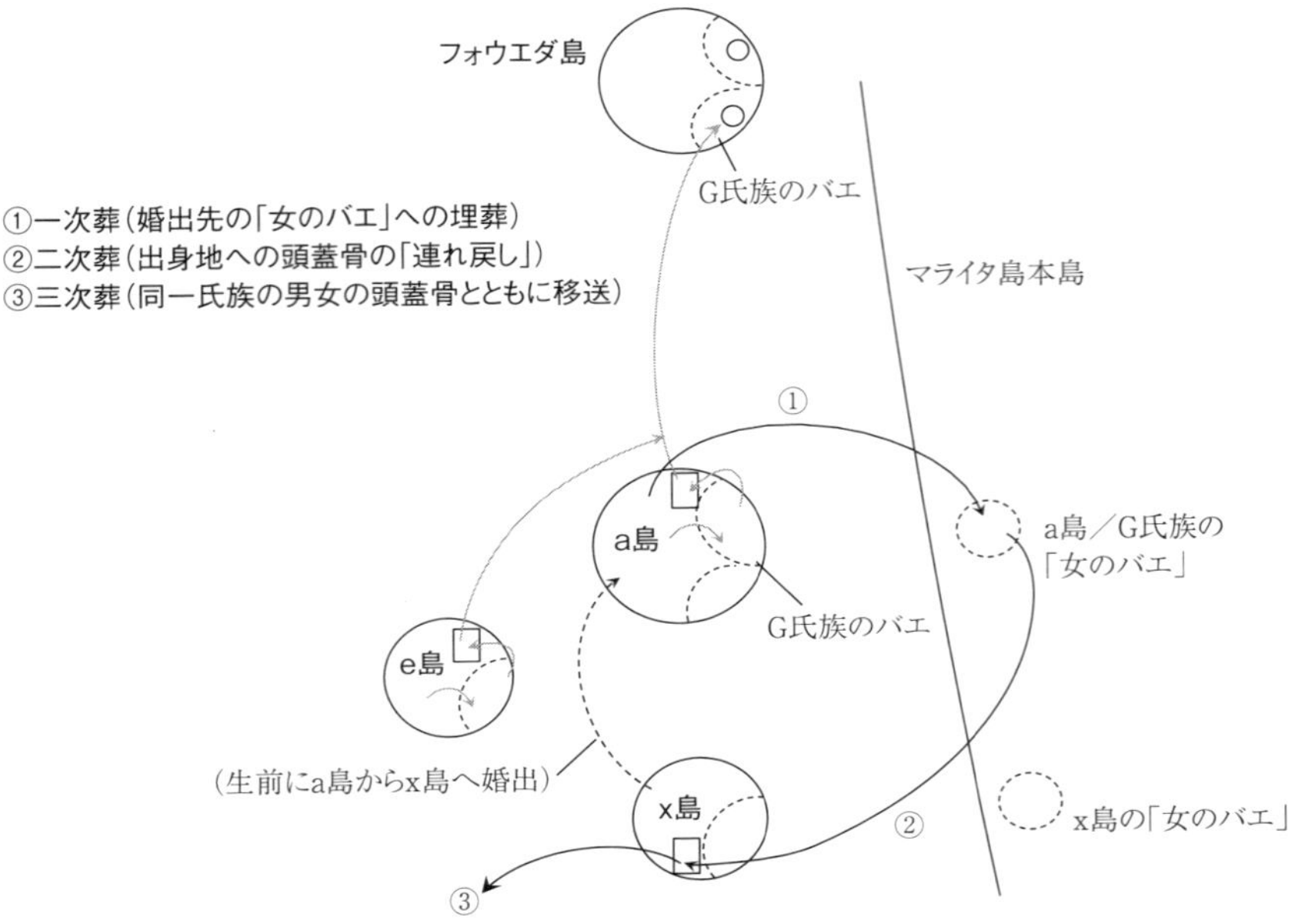

図 3-6　x 島から a 島に婚入した他氏族の成員女性の葬送経路

し、自氏族の死者たちとは別に保管する。[37] この頭蓋骨は理念上、亡くなった女性と同一氏族の男性たち、すなわち出身地の男系親族が、婚出先に出向いて出身地へと「連れ戻す（*'oitei fai nia*）」べきものとされる。この後、女性の頭蓋骨は、出身氏族の他の死者たちとともに、氏族のデデアへと葬送（三次葬）されることができる。[38] 夫方居住の下での男性の死者には見られない、二次葬の段階における女性の死者のこのような葬送は、しばしば「女のトロラエア（*toloraea ni geni*）」と呼ばれる（ここでの「トロラエア」が、先に問題にした通常の、かつ多義的な用法とは異なり、二次葬の段階のみを指していることに注意されたい）。この「女のトロラエア」は、氏族の集合的な死者たちに対してではなく、個別の死者に対して行われるという点で、男性における三次葬としての「トロラエア」とは頻度や性質をまったく異にしていた。

婚出した女性の頭蓋骨が、このように二次

葬の段階で移送の対象となっていたという事実は、自身の出身地と婚出先の双方の集団と結び付きを維持する、これらの女性の二面的な立場をよく表している[cf. Köngäs Maranda 1976; Strathern 1995[1972]]。婚出した女性の葬送について、今日のアシの人々は一方で、「婚資が支払われている以上（*sulia gera foea*）」、埋葬に関する事柄はすべて夫方が決めるのが当然だ、という原則を強調する。生前に夫方で冷遇されていたなどの理由で、親族の女性を出身地に連れ戻して埋葬（一次葬）したいと思ったとしても、「婚資が支払われている以上、われわれは何も言う（主張する）ことはできない」（五〇代男性、T村在住、l島出身、二〇〇九年一月）。技術的には、一次葬の段階で女性の死者を出身地へと移送することもあくまで可能であるにも関わらず、そうはされずに女性が夫方の「女のバエ」に埋葬されるのも、このような原則のためであるとされる(39)。

他方でアシの人々は、とくに祖先崇拝との関連において、生前においても死後においても、女性が夫方氏族へと決して同化・統合されないことを強調する。このことを説明する際、人々は、「女はよその霊だ（*Geni nia agalo ata fera*）」ということわざをしばしば引き合いに出す。このことわざは、かつてのアシの男性たちが、夫方居住の下での妻の立場の弱さを指摘するのに用いる——たとえば、「『女はよその霊』なのだから、お前も口答えするな」というように——ものであったとされる。夫方氏族の「祖先たち（*agalo*）」にとって「よその霊（*agalo ata fera*）」にとどまるという女性の立場は、その死後においても変わらず、婚入してきた女性は、夫方の死者たちとともに葬送されたり供犠・崇拝の対象とされたりすることはできない。逆に、死後に自身の出身集団へと戻るならば、女性の死者はそこで、氏族の祖先崇拝の対象に組み込まれる——ただし、男性の死者と比べてあくまで周縁的な対象として——ことができる。このように、夫方に住む女性は、一方で婚資の支払いを通じて夫方集団の裁量の下に置かれながら、他方では、生前においても死後においても「よその霊」にとどまるとされ、自身の出身氏族への帰属を保持する。先に見た、一次葬の段階では夫方で埋葬されながら二次葬では出身地に連れ戻されるという女性に固有の葬送パターンは、このような立場の二面性に対応するものと考えられる[40]。

六　集合性／個別性をめぐる逆説

以上で見た「女のトロラエア」、すなわち婚出した女性の二次葬における頭蓋骨の個別的な移送は、すでに指摘したように、実際の葬送過程において、氏族を単位とする集合的葬送としてのトロラエア（二次葬から三次葬）に漸進的に統合・包摂されるものとなっていた。アシの葬制はこの点でも、オーストロネシア語圏の葬送儀礼に関して指摘されてきた、「通婚・姻族関係の捨象による死者の集合化」という先述の図式に合致するように見える。また、かつての葬制に関する人々の説明において、「女のトロラエア」が通常、氏族単位の葬送としてのトロラエアによって後景化され、明示的に語られないという事実も、同じ事情によって説明されるように思われる。

しかし、注意深く見るならば、氏族の集合的葬送としてのトロラエアと個別的な「女のトロラエア」の関係は、そのように後者が前者に一方的に包摂され後景化されるという単純なものではない。このことはとくに、他地域の複葬慣習との比較においてアシの葬制を特徴付ける三次葬、すなわち氏族の頭蓋骨の集合的な移送という段階に関わる。前節で見たように、婚出した女性が夫方で二次葬・三次葬の対象となりえず、その頭蓋骨が出身地へと連れ戻されなければならないのは、婚出先において女性が「よその霊」であるためだとされる。しかしそうだとすれば、三次葬において、自身の出身地、すなわち父方＝夫方に居住していた男性の死者たちも、他地域のバエに移送されなければならないという事情は、どう説明されるのか？　「女はよその霊だ」という先に見たことわざは明らかに、「（自身の出身地に居住する）男性はよその霊ではない」ということを含意している。しかしその反面で、三次葬の存在は、男性たち、あるいは氏族それ自体さえも、一面では婚出した女性と同じように、現住地における「よその霊」

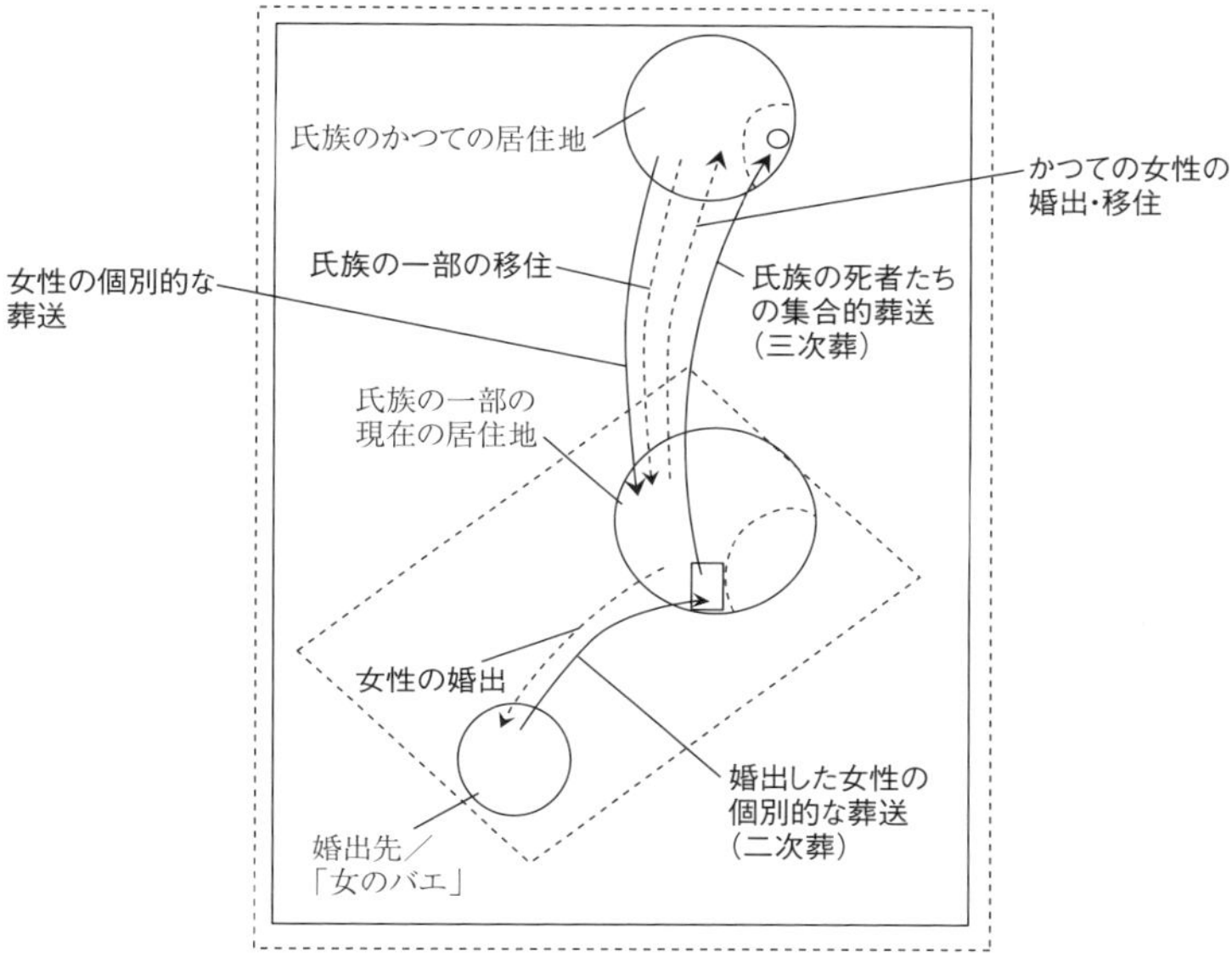

図 3-7　氏族の葬送としてのトロラエアと「女のトロラエア」の関係

であるということを示しているのではないか？

事実、以上で検討してきたアシの葬制の二つの側面、すなわち氏族単位の集合的な葬送と個別的な「女のトロラエア」の間には、明確な同型性と入れ子状の関係が見出される（図3―7）。先に指摘したように、現住地における一次葬と氏族のかつての居住地への三次葬という複合的な構造をもつアシの葬制は、死者が二つの場所および集団との結び付きを維持することを可能にしていた。すなわち、死者は一方で、その頭蓋骨が氏族の父系的祖先の居住地に移送されることによって、氏族の統一的な祖先崇拝へと組み込まれていた。他方で、生前の居住地への一次葬は、死者とその居住地の結び付きを確認し固定化するとともに、日常的な祖先崇拝儀礼を通じて、死者とその近親者の継続的な関わりを可能にしていた。このように、氏族単位の葬送としてのトロラエアは、前章および本章で見たような反復的な移住による氏族の分散という条件の下で、死者たちが、そしてそれらを通じて生者たちが、「かつての居住地／現在の居住地」および「氏族／居住集団」という二つの場所・集団との結び付きを維持することを可能にしていたのである。同じように、婚出した女性が死後「女のトロラエア」の対象となるのも、一方で婚資の支払いを通じて夫方親族の裁量の下に置かれつつ、他方で「よその霊」として出身地・出身氏族に帰属し続ける、女性の立場の二面性のためであった。このような二面性において、集合性としての氏族と婚出する個別の女性が置かれた状況、および両者の葬送のされ方は、端的に同型的なものとなっているのである（図3—7における、内側の二つの枠の内部の相似性に注目されたい）。

氏族の集合的葬送と女性の個別的葬送の間のこのような同型性は、トロラエアに一つの逆説的な性格を与えている。すなわち、「女のトロラエア」の個別性をその内部に包摂し、そうすることによって後景化したはずの氏族単位のトロラエアにおいて、氏族の死者の総体があたかも個別の女性のように葬送される、という逆説がそれである。

これについて考える上で手がかりになるのが、前章で指摘した、アシの移住史における非男系的な移住・居住とでも言うべき契機の重要性である。前章で見たように、アシにおいて、過去の移住のエピソードはしばしば、男性たちにおける妻方や母方の人工島への移住として語られる。そのような移住は、それに先立つ、ただしそれ自体としては伝承の主題とされることのない、個別の女性の夫方への婚出・移住によって媒介されており、このことをアシの人々は、第一章で紹介した「女の場所に住む」という言い方で表現する。たとえば、先に図3—3に示したように、現在のG氏族の成員たちは、自らの父系的祖先におけるフォウエダ島からk島への移住を、これに先立ちAという女性が、k島に住むF氏族からフォウエダ島に住むG氏族へと婚出したことによって、先行され媒介されていたものとして語る。G氏族の男性たちは、過去の通婚関係によって結び付いた、自身の非男系的な親族であるF氏族の人々が住まうk島へと移住したのであり、そこにおいて、彼らは「女の場所に住んでいた」と言われる。

このような「女の場所」への移住・居住においては、氏族に関わる集合性と個別性が両義的な関係をなしている。すなわち、k島にG氏族の成員男性たちが一定数定着するならば、彼らは同島において、共通の父系出自に基づく集合性を体現することになる。事実、先述のようにk島にはG氏族のバエが創設されており、このバエはそのような集合性を具現するものに他ならない。しかし他方で、これらG氏族の成員男性たちがk島に居住することの根拠は、少なくともその初期においては、あるF氏族の女性——「女の場所」と言う時の、当の「女」——がかつてG氏族に婚出したという、たった一度の、個別的な婚姻の事実にある。このように、氏族やその部分を単位とする集合的な移住・居住は、しばしば一人の女性における婚姻や移住によって先行・媒介されており、その限りにおいて、論理的には、あくまでそのように個別的な出来事の下に置かれているのである。同じことは、前章で見た、a島におけるS氏族の成員男性たちの立場についても指摘できる（この場合、S氏族の男性Rと婚姻した、a島創始者の男性の妹Iが「女」に当たる。図2—5参照）。

氏族の移住と女性の婚出・移住の間のこのような関係は、三次葬における氏族の死者たちの葬送経路が、図3—7に示したように、氏族の男性たちのかつての移住経路だけではなく、それに先立ち、それを媒介した女性の個別的な移住経路をも、潜在的に再現・反復していることを含意する（図3—7において、氏族の移住・葬送と女性の移住・葬送をそれぞれ表す外側の二つの枠とその内部の同型性に注目されたい）。このことはたとえば、G氏族の死者たちの頭蓋骨がk島からフォウエダ島に移送される場合（図3—3参照）に明らかである。この場合、k島からフォウエダ島に向かう一群の頭蓋骨は、G氏族の移住を媒介した、同じくk島からフォウエダ島への特定の女性Aの婚出・移住をたどり直している（また、すぐ後で見るように、アシの人々において時に明示的にそう認識されている）。このように、氏族単位の三次葬は逆説的にも、それが包摂し後景化したはずの女性の移住と葬送という個別的な契機を、一面で再び前景化させるのである。

このような理解は決して恣意的なものではなく、過去における移住とトロラエアの関連についてのアシの説明の中に、主として潜在的な、しかし時には明示的なかたちで示されている。一例として、先にも登場した男性マレフォは、かつての葬制、とくに「女のトロラエア」について筆者に説明する中で、次のように語った（二〇一一年九月）。

〔亡くなった〕女の頭蓋骨は、関係がまた新しく始まるようにと（*hai relationship ka havali faalu*）、彼女の〔出身地の〕島に戻された。頭蓋骨が戻ってくると、島の人たちは、「ああ、あの女は向こうに嫁に行ったが、こうして戻ってきたよ」と言ったものだ。

すなわちマレフォによれば、婚出によって一時的に希薄化していた女性とその出身地の人々、すなわち男系的親族との関係は、「女のトロラエア」によって再確認されることができた。それが彼の言う「関係がまた新しく始まる」の意味である。さらにマレフォは、以下のような説明によって、この「女のトロラエア」を氏族の移住史と明示的に関連付けてみせた。

われわれ〔a島に住むG氏族〕はフォウエダ島からやって来たのだ。フォウエダ島からk島に来て、それからa島を造ってそこに住み始めた。われわれは女に従って〔女の後を追って〕移ってきたのだ（*Gemelu lea suli geni*）。k島からフォウエダ島に嫁に来た女は、死んでからその頭蓋骨がk島に戻された。われわれはそれ〔女性の頭蓋骨の移動〕に従って〔フォウエダ島からk島へと〕移って来たのだ。（傍点は筆者）

すなわち彼によれば、夫方に移住した女性の頭蓋骨は死後、「女のトロラエア」によって出身地に戻された。ここで頭蓋骨は、婚姻に際しての女性の移住経路とは逆向きに移動していた。そして、この女性の婚出先の男性たちはその後、そのように戻って行った頭蓋骨「の後を追う（*suli(a)*）」ようにして、姻族方の島、この場合にはk島に移住したというのである。彼の説明に従えば、仮に「女のトロラエア」が行われていなかったならば、婚出した女性とその男系的親族の関係は希薄化したままにとどまり、したがって、この女性の子孫たちが彼女の出身地――この子孫たちにとっての「女の場所」――に移住することもなかったであろう、ということになる。このようにマレフォの説明は、「女のトロラエア」を、氏族の移住に先行し、それを可能にする本質的な契機として位置付けるものとなっている。

このことはさらに、「女のトロラエア」が、氏族単位の集合的葬制としてのトロラエアに対し、論理的に先行するものであることをも含意する。すなわち以上の説明によれば、婚出した女性の個別的な葬送は、氏族単位の集合的葬送に一方的に統合・包摂されるどころか、氏族の移住を導くことによって後者を可能にしている根源的な契機に他ならないのである（本質的に個別的な出来事としての婚姻とそれによる女性の移住が、氏族の移住と「海に住まうこと」を媒介し可能にしてきたという事情は、前章ですでに確認した）。氏族の死者たちが、総体としてあたかも女性のように葬送されるという先に述べた逆説は、アシの移住と葬制における、氏族と女性、集合性と個別性のこのように両義的な関係、具体的に言えば、表面上は前者が後者を包摂しているかに見えるが、より根底的には後者によって前者が包摂されているという入れ子構造（図3―7参照）に由来しているものと考えられる。

七　葬送儀礼と他でありうる「われわれ」

以上のような考察は、二節で紹介した、オーストロネシア語圏あるいはメラネシア島嶼部の葬送儀礼に関する通説に対し、アシの葬制がどのような差異を示しているかを明らかにする。[41] 先に見たように、これらの地域の葬送儀礼は多くの場合、生前の死者の個別性、とくにその人が結んでいた姻族関係その他の社会関係を捨象あるいは清算することを通じて、親族集団の集合的な同一性を再生産する意義をもつものと分析されてきた。そこではとくに、通婚・姻族関係を特徴付ける偶有性が、集団の本質的同一性のイデオロギー的優越の下、葬送儀礼を通じて否定されるべき主要な契機として位置付けられていた。このような理解に対して、以上で検討したアシの伝統的葬制は明らかな不適合を示している。

たしかに一面において、居住集団や婚姻関係が段階的に解消され、死者たちが氏族単位へと集合化される過程としてのトロラエアは、「死者の集合化を通じた社会的再生産」というオーストロネシア語圏の葬送儀礼に関する通説に合致する。しかし他面において、アシの葬制では、通婚・姻族関係の契機は決して単純に捨象されてはいない。前節で見たように、個別の女性における婚姻・移住と死後の葬送という契機は、氏族単位の集合的葬送によって一方で後景化されながら、他方で同時に、氏族の集合的な死者たちの移動が、かつての女性の婚姻・移住とそれに続く男性たちの移住という出来事を反復・再現することによって、逆説的にも再び前景化される。そのような葬制を通じて、アシの人々は、反復的な移住の中で「女の場所」に住んできた自分たちの立場、言い換えれば、自らの「住まうこと」に内在する出来事性・偶有性を、潜在的なかたちで確認していたと言えるだろう。そして、一節で見た元a島居住者の語りにあった、〈カヌーに山積みにされて海を渡っていく頭蓋骨〉というイメージは、まさしくそのような偶有性を形象化するものと言える。

そうであるとすれば、アシの人々は葬送儀礼を通じて、オーストロネシア語圏の他地域の事例がこれまでそう解釈されてきたように、自集団の本質的同一性を繰り返し確認していたのでは決してない。そこで体験され認識されていたのはむしろ、「われわれ」の同一性には、通婚の相手などとしての他者——具体的には他集団——との関係が本質的に内在しており、また、婚姻後の女性が二つの居住地と集団の間で二面的な立場を維持するように、「われわれ」の居住＝生活の現状には、過去の居住地など「よそ（*ata fera*）」（別の場所）との関係がつねにともなっているということに他ならない。このように、以上の検討によれば、トロラエアはアシの人々に、自らの居住＝生活を、本質的に自己同一的な、すなわち永久不変で必然的なものとしてではなく、むしろ根底において他者性や偶有性を含んだものとして生きさせてきた。この意味において、アシの葬制は、前章で見た移住史とも不可分に結び付きながら、この人々における本質的に偶有的なものとしての「海に住まうこと」の体験を構成してきたと言える。[42] 事実、第一章で述べたように、アシは今日、かつてのトロラエアにおける頭蓋骨の移動「に従う／の後を追う（*suli*）」かのように、過去の移住史をたどり、現住地とは異なる「故地」での居住＝生活を、したがってまた、自らの「住まうこと」が別様でありうるという可能性を、探求しようとしているのである。

ただし、集合性と個別性、「ここ」と「よそ」をそのように両義的な仕方で結び付けるアシの葬制は、現在まで同じように継続されてきたわけではない。すでに述べたようにT地域では、一九三〇年代以降に進んだキリスト教受容の結果として、G氏族による一九七〇年代はじめの「トロラエアのマオマ」を最後に、本章で見てきたような伝統的葬制は事実上断絶する。しかしそのような変化は、アシの「住まうこと」の現状から、前章および本章で見てきたような偶有性が失われたことを意味しない。二〇世紀を通じたキリスト教受容は、アシにおける集住形態や日常的な景観体験を大きく変容させることで、別様な居住＝生活のまた新たな可能性をそこに持ち込んでいる。次章では、T地域におけるキリスト教受容史と、現在におけるそれについての認識・体験を見ることで、アシにおける「住まうこと」の現状をより具体的に明らかにしていく。

註

（1）本章では、以下で検討するような、時間的・空間的に拡散した多様な儀礼からなる複合的な葬送過程を、具体的に観察されうる個別の「葬送儀礼」と区別して、「葬制」と呼ぶこととする。第一章および前章で検討した人工島群の形成史から推定するに、以下で見るような葬制は、その実質的断絶に至るまで、少なくとも一五〇年間に渡って現在のアシ地域で継続・拡大されていたものと考えられる。またアシの人々はそれを、キリスト教受容以後の葬制と対比して、「カストム」（第四章参照）の一部とみなしている。これらの事情を踏まえ、本章ではこの慣習を、アシにおける「伝統的」葬制と呼ぶこととする。

（2）三節第1項でも述べるように、マライタ島内、とくにその中部以北における顕著な言語的・文化的共通性にもかかわらず、筆者の知る限り、アシのトロラエアと同様な葬制は、同島内の他の言語・民族集団については報告されていない。また、従来の民族誌的文献 [e.g. Ivens 1978[1930]; Köngäs Maranda 1976; Maranda and Köngäs Maranda 1970] におけるアシの葬制への言及は、あくまで断片的なものにとどまっており、以下で示すようなその複雑な全体像はこれまで明らかにされてこなかった。これらの点でも、アシの葬制は注目すべき検討対象をなしている。

（3）オセアニアおよび東南アジアにおける複葬慣習の分布については、大林ほか（編）[一九九〇：一四〇―一四三、七七九] を参照。

（4）ここで言うような観念論的・象徴論的アプローチは、アシの葬制に対しては必ずしも適合的でないものと思われ、このため本章でも、霊魂・来世観や葬送儀礼における象徴論への言及はごく限定的なものにとどまる。たしかにアシには、個人が「アノ（*ano*）」と「マゴ（*mango*）」と呼ばれる二つの霊魂をもつという観念――同種の観念はオーストロネシア語圏で広く見られる――や、死後の霊魂が、マライタ島北西沖に実在するラモス島（Ramos Is.）に移動するとの認識が伝統的に見られる [cf. Ivens 1978[1930]: 134-135]。他方で、それらの霊魂が死後のどの時点でどこに移動しどのように変化するのか、またそのことが葬制の各段階とどのように対応するのかについては、過去の文献にも明確な記述が見られず、また、キリスト教を受容した今日のアシにおける説明もあいまいである。同様にキージングは、クワイオ地域において、死後の霊魂の行方や状態が人々の間でほとんど関心の対象となっておらず、それらに関する認識も決して明確で一貫したものでないことを指摘している [Keesing 1982a: 105-107]。そうである以上、分析者は一部のインフォーマントの明晰な説明を過大評価すべきでない、というキージングの警告は、アシの葬制を論じる上でも妥当と思われる。

（5）このような「集合化」の概念は、本書における、主としてストラザーンに依拠した「集合的」の用法（序論参照）にも合致する。

（6）ただし本章は、メラネシア島嶼部の他地域に関してなされてきたような、いわゆる葬送交換の分析を中心とするものではない。たしかにかつてのアシでも、マッシム地方などと同様、葬送過程において、ブタの贈与や供犠をともなう大規模な葬宴「マオマ」が繰り返し行われていた [cf. Ivens 1978[1930]: 209ff.]。しかし、どの葬宴において、どのような財が、誰から誰へと贈与され、どのように消費されたのかといった詳細については、既存の民族誌にも記されておらず、また今日聞き取りによって再構成することも困難である（葬宴に関する現在の人々の説明は、「マオマはとても大きな祭宴（*fangalaa*）で、数十頭から百頭ものブタが殺された」といったごく大雑把なものにとどまる）。このような技術的限界のため、本章では、過去のアシにおける葬送交換については検討することができない。なお、マライタ島内他地域の葬送交換については、たとえば以下を参照［de Coppet 1981; Guidieri 1980; Keesing 1978: 53-62］。

（7）前節で述べたように、アシ地域では、トロラエアと呼ばれる特徴的な多段階葬が一九七〇年代まで行われており、現在でも、高齢者の証言や既存文献の記述をもとにその概要を再構成することが可能である。このような事情は、これまで葬送交換論の主要事例となってきたメラネシア島嶼部の他地域と興味深い対比を示す。マッシムなど多くの地域でも、かつては類似の複葬や移葬が行われていたとされるが、植民地政府やキリスト教宣教師による禁圧によって早期に断絶したため、それらは一九七〇～八〇年代に調査を行った人類学者たちによってほとんど記述・考察されていない［e.g. Damon and Wagner (eds.) 1989: 10, 15; A.B. Weiner 1976: 43, 80-84］。

（8）これに対し、エルツ以来、オーストロネシア語圏に関する葬送儀礼論が、遺体の取り扱いの二つの段階からなる複葬制を範型的な分析対象としてきたことに注意されたい［e.g. メトカーフとハンティントン 一九九六］。

（9）「トロラエア」という呼称は、明らかに「遺体（*rae*）を掘り出す（*tolo*）こと（*-a*）」を原義としており、本来は二次葬の段階のみを指していたと推測される。これに対し、アシは今日「トロラエア」を、多くの場合、ここで言う二次葬と三次葬を合わせて指示する呼称として用いる。たとえばT村近隣在住の五〇代男性は、自身がかつて居住していたk島における葬送方式について、筆者に次のように説明した。「遺体は島に埋葬して、マオマ〔葬宴〕を行う時が来たら、頭蓋骨を取り除いてベウ・アーブ〔バエ内の祭壇〕に持って行った。このように頭蓋骨を取り除いて持って行くことを『トロラエア』と言うのだ」（二〇〇九年六月。なおこの説明では、二次葬と三次葬の間の時間差が捨象されている）。さらに、筆者の知る限り、三次葬の段階のみを指示する固有の呼称はラウ語には存在せず、上記の原義に明らかに矛盾して、三次葬のみを指す場合にも「トロラエア」が用いられてきた。一例として、三次葬に際して行われた大規模な葬宴は、「トロラエアのマオマ（*maoma ni toloraea*）」と呼ばれる。また、一九二〇年代にアシ地域に滞在した英国国教会の宣教師フォックス（Charles E. Fox）によるラウ語辞典には、後述するN氏族の事例に基づき、「tola rae[sic.]　頭蓋骨〔複数形〕をワルル島（Walulu Island）〔マーナオバ島の別称〕へ運ぶこと」と記されている［C.E. Fox 1974: 158］。

（10）ここでは、既存の民族誌に伝統的葬制についての説明が見られる集団のみを例示する。ただしバエレレアについては、同地域での筆者自身の聞き取りに依拠した。

（11）これらに加え、トアバイタ地域の葬送儀礼を記述するホグビンが頭蓋骨の切除について述べていないことから［Hogbin 1970: 102ff.］、同地域でも、隣接するバエレレア地域と同様に単純土葬が行われていたと推測できる。

（12）「アシ／トロ」の葬制におけるこのような差異は、今日のアシの間でも明確に認識されている。たとえばある男性（四〇代、

T村在住）は筆者に、「トロラエアはアシのカストムであって、トロでは死んだ人は単に埋葬する（*faitoli*）だけだ。ある人たちがトロラエアをしていたならば、〔そのことで〕アシの人たちだとわかる」と語った（二〇〇九年七月）。

(13) 一例として前章の事例２―１では、兄弟がｋ島から転出してｌ島を創設した後でも、ｋ島にはＦ氏族成員をはじめとする人々が居住し続けており、この転出によって集落／人工島自体が放棄されたわけではない。

(14) 住居の周辺や床下への埋葬は、かつてのオーストロネシア語圏では決して珍しくなかった［e.g. Toren 1995: 165］。

(15) 右で述べた、二次葬における骨の扱いについての説明の異同は、そのように説明できるだろう。ただしそもそも、「骨は埋まったままにされた」と言う人はごく少数にとどまる。

(16) 右で述べた一次葬の埋葬地を例に取れば、ｋ島、ａ島、ｅ島などＴ地域の島々においては、一次葬はバエの内部に行うのが原則であったとされる――本章の説明もこれに従っている――のに対し、他地域で一般の居住空間への埋葬が行われていた可能性は否定できない。またそもそも、四節第２項で述べるようなバエの形成過程を考慮すれば、ある死者の埋葬地がバエであったか一般の居住空間であったかという区別は絶対的なものではない。

(17) 子どもの死者および戦闘における死者に対しては一次葬のみが行われ、その埋葬地も通常の死者のそれとは区別されていたとされる［cf. de Coppet 1981: 178; Keesing 1982a: 143-145］。これらの死者がトロラエアの対象とされなかったということは、以下で述べるように、それらが祖先崇拝の対象とされなかったということをも意味する。

(18) 二次葬が行われる時点について、人々の証言や文献の記述は必ずしも一致しないが、一次葬のおおよそ三か月後と推定するのが妥当と思われる［cf. Ivens 1978[1930]: 203; Maranda and Köngäs Maranda 1970: 843］また、同じく必ずしも明確な証言は得られていないが、この時点で遺体はいまだ白骨化していなかったものと推測される。

(19) 妻を亡くした男性の服喪について、既存文献の記述は明確でないが、現在のアシの人々によれば、夫を亡くした女性の場合よりも短く、通常は三〇日程度で喪が解除されたという。

(20) 本章冒頭で見たディメの語りでは、ａ島出身の男性が、死後バエに埋葬されながら、頭蓋骨を切除されないままになっていることが指摘されていた。アシの認識では、この男性は、キリスト教受容の進展のために、「正しくない（*langi si 'o'olo*）」、中途半端な仕方で埋葬されたままになっているのである。同様に過渡的あるいは変則的な埋葬の事例は、次章でもキリスト教受容史との関連で取り上げる。

(21) 実際に三次葬が行われる時点は、ブタの肥育やタロイモの栽培など、葬宴の準備状況にも影響されたと考えられる。なお、類似の頻度で行われる、複数の死者を対象とする大規模な葬送儀礼は、メラネシア島嶼部の各地から報告されている［e.g. Damon and Wagner (eds.) 1989; A.B. Weiner 1976: 84］。

(22) ただしそれらは、今日言われる「故地」とは限らない。これについて推定される理由は後述する。

(23) 同じように、G氏族のバエは、かつてF氏族を居住集団の中心とし、現在では無人になっているk島にも現存する（後掲の図3―3参照）。なお、G氏族とともにa島の居住集団を構成していたS氏族では、マライタ島北端のスー地域にある同氏族のバエが頭蓋骨の移送先となっていたと推定される（前章一節で引いた男性アラドの説明を参照）。同じ人工島に共住していたG氏族とS氏族の死者が、このように異なる葬送経路を経ることの含意については、次節で考察する。

(24) s島創始者の男性は、生前は非キリスト教徒にとどまっていたが、一九七九年、死の床で洗礼を施され、同島にキリスト教式に埋葬された（したがって、彼はトロラエアの対象にはなっていない）。一九六〇年代半ばに建設されたs島には、これ以前はバエやキリスト教式墓地は存在せず、彼は同島への最初の被埋葬者となったという。

(25) やや奇妙なことに、R氏族を主要な居住氏族とするフォウエダ島で調査を行ったマランダとケンゲス＝マランダは、アシの葬制の三段階構造を明確に指摘しつつ、三次葬にともなう空間的移動にまったく言及していない［Maranda and Köngäs Maranda 1970: 843］。両者の記述やT地域に住むR氏族成員たちの話から推定するに、このことはおそらく、フォウエダ島では、一次葬や二次葬だけでなく三次葬も同じ島の中で行われていたという事情によっている。仮にそうであるとして、同島ではなぜ頭蓋骨の移送が行われていなかったのか？　考えられる理由の一つは、フォウエダ島がアシ地域で最古の人工島の一つであり、そこに居住してきたR氏族の移住史が、T地域のG氏族などと比べて空間的にごく限られている――言い換えれば同氏族は、あまり移動することなくフォウエダ島に居住してきた――、というものである。次節で考察するように、頭蓋骨の移送慣習はアシの移住史と密接に結び付いており、理論的には、長期間に渡り長距離を移住してきた氏族ほど長距離の移送を行う傾向があると考えられる。一つの島の内部でトロラエアを行っていたR氏族は、逆に移住期間・距離がごく短い事例となっているのではないか、というのが筆者の推測である。

(26) 祖先崇拝とのこのような関連は、伝統的葬制において死者の頭蓋骨が焦点とされていた理由をも説明する。マランダとケンゲス＝マランダが強調したように、キリスト教受容以前のアシにおいて人、とくに男性の頭部は、祖先たちとの霊的な関係の特権的な座とみなされていた［Maranda and Köngäs Maranda 1970: 848-849］。

(27) 第一章で述べたように、クワイオなどマライタ島他地域の諸集団と比べて、アシの祖先崇拝は氏族単位の集団的・単系的な性格が顕著であったとされる。葬送の過程で居住集団のまとまりが解消され、死者たちが父系出自に基づく氏族単位へと集合化されるという上述の特徴は、アシの祖先崇拝のそうした性格とも相互構成的な関係にあったと考えられる。

(28) クワイオの祖先崇拝における類似の関心については、キージングの説明［Keesing 1982a: 82-91］を参照。

(29) 前章でも指摘したように、フォウエダ島はG氏族の成員男性によって創始されたという主張は、現在のアシ地域において必ずしも広く受け入れられていない。より一般的なのは、現在に至るまでフォウエダ島の主な居住集団をなすR氏族が同島を創始したとの見解であり、この場合、G氏族はR氏族が創始した島に後から移住したということになる。このような認識の相違を受け、図3—3では、どちらの見解にも与しない中立的な描き方を採っている。

(30) 自らもk島出身の女性と婚姻した、後のa島創始者Mも、そうした男性の一人である。

(31) k島は現在無人となっているが、同島にF氏族とG氏族の双方のバエが併存していることは、T地域の高齢者の間ではよく知られている。

(32) 頭蓋骨の移送経路が、このように氏族の反復的な移住の過程で、段階的かつ偶有的な仕方で形成されてきたという理解は、先述のように、それらの移送先が必ずしも氏族の「故地」——現在見られる氏族が、他氏族から分岐したとされる時点の居住地——に一致しないという事実をも説明するものと思われる。

(33) 事実、アシのような多段階葬の慣習をもたなかった「トロ」では、とくに死者が男性の場合、事情が許す限り、埋葬の段階で遺体を出身地に持ち返るのが望ましいとされていた。

(34) 他方、G氏族のマオマ（葬宴）のような大規模な儀礼の際には、a島の人々はフォウエダ島まで出向いていたとされる。

(35) これに対し、マランダとケンゲス＝マランダも注目しているように、二次葬以降の段階では、女性の頭蓋骨は、生前には決して立ち入ることが許されていなかった男性の隔離区画、さらにはその内部のベウやバエへと、男性たちの頭蓋骨と並んで置き入れられることになる [Maranda and Köngäs Maranda 1970: 843-844]。

(36) 「女のバエ」は、通常のバエとは異なり、同一の人工島に居住する異なる氏族や、同一の氏族が居住する近隣の島々によって、しばしば共有されていたとされる。たとえばa島に住むG氏族の人々は、k島に近接する本島海岸部に位置する「女のバエ」を、k島のF氏族の人々と共有していたと言われる。

(37) 女性の二次葬において、頭蓋骨の切除と一時的な保管が、夫方の姻族と出身地の親族のいずれによって行われたかについて、アシの人々の説明は必ずしも明確でない。ここでは暫定的に、次に見るケンゲス＝マランダの記述に依拠し、切除・保管は夫方親族によって行われたとしておくが、実際には異なる場合もありえたと推測される。

(38) 女性におけるこのような葬送について、ケンゲス＝マランダは次のように書いている。「妻あるいは未亡人が夫方の村で死んだ場合、この女性の頭蓋骨は、後に女性自身の氏族によって取り戻される。……もし何らかの理由により女性の頭蓋骨が取り戻されない場合、それは男性の隔離区画の中に投げ置かれる。『よその霊』として、こうした女性の頭蓋骨は、夫の氏族の頭蓋骨と並んで置かれることができないのである」[Köngäs Maranda 1976: 195]。ここで参照されている「よその霊（*agalo ala fera*）」というアシの表現については、すぐ後で述べる。

(39) ただし以上は、人工島に婚入してくる女性自身もアシの氏族に帰属している場合についての説明である。妻方の氏族が「トロ」である場合には、それらの人々は頭蓋骨の移送という慣習をもたない以上、夫方に出向いて頭蓋骨を「連れ戻す」ことは通常なかったと考えられる。

(40) 以上の説明は、死者が男性／女性いずれの場合も、婚姻後に父方＝夫方居住を行っていることを前提としている。これに対し、妻方居住の下での男女の葬送はどのように行われたのか。この点に関して注意すべきは、女性に関しては、婚姻後の居住地にかかわらず、「婚資が支払われている以上」、埋葬は夫方の裁量下で行われるという先述の原則が維持されたこと、そして男性の場合、そのような意志決定権の譲渡が行われていない以上、妻方に居住していたとしても、葬送の仕方はあくまで出身地の男系親族が決定すべきとされていたことである。これらの原則は、死者が男性の場合でも女性の場合でも、事情の許す限り、遺体の引き取りも含めた葬送の仕方について、夫方親族に意向を問うというかたちで実行された。そのようなやり取りの結果としての実際の葬送方式には、たとえば男性の場合、一次葬の段階で親族によって連れ戻され、出身地で埋葬される、あるいは「女のトロラエア」と同じように、妻方で埋葬され、その後に頭蓋骨だけが持ち帰られるなど、一定の多様性があったものと考えられる。

(41) 以下での考察は、ヴィヴェイロス・デ・カストロによる親族・姻族関係と葬送儀礼に関する議論［ヴィヴェイロス・デ・カストロ 二〇一一、Viveiros de Castro 1992］に大きな示唆を得たものである。序論でも紹介したアラウェテ民族誌において彼は、葬送儀礼を通じて姻族・交換関係が否定され、集団の純粋な自己同一性への回帰が遂げられるというブロックらの議論［Bloch and Parry 1982］（二節参照）を引いた上で、アラウェテが理解する死において、姻族関係はそのように解消されるのではなく、人間と神々の間のそれとして回復されていることを指摘し、これを退けている［Viveiros de Castro 1992: 215-217］。このような議論はその後、人類学における姻族・交換関係の概念をドゥルーズ的に再構成することで、「同一性」と外的な「関係」の概念から自由な親族理論を創出しようとする試み［ヴィヴェイロス・デ・カストロ 二〇一一］として展開されることになる。アシの葬制を、集合的同一性の儀礼的再生産という通説を超えた仕方で理解しようとする本章の試みは、ヴィヴェイロス・デ・カストロのこのような議論に深く共鳴するものである。

(42) 以上で示したようなアシの葬制の特質は、オーストロネシア語圏の他地域の事例をも、「死者の集合化を通じた社会的再生産」という通説とは異なる仕方で再論する可能性を示唆する。事実、先にも触れたように、アシと類似の複葬・移葬制はかつてのマッシム地方などでも行われていたとされるが、ワイナーの古典的研究をはじめ、過去の文献ではそれらは必ずしも注目されていなかった。

第四章　「カストム／教会」の景観——現在の中のキリスト教受容史

一　a島の〈二重の墓地〉

T村に住み込みを始めて間もない二〇〇八年一〇月一五日の午後、筆者は、ホームステイ先の家の主人であるジャウ氏や他の人々とともにa島の上にいた。数日前、この島の出身である六〇代の男性が首都ホニアラで亡くなり、T地域にも無線を通じてその知らせが届いていた。男性の葬儀や埋葬は、彼の妻の出身地であるホニアラ近郊の集落で行われ、男性の実の兄弟など、T地域に住む近親者たちもこれに参列していた。他方、より遠縁に当たる多数の親族はT地域にとどまっており、ジャウ氏によれば、この日のa島でのミサは、これらの人々が亡くなった男性を追悼する機会として行われるものであった。

a島には昼過ぎから、カヌーや船外機付きボートに乗って次々とT村の人々——筆者がじきに理解したように、元a島居住者やその家族——が到着し、最終的には六〇人ほどもの人々が集まった。島では女性たちが、広場の中の、コンクリート製の墓石が並ぶ墓地に面したあたり（前掲図1—4参照）にテーブルを置き、ミサのための即席の祭壇をつくっていた。やや遅れてT村のカトリック教会の司祭（三〇代、クワラアエ地域出身）が到着し、まもなくミサが

写真 4-1　a島の墓地の前で、ミサ中の説教をする司祭

始まった。司祭は墓地を背にして祭壇に立ち、人々は広場の芝生の上に座ってこれに向き合っていた（写真4―1）。

他の人々とともに芝生に座ってミサに加わりながら、筆者はある奇妙なことに気が付いた。すでに第一章で見たように、a島には、かつて祖先に対するブタの供犠や死者の埋葬――具体的には男性の一次葬――が行われていたバエが現存し、さらに、これにぴったりと沿うようにして、一九個ほどの墓石が並ぶキリスト教式の墓地が設けられている。このため、広場に座っている人々から見ると、キリスト教式の墓地を背にして祭壇に立つ司祭は、同時にバエの暗く巨大な茂みをも背景にすることになる。すなわち人々は、あたかもキリスト教式墓地とバエの双方に向かってミサを行っているかのような状態になるのである。この日のミサの中で司祭は、すぐ足元の墓地を指しつつ、「今日のミサは、ここに眠っている亡くなった人たちのためのものです」と言った。しかしa島の死者たちは、キリスト教式の墓地だけでなく、その「向こう（*bali loko*）」のバエにも埋葬されている（もちろん、バエに埋葬されているのは、キリスト教徒となることなく亡くなった男性たちである）。そう考えると、この日のミサがどのような死者に対して行われていたのかという点には、根本的なあいまいさがともなっているように思われた。

過去や現在のａ島居住者たちはしばしば、同島には「二つの墓地（*roo mae bae*）」、すなわちコンクリート製の墓石が並ぶ「教会の墓地（*bae lotu*）」と、バエあるいは「カストムの墓地（*bae kastom*）」があると指摘する。[1] しかし、「教会の墓地」に向かってミサを行う人々が、同時に「カストムの墓地」にも向き合うことになるという以上の観察を踏まえれば、ａ島にあるのは二つの別々の墓地ではなく、一つの二重の墓地であると言うべきだろう。ａ島と同じようにバエとキリスト教式の墓地がぴったりと隣接し、二重の墓地を形作っている例は、Ｔ村沖のｅ島やＴ地域北方のｗ島（後掲図5—1参照）など、アシ地域でしばしば見られる。これらの二重の墓地は一面で、アシの人々が経験してきた歴史的な変化、すなわち祖先崇拝に関わる一連の慣習に大きく規定された「カストムに従った生活（*toolaa sulia kastom*）」から、今日の「教会に従った生活（*toolaa sulia lotu*）」への移行を記録するものとなっている。他面において、現在の日常的景観の中でバエとキリスト教式の墓地がそのように並存しているという事実には、「伝統的・非キリスト教的生活様式からキリスト教的生活様式へ」という単純な通時的移行の図式には回収されえない、アシの人々が生きる現在それ自体に内在する重層性が示唆されている。[2]

本章では、この両義的な墓地の形象を一つの手がかりとしつつ、アシにおける「住まうこと」の現状を理解する上で無視しえない、アシ地域におけるキリスト教受容の歴史と現状について検討する。以下ではまず、今日のアシの日常生活における「教会（*lotu*）」すなわちキリスト教の存在感と、それとの対比で「カストム（*kastom*）」と呼ばれる非キリスト教的要素の存在について確認した上で（二節）、「われわれは現在、キリスト教的な居住＝生活を営んでいる」というアシの自己理解について、より立ち入った記述・検討を行う（三節）。続いてＴ地域におけるカトリック教会の受容史を再構成し、その過程で、「教会」と「カストム」が峻別されつつ共時的に並存する現状が形成されてきたことを指摘する（四節）。そのような現状は、今日におけるアシの「住まうこと」を、単に「教会に従った」ものとも「カストムに従った」ものとも異なる非決定的なものにしており、本章ではこのことを、「海に住まって」きた人々としてのアシと「カストム」の両義的な関わりに即して考察する（五・六節）。

二　アシ地域における「教会」と「カストム」

アシ地域においてキリスト教は、ソロモン諸島国内の他地域においてと同様、「ロトゥ（*lotu*）」あるいは「スクール（*sukulu*）」（p. school）と呼ばれる。第一章で述べたように、同地域では二〇世紀を通じてキリスト教諸教会の宣教と受容が進展し、現在では、ほぼすべての個人が何らかの教会で洗礼を受けている。この過程で、直接には宣教師による禁止を受けて、氏族の祖先に対する供犠・崇拝や、それと結び付いた禁忌などの伝統的慣習——ここには前章で見た「トロラエア」も含まれる——は放棄され、事実上断絶した。T地域の場合、そのような断絶は実質的に、主な氏族の祭司が亡くなり、キリスト教徒でない——アシの表現では「ウキタ（*'ukita*）」（p. wicked）の——人々がほぼいなくなった一九七〇年代に起こったと考えられる(3)。

そのような歴史的変化と断絶の意識は、現在のアシにおいて、a島に「二つの墓地」があるという先の語りにも見られるところの、「カストム／教会」という対比によって表現される。「カストム」は、序論の冒頭でも述べたように、「在地の慣習、伝統文化」やそれらに関連する諸事象を指す概念であり、ソロモン諸島を含む現代のメラネシアで広く用いられている(4)［白川 二〇〇五、吉岡 二〇〇五：第6章、Jolly and Thomas (eds.) 1992; Keesing and Tonkinson (eds.) 1982; White and Lindstrom (eds.) 1993］。アシ地域において、「カストム」は主として「教会」と対比され、第二章で見た移住伝承や前章で考察した伝統的葬制をも含め、キリスト教が一般的に受容される以前の祖先たちやその生活と結び付いたさまざまな事物や知識、慣習を指す。今日のアシはしばしば、自分たちが生きている現在を、「カストムの時代（*kada kastom*）」と対比して「教会の時代（*kada lotu*）」と呼ぶが、このような表現には、過去数十年の間に、自分たちの居住＝生活が総体として、かつ根底的に変化したというアシの認識が示されている。

今日のアシにとって、自分たちが、本質的にキリスト教的な空間の中で、「教会に従って暮らしている（*too sulia lotu*）」という事実は、一面でまったく明らかで疑いようのないものである。たとえばＴ村では、第一章で見たように、教会堂や司祭の住居が位置する教会の敷地に隣接して、約四〇世帯もの人々が住居を構えている。同村の教会堂では、毎朝六時に当番の住民によって鐘が鳴らされ、この音は村内だけでなく、約一・五キロ離れたｓ島やｌ島にまで届く。毎日行われる朝のミサと夕方の礼拝には、Ｔ村や沖合の島々から数十人が集まり、日曜のミサには、近隣の「トロ」の人々も含め通常三〇〇人以上が参列する。毎週木曜には、教会の清掃やその周辺の草刈りなど、Ｔ地域の人々による教会のための共同作業が行われる。また、たとえば小中学校の校舎の改築といったＴ地域全体に関わる事案についての話し合いやスポーツ大会など、多数の人々が集まる機会には、冒頭で必ずキリスト教式の祈祷が行われる。また人々は、家族の病気の快復が思わしくない際などには、司祭を招いて祈祷をしてもらう。同じように、死の床にある人には塗油が行われ、死者は、教会の敷地や人工島上にある、コンクリート製の墓石が並ぶ「教会の墓地」に、司祭の祈祷とともに埋葬される。このように、現在のＴ地域における居住＝生活は、その多くの側面においてキリスト教の規定を受けている。

しかし他方で、アシの人々が現在暮らしている空間の中には、ａ島その他の島に見られるバエのように、「カストム」と結び付けられる事物がしばしば現存している。また以下でも見るように、原因不明の病や突然の災厄は、しばしば「カストムの側（*bali kastom*）」における「問題」の帰結あるいは表れとして解釈される。そのようにアシにとって「カストム」は、決して単に過去に属するものではなく、また、理念化された「伝統文化」としてのあり方にとどまるものでもないのである。今日のアシにおいて、「カストム」と「教会」の関係は、一方から他方への単純な歴史的移行――それぞれ同一性をもった二つの状態の間の、外的な移行・変化――をなすというより、過去におけるそうした移行が、二重の墓地のような具体的な事物や景観のかたちで現在の内部に保存されることで、日常的・反復的な体験の対象となっている。キリスト教受容の歴史は、「カストム／教会」のそのように共時的な現前を通じて、今日におけるアシの「住まうこと」の内部に独特な重層性と動きをもたらしているのである。

事実、「カストム／教会」という対比は、第一章以下で再三問題にしている「故地へ帰る」という動向との関わりでも、独特な問題性を帯びている。というのも、本章五節で示すように、今日のアシにおいて、氏族の「故地」があるという「トロ」は通常、すぐれて非キリスト教的な、「カストム」と結び付いた空間とみなされている。そもそも、各氏族の成員に「故地」の場所を指し示す、第二章で見たような移住伝承も、今日では明確に「カストム」すなわち伝統的知識の一部とみなされている。また、伝承を根拠に移住史をたどる探求においては、同じく「カストム」の具現化とみなされるバエ（六節第1項参照）が、祖先の定着・居住の物証としてしばしば重要な手がかりになる。そうだとすれば、上述の通り「われわれはキリスト教徒である」という自明性の意識をもつ今日のアシにとって、そのような「故地」への探求は、必然的に、「カストム／教会」の境界をめぐる問題をともなわざるをえない。たとえば、仮に実際に「故地」に再移住した場合、人々はそこに教会を新設するのだろうか？　また、「故地」にある氏族のバエとはどのように関わる――あるいは関わらない――のか？　このように、現在のアシにとって「故地」での居住＝生活は、「カストムに従った」それとも「教会に従った」それとも定義しがたい、根本的に未決定の性質を帯びている。そして人々は、そのように未知の居住＝生活を志向することにおいて、自らの居住＝生活が別様でもありうるという可能性を、繰り返し体験し直しているように見えるのである。

本章では以下、アシ地域におけるキリスト教受容の歴史とそれについての今日の人々の認識を、主として日常的な居住空間あるいは景観の体験という観点から考察していく。(5) メラネシアに関しては、キリスト教受容の過程での居住パターンの変容、具体的には、内陸部の小規模かつ分散的な集落から、教会を中心とする海岸部などの大規模集落への移住がしばしば指摘されており［e.g. 福井 二〇〇五、Hviding 1996: 98-124; White 1991: ch.6］、同地域において、キリスト教は明確に空間的な側面をともなってきた。本章はそうした側面を、アシにおける「海に住まうこと」の現状という、本書全体の主題との関連で考察するものである。また、「教会」に対比される「カストム」の観念に関して、アシの事例は、この観念をめぐる一九八〇～九〇年代の議論で繰り返されてきた、「集団的自己同一性の象徴・媒介物」としての「カストム」という分析（五節参照）に対し、明確な不適合を示している。そのような不適合を検討することを通じて、本章では、キリスト教受容の歴史がアシの「住まうこと」の現状にもたらしている固有の動きについて明らかにしたい。

三 「教会」の景観

1 「教会に行く」

自分たちは「カストムの時代」と対比される「教会の時代」に暮らしている、という今日のアシの自己認識は、決して単に抽象的・観念的なものにとどまらず、この人々における居住空間や景観の日常的体験に一定の根拠をもっている。すなわちアシは、自分たちは今日、すぐれてキリスト教的な、すなわちキリスト教受容の歴史を通じて根本的に再構成された空間の中に住まっている、と認識している。そしてこの人々において、自分たちがキリスト教徒であるということと、そのようにキリスト教的とみなされる空間・景観の中に生きているということは、根本的に不可分な事態として理解されているのである。

写真 4-2　T村の教会の敷地

今日のアシ地域に見られる景観が、多くの点で、二〇世紀におけるキリスト教受容の過程で歴史的に形成されたものであることは、客観的にも明らかである。たとえば、すでに序論と第一章で見たように、本書が「教会の敷地」と呼ぶT村の西半分には、教会堂や司祭の住宅、小中学校の校舎などによって囲まれた、数百メートル四方の広場がある（写真4―2および口絵4、図1―3参照）。先にも述べたように、この広場では毎週、T地域の人々による草刈りが行われており、そこでは雑草や樹木が生い茂ったままにされるということが決してない。このため教会の敷地では、海に向かって数百メートル四方に渡る、視覚的に開けた――ラウ語の表現では「フォラー（*folaa*）」（晴れた、澄んだ、余計なものがない）――景観がつねに維持されている。マライタ島の海岸部において、このような景観は比較的新しいものであり、その成立はキリスト教受容の歴史と密接に結び付いている。T地域の高齢者たちによれば、一九三五年にカトリック教会が設置される以前、この一帯には住居はもとより耕地さえほとんど存在せず、「茂み（*gano*）」や「沼地（*kunu*）」が一面に広がっていたという。また今日でも、このように視覚的に開けた陸上空間は他の場所にはほとんど見られず、それはあくまで教会の敷地に固有の景観となっている。

今日のアシにおいて、教会の敷地のこのような景観上の特徴は、とくに生い茂る二次林に囲まれた「トロ」の居住空間との対比において、過去の自分たちにおける、「ウキタ」（異教徒）の生活からキリスト教徒としての生活への歴史的移行を象徴するものとして認識されている。内陸部と海岸部の景観・空間上の相違を、「非キリスト教的世界／キリスト教化された世界」という歴史的・文化的な対比と重ね合わせる理解は、これまでにもソロモン諸島の各地から報告されてきた［e.g. Burt 1994a; Keesing 1992］。そのような理解は、この地域において、キリスト教の宣教や西洋由来の物資の流入が、一般に海岸部から内陸部へという順で進んだこと、またキリスト教受容の過程で、人々がしばしば内陸部から海岸部へと移住したことなどの結果とされる。マライタ島北部においても、五節で見るように、「トロ」の空間が非キリスト教的生活あるいは「カストム」と強く結び付けられる反面で、T村の教会の敷地など、海岸部や人工島上の視覚的に開けた空間は、本質的にキリスト教的なものとして意味付けられている。[6] このためT地域の人々にとって、日常生活の中で、T村というキリスト教的な空間を視覚的・身体的に体験することは、「われわれはキリスト教徒として、教会に従って生活している」という自己了解の本質的な構成要素となっている。

このことは、序論の冒頭でも紹介した、アシの間で日常的に用いられる「教会に行く（*lea 'i lotu*）」という表現によく示されている。この表現は、一面では文字通りに「教会でのミサなどに出かけて行く」という空間的・身体的移動を意味しているが、他面ではより抽象的に、「キリスト教徒になる」ことや「キリスト教徒である」ことを意味するのにも用いられる。[7] 現在のアシにおいては、「キリスト教徒である」という宗教的な自己同一性が「教会に行く」という空間的な語彙で表現され、また、過去における「改宗」と現在の日常生活において「教会に行く」ことが同一の表現で言い表されるのである。ここには、この人々において、過去のキリスト教受容史が言うなれば共時化され、現在における空間上・景観上の体験と不可分となっていることが示唆されている。たとえば、ミサに行くために見通しのよい教会の敷地を歩いて横切ることや、同じくミサに向かう他の人々の姿を見るといった体験は、T地域の他の場所ではありえない独特な視覚的かつ身体的な性質をもっており、その点において、今日のアシ地域においてキリスト教徒であることの本質的な一要素となっているのである。

2 「コミュニティ」としてのT村

さらに、T地域に住む人々は、現在見られるようなT村という集住形態それ自体を、キリスト教受容の過程で歴史的に形成され、また今日人々が「キリスト教徒である」という事実と密接に結び付いたものとして認識している。海岸部に位置する大規模集落としてのT村が、歴史的に見て比較的新しく、また現在でも、近隣の「トロ」地域や多くの人工島に見られる小規模集落との対比において特殊なものであること、そしてアシの人々自身もそのように認識していることは、すでに第一章で指摘した。T地域の人々は、そのようなT村の形成と同地域におけるキリスト教受容の歴史を、しばしば明示的に関連付けて語る。

たとえば、第一章でも言及した、T氏族の現在の中心人物である男性マエリ（四〇代）はある時、現在のT村における出自・親族関係上の複雑さを指摘して、「教会がやって来てから、いろいろな人々がこのようにごちゃ混ぜに住む（*too dodola*）ようになったのだ」と筆者に語った（二〇一一年八月。もちろん彼はここで、現在T村が位置する土地の先住集団の成員としての立場から語っている）。また、序論や第一章で紹介した男性イロイの長男に当たり、本書の冒頭でも登場したローレンス（二〇代）は、T村形成の決定的な契機となった一九八六年のサイクロン・ナムからの避難について、「神父さん（*batere*）〔p. padre〕が、『暴風であなた方の家は壊されてしまうぞ。T村に来なさい』と言った。それで島に住む人たちは陸に逃げてきたのだ」と筆者に説明したことがある（二〇〇九年五月）。

実際には、第一章で述べたように、現在のT村にカトリック教会が設置されてから新たな集落が形成されるまでには四〇～五〇年の時間差があり、また、T村の土地への移住に当たっては親族関係上の根拠が求められた以上、T村を、カトリック教会の定着の直接の産物とみなすことはできない。それにもかかわらず、これらの語りに見られるように、現在見られるようなT村の集住形態を本質的に「教会」の産物であるとする認識は、今日のT地域でごく一般的である。すなわち、同一の氏族に属する男系的な近親者を中心とする小規模集落から、現在のT村のような社会的にも多様な大規模集落への変化は、T地域に「教会がやって来た（*lotu lea na mai*）」ことの直接の帰結だと言うのである[8]。

そのような認識は、人々がT村に言及する際にしばしば用いる「コミュニティ（*komiuniti*）」（p. community）というピジン語表現にも読み取ることができる。この表現は主として教会関連活動の文脈で用いられ、たとえばイースターや守護聖人の祝日――T村では毎年一〇月はじめ[9]――の会食の準備や、先にも述べた清掃や草刈りなど教会のための共同作業は、一般に「コミュニティの仕事（*raoa nia komiuniti*）」と呼ばれる。今日のアシ地域において、「コミュニティ」というピジン語表現は、伝統的な居住形態としての小規模な「村（*fera*）」――ここには人工島も含まれる――と対比をなし、「出自や親族関係の限定を超えたキリスト教徒たちの集まり」という含意を明確にもっている。そしてT地域では、「教会がやって来た」ことの産物とされるT村が、少なくとも理念的にはこれに当たる。すなわち、「コミュニティ」としてのT村における、伝統的な社会的境界を超えた調和的な集合的生活は、それ自体として、カトリック信者における平和や友愛の理念を具現し、自分たちがよきキリスト教徒であることを証拠立てるものとして意味付けられているのである。

他方で、すでに第一章でも述べたように、現在のT地域では、相対的に新しいそのような集住形態がどこかうまく行っていない――人々が多用する表現では、「よくない、正しくない（*langi si 'o'olo*）」――という感覚も広く共有さ

写真 4-3　T村の教会堂

れている。たとえばT地域に住む中高年層は、現在のT村でリーダーシップや集団的な統制が機能しておらず、人々がうまく「一緒に働く（*rao ofu*）」ことができていない、という批評をしばしば口にする。実際、筆者の調査期間中のT村、とくに教会の敷地の中には、人々が「コミュニティ」として「一緒に働く」ことができないことを証拠立てるかのような事物がいくつも点在していた。[10]
中でも象徴的と思われるのは、T村の教会堂（写真4―3）の状況である。この教会堂は、T地域やその周辺に住むカトリック信者たちによる献身的な労働の結果、筆者がT村をはじめて訪れた二〇〇八年三月の少し前にその外形ができあがったとされる。銀色に輝くトタン板の屋根と、幅一七メートル、奥行き三〇メートルあまりの大きさをもち、最大で一千人ほどもの会衆を収容できるこの教会堂は、T地域の人々にとって、「コミュニティの仕事」の偉大な成果であり誇りであった。しかし奇妙なことに、この教会堂は、外形が完成した二〇〇八年から、筆者がT村を最後に訪れた二〇一四年まで六年間に渡り、司祭による「祝別（*faa-abua*）」を受けられない未完成の状態にとどまっていた。人々によれば、この教会堂には、床のコンクリート敷きが終わっていなかったり、会衆が座る長イスがそろっていなかったりと、いくつもの問題が残っている。他方でこの六年の間に、近隣の集落では、より小規模な地区教会堂（local church）がいくつも落成し祝別を受けており、T村の教会堂の長期に渡る未完成状態は明らかに異常であった。

T村の教会堂のこのような状況は、非伝統的な大規模集落あるいは「コミュニティ」としてのT村が置かれている、先に第一章でも指摘したような不安定で宙に浮いた現状を象徴しているように思われる。実際、T村に住む多くの元人工島居住者たちが、近い将来に本当に「故地へ帰る」つもりでいるとすれば、どうしてこの人々が現住地の教会堂の完成のために尽力するだろうか？　また現在のところ、カトリック教会にはT氏族が土地を賃貸しているが、先述のように、この土地は本当は別の人々――具体的には、T村在住のイロイとその弟、息子たち――のものであると考える人は少なくない。アシの人々にとって、そのように誰のものであるか「よくわからない」土地に、苦労して立派な教会堂を建てるのは「正しくない」と感じられる。これらの例が示すように、T地域におけるキリスト教徒としてのアシの現状は、一方で「われわれは現在、キリスト教徒としてキリスト教的な空間の中に暮らしている」という自明性の意識をもちつつ、他方で同時に、そのキリスト教的な居住＝生活がどこかうまく行っておらず、宙に浮いていると感じられるような、根本的に二面的で非決定的なものとしてあると言える。

四　T地域におけるキリスト教受容史

1　カトリック教会の受け入れ

T地域において、アシの人々がほぼ例外なく「教会に行っている」、すなわち自らをキリスト教徒として規定している現状、およびそれと不可分な、この人々によりすぐれて「キリスト教的」とみなされる景観や居住パターンは、どのような歴史的過程によって形成されてきたのか。このような問いに答えるべく、本節では、現地での聞き取りと、T村の教会に保管されている洗礼・死亡記録などの文書、およびマライタ島におけるカトリック宣教に関する既存文献［Laracy 1976; Ross 1978b］に基づき、T地域におけるキリスト教受容の過程を概観・再構成する。[11] ただし以下でのねらいは、歴史的再構成それ自体よりも、「カストム／教会」という対比の観念と、それを具現する景観の形成を通じて、キリスト教受容の歴史が、現在におけるアシの「住まうこと」の内部にいかにして共時化され畳み込まれてきたかを明らかにすることにある。

第一章でも述べたように、現在T村が位置する本島海岸部には、一九三五年、マリスト会の宣教師たちによってカトリック教会の伝道所が設置され、それ以後司祭が常駐するようになった。[12] 初期に駐在していたのは、フランスやオランダ出身のマリスト会士であり、後にはアメリカ人の宣教師も加わった。[13] 伝道所には、教会堂の他、診療所や、礼拝のための初歩的な読み書きを教える学校も設けられたが、これらの建物は当初、いずれもサゴヤシの葉を建材とする小規模なものだったと言う。宣教師たちは、それまで行われていた祖先崇拝を、悪魔・悪霊に対する崇拝として明確に否定し、洗礼を受けた信者たちに、ブタの供犠などの祖先崇拝儀礼への参加や、男女の空間的隔離などの禁忌に従うことを禁じた。他方でカトリック教会は、SSECや英国国教会などと比べ、婚資の支払いなどの伝統的慣習に対し寛容であり、守護聖人の祭日などの会食では豚肉食も認められた。また、他教会でしばしば行われたように、宣教の過程でバエを積極的に破壊することもなかった［cf. Burt 1994a: 128; White 1988: 23］。

現在のT地域では、カトリック教会の受入れをめぐって以下のような経緯が知られている。同地域でキリスト教受容を先導したのは、それぞれa島とe島出身の二人の若い男性――いずれもG氏族成員で、一九三〇年代前半には二〇歳前後と推定される――であった。[14] 一九一〇～三〇年代のマライタ島では、マリスト会の宣教師たちが、一九一三年にクワイオ地域西部のブマ（Buma）に開いた伝道所を拠点に、小型の船舶でマライタ島の海岸部各地を巡回しつつ、宣教を試みていた。二人の男性は、一九三〇年代はじめ、そのように海路でアシ地域を訪れた宣教師たちに連れられてブマに赴き、洗礼を受けるとともに初歩的な聖書教育を受けたとされる。その後彼らは、当時ソロモン諸島全体におけるカトリック教会の拠点であったガダルカナル島マラウ（Marau）の伝道所に連れて行かれ、さらなる教育を受けた後にT地域に帰還した。

高齢者たちの説明によれば、二人は当初、現在T村がある本島の海岸部ではなく、うち一人の出身地であるa島の上に礼拝のための小屋を設けた。当時、日曜日の朝になると、すでに教会で洗礼を受けたアシ地域各地の人々がカヌーに乗ってa島に集まり、この小屋の中で礼拝を行っていたという。同じ頃、この男性たちは、今日T村が位置する海岸部の土地に対して権利をもつ諸氏族の中心的男性たちと交渉し、結果的に一九三五年、現在のT村の西半分に当たる土地をマリスト会の宣教師たちに賃貸するという同意を得る。[15] これが、今日に至るT村の教会の始まりである。[16]

T村の教会に残る洗礼記録からは、設置の当初、フォウエダ島やT地域北方のw島の周辺など、アシ地域各地から人々が集まり、この教会で洗礼を受けていたことがわかる。[17] また教会の記録からは、宣教の初期に、成人男性と比べて女性や子どもの受洗者が圧倒的に多かったという事実がうかがえる。過去におけるそのような傾向は現在の人々にも認識されており、たとえば元a島居住者の女性（六〇代、自身はマーナオバ島出身）は、自身が婚入した一九六〇年代後半のa島について、「教会に行っていたのは子どもと女性だけで、a島はまだカストムの島（*fera kastom*）だった」と語った（二〇一一年九月）。この言葉にはおそらく誇張も含まれているが、[18] 当時のa島に非キリスト教徒の男性たちが一定数残っており、男性と月経期間中の女性の隔離などの禁忌――右の言葉で言う「カストム」――が維持されていたことは、他の高齢者の証言からも明らかである。女性と子どもが続々と「教会に行く」反面で、成人男性たちは人工島で祖先崇拝と伝統的禁忌を維持するというそのような並存状態は、以下でも述べるように、一九三〇~七〇年代を通じたT地域のキリスト教受容史の主要な特徴となっている。

伝道所設置の約四〇年後に当たる一九七〇年代半ばには、すでに述べたように、ごく少数の高齢男性を除き、T地域には洗礼を受けていない個人がおらず、またブタの供犠や「トロラエア」など、祖先崇拝と関連する伝統的慣習も行われていない状態――事実上、キリスト教が一般的に受容された状態――に至った。この間の経過を一言で特徴付けるならば、あくまで漸進的な、またあまり対立をともなわないキリスト教の一般化過程、と言うことができるだろう。

第一にT地域では、キリスト教の一般的受容までに、約四〇年というある程度長い時間がかかっている。そこで生じた過程は、タヒチ、トンガなどのポリネシア地域[Trompf 1995]や、マライタ島に隣接するサンタ・イサベル島(Santa Isabel Is.)[White 1991]から報告されているような、多数の人々が短期間のうちにキリスト教徒になる急激なキリスト教化ではなかったのである。この点に関しても、本章冒頭で見たa島上の二重の墓地の事例は象徴的である。すなわち同島には、右の女性の言葉にもあるように、人々が「教会に行き」始めた一九三〇年代後半以降も、成人男性を中心に「ウキタ」の人々が居住し続けており、これらの人々は死後、祭司によって同島のバエの内部に埋葬された。同じ時期、キリスト教徒として亡くなった人々は、T村やa島上に新たに形成されたキリスト教式の墓地に埋葬された。a島では、一九三〇年代から七〇年代にかけて、伝統的埋葬からキリスト教式の埋葬への移行が生じたというより、両者が並行して行われ続けていたのである。このようにT地域では、教会の定着後も数十年に渡り、「教会に従った生活」と「カストムに従った生活」が並存していたのであり、このことは後述のように、人工島という独自の居住空間の存在とおそらく関わっている。

第二に、この漸進的なキリスト教受容過程は、キリスト教を受け入れた人々と祖先崇拝を固持する人々の間の、数十年に渡る対立の歴史といったものではなかった[19]。以下で具体的に見るように、一九三〇年代から七〇年代に至るT地域でのキリスト教受容史は、自身が「カストムに従った生活」にとどまる人々でさえも、その他の人々が「教会に行く」ことを容認し、時には積極的に推奨しさえするような、そしてまた、「教会に行く」人々の側でも、他の人々における祖先崇拝を否定したり妨害したりすることがないような、人々における容認的な態度に特徴付けられていた[20]。T地域においてキリスト教は、上述のようにゆっくりと、しかし基本的に円滑に浸透していったと言ってよい。そして、この浸透過程を支えていた、「カストムに従う人々はカストムの側にとどまり、教会に行く人々は教会に行けばよい」という境界付けと容認を並存させた人々の態度は、後に見るように、現在のT地域における「カストム／教会」関係をも根本的に規定するものとなっている。

2 「カストム／教会」区分の形成

T地域のキリスト教受容過程において、伝統的な祖先崇拝や禁忌に従う人々と「教会に行く」人々の関係は、基本的に敵対的でなかったと判断する根拠として、第一に高齢者をはじめとする現在の人々の証言、第二にT村の教会に残る洗礼その他の記録が挙げられる。

今日T地域に住む高齢者たちは、ほとんど例外なく、自身の祖父や父たちが、自らは非キリスト教徒にとどまった場合でも、妻子が「教会に行く」ことに対して容認的、それどころかしばしば積極的であったことを証言する[21]。たとえばT村に住む男性オイガ（Oiga、七〇代、元k島、l島およびf島居住者）は、一九三〇年代半ばの生まれと推定され、現在のT地域における最高齢者の一人である。オイガは成人して以後、T村のカトリック教会で洗礼を受けたが、彼の父は、「トロ」から現在のT村に移住し定着したとされるE氏族の祭司であり、一九四〇年代はじめと推定される時期に、キリスト教徒となることなく亡くなった（彼の死により、E氏族の祖先崇拝は事実上断絶した）。「祭司であったあなたの父は、自分たちのフォア〔祖先崇拝〕をどうしたいと思っていたのか？　また、子どもたちが教会に行くことをどう思っていたのか？」という筆者の質問に対し、彼は次のように答えている（二〇〇九年八月）。

父は、「われわれ老人はカストムを守り、カストムの側にとどまるが、お前たち子どもたちは新しいもの（*doo faalu*）の方へ行けばよい」と考えていたのだ。子どもたちがフォアを受け継いでほしいとは思っていなかった。

子どもや女性たちが「教会に行く」ことに対する、このように潔いとも言える容認の態度は、T地域のキリスト教受容過程に関する人々の説明において頻繁に語られる。たとえば、前章でも登場したa島在住の男性マレフォは次のように語っている（二〇一一年九月）。

われわれが子どもの頃、ウキタの人たちはわれわれに、「お前たちは教会に行きなさい」と言っていた。彼らは教会の中に新しい生活を見て、「ウキタの生活は自分たちで終わりだ」と考えていたのだ。祭司たちも、フォアを子どもたちに教えることなく、フォアとともに死んでいった。[22]

祭司をはじめとする非キリスト教徒たちにおける、女性や子どもたちが「教会に行く」ことに対する容認的姿勢は、T村の教会に残る記録からも明確に読み取ることができる。興味深いことに、同教会の記録にはその最初期以来、自身が非キリスト教徒として祖先崇拝に従っていたにもかかわらず、自らの子どもに洗礼を受けさせている男性の例が数多く見出される。たとえば、自ら創始したf島に居住していたT氏族の祭司の男性は、自らは一九五六年まで洗礼を受けることがなかった反面で、すでに一九三八年から自身の幼い子どもたちに洗礼を受けさせている。

氏族の祖先崇拝を司る祭司でさえ、カトリック教会定着の最初期からこのように子どもを積極的に受洗させていたという事実は、T地域におけるキリスト教受容の過程が、「伝統的祖先崇拝とキリスト教の敵対の歴史」といったものではなかったことを明示している[23]。

この例や先に見た語りが示唆するように、T地域におけるキリスト教の一般化過程を特徴付けていたのは、祖先崇拝に従う人々、具体的には中高年の男性たちはそれを守り続けるが、それ以外の人々、すなわち女性や子どもたちは、医療や教育といった便宜や伝統的禁忌からの解放を求めて教会に行けばよい、という容認的な姿勢であった。ただしそこには、祖先崇拝やそれに関わる禁忌と「教会」の領域とを混同・混淆すること——具体的には、教会で洗礼を受けた個人が祖先への供犠に参加する、あるいは氏族の祭司が教会の診療所に立ち入るなど——は許されず、両者は並存するにしても峻別されていなければならない、という原則がともなっていた。宣教師をはじめキリスト教徒の認識によれば、洗礼を受けた人々が、悪魔・悪霊の崇拝に他ならない祖先崇拝の儀礼に参加することは決して許されない。他方で、非キリスト教徒にとどまる人々からすれば、伝統的禁忌に従わず、「けがれた（*sua*）」状態になったキリスト教徒の男女が祖先崇拝に関われば、祖先の怒りによる災厄が生じる恐れがある。このように、どちらの側からしても、祖先崇拝と「教会」の領域は明確に境界付けられていなければならず、またそうである限りにおいて、両者は互いを否定することなく共存することができるとされる。T地域におけるキリスト教の受容過程で形成されたのは、まさしくこのような容認と境界付けの論理であり、それは今日まで、「カストム／教会」という共時的な対比の観念として維持されている。

なおこのような論理は、T地域において、カトリック教会の受入れと教会を中心とした新集落の形成の間に、なぜ四〇～五〇年もの時間差が生じたのかをも説明する。ここで鍵となるのが、「カストム／教会」という区別と人工島という居住空間の結び付きである。すなわち、二〇世紀半ばのアシ地域では、他ならぬ人工島の存在により、祖先崇拝に従う人々が、教会の定着によってキリスト教的な空間として再定義された本島海岸部から、文字通り「距離を取る」ことが可能だったのではないか。他方で同じように、洗礼を受けてキリスト教徒となった人々は、人工島上で共住する非キリスト教徒の親族との衝突を回避するために、本島海岸部の空間を利用することができた。そのような空間的「住み分け」により、アシ地域では、祖先崇拝や伝統的禁忌とキリスト教とが、長期間に渡って相互に区別されながら併存することができたと考えられるのである。

このような推測は、今日の人々による説明にも裏付けられている。一例として多くの人々は、一九七〇年代までのT地域において、人工島に住むキリスト教徒の女性が、月経や出産後の期間だけ、教会の敷地やその付近に小屋(*oobala*)を建てて滞在するという習慣があったことを証言する。第一章で述べたように、かつての人工島では、マーナ・ベウ/フェラ/マーナ・ビシという空間区分とそれに結び付いた男女の行動規制が行われていた。そのような島において、キリスト教徒となった女性が仮に月経期間中も「フェラ」(通常の居住空間)にとどまるならば、それは、同じ島に住む非キリスト教徒にとって、島全体を深刻に「けがす(*faasua*)」振る舞いに当たってしまう。[24] そのような問題を避けるため、キリスト教徒の女性たちの多くは、月経や出産の際、もともとほとんど人が住んでいなかった場所に開かれ、当初からマーナ・ベウやマーナ・ビシといった空間的区分をもたなかったT村の伝道所へと一時的に身を移していたとされる。そうすることで、これらの女性たちは、自らは「カストム」に従わないながらも、それを否定することなく人工島に居住し続けることができたのである。

このように、二〇世紀半ばのT地域には、伝統的慣習が維持される空間としての人工島と、キリスト教的空間として新たに成立した本島海岸部の伝道所という二元的な空間が存在し、人々はそれらの間を必要に応じて往復しつつ生活することができた。同地域において、急激なキリスト教化や新集落の形成が起こることなく、先に述べたような区別と容認の態度の下、約半世紀にも渡って祖先崇拝とキリスト教が共存することができたのは、一つにはこのためと考えられる。[25]

3　キリスト教受容と本島への移住

以上で指摘したように、T地域におけるキリスト教の漸進的な受容過程では、「カストム」と「教会」の領域が峻別されると同時に並存させられており、かつこのことは、人工島と本島海岸部というアシ地域に固有の複合的な居住空間と密接に結び付いていた。さらにこのような結び付きは、今日に至るT地域の居住パターンの形成を考える上で基本的な事実、すなわち一九七〇～八〇年代における人工島群から本島海岸部への集団的移住と、同地域における祖先崇拝の実質的断絶の時期的な一致をも説明する。

すでに見たように、一九三〇年代半ばにおける宣教開始の当初から、T地域に住む人々の間ではカトリック教会に対する受容的な態度が一般的であり、このことは、T氏族やG氏族などの祭司においても同様であった。高齢者たちが証言するように、多くの祭司は自身の子どもたちに積極的に洗礼を受けさせており、自らの祖先崇拝が継承されることは期待していなかった。この結果として同地域では、一九四〇年代から七〇年代にかけて、主要な氏族の祖先崇拝が次々と断絶していく。先にも言及した「トロ」由来のE氏族では一九四〇年代はじめ、k島に住むF氏族では一九六八年に祭司が亡くなり、いずれの場合も後継者は立てられなかった。[26] G氏族では、前章で述べたように一九七二～七三年頃に大規模な「トロラエアのマオマ」を行った祭司が一九七八年に亡くなる。[27] 彼が行っていた供犠・崇拝のうち、もともと他地域からもたらされたとされる周辺的な一部は、S氏族成員の非キリスト教徒の男性（一九九三年没、六節で後述）によって引き継がれたが、G氏族本来の祖先崇拝はこの時点で断絶したとされる。現在の人々の認識では、このG氏族の祭司の死によって、T村沖の人工島群における祖先崇拝とそれに関連する慣習は実質的に消滅した。[28]

さて、すでに第一章で見たように、一九七〇〜八〇年代における人工島群からの移住とT村の形成は、通常、いくつかの大規模なサイクロン被害によって引き起こされたものとして語られる。他方でT地域の中高年層はしばしば、この移住と、右で見た人工島群における祖先崇拝の実質的な断絶を、明示的に関連付けて語る。たとえば元l島居住者の男性（五〇代、T村在住）——第二章で登場したバカレ老人の長男——は、自分たち兄弟がl島を出てT村などに移住した過程を振り返って、「ウキタであった父たち（*maka gi*）〔父方オジたち〕が生きていた間は、われわれはとうてい島から出て行けなかった。父たちが亡くなって、われわれはいろいろなところに移り住むようになった」と語った（二〇一一年七月）。同じように、元k島居住者の男性（五〇代、T村近隣在住）は、彼によれば一九八八年から現在までk島が無人となっていることについて、F氏族の最後の祭司が一九六八年に亡くなった後、「人々が皆教会に行くようになって、島にウキタの人がいなくなった。人々が陸に移り住むようになったのも、この頃のことだ」と説明した（二〇〇九年六月）。右で見たように、T地域の人工島群で祖先崇拝が実質的に断絶したのは一九七〇年代のことであり、それ以後島々から本島への移住が進んだというこの指摘は、おおよそ事実に即したものと言える。

それでは、なぜアシの人々はそのように、祖先崇拝の断絶を受けて本島に移住したのか。おそらくここには、キリスト教の受容過程において、上述のように、人工島という居住空間自体が、本質的に祖先崇拝あるいは「カストム」と結び付いた空間とみなされるようになったという事情が関わっている。すなわち、これによって人工島は、キリスト教徒となったアシが容易に住み続けることができないような空間として再規定され、そのために島々からの人口流出が進んだのではないか、と考えられるのである。このことについて、a島に住む男性マレフォは、彼の母の出身地であるk島からの人々の転出過程について、「祭司が亡くなり、島に住んでいることはできなくなった。島がけがれたらどうするのか。それで人々は陸に移り住んだのだ」と説明した（二〇一一年九月）。すなわち彼によれば、人々と祖先の関係をこれまで媒介していた祭司がいなくなった以上、埋葬などを通じてキリスト教受容以前の祖先たちと密接に結び付いた人工島に住み続けることには、一定の危険がともなう。(29) そうであるならば、「教会に行く」ようになった人々は、「カストム」から根本的に自由とされる本島海岸部に移住する方が安全であろう。(30) このように、一九七〇～八〇年代における人工島群からの移住には、一連のサイクロンによる被害のみならず、「カストム／教会」をめぐる以上のような歴史的背景をも推定することができる。またこのことから、T村という新たな集落が、先述のように本質的にキリスト教的な「コミュニティ」として認識されている理由も、あらためて理解されるだろう。

五　「カストム」から切り離されたアシ

1　「カストム」と自己同一性

以上のように、一九三〇～七〇年代を通じたキリスト教の受容過程で形成された「カストム／教会」という区分、およびそのアシの居住空間との関連は、現在に至るこの人々の社会生活を大きく規定している。先に見たように、ほぼ例外なくキリスト教徒となったアシは今日、自分たちは、本質的にキリスト教的な空間の内部で「教会に従って」暮らしている、という日常的な自明性の意識をもっている。しかし同時に、そのような「教会に従った生活」の内部には、本章冒頭で見たa島の二重の墓地に象徴されるような、「カストム」と「教会」の両義的な並存がしばしば見出される。そしてこのことによって、キリスト教徒としてのアシの「住まうこと」の内部には、現にそうであるような居住＝生活が他なる居住＝生活の可能性をつねに含んでいるような、独特な重層性・非同一性がもたらされているのである。

本節と次節ではこのことを、現在のアシにおける「カストム」の観念がもつ独自の両義性に注目して示したい。すなわち一方で、今日のマライタ島北部においてアシは、いくつかの事情から、とくに「トロ」の人々との対比において、「カストム」から相対的に切り離された人々とみなされており、アシ自身、多くの場合そのような見方を受け入れている。しかし他方でこの人々は、とくに人工島という独自の居住空間に関して、現在なお「カストム」とのある種密接な、かつしばしば不安や困惑を覚えさせるような関わりをもっており、決して単に「カストムを失った人々」としてあるわけではない。

アシにおける「カストム」のこのような両義性は、この観念に関して従来支配的であった議論、すなわち、現代のメラネシアにおける集団的自己同一性の象徴あるいは媒介物としての「カストム」という理解に対しても、疑問を投げかけるものである。一九八〇〜九〇年代のメラネシア人類学では、キージング（Roger M. Keesing）を編者の一人とする論集［Keesing and Tonkinson (eds.) 1982］を端緒とし、「カストム」あるいはそれに類する概念に表現された、メラネシア各地の人々による自文化の客体化の動きに注目する研究が盛んに行われた。とくに一九九〇年代に入ると、ジョリーとトーマスによる論集［Jolly and Thomas (eds.) 1992］に代表されるような、「伝統文化の客体化」の背景として、植民地主義の歴史や地域社会内における対立・抗争関係にもっぱら注目する、政治的かつ歴史的なアプローチが支配的となった［e.g. White and Lindstrom (eds.) 1993］。

これらの議論の多くは、外見上のアプローチの多様性の反面で、「カストム」を、集団的自己同一性の象徴あるいは媒介物として、メラネシアの人々によって通常肯定的・積極的に主張される対象とみなす理解を共有していた。そのような理解は、「カストムは、個人から国民までのあらゆる水準において、同一性（identity）と密接に結び付いている」［Tonkinson 1982: 302］というトンキンソン（Robert Tonkinson）の言葉に端的に示されている。同じようにトーマスも、序論で示したように、交易や植民地体験を通じた他集団との対立的な関わりを通じた集団の自己同一化という視点から、オセアニア各地における「文化の客体化」の諸事例を分析している［Thomas 1992］。これらの分析に共通して見出されるのは、人々が、他者との対立的な関係の中で、自他の間に顕著に認められる差異を「カストム」

として客体化し、さらにそのような客体を、「これこそがわれわれのカストムだ」として引き受け直すことで、集団としての自己同一性を構築または再強化する、という構図である［cf. 里見 二〇一二：八五］。主に一九九〇年代の議論で強調された、「植民地主義の歴史」や「集団間の政治的・経済的抗争」といった枠組みは、いずれも「対立」と「同一化」からなるそうした過程の具体例に他ならない。一九八〇〜九〇年代の「カストム」論は、そのような構図に依拠することで、民族誌の対象としての文化の動態性や構築性を主題化しようとするものであり、同時代の人類学における理論的展開とも軌を一にしていた（序論四節参照）。しかし他方で、そこで生み出された分析に、メラネシアの人々を他者との対立的関係と自己同一性の内部に閉じ込めるかのような、息苦しさの印象がしばしばつきまとっていたことは否定しがたい。

筆者の見るところ、アシにおける「カストム」の観念は、この人々にとって疎遠かつ身近であるというその両義的な性格において、「他者との対立的関係を通じた自己同一化の媒介物」としての「カストム」という従来の分析には決して適合しえない。そこにおいて「カストム」はむしろ、現にそうであるような「われわれ」の自己同一性とそれを支える居住＝生活、具体的には、「われわれはキリスト教的な空間に住むキリスト教徒である」というアシの自己了解を、不断に相対化し、揺り動かすような対象としてある。そして、そのような働きにおいて「カストム」は、アシの「住まうこと」の現状に、それが別様でありうるという可能性を、絶えずもたらしているように見えるのである。

２ 「カストム」との否定的・消極的関係

前項で第一の側面として述べた、「カストム」から相対的に切り離された人々としてのアシという見方は、今日のアシ地域やその周辺でごく頻繁に語られるものである。たとえば、T村近隣の「トロ」の人々は、T地域に住むアシの人々について、「あの人たちはカストムを知らない」、あるいは「あの人たちはカストムに従って暮らしていない」といった批評をしばしば述べる。ここで問題にされているのはたとえば、伝統的とされる慣習・規範や、第二章で見たような伝承・系譜についての知識が、T地域の人々において、時に乏しく、または混乱して見えるということである。このような評価は、一面で「トロ」の人々における一方的な偏見にも見えるが、他方で、すでに再三述べている、誰がT村の「本当の」先住集団の子孫なのか「よくわからなく」なってしまっているというT地域の人々の状況は、そのような見方を裏付けているようにも見える。また同じ見方によれば、比較的高齢でありながら、自身の父系的祖先の系譜やかつて居住していた島の由来さえ「よくわからなく」なっているT村のイロイは、そのように「カストムを知らない」アシの典型ということになる。また「トロ」の人々は、T地域に住むアシが、漁業を通じた相対的に豊かな現金収入（第五章参照）と、「白人の食べ物（*fanga aarai kwao*）」、すなわち米などの輸入食品に依存し、「カストムに従った生活」の主要な一部としての自給的農耕（第六章参照）をおろそかにしている、と非難することもある。

現在のアシ地域に特徴的なのは、「トロ」の人々におけるこのように否定的な見方を、アシ自身が一面で受け入れていることである。このことは、序論の冒頭でも紹介した、T地域の人々が筆者にたびたび語った忠告、すなわち、「われわれのところにはカストムはもう残っていない。カストムについて知りたいならトロに行った方がいい」という言葉にも端的に示されている。すなわち、一九三〇年代以来のキリスト教受容によって、T村や沖合の人工島では、「カストム」と呼びうるような慣習や知識はほぼ失われてしまっている。だから、「カストム」についての人類学的な調査をしたいなら、現在でも「ウキタ」（非キリスト教徒）の老人たちがいる「トロ」に行くのがよい、というのである。このような忠告が示唆するように、現在のアシ地域やその周辺において、「アシにはアシのカストムがある」あるいは「もともとあった」というように、アシと「カストム」を肯定的・積極的に結び付ける言い方がなされることはほとんどない[31]。第一章で述べたように「海に住まうこと」の自明性が揺らいでいる現在では、人工島居住についても、それを「われわれのカストム」と積極的に意味付ける語りに接することはまれである。たとえば、T村に住むある男性（四〇代）は、筆者との会話の中で、キリスト教受容以前のアシ地域における慣習の多く、たとえば月経・出産時の女性の隔離などが「トロ」地域と共通であることを指摘して、「アシの人たちはトロから来たので、もともとトロにあったカストムを海辺や海（人工島上）で続けていただけだ」と説明した（二〇〇八年一〇月。もちろんこの言葉の背景には、第二章で見た、現在「アシ」と呼ばれる人々は「トロ」からの移住者であるという一般的な認識がある）。すなわち、「カストム」は本来「トロ」に由来している以上、アシの「カストム」と見えるものはその派生物に過ぎない、というわけである。このような語りは、「カストム」と「アシ」が、とくに「トロ」との対比において、多くの場合否定的・消極的にしか結び付けられないという現在の傾向をよく示している。

それでは、アシは現在、なぜこのように「カストム」から切り離された人々とみなされているのか。これについては主に二つの理由が指摘できる。第一に、近隣の「トロ」との比較における、アシの人々の西洋世界との接触のあり方という地理的かつ歴史的な事情がある。すでに第一章で見たように、現在のアシ地域では一九世紀末以降、労働交易船との接触により、ナイフ、銃器やタバコなどの輸入物資が流入し始め、続いて各教会の宣教活動により、キリスト教も漸進的に受容され始めた。海岸部や人工島には船舶による接近が容易であったという地理的な事情から、これらの動きは、アシ地域において「トロ」よりも早く生じたとされる。このような歴史的経緯を背景に、マライタ島北部では、アシの人々は「白人（*aarai kwao*）」からの影響を早く、かつ深く受けてきたというステレオタイプが今日まで維持されてきた。現在でも、相対的に豊かな現金収入と消費物資に特徴付けられるアシの生活様式は、より自給的な「トロ」の生活と対比され、時に「白人のようだ」とさえ評される。そしてこのことは、「トロ」とアシの双方により、アシが「カストムに従った生活」から離れてしまったことの表れとして理解されているのである。

第二に重要なのは、今日のマライタ島における、「カストム」の観念と土地の結び付きというイデオロギー的な事情である。序論で指摘したように、現代のメラネシアには、西洋世界との接触以後に生じた社会変化との対比において、「祖先伝来の土地との結び付き」という価値を本源主義的に強調する傾向が広く見られる［Jolly 1982; Keesing 1982b; White 1993］。そのような傾向は、マライタ島における「カストムに従った生活」という観念・規範にも明確に読み取ることができる。これに対しアシは、海上居住民として土地の上に居住してこなかったというのみならず、すでに見た通り、マライタ島内各地からの移住者の子孫――「よそから来て居着いた人々」――として、先住権を基本とする同島の土地制度の下では、通常、人工島に近接する海岸部に「われわれの土地」と呼びうる土地をもたない。アシが現在、総体として、「祖先たちの土地」から切り離され、したがって「カストムに従った生活」から切り離された人々とみなされるに至っているのは、一つにはこうした事情のためであると考えられる。

なお、現在海岸部に居住する人々が、西洋世界からの相対的に早期の影響により「カストムを失った人々」と見られていたり、また内陸部からの移住史の結果として「祖先の土地から切り離された人々」とみなされていたりする状況は、今日のメラネシアではおそらく珍しくない。これに対しアシの事例は、そのような「祖先の土地」からの切り離しや「カストム」の喪失ということが、既存の集団が帯びることになった外的で偶然的な属性であるにとどまらず、反復的な移住の中で海上居住を営んできた人々としての「アシ」という集団的同一性それ自体に組み込まれている点において、特徴的と思われる。たとえば、マライタ島中部のクワラアエ地域において、海岸部に教会を中心とする新しい集落を形成して住んでいる人々は、内陸部の居住者から、「カストムを失った人々」とみなされるかもしれない［cf. Burt 1994a］。しかしだからと言って、クワラアエという言語・民族集団の全体が「カストムを失っている」、あるいは「祖先の土地から切り離されている」とみなされることは決してない。これに対し以上で見たように、長期に渡る移住を経て「海に住まって」きた人々としてのアシにおいては、「われわれはアシである」

という同一性それ自体に、「われわれはカストムから切り離されている」という規定が組み込まれているのである。

さらに、以上で「アシ」という集団的同一性について指摘したことは、人工島という居住空間そのものについても当てはまる。今日のアシにおける土地不足への懸念と「故地に帰る」という志向については第一章で述べたが、これらに関連して、T地域に住む人々からは、「人工島には畑を作ることもできないので、われわれは故地に帰ろうと思う」という語りが半ば定型的に聞かれる。この言葉が示唆しているのは、現在のアシ地域において、人工島という居住形態それ自体が、一面で、自分たちが「われわれのもの」と言える土地に住んでおらず、したがって「カストム」から切り離されていることの物証として見られているという事情である。先に述べたように、今日のアシが、人工島居住を積極的・肯定的に「われわれのカストム」と語ることがほとんどないという事情も、「カストム」と人工島のそのように否定的な関連付けの表れと言えるだろう。

なお、「カストム」から切り離された「アシ」という以上のような見方は、今日のアシ地域において、単に観念や語りの水準にあるだけでなく、人々の日常的な経験に一定の裏付けを得ているように見える。具体的には、第一章および本章三節で述べたように、現在のT地域に見られるような居住空間や景観、すなわち本島の海岸部に大規模な集住地があり、その沖合には一部が無人化した人工島群が広がっているという状態は、歴史的に見ても、また現在の近隣地域との比較においても、他に例のない特徴的なものである。そしてアシの人々は、まさしくそうした独特な景観・居住空間の中に暮らすことの具体的な経験のゆえに、自らが「カストム」を失っているという見方を受け入れざるをえなくなっているように見えるのである。

このような事情はたとえば、序論の冒頭で紹介した、元a島居住者の女性の「このあたりには茂みがないねぇ」という言葉によく示されている。すでに述べたように、現在のT地域では、人口の集中と増加の結果、T村の周辺に耕地が密集し、従来のような自給的農耕の継続が困難になりつつある、という認識が広く共有されている。T村周辺に一面に広がる耕地を見ながらつぶやかれたこの言葉は、一見些細に見えながら、その実、耕地の休閑と移動を前提とする自給的農耕が、現在のT地域において事実上継続不可能になっているという、「カストムに従った生活」の危機についての認識を含意するものに他ならない（第六章参照）。T地域に住むアシの人々は今日、この地域における景観や居住空間の日常的な体験の中で得られるそのような認識のために、自分たちは「祖先たちの土地」における「カストムに従った生活」から切り離されてしまっている――そして、現金収入や輸入食品に依存した「白人のような」暮らしを営むに至っている――という見方を、受け入れざるをえなくなっているように見える。また、アシ地域を離れ、「トロ」の「故地」へ「帰る」という現在の志向も、一面でこのような体験によって動機付けられているものと思われるのである。

六 「カストム」の形象としての人工島

1 人工島上のバエと「カストム」

注意すべきことに、前節で見たような「カストム」とアシおよび人工島の間の否定的・消極的な関係は、この観念をめぐる現状の一面に過ぎない。すなわち、他面においてアシの間には、以上のような見方に一見矛盾するかのように、人工島それ自体をある意味で「カストム」を具現化するものと見るような意識が認められる。自らを「カストム」から切り離され、全面的に「教会に従った」居住＝生活を営む人々として認識している現在のアシは、逆説的にも、冒頭でａ島の二重の墓地を例に見たように、「カストム」を強く具現する場所や景観と日常的に向き合いながら暮らしているのである。このことを、以下ではまず、人工島上のバエの空間に関して見てみよう。

すでに再三見てきたように、バエは、キリスト教の一般的受容以前のアシ地域において、祖先崇拝の儀礼や死者の埋葬が行われていた空間である。キリスト教受容と祖先崇拝の実質的断絶の過程でバエには人々が立ち入らなくなり、結果的にそれらは、本島や人工島上に暗く巨大な茂みのかたちで残されている。「カストム・サイト（*kastom sael*）」（p. custom site）というピジン語の呼称が示唆するように、バエは現在、アシの人々により、「カストム」を他の何よりも強く具現する空間とみなされている。ここでの「カストム」は、非キリスト教的な霊的存在としての祖先たちに関わる領域を意味するが、そのような霊的存在は通常、キリスト教徒である現在の人々にとって潜在的な危険あるいは脅威をなすものとみなされている。[32] このような脅威は通常、「カストム／教会」の区分を侵すことに対する、祖先たちの怒りと懲罰の可能性として理解されている。第一章で述べた通り、今日、キリスト教徒となった人々はバエには立ち入るべきではないとされ、違反がなされると、「機嫌を損ねた（*rakena ka hasu*）」祖先によって、違反者自身やその親族に病や死がもたらされると言われる。

一例として、a島のバエについては次のような出来事が知られている。一九九三年、この島に伝わる供犠・崇拝の一部――先述の通り、その他の主要部分はすでに一九七〇年代に断絶していた――を継承していた補助的な祭司の男性（S氏族成員）が、洗礼を受けることなく亡くなった。[33] すでにキリスト教徒となっていたこの男性の息子たちは、本来は他の祭司によって「カストムに従って」埋葬されるべきこの父を、a島のバエの内部に「キリスト教式に（*mala lotu*）」、すなわち司祭を招き、祈祷を行って埋葬した。このように折衷的な埋葬は、一般に「してはならない（*abu*）」とされており、筆者の知る限りT地域では他に例がない。亡くなった男性の三男に当たる、これまで何度か登場した男性ディメは、自身が中心となって行ったこの埋葬の意図を、「ウキタであった父のフォア〔祖先崇拝〕を、他の人たちが引き継ぐことがないようにするためだ。というのも、正しく行われないならば、そのようなカストムは〔故人の〕親族に問題をもたらすものだから」と筆者に説明した（二〇〇九年八月）。しかし二〇〇〇年代前半、ディメは一〇代の娘二人を相次いで亡くす。彼は筆者に対し、父の埋葬の際に自分たちが「過ち（*garo*）」を犯したために娘たちは死んだのだ、と語っていた（二〇〇九年五月。なお、ディメ自身は二〇一一年九月に五〇代で亡くなった）。ここでの「過ち」は明らかに、埋葬法における「カストム／教会」の境界付けへの違反を意味している。バエと「カストム」をめぐる同種の災いのエピソードは、たとえば、好奇心でバエに立ち入った少年の、直後の原因不明の急病というような、より劇的でないかたちにおいてならば、今日のアシ地域である程度日常的に語られる。

なお、このように「カストム」と結び付けられる人工島上のバエは、先にも問題にした、現在のアシ地域の景観――アシの人々自身、すぐれて「キリスト教的」と認識している景観――の中で、特異な一要素をなしている。序論や第一章で指摘したように、同地域の海上は、晴れた日には数キロ先まで見通せるくまなく明るい空間であり、そうした見通しのよさは、人々により、四方を二次林に囲まれた「トロ」の居住空間としばしば対比される。先にも述べたように、現代のメラネシアにおいて、内陸部と海岸部のこのような景観上の対比は、しばしば「非キリスト教的（すなわちカストムの）世界／キリスト教化された世界」という歴史的・文化的な対比として理解されており、マライタ島北部における「トロ／アシ」の区分も一面でこれに合致する。これに対し、人工島上のバエは、アシ地域の明るい海の上にありながらその中がつねに暗い茂みとして、景観上例外的な空間――言うなれば、「キリスト教的空間」の中に入れ子になった「カストムの空間」――をなしている。

加えて、人工島上のバエは、人工島および本島海岸部に住む人々にとって、あくまで空間的に身近な対象としてある点でも特徴的である[34]。たとえば先に述べたａ島では、三〇メートル四方ほどの小さな島の上に、そこに立ち入ったら災厄が生じるとされる――それどころか、現に過去に重大な災いを生じさせてきた――ような、居住者にとっての潜在的な脅威としてバエが保存されている。同じように、本島海岸部に住む人々にとっても、これらのバエは、海岸部や漁撈などに出る海上から、すぐ近くに見える対象である。「教会に従った」居住＝生活を営み、「カストム」から切り離されていることを自他ともに認めるアシの人々は、他面において逆説的にも、人工島上のバエに具現された潜在的脅威としての「カストム」と、このように日常的に身近に接しているのである。

2　人工島をめぐる過去と現在

以上のような、キリスト教受容以前の祖先たちに関わる霊的な力や脅威という意味での「カストム」との結び付きは、注目すべきことに、バエだけでなく人工島全体にまで一般化して指摘されうる。人工島と「カストム」のそのような関連は、アシ地域におけるキリスト教受容の過程でしばしば行われてきた、人工島それ自体にキリスト教的な「祝別（*faa-abua*）」を施すという手続きによく示されている。

たとえばａ島では、先にも言及した、この島に関わる供犠・崇拝を継承していたディメの父が一九九三年に亡くなった後、当時の島の中心的な男性たちの依頼を受けて、Ｔ村のカトリック教会の司祭が、この島自体にキリスト教的な祝別——具体的には、祈祷を行い、「聖水（*kafo aabu*）」を撒きながら島を一周するという手続き——を施したとされている[35]。祖先崇拝の実質的な断絶後、人工島上の空間をキリスト教的に再定義するこのような手続きが必要と考えられたこと自体、非キリスト教的な慣習や「ウキタ」の死者の埋葬がそれまで行われていた人工島上の空間が、内在的に「カストム」の性質を備えたものとみなされていたことを示している（前章五節で見た、「昔の人たちは、〔祖先の化身である〕サメによって島をしっかりしたものにしていた」というマレフォの説明も、そのような理解を支持している）。

なお、ａ島上には現在でもバエがある以上、この島全体が司祭によって祝別されたかのような語りにはあいまいさがつきまとっている。このことが今日なお、当のａ島に関わる人々にとって懸念としてあることは、この祝別の後、同島の元居住者の息子である男性（四〇代、Ｔ村在住）が、祖先の怒りのために数年間に渡って精神異常に陥ったという、Ｔ地域ではよく知られた出来事に示されている。ａ島在住のある男性（六〇代）は、この出来事について筆者に語った際、「カストムが機嫌を損ねて彼を害したのだ」と説明した（二〇〇九年五月）。この語りには、現在のアシにおける、人工島それ自体を「カストム」の具現化とみなし、人工島に対する「誤った（garo）」関わり、具体的には、厳守されるべき「カストム／教会」の境界を侵犯するような行為は災いをもたらしうるとする意識が、明確に示されている。

人工島がこのような意味で「カストム」の具現化とみなされることには、右でも述べたようにいくつかの理由が考えられるが、もっとも根本的と思われるのは、人々の言う「カストムの時代」から現在に至る、人工島の他ならぬ物質的持続性――それらがアシ地域の海に「とどまっている（too）」こと――という契機である。すなわち多くの人工島は、キリスト教の一般的受容以前に、祖先崇拝と結び付いた一連の儀礼や禁忌が行われる場として建設されながら、そうした「カストムの時代」が終わった現在になっても、通常は消失することなく物質的に存続し、しばしば上述の祝別のような再定義を経て住まわれ続けている。その結果として、現在のアシの生活空間には、非キリスト教的な慣習のほとんどは行われなくなり、またかつての人工島居住者の一定数がキリスト教的空間としての本島海岸部に移住しているにもかかわらず、人工島が「そこ（see loko）」、具体的には本島の沖合数百メートルの海上に「ある（too）」ことは変わらないという、景観上の食い違いが生じている。先に見たバエの存在は、そうした食い違いのもっとも極端で象徴的な表現であり、また、右で述べたａ島の祝別に関わる災いのエピソードも、非キリスト教時代から持続する人工島という物質的・空間的な条件の下で可能となっているものに他ならない。

このような食い違いは、先にも検討したように、一九七〇～八〇年代における本島海岸部への移住と、人工島群における祖先崇拝の事実上の断絶とが時期的に重なり合っているＴ地域において、しばしば顕著な問題性をもつ。ここで、すでに何度か紹介した、Ｔ村在住の男性イロイとｕ島の事例を再び取り上げよう。先に述べたようにイロイは、Ｔ地域の一部の人々の間で、Ｔ氏族に代わる「本当の」先住氏族の生き残りではないかと見られているが、彼自身を含め、そのことを確証する系譜や伝承の知識をもつ人がいないため、事態は不明確なままになっている。第一章でも見たように、筆者とのある会話（二〇〇九年七月）の中でイロイは、「カストムの時代」に祖父らが、氏族間の戦闘・殺戮や禁忌に違反した養取関係といった重大な出来事と関わり合い、そのために現在、自身を取り巻く親族関係や土地所有関係が不明確になっているのではないか、という漠然とした認識を語った。イロイ自身の説明は次のようなものである。

カストムでは、自分たちを殺そうとやって来た人たちから食べ物をもらって食べてはならない、ということになっている。もしそうした食べ物を食べたならば、自分や子どもたち、孫たちが死ぬことになる。このことを、ファガ・ファーフィ・マエア（*fanga faafi maea*）〔字義通りには、「死に基づく食べ物」といった意味〕と言う。

すなわち、イロイの推測では、祖父が幼小時に犯してしまったのはまさしくそのような違反であり、この祖父はおそらく、自身の男系的親族を殺戮した人々、すなわち現在のT氏族成員たちの祖父・曾祖父らに、先住集団で唯一生き残った男子として養取され、育てられたのだ。また彼によれば、祖父が成人して後にu島を建設し、もともと住んでいた現在のT村付近から転出したのも、おそらくこのような過去のためである。すなわち祖父は、親族を殺戮した後で、生き残った幼い自分を養取したT氏族の人々から距離を取るために、自ら新たな島を築いて移り住んだのだ。さらにイロイによれば、自身の末の弟がトラック事故で若くして亡くなったのも、上述の「ファガ・ファーフィ・マエア」という「過ち」の帰結に他ならない。「しかし、そのような死はもう終わったのだ。われわれ〔自身とその家族〕は、教会に行くことでそれを封じたのだ。だから、死はもう続かない」――いつも通りの訥々とした口調で、しかし決然と、イロイはそのように語った。

このようなイロイの語りにおいて、現在のT地域で通用している社会関係がどこか「正しくない（*langi si 'o'olo*）」のではないか、また、自身の父系親族に関わる「カストムの時代」の「過ち」が解消されないままになっているのではないかという感覚は、Ｔ村沖のｕ島の存在へと一貫して結び付けられている。序論で触れた通り、同島には、一九六〇年代末に亡くなったイロイの父が埋葬されており、彼は、Ｔ村の土地をめぐる潜在的対立のために、ただ一人で「眠っている（*teo*）」父の墓をどうしてやることもできずにいることを大いに気に病んでいた。このような片付かなさが示すように、ｕ島はイロイにおいて、Ｔ地域の過去をめぐるさまざまな謎や問題を端的に形象化するものとしてある。それは、「カストムの時代」から現在へと持続していながら、問題の過去について何も明確に語らない、逆説的な物証として見られているのである。先のａ島と同様、ここでも人工島は、人々に不安や脅威を感じさせる「カストム」の存在を具現するものとなっている。先に見たように「カストム」から切り離された人々とみなされ、また、自分たちはキリスト教的な空間の中で「教会に従って」暮らしている、と認識しているアシの人々は、他面においてこのように、「カストム」の具現化とみなされる人工島やその上のバエと、日常的に、逃れがたく向き合いながら生活しているのである。

注目すべきことに、このような潜在的脅威としての「カストム」の身近な存在は、現住地におけるアシの居住＝生活を、つねに根底から揺さぶりうるものとなっている。ａ島のバエへのキリスト教式の埋葬や、同島の祝別に関わる語り、あるいはイロイにおける、ｕ島と自身の祖父に関わる認識について以上で見たように、人工島に具現された「カストム」は、アシにおいて多くの場合、現在なお清算されていない過去の「過ち」に関わるものとして認識されている。たとえば、ａ島のバエに埋葬された祭司の男性は、今日なお「誤った」仕方で埋葬されたままになっているのではないか、という疑問は、現在自分たちは全面的にキリスト教化された空間の中に暮らしているという、人々の日常的な理解をつねに不確かなものとする。「カストムの時代」から「教会の時代」への移行と切断は、実は今日なお完了していないかもしれないのだ。同じように、無人の茂みとなってＴ村の沖合に浮かんで見えるｕ島は、イロイをはじめとする人々に対し、現在この地域で通用している親族関係や土地所有関係が、現時点では漠然と感じ取られているに過ぎない「真実（*mamanaa*）」によって、いつの日か全面的に転覆されうることを示唆し続ける。これらの例が示すように、アシにとっての「カストム」は、長期に渡る移住史やキリスト教受容の結果として今日成り立っている「われわれ」の居住＝生活を、多くの場合災いというかたちをとって、つねに潜在的に不安定化し問題化するものとなっているのである。

七　「カストム／教会」をめぐる偶有性

以上で示したように、アシにおける「住まうこと」の現状から見るとき、この人々におけるキリスト教受容の歴史は、過去に起こった「伝統的生活様式からキリスト教的生活様式への移行」といった単純な「変化」の図式には回収されえない、すぐれて今日的な意義を帯びている。先に見た「教会に行く」という多義的な表現が示すように、キリスト教をめぐる歴史的変化は、共時化され空間化されたかたちで、アシの人々が生きる現在の内部に畳み込まれている。この意味でアシは、「カストム」と「教会」をその中に並存させた両義的な景観・居住空間を日常的に生きる中で、「教会に行って」キリスト教徒になるという歴史的変化の体験を不断に、かつあくまで不確かさをともなう仕方で反復していると言えるだろう。

このような事情は、以上で見た「カストム」に対するアシの両義的な関わりにも示されている。アシの人々が、前節で見たように、人工島やその上のバエと接することにおいて「カストム」と日常的に向き合っているということと、他方で五節で示したように、この人々が「カストム」から切り離された人々とみなされていることとは、実際には必ずしも矛盾しない。これら二つの側面はむしろ、アシにおける「住まうこと」の現状をともに問題化することによって、そこに根本的な非決定性と偶有性をもたらしているのである。すなわち一方でアシは、T村周辺に見られるような、狭小な耕地が一面に密集する景観の中で、現住地における自らの居住＝生活の継続可能性が不確かなものであることを感覚・認識し、「祖先たちの土地」を離れ「カストム」を失った人々としてのアシという否定的な規定を受け入れるに至っている。他方、そのようなT村の沖合に広がる、一部が無人化した人工島群は、「カストム」に関わる顕在的・潜在的な災いを通じて、一連の歴史的変化の産物としての現在の居住＝生活を不断に問題化し、人々に、「われわれ」の居住＝生活や集団的同一性は別様でもありえたし、また別様でもありうるということを繰り返し思い起こさせる。このように「カストム」は、以上で指摘した両義性のいずれの側面においても、「住まうこと」の現状や「われわれはアシ／キリスト教徒である」という同一性を潜在的に不安定化し、そうすることで人々に、別様な「住まうこと」の可能性を想像させるものとしてあるのである。

この意味で、アシにおける「カストム」の観念とは、自らの居住＝生活につねに潜在する非決定性と偶有性に対する認識を表現するものに他ならないとさえ言えるだろう。このような理解は、一九八〇～九〇年代の議論で繰返された、人々における集団的同一性への志向を支える象徴あるいは媒介物としての「カストム」という議論と端的な対照をなしている。この点において、本章における検討は、現代のメラネシアにおける「カストム」の意義を、そこに含まれた生成性や偶有性という観点から理解し直す可能性を示唆するものと言える。

ここにはまた、「カストム／教会」という対比に表現されている歴史的変化をどのように概念化するかという問題も関わっている。以上で見てきたように、今日のアシにおける「カストム」の観念は、再三の移住やキリスト教受容など、この人々が西洋世界との接触以後に経験してきた一連の社会文化的変化についての、現在における再帰的・反省的な意識としてある。これらの変化の帰結は、今日のアシにおいて決して安定状態をなすことなく、むしろ現在それ自体に内在する新たな動きを引き起こしている。すなわちそこでは、「われわれはカストムを失ってしまった」という意識が「トロ」への移住への志向を喚起するように、過去の変化に関する意識それ自体が現在において新たな変化を生み出すという循環的な運動が生じているのである。そうであるとすれば、アシにおけるキリスト教受容の歴史と「カストム」の観念に関して指摘されるべきは、通常想定されるような、ある状態から別の状態への通時的移行ではなく、この人々が生きる現在それ自体に内在する変化・動態であると言えるだろう。「カストム／教会」をめぐるそのような変化・動態によって、アシの「住まうこと」には、第二章と前章で指摘したのとはまた異なる、顕著な偶有性がもたらされている。アシの人々は今日、「われわれはキリスト教徒として、キリスト教的な空間の中に住まっている」という自明性の意識をもちながら、他面において、いまだ片付いていない過去の「過ち」としての「カストム」によって、そのような「教会に従った生活」を潜在的に、かつ不断に揺り動かされている。そうした中で人々は、「トロ」の「故地」で新たな、ただし先に述べたように、「カストム／教会」という区分に関して根本的に未規定の居住＝生活を再開しようと志向している。そのような志向において、アシの人々は、かつての「カストムに従った生活」とも、今日の「教会に従った生活」とも異なる、未知の居住＝生活の可能性をたしかに想像し、そのような可能性に向かって行為しようとしている。そして、「住まうこと」をめぐるそのように多義的で偶有的な状況こそが、アシにおけるキリスト教受容史の現在を形作っているのである。

＊　＊　＊

本書ではこれまで、アシの移住史と伝統的葬制、およびキリスト教受容史と「カストム」の観念という個別の主題に即して、この人々における「海に住まうこと」の歴史と、その現状を特徴付ける偶有性あるいは重層的な可能性について明らかにしてきた。これまでの各章において、アシの「住まうこと」をめぐる本書の考察は、通常「社会的」あるいは「文化的」と呼ばれる領域に限定されていたと言ってよい。しかし、この人々における「海に住まうこと」の現状を理解するためには、そのような限定を抜け出し、アシの居住＝生活が本質的にともなっているところの、狭い意味での「社会」や「文化」を超えた契機、具体的には、居住地の自然環境との関わりという契機について考察することが不可欠である。[36] このことは、本書冒頭で紹介した「ツナミ」からの避難のエピソードにも、すでに象徴的なかたちで示されていた。

本書の第一章では、現在のアシにおいて、人工島やマライタ島本島海岸部といった現住地における居住＝生活の継続可能性が疑問視され、近い将来、「トロ」にあるという氏族の「故地」に生活の拠点を移すことになるだろうという見通しが広く共有されていることを指摘した。そこでも述べたように、そのような見通しは一般に、人口増加によって本島海岸部に耕地が不足しつつあるという認識とともに語られる。この点において、「住まうこと」の現状についてのアシの意識は、日常的な自給的農耕を通じた居住地の自然環境、具体的には土地やその植生をめぐる体験と不可分である。同じように今日のT地域では、現金収入目的の漁撈活動の活発化により、ラウ・ラグーン内の海で捕れる魚が小さく、あるいは少なくなっているという指摘がしばしばなされる。そのような認識は、漁撈とそれによる現金収入に頼った「海に住まうこと」の継続可能性に疑問を投げかけるものであり、土地不足の意識と同じように、「故地に帰る」という志向を一面で動機付けている。しかし他面において、商業的漁業を通じて現に得られている、あるいは将来得られるかもしれない現金収入は、人々が「トロ」に移住する代わりに「海（*asi*）」、すなわち人工島や海岸部に「とどまる」ことへの誘因ともなっている。

このように、「海に住まうこと」と現在におけるその揺らぎは、主として生業活動を通じた、アシにおける自然環境との日常的な関わりと密接に結び付いている。本書の副題に言う「社会的動態」と「自然環境」は、相互に結び付き、埋め込み合ったものとして理解されなければならないのだ。これに続く二章では、こうした認識に基づき、漁撈活動（第五章）と焼畑農耕（第六章）という二つの側面から、そのような結び付きを考察していく。この過程で、これまで指摘してきたような、アシの「住まうこと」を特徴付ける偶有的な性格が、単に社会文化的あるいは歴史的な条件にのみ由来するものではなく、この人々における、居住地の自然環境との複雑で多義的な関わりにも根差していること、さらに言えば、「住まうこと」の偶有性とは、「自然」と呼ぶべき領域とのアシの関わりに本質的に内在する偶有性でもあることが明らかになるだろう。

註

（1）現在のラウ語では、キリスト教式のものも含め、「墓地」は一般に「バエ」と呼ばれる。

（2）a島では、筆者の調査期間を通じ、上と類似の形式をもつミサや礼拝が何度か繰り返された。二〇〇八年一二月には、現在はホニアラに住むa島出身の男性たち（S氏族成員）が、二年前に亡くなった父の墓を改修するために同島を訪れ、この際にも墓地を前にして、数十人の親族が集まるミサが行われた。また二〇一一年九月には、前章の冒頭にも登場したT村近隣在住の男性ディメが亡くなり、その後葬儀とは別に、a島居住者を中心とする礼拝が同島で行われた。この礼拝は、ディメが生前、他者を「霊を用いて害する（*labasi 'ana agalo*）」などの悪事を行っていたという評判が広まったために、そのような悪事の影響を「封じる（*bokosia*）」必要があるとの認識に基づいて行われたものであった。このように、過去や現在のa島居住者たちは、亡くなった親族に対して関わりをなす際や、自分たちが過去との関係において何らかの「問題」を抱えていると判断した際に、同島の二重の墓地に向き合うのである。

（3）T地域では、二〇〇七年にl島で亡くなった男性が、最後の非キリスト教徒であったとされる。この男性は、死の直前に洗礼を施され、l島にキリスト教式に埋葬された。これに対し、T村近隣の「トロ」地域には現在でも、ごく少数ながら教会で洗礼を受けていない高齢男性が居住している。なお、アシ地域の一部にはバハイ教徒も見られるが、筆者の調査対象ではなく、少数にとどまるため本書では考慮しない。

（4）マライタ島において「カストム」の観念は、一九四〇年代後半に展開されたマーシナ・ルール運動（第一章、第七章参照）の過程で広まったとされる［Akin 2013; Keesing 1982b］。

（5）第一章でも述べたように、筆者が調査地とするT地域はローマ・カトリック教会が受容された地域であり、この地域の事例から得られた「カストム」と「教会」に関する知見を、アシ地域全体に一般化することはできない。たとえばカトリック教会の宣教師は、婚資の支払いや豚肉食などの伝統的慣習に対し、比較的寛容な態度をとったことが知られており［Ross 1978b: 175-176］、このことは、現在のT地域における「カストム／教会」観念にも影響を与えていると考えられる。しかし他方で、「カストム」と「教会」に関して本章で指摘する主要な論理、たとえば「カストム」と人工島の結び付きの観念（六節参照）

などは、他教会の影響下にある地域にもおそらく当てはまる。その限りで本章は、アシ地域一般における「カストム／教会」関係を考察するための、概念的な道具立てを提示するものと言える。

（6）このことは、T村在住の五〇代女性による以下のような語り（二〇〇九年五月）によく示されている。この女性の父は、「トロ」に生まれながら、T村に定着したばかりの宣教師たちに育てられ、後には教会の労務員として働いた人物である。以下の語りは、この父がどのような経緯で「トロ」から現在のT村に「下りてきた（*sifo*）」かに関するものである。

私の父はトロから来たんだ。父がまだ子どもだった頃、父の母が亡くなり、父とその父、それから幼い弟の三人だけが残された。祖父たちは、「母親が残されたならまだしも、父親だけになってしまっては子どもは育てられない」と考えた。ちょうどその頃、ここ〔現在のT村〕に宣教師たちがやってきて教会を建てようとしていて、トロの人たちもそのことを聞いていた。よく知らないけれども、白人は食べ物やタバコ、衣服などをくれるらしかった。それで祖父たちは、「自分で育てられないなら、この子は白人たちに引き渡して、育ててもらおう」と考えた。それで父はここまで連れて来られて、一塊のタバコと引き替えに宣教師たちに渡された。そういうわけで、私の父はここの宣教師たちに育てられることになったんだ。

この語りでは、「トロ」の視点から見て、現在T村のある海岸部の空間が、新たに到来した「教会」と密接に結び付けられることで、女性の家族における「トロ」から海岸部への移住とキリスト教受容という二つの変化が、事実上一体をなしていたものとされている。

（7）たとえば、「祖父は教会に行くことなく亡くなった」とか、「われわれは教会に行っているので、バエに立ち入ってはいけない」といった言い方がなされる。

（8）序論の冒頭で紹介した、カトリック教会が「われわれの最後のバエ」であるという元a島居住者の「冗談」も、現在に至る移住・定着の歴史とキリスト教受容を示唆的なかたちで結び付けるものと言える。

（9）T村のカトリック教会は、一九世紀フランスの聖女「リジューのテレーズ（Thérèse de Lisieux）」を守護聖人としている。

（10）たとえば教会のすぐ脇の診療所は、新たな建物の建設のためにオーストラリア政府からの資金援助を得ていたが、資金流用などの疑惑が生じたために作業が中断し、建設途中で放棄されたままになっていた。また、第二章の冒頭でも見たT村の埠頭は、一九六〇年代末、二人の欧米人司祭の主導の下で建設されたとされるが、二〇一一年には、その各部で岩の崩落が進みながら修築されないままになっており、高潮の満潮の際にはその大部分が水没するほどになっていた。

(11)　二〇一一年六～七月、筆者は、ホニアラの国立文書館に保管されているマリスト会関連の史料（ファイル番号：BSIP 14/97、BSIP 1/III/F 23/6 および 43/42）を閲覧・検討したが、T地域での宣教過程に直接関連する文書は見出されなかった。マリスト会の宣教活動についてはホニアラのカトリック教会の大司教（Archbishop）事務所にも史料が保管されているが、同事務所によれば、これらはほとんど整理されていないため閲覧・検索が困難であり、これまでのところ筆者も検討しえていない。

(12)　これと同時に、マライタ島北部はカトリック教会の「T教区（T Parish）」として定められた。T村の伝道所は、マライタ島におけるカトリック教会のそれとしては四つ目の、比較的初期の宣教拠点に当たっており、アシ地域ではじめてのものであった。なお、アシ地域ではこれ以前にも、一九〇〇年代初頭からスルフォウ島周辺に英国国教会の宣教師が拠点を築くなど、一定の宣教活動が行われていた（第一章参照）。また、現在のT村北方に位置するL村には、一九三〇年代前半にSDA教会の伝道所が開かれており、現在の高齢者たちは、T地域の人々も、この伝道所について伝聞することで、「教会」がどのようなものかについて一定の認識をもっていたと説明する。

(13)　T村の教会では、一九九〇年代まで司祭のほとんどが欧米人であったが、それ以降は主としてマライタ島出身の司祭が駐在するようになった。なお、ソロモン諸島のカトリック教会で現地出身の司祭が叙任されるようになったのは一九六六年以降である［Laracy 1976: 159］。この最初期の一九六七年には、T村沖のk島の出身である男性ティモシー・ボボギ（Timothy Bobongi）も叙任されており、T村の教会で行われた叙任式の様子は、今日でも高齢者たちに記憶されている。

(14)　両者の息子・娘の何人かは、高齢ながら現在でも健在である。なお、a島出身の方の男性は、同島の創始者とされる男性Mの初婚時の息子の長男に当たり（図2―5参照）、a島居住者の親族関係において中心的な位置を占めていた。他方、e島出身の男性は、前章で言及したG氏族最後の祭司の実の弟に当たる。

(15)　現在のT村へのカトリック教会の受け入れに際し、土地利用の許可を与えたのは正確にはどのような人々であったのか。T地域の人々にとって、この問いは、誰がT村の土地の「本当の土地所有者」であるかという問題（第一章参照）とも不可分である。これに関連して、T村近隣に住むある男性（五〇代、元f島居住者だがT氏族成員ではない）は、カトリック教会の土地利用と地代の支払いについて当時取り交わされた合意文書と思われるものの複写を保有しており、これを筆者に見せてくれた。この文書では、T氏族の現在の主な成員たちの父方祖父に当たる祭司の男性が筆頭に挙げられているが、同時に彼と並んで、氏族の異なる一一人もの男性たち――主として「トロ」の人々――の名が、現在のT村の土地に対する権利者として、また教会から支払われる地代の受取人として記されている（そこにはイロイの父方祖父や、本章で登場する男性オイガの父も含まれているが、G氏族など人工島に居住する氏族の成員の名は見られない）。この書類が実際の合意文書であるとすれば、それは、T氏族が先住集団としてT村の土地を排他的に保有している現在のような状態が、一九三五年の時点では見られなかったことを示唆している。同じように、国立文書館に保管されている植民地政府による土地紛争の記録には、カトリック教会に土地が貸与される直前の一九三四年の時点で、現在のT村の土地に対し、一二人もの権利者が所有権を主張しているという状況が記されている［Malaita District 1931-48: n.p.］。これらの史料からすれば、T氏族が明確な先住集団にして「土地所有者」であるという現在通用しているような認識は、むしろ一九三〇年代以降になって、T村の土地への権利主体が何らかの経緯で——一つにはおそらく、「トロ」の諸氏族がT村近辺から転出したことによって——T氏族へと一本化され、他集団が排除されることで形成されたものと考えられる。

(16) 教会の受け入れに関して、今日の人々は、当時の「老人たち（*olomani gi*）」、すなわち諸氏族の中心的男性たちにおける、「読み書きを教えてくれる学校や、薬をくれる診療所がほしかったから」という、道具主義的とも言うべき動機をしばしば強調する（キリスト教受容の動機についての類似の語りは、メラネシアの他地域からも報告されている［Burt 1994a: 7］）。同じように、現在教会の敷地となっているT村の西半分が、当時、邪悪な「女の霊（*agalo geni*）」の住み場所として人々に恐れられており、「人々は、宣教師にこの霊を追い払ってもらおうと考えて教会を受け入れた」という説明もしばしばなされる。なお注意すべきことに、これらの中心的男性たちの多くは、その後も長期に渡り自ら洗礼を受けることなく、「ウキタ」にとどまった。たとえば、土地賃貸をめぐる交渉の中心となったとされるT氏族の祭司の男性——現在の主な同氏族成員たちの父方祖父——は、教会を受け入れた二〇年あまり後の一九五六年になってはじめて、自ら洗礼を受けてキリスト教徒となっている。また、彼とともに交渉に加わった男性たちの中には、終生「教会に行く」ことなく、死後は伝統的な仕方でバエに埋葬された人物も複数いる。彼らは当初、自身は非キリスト教徒にとどまりつつT村に教会を受け入れたのであり、キリスト教に対する距離と容認が並存するそのような態度は、T地域におけるキリスト教受容をその後も特徴付けることになる。

(17) また一九三〇年代後半以降、一部の少年たち——現在の中高年層の父に当たる、主に一九二〇年代初頭生まれの人々——は、ブマやマラウの伝道所に赴いてより進んだ聖書教育を受けた。この人々は、T地域に戻って後、カテキスタや学校の教師として同地域の教会活動を主導したとされる。第七章で登場する、T地域におけるマーシナ・ルールとその後の運動の中心となった男性イロイも、そのような一人である。

(18) 一九六〇年代の時点で、a島の男性の一定数がキリスト教徒になっていたことは、洗礼記録からして疑いない。

(19) 今日のアシの間でも、まれに、「白人（*aarai kwao*）」の宣教師たちが、集団間戦闘などを行っていた粗暴な祖先たちからの敵対に苦しみ、時には自身が殺される危険を冒しつつ宣教活動を行った、という認識が語られることがある。しかし、そのような語りは宣教の最初期に関するものに限られている。

(20) ここには明らかに、先述のように伝統的慣習に対して比較的寛容であったカトリック教会の性格も関わっている。

(21)　二〇世紀半ばのT地域では、妻はキリスト教徒であったが夫は生涯「ウキタ」にとどまった、という例も珍しくない。本章で登場する男性オイガの父母がそうした例であり、オイガの父がT村近隣のバエに非キリスト教的な仕方で埋葬されたのに対し、彼の妻は、T村の教会の敷地にあるキリスト教式の共同墓地に埋葬されている。また、現在s島に住む男性たちの父母も同様の例であったが、この場合、非キリスト教徒であった父が死の直前に受洗したため、現在は父母のいずれもs島にキリスト教式に埋葬されている。

(22)　アシの男性たちは、「教会がやって来た」ことによりそれがまもなく断絶することをおそらく予期しながら、なぜこのように祖先崇拝に従い続けようとしたのか。考えられる一つの背景として、供犠・崇拝を放棄することに対する祖先の怒りと、それによる災厄に対する警戒が挙げられる。第二章で触れたように、かつての人工島などの集落では、禁忌への違反が生じた場合、ブタの供犠によって祖先を「なだめる（*faadiana*）」必要があると考えられていた。仮に島の人々が皆「教会に行き」、祖先への供犠を行えなくなってしまったならば、島の上で「過ち（*garo*）」が生じても対処されえず、人々には病や死が降りかかるかもしれない。そのような対処の可能性を保持するため、二〇世紀半ばのアシの男性たちは、自ら「カストム」を維持する必要があると考えていたのである。なお同様な認識は、次項で述べるように、キリスト教受容と本島への移住の関連をも説明する。

(23)　もう一つの例として、a島創始者Mの初婚時の男子であるG氏族成員の男性（図2―5参照）は、自身は生涯非キリスト教徒にとどまった――彼はa島のバエに埋葬されている――が、早くも一九三七年に次男を受洗させている。

(24)　その場合非キリスト教徒たちは、祖先への供犠によってそうした「けがれ」を取り除くため、問題の女性にブタ一頭と貝貨一本――後者は祭司への支払いのための――の賠償（*faa-abua*）を要求するだろう。

(25)　なお以上では、一九三〇～七〇年代のT地域において、「カストムの空間としての人工島／教会の空間としての本島海岸部」という基本的な構図が成り立っていたことを前提としている（月経期間中だけ教会の敷地に滞在していた女性たちについての人々の証言は、そのような構図をたしかに示唆している）。ただし実際には、アシにおける「カストム／教会」区分と人工島の関係はより入り組んだものであり、これについては五節で検討する。

(26)　E氏族、F氏族のいずれの場合も、「ウキタ」のままで亡くなった祭司は、他氏族の祭司の手によってバエに埋葬されたと言われる。亡くなった祭司の埋葬は本来、同一氏族の後継の祭司によって行われるべきであるとされ、他氏族の祭司によるそうした埋葬は変則的であるとされる。なお、生前に非キリスト教徒であった死者を、キリスト教徒となったその子どもたちがどのように埋葬するかということは、T地域のキリスト教受容過程において繰り返し直面された問題であった。すぐ後で述べるG氏族の祭司の場合のように、非キリスト教徒に対し死の床で洗礼を施してキリスト教式に埋葬するというやり方は、この問題に対するもっとも一般的な対処法であった。他方、六節で述べるように、洗礼を受けることなく亡くなった死者の埋葬が、その後長期に渡り子孫たちに問題を引き起こすという例も知られている。

(27) この祭司に対しては、死の床で、息子の一人——彼は若者時代、ガダルカナル島マラウで司祭となるための教育を受けたことがある——によって洗礼が施され、祭司は死後、e島にキリスト教式に埋葬された。e島にキリスト教式の墓が造られたのはこの時がはじめてとされ、以後、同島にはa島と同様な二重の墓地が存在することになった。

(28) T氏族の祭司であった男性も一九七二年に亡くなっているが、先述のように、彼はすでに一九五六年にT村の教会で洗礼を受けていた。生前に自ら「教会に行った」という祭司の例は、筆者の知る限りこれが唯一である。彼の受洗に際しては、長男のホニアラでの事故死がきっかけとなったとされており、また彼は、「教会に行く」に先立ち、ブタの供犠を行って自ら「バエを閉ざした（*bilaka bae*）」と言われている。

(29) たとえば、キリスト教徒の女性が、月経が始まろうとしていたにもかかわらずうっかり人工島上にとどまり、そのために島の空間が「けがれて」しまった場合、これに対処する手続きは誰が行うのか。この「過ち」を放置すれば、祖先の怒りによって居住者に災厄が生じるかもしれないが、しかし、居住者がすべて「教会に行って」いるならば、これに直接に対処できるものはいない。なお他方で、祖先の怒りからの保護をキリスト教の神に求めるという選択肢はたしかに存在する（後に見るように、「カストム」に関わる災厄からの保護を「教会」に求めることは、現在のアシにおけるキリスト教の基本的な一契機となっている）。しかしその場合でも、「教会」における礼拝が、「カストム」という異質な領域に由来する災厄に対してどこまで有効であるかには、根本的な不確実性がともなう。

(30) もう一つの選択肢として挙げられるのが、六節で見る、人工島それ自体をキリスト教的に「祝別」するという手続きである。

(31) 前章で論じた伝統的葬制「トロラエア」は、「トロ」の葬制とは明確に区別され、「アシのカストム」として指摘されうる例外的な事象と言える。ただしだからと言って、「ウキタ」の葬制である「トロラエア」が、キリスト教徒となった現在のアシにとって集団的同一性の象徴となりうるわけではない。

(32) 霊的脅威としての「カストム」というこのような含意・用法は、これまでにもメラネシア各地から報告されているが［e.g. Burt 1982; Lindstrom 1982; White 1993］、「集団的同一性の象徴」という側面を強調する一九八〇～九〇年代の議論では、必ずしも前景化されていなかった。

(33) 本章五～六節のもととなった別稿では、すぐ後で登場するディメの説明に従い、この男性の没年を「一九九二年」としていたが［里見 二〇一二：九六］、その後、T村の教会の記録を検討した結果、正しくは一九九三年であることが確認された。同様に、ディメは正しくは次男ではなく三男である。

(34)　これに対し、本島上のバエは、過去の移住史の結果として、通常現在の集落から離れた場所に位置する。

(35)　T村沖では、少なくともk島、a島、e島とl島の四島――l島以外の三島は現在でもバエをもつ――で、過去にそのような祝別が行われたことが確認できた。

(36)　現代の人類学理論およびメラネシア民族誌に「自然」の概念を回復するという方向性については、別稿［里見二〇一四a］で素描しておいたので、本書と併せて参照されたい。

第五章　夜の海、都市の市場——漁業と「住まうこと」の現状

一　夜の海の「タウン」

二〇〇九年五月二〇日の夕暮れ時、数日前から調査のためにａ島に滞在していた筆者は、昼間とは一転して涼しくなった島の上で、少年たちとおしゃべりをしていた。島の広場の端に皆で座り込み、海風に吹かれながら東の海を眺めていると、まもなく、一〜二キロ離れたｋ島周辺の海上に、いくつもの小さな灯りが現れた。それらが、Ｔ村の南東に位置するＫ村の男性たちが夜間の潜水漁に出る際にカヌーに灯す灯油ランプの灯りであることは、筆者にもすぐにわかった（口絵６参照）。やがて、ａ島のすぐ脇に延びるＴ村の埠頭のあたりからも灯りが次々と現れ、しばらくすると、沖合に見える灯りは一四個ほどにもなった。

「今日は漁に出る人が多いな」。芝生に座ったままで筆者がそう言うと、少年の一人は、「今日は別に多くないよ。ある晩に灯りを数えてみたら、五〇個か六〇個にもなったこともあるよ」と応えた。(1) この言葉を受けて、さらに別の少年がこう言った。「漁をする人の灯りがすごく多い時には、トロに住んでいる人たちは海を見下ろして、そこにタウン（*taoni*）があると思ってしまうらしいよ」。

マライタ島北部の「トロ」(山地)の上から、夜の海に一面に広がる潜水漁の灯りを見下ろすと、そこに「タウン」の家々が立ち並び、電灯が点っているのだと錯覚してしまう――この話を聞いた筆者は、「なるほど、そうしたこともあるかもしれない」と即座に納得した。筆者自身、首都ホニアラ滞在中の夜、友人の車に乗せてもらっている際、海の方に五~六階建てのビルがいくつも並んでおり、それらの窓に灯りが点っているのを見て、「おや、ホニアラにこんな大きなビルが何軒もあっただろうか?」と怪訝に思ったことがある。翌日になって筆者は、それらの「ビル」が実は、ホニアラの沖に停泊している大型タンカーの上の建屋――実際に五~六階建ての――であったことに気付いた。そのような経験があったので、夜の海の「タウン」についての右の語りも、人々がつねに海とともに暮らしているアシ地域において、あくまで「ありそうな」ものと思われたのである。(2)

T地域における「住まうこと」の現状に照らして見たとき、「夜の海の『タウン』」というこの視覚的なイメージは、ある顕著な逆説を含んでいる。すなわちこのイメージにおいては、アシの男性たちが夜の冷たい海の中で長時間に渡って行う孤独で過酷な漁――その実情については以下で詳述する――が、マライタ島の村落住民にとって物質的な豊かさの象徴である「タウン」という社会的空間のイメージと、直接に重ね合わされている。アシの人々にとって、ホニアラや州都アウキといった「タウン」は、「われわれ」が住む「村 (*fera*)」とは区別された、豊かな現金収入と、水道や電気の供給といった現代的な利便性――アシの表現では、「新しくてよい〔いろいろな〕もの (*doo diana gi, doo faalu gi*)」――によって特徴付けられる特権的な空間である。また「タウン」は、後に見るように、アシの漁師たちが夜間の漁によって得た漁獲を出荷し、それによって、「村」の中では通常得られない現金収入を得るための場所でもある。

この人々の認識では、「われわれ」は、「タウン」に住む人々のように安定した現金収入をもたないがゆえに、夜の海に出て過酷な漁をしなければならない。もし、何らかの変化によって、「われわれ」が「村」にいながらにして豊かな収入を得られるような事態になれば（後述のように、そうした可能性は実際に想像されている）、この「村」にも太陽電池パネル——現在のマライタ島の村落居住者がもっともあこがれる消費財——などが普及し、夜には「タウンのように（*mala taoni*）」家々に灯りが点ることになるだろう。しかし、現状ではそうなっていない。このように考えれば、わずかな現金収入のために漁師たちが夜の海に出て点す灯油ランプの灯りを「タウン」と重ね合わせる先のイメージは、魚の出荷によって実際に結び合わされてはいるものの、現状では截然と区別されている「われわれ」の居住＝生活と「タウン」のそれを、鋭い逆説をもって結び合わせるものと言える。(3)

本章では、漁撈活動とその社会経済的な含意に関するこのようなイメージを手がかりとしつつ、アシにおける「海に住まうこと」の主要な一部分をなしてきた漁撈活動の現状について検討する。すでに第一章で述べたように、アシは、これまでの民族誌的文献において、高度に発達した漁獲技術をもつ活発な漁撈民として紹介されており、マライタ島でも自他によってそのように認識されてきた［秋道一九七六、一九九五、二〇〇四、二〇一三、Akimichi 1978, 1991; Ivens 1978[1930]］。また、同じく第一章で見たように、過去の文献では、人工島という居住形態自体が一面で漁撈活動のために形成されたと説明されており、同様な説明は現在のアシ自身によってもなされる。今日でも、漁撈はアシにおける基本的な生業の一つであり、また人々が、日常的な居住＝生活空間としての「海（*asi*）」、とくに現地語で「マイ（*mai*）(4)」と呼ばれるラウ・ラグーン内の海と直接的・身体的な関わりを結ぶ主要な活動形態となっている。

他方で、アシの漁撈活動とそれを取り巻く現状は、過去の文献で描かれてきたのとは大きく異なるものとなっている。(5)たとえば、アシにおいては伝統的に、大小の網を用いて集団で行う網漁が主な漁法であったとされる［e.g. 秋道一九七六、Ivens 1978[1930]: 253ff.］。これに対し、現在のアシ地域、少なくともT地域ではそのような集団的網漁はほとんど行われておらず、右のa島でのエピソードでも触れられているように、灯油ランタンなどの照明器具を用いて夜間に行う潜水漁が支配的な漁法となっている。(6)

このような変化は、研究者により、現金経済の浸透や漁業の商業化によって引き起こされた「伝統的な漁撈文化の衰退」として解釈されるのが通常であろう［cf. Johannes 1978］。アシの事例についても、そのような解釈には一定の妥当性がある。しかし本章では、そうした分析にとどまることなく、そのような「衰退」の結果とも見えるアシの漁撈活動の現状や、それに関わる人々自身の語りを検討することを通じて、アシの「海に住まうこと」において今日漁撈・漁業が帯びている意味――その一端を、右で「夜の海の『タウン』」というイメージに見たような意味――を明らかにしたい。本論文では、序論以来一貫して、アシにおける「海に住まうこと」が、それが別様でありうるという可能性をつねに潜在させた、本質的に多義的なものであることを示してきた。以下で見るように、アシにおいて海という空間との主要な関わりの形態であり続けてきた漁撈活動は、その現状においても、この人々の「住まうこと」に固有の多義性と偶有性をもたらすものとなっている。

アシの人々自身において、漁撈活動の現状が自分たちの「住まうこと」に本質的な関わりをもっていることは、多かれ少なかれ明示的なかたちで認識されている。一例として、T村近隣に住む男性（五〇代、元I島居住者）はある時、T地域における漁撈の現状について次のように語った（二〇〇八年一〇月）。

漁場（*alata*）についての規制は、最近は守られていない。棒が立てられた〔禁漁の〕漁場にも、夜の間に入って漁をする人たちがいる。これは人口が増え過ぎているからだ。十分な畑を耕せない人たちは、食べていくためにそのような漁をしなければいけないのだ。(7)

この批判的な語りでは、すでに述べた通り現在のアシにおける大きな懸念である人口の増加と自給用の耕地の不足が、T地域における漁撈活動の現状、すなわちこの男性によれば、伝統的規制に時に違反する過剰な商業的漁撈と関連付けられている。多くの「漁師[8]（*ngwane dee*）」が、時期によっては毎日のように夜の海に出漁するT地域の現状は、一部の人々において、同地域における自給的生活の窮状、さらに言えば、現住地における「住まうこと」の危機と不可分な事態として認識されているのである。同様な認識は、とくに高齢者によってしばしばなされる、「漁をする人が多すぎて、マイで捕れる魚が昔より小さくなっている」という指摘にも示されている。

今日のT地域における、漁撈活動への社会経済的圧力を指摘するこのような言葉には、一面で、このまま魚が捕られ続けたらこの地域の海はどうなってしまうのか、現在のような漁撈やそれに依存した居住＝生活もいつか継続不可能になるのではないか、という不安が表現されている。そのような不安は明らかに、すでに見た「故地に帰る」という志向の背景にもなっている。しかし他面においてアシの人々は、現在も主要な現金収入源である漁業を通じて、いつの日か、現状とはまったく異なる豊かな――おそらく「タウンのような」――居住＝生活が「われわれ」にもたらされるかもしれない、という可能性をも信じているように見える。そして、冒頭で見た夜の海の「タウン」というイメージは、漁撈活動をめぐるそのように両義的な意識を象徴的に表現しているように思われるのである。

以下では、まず現代のメラネシアにおける漁業と海洋資源の現状に関する議論を概観した上で（二節）、T地域における漁業の現状とその歴史的背景について確認する（三節）。続いて、現在の同地域における主要な商業的漁撈の形態である夜間の潜水漁の実態について、その空間的側面と時間的側面に分けて検討する（四節）。さらに、そのような実態を踏まえてアシにおける漁業に対する意識を検討し、それが一方で、「住まうこと」との関わりにおける漁業の意義を否定的に評価しつつ、他方でその現金収入源としての潜在性に期待するという両義的なものになっており、そのことが、アシの「海に住まうこと」の現状に独自の振幅をもたらしていることを示す（五節）。

二　メラネシアにおける漁業と海洋資源管理

アシにおける漁撈活動の現状を検討する上では、現代のメラネシアにおける漁業と海洋資源管理をめぐる一連の議論を無視することができない。ソロモン諸島を含むメラネシア各国では、一九七〇〜八〇年代の独立以来、国内経済における沿岸漁業の重要性が強く認識されており、また近年では、メラネシアの海、とくにサンゴ礁における高度な生物多様性が国際的な注目を集めている。このような中、現金経済の浸透をはじめとする社会経済的な変化の下で、メラネシアの海洋資源をいかに管理・保全するかという関心が、各国政府や研究者、ならびに国際ＮＧＯの間で顕著な高まりを見せている。国内各地に広大なサンゴ礁をもつソロモン諸島においても、とくに一九九〇年代以降、漁業や海洋資源の管理・保全をめぐって数多くの調査・研究がなされてきた(9)。それらの報告によれば、国内における人口の二大集中地であるマライタ島とガダルカナル島では、その他の地域と比べ、サンゴ礁内の魚類が著しく乏しい傾向が認められ、このことは、主として商業化による漁獲圧増大の結果と考えられている(10)［Brewer et al. 2009; Green et al. 2006］。

そのような状況にあるメラネシアの海洋資源をいかに管理・保全するかをめぐって、政府や研究者の間では現在、個別地域で慣習的に行われてきた、しばしば「共同体基盤型管理（community-based management）」と呼ばれる資源管理と、それらの慣習に対して国家が法的・制度的承認を与えることで、結果的に地域住民と国家の共同による資源管理を実現する「共同管理（co-management）」の重要性が広く認識されている(11)［e.g. Aswani et al. 2007; Johannes 2002; cf. 飯田 二〇〇八：五―八］。他方で、メラネシアの慣習的海洋資源管理へのそのような関心は、その実際的な有効性と、それらの慣習を支えてきたとされる伝統的な「保全倫理（conservation ethic）」の内実をめぐる論争をも、今日に至るまで継続させてきた。

すなわち一方で、ヨハネス（Robert E. Johannes）ら初期の論者は、オセアニア各地で行われてきた慣習的資源管理の有効性と、それを支えてきた現地の人々の保全意識を肯定的に評価しつつ、同時に、現金経済の浸透によるそれらの崩壊や、利得目的の乱獲（overfishing）の発生を危惧していた［e.g. Johannes 1978; Ruddle et al. 1992］。他方で、これらの古典的な議論を在地の「保全倫理」を理想化するものとして批判する論者は、いわゆる慣習的管理の非実効性や、メラネシアの人々における保全意識の欠如を指摘してきた［e.g. Carrier 1987; Foale and Manele 2004; Foale et al. 2011; Polunin 1984］。これらの論者によれば、メラネシアにおいて海洋資源を管理・保全するかのような行動が見られたとしても、それらは多くの場合、実際には、儀礼的交換や祭宴に際し、贈与財や食物として動員しうる漁獲を最大化するという政治経済的で競争的な意図に基づくものに過ぎない。そもそも、メラネシアの人々には一般に、海洋資源の増減を霊的存在やキリスト教的な神の作為によるものとみなし、それに対する人為的影響を過小評価する傾向が見られる。そのような態度には、ヨハネスらが言うような、海洋資源の利用を節制することで保全するという「倫理」など見出されず、そうである以上、現代的状況における慣習的管理の有効性は疑わしい、と言うのである[12]。

注意すべきことに、以上のような古典的・肯定的な立場と懐疑的な立場は、その表面上の対立にもかかわらず、現代のメラネシア社会に関する類似の診断に帰着する。すなわち一方でヨハネスらは、メラネシアにおける伝統的な資源利用が、現代の西洋世界のそれとは異なり、あくまで節制のとれたものであったことを肯定的に指摘している。しかし、これらの論者は同時に、現代のメラネシアにおいて、現金経済の浸透の下、そうした伝統的節制が失われ、利得目的の乱獲が生じつつあること――言い換えれば、メラネシア人も「われわれ」と同じようになりつつあること――への危惧を表明するのである。他方で、ヨハネスらを批判する論者たちは、多くの場合競争的な贈与交換に従属していたメラネシアの海洋資源利用は、本来的に拡大的で収奪的なものだった、と主張する。そこで提示されているのは、現金経済の浸透や「近代化」をまつまでもなく、もともと「われわれ」と似た人々に過ぎないメラネシア人、というイメージに他ならない。

このように、肯定派・懐疑派のいずれの立場をとるにせよ、従来の多くの議論において、現代のメラネシアの人々における海洋資源との関わりは、利得目的の無節操な利用という「われわれ」になじみの姿で描き出されてきた。とくに、前節で述べたような夜間の潜水漁は、今日のメラネシア各地から報告されているが、観察の困難さなどの理由から、時に不明確な伝聞や憶測に基づき、「商業的乱獲」の典型例として描かれる傾向がある(13)［e.g. Gillett and Moy 2006; Hamilton et al. 2012; Sabetian and Foale 2006］。これに対し本章では、アシの漁業の現状とそれに関わる人々の意識を実証的に検討することを通じて、「商業化による伝統的規制の崩壊と乱獲」という図式を超え、この現状がアシの「海に住まうこと」にとってもつ含意を明らかにすることを試みる。そこで浮かび上がるのは、他地域についてこれまで繰り返し指摘されてきた「利得目的の無節操な資源利用」という姿では決してなく、むしろ、海という環境と関わることを通じて、逆説的にも、その中に自分たちが直接関与・利用しえない領域を繰り返し創出するような、独特な両義性に特徴付けられた漁撈のあり方である。

三　アシ地域における漁業の現状

1　T地域における現状

第一章で述べたように、現在のT地域では、T村と人工島のいずれにおいても、多くの世帯で、自給的農耕と自給的または商業的な漁撈を組み合わせた生業が営まれており、漁撈やそれに関連する活動は人々の日常生活の重要な一部となっている。今日のT地域で行われる漁撈活動は、すでに述べたように、昼間もしくは夜間に行う潜水漁

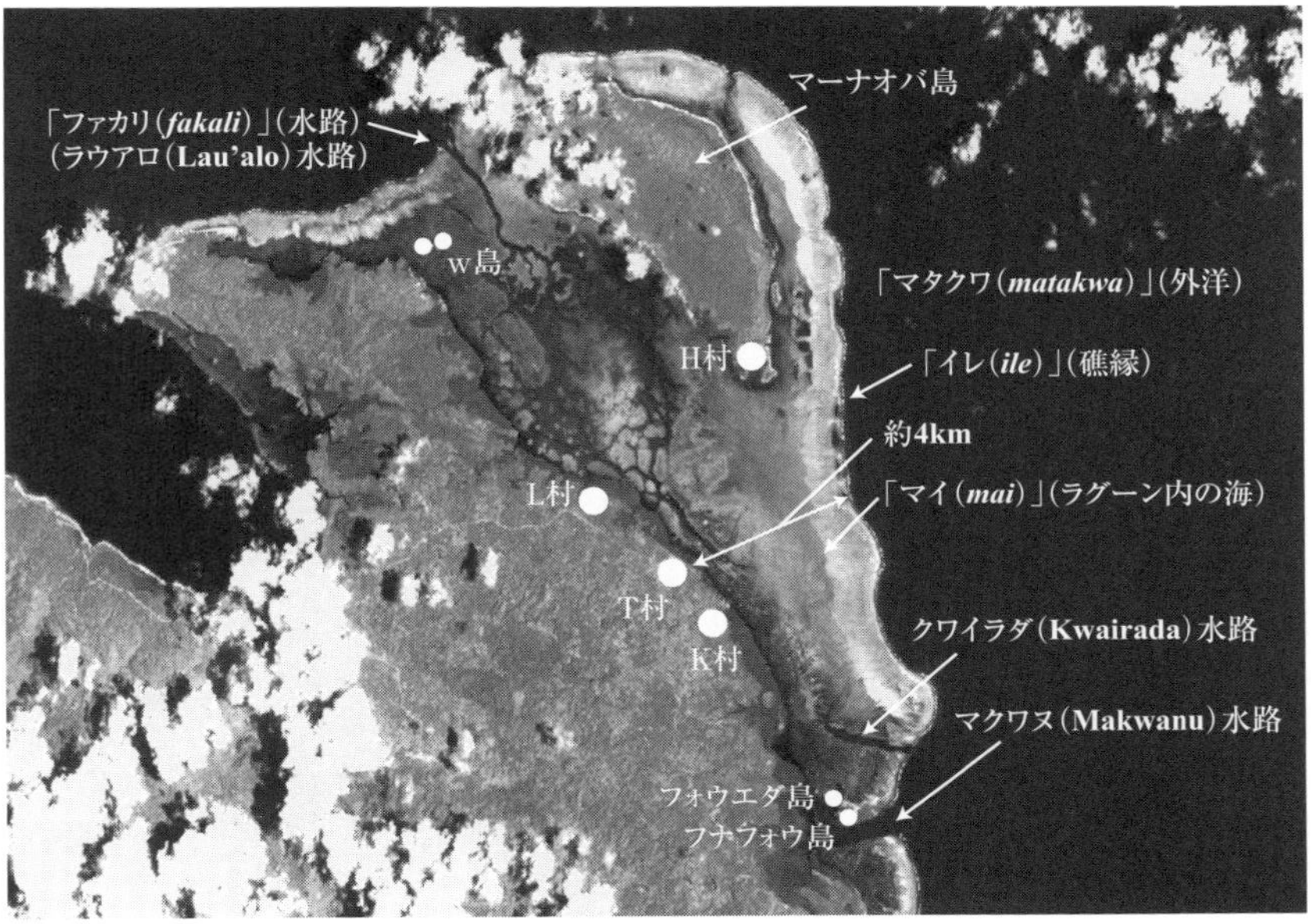

図5-1　T地域周辺のサンゴ礁（広域図）

——手製の銛を用いた突き漁——を支配的な形態としている。とくに夜間の潜水漁は、主に二〇～四〇代の男性によって、以下で述べるように都市または地域の市場での販売を想定した商業的な漁撈として行われる。[14] 本章で主な考察対象とするのも、そのような漁撈活動である。[15]

今日のT地域では、マライタ島内の他地域と比べても際立って活発な商業的漁業が行われており、それは同地域の人々にとって重要な現金収入源となっている。同地域の商業的漁業は、（1）T村の市場をはじめとする、それぞれ週一～二回開かれる近隣地域の市場での魚の販売、およびそれを目的とした漁撈活動と、（2）アウキおよびホニアラにある公営の常設市場での魚の販売とそのための漁撈、という二つに大別することができる。[16] これらの商業的漁業、とくに都市の市場向けの魚の出荷が活発に行われている点において、T地域は、現在のマライタ島の中でも例外的な位置を占めている。すなわち今日のマライタ島では、大多数の人々が海岸部に居住しているにもかかわらず、自給的な、あるいは近隣地域の市場を対象とするもの以上の漁撈活動を行い、都市に魚を出荷している人々は、伝統的な「海の民」として知られるランガランガとアシ（ラウ）に限られている。[17] さらにアシ地域の中でも、T地域は今日、アウキやホニアラへの魚の出荷拠点として機能している。このことは主として、T村の近くを通る自動車道によるアウキへのアクセスのよさ、および同村における、魚の出荷に必要な保冷用の氷を製造する製氷機と発電機――三節第3項で述べる日本からのODAによって供給されたもの――の稼動というインフラストラクチャー上の条件によるものと考えられる。[18]

T地域における漁業の活況を考える上で、加えて無視できないのが、T村沖における「マイ」、すなわちサンゴ礁の広大さという地理的な事情である。衛星画像[19]（図5―1）から明らかなように、T村沖におけるラグーンの幅はアシ地域の中でも際立って広く、T村から外洋までは最短でも約四キロの距離がある[20]（これ対し、たとえばフォウエダ島やフナフォウ島の周辺では、本島から外洋までの距離は二キロ程度に過ぎない）。また、同じく図5―1からうかがえるように、この広大なサンゴ礁の内部の地形は決して均質ではなく、そこには浅瀬、深みや岩場、藻場など多様な海底微地形が含まれている[21]（四節第2項参照）。T地域の漁師たちは、このようにアシ地域の中でも例外的に広く、また多様・複雑な地形をもつ「マイ」を日常的な出漁場所としており、海が浅く穏やかであることによる漁撈活動の容易さや、出漁先の選択肢の豊富さといったその利便性は、この人々にもよく認識されている。

2 都市市場への出荷

都市の市場への魚の輸送・販売には、現地で「エスキー（eskii）」――オーストラリアの商標名「エスキー（Esky）」に由来――と呼ばれる、大小のFRP製クーラーボックスが用いられる[22]（写真5―1）。夜間の漁によって捕獲された魚は、上述の製氷機で製造された氷柱を砕いたものとともにクーラーボックスに詰められ、乗り合いトラックの

写真 5-1　大型のクーラーボックスに詰められ、出荷を待つ魚

荷台に載せられてアウキに、さらに一部は船でホニアラに運ばれる。現在のT地域において、製氷機や発電機の設備やそれらが設置された建物、およびそれらによって支えられた都市市場向けの漁業の総体は、通常「フィッシャリー（*fisharii*）」（p. fisheries）と呼ばれる。

T地域では、実際の漁撈活動を行う人と魚を輸送・販売する人は多くの場合――ただしつねにではない――異なり、後者によって前者からの魚の買い付けが行われる[23]。二〇〇八～〇九年の同地域において、漁師が捕獲した魚は、種類や個体の大きさにかかわらず、台秤を用いた計量により、一キロあたり八ドル（九二円）で買い取られていた[24]。魚の代金は、計量の直後に買い手から漁師に現金で支払われる。仮に一晩に（内臓を除いて）一二キロの漁獲があり、そのすべてを量り売りするなら、漁師は九六ドル（一一〇四円）の現金を得ることになる。形式的な計算では、照明用の灯油やタバコの代金など出漁のための費用――漁師たちによれば、灯油ランタンを用いた漁では三〇ドル程度――をここから差し引いた金額が、一晩の出漁によって得られる現金収入ということになる。[25]他方、都市の市場に輸送された魚は、通常はこれを輸送した人自身により、再び台秤を用いて、アウキでは一ポンド（約〇・四五キロ）あたり八〜一二ドル（一キロあたり二〇四〜三〇七円）、ホニアラでは一ポンド一六〜二〇ドル（一キロあたり四〇九〜五一一円）で売られる。[26]すなわち、都市の市場での魚の売値はT村での買い取り価格の二・二〜五・六倍になり、その売り上げから、魚の買い取り代金の他、氷柱の購入費用、トラックや船での移動・輸送代金を差し引いた残額が、魚の輸送・販売者の利益となるのである。

アシの人々において、このような都市への魚の出荷と販売は、明確な社会的境界線を越えることによって利益を生み出す活動として認識されている。本章冒頭でも述べたように、そもそもT地域のような村落地域に住む人々は、アウキやホニアラといった「タウン」を、自分たちの暮らす「村」とはまったく異質な社会的空間とみなしている。たとえば、アウキやホニアラで数か月間過ごしてT地域に帰ってきた若者はしばしば、「タウンはお金がかかりすぎるので嫌だ」という感想を語る。ここで表現されているのはとくに、「村」においてであれば、自身が耕す畑やすぐ目の前の海で容易に手に入れることのできる食物を、「タウン」では毎日お金を払って購入しなければならない、という日常的な差異の実感である。次章で見るように、イモ類の栽培に基づく自給的生活が一面で維持されているT地域に住む人々にとって、そのような「タウン」の生活は法外に「お金がかかる（*liu baita*）」ものと見える。また、そのような生活を継続的に送ることができる「タウンの人たち（*imola taoni gi*）」、具体的には、ソロモン諸島において現在でも決して多くない給与所得者たちは、「われわれ」とは決定的に異質な人々として見られている。[27]アシにとって、「村」で一キロあたり八ドルの魚が「タウン」ではその数倍の値段で買われるという事実は、そのような社会経済的差異を端的に示すものに他ならない。

このような認識に基づき、アウキやホニアラへの魚の出荷と販売は一面で、「お金を持っている（*too 'ana seleni*）」都市居住者から現金を「取ってくる（*ngali mai*）」活動として見られており、また漁業を通じた現金収入は、社会的境界線の「向こう（*bali loko*）」から流れてくるものと理解されている。一例として、二〇〇八年一二月、アウキに魚を売りに行くT地域の人々に筆者が同行した際、T村から来た二〇代の売り手の男性は、市場に着いた直後、「この市場での最高価格の」一ポンド一二ドルで売るぞ。タウンの人たちはお金を持ってるんだから」と筆者にささやいた（実際には、この日の市場にはランガランガの人々が売るカツオも多く、T地域からの魚は通常通り一ポンド一〇ドルで売られることになったのだが）。「タウンの人たちはお金を持っている」という語りは、漁師か魚の買い手かといった立場の違いを超えて、魚の輸送・販売に関連してT地域でしばしば聞かれるものである。現在のT地域において商業的漁業は、「村／タウン」あるいは「われわれ／彼ら」という社会的差異を人々に繰り返し再認させる経験としてあるのであり、冒頭で見た「夜の海の『タウン』」のイメージがどのような逆説と緊張を含んでいるかも、このことからあらためて理解されるだろう。

3　T地域における漁業の歴史的展開

以上で見たような漁撈・漁業の現状は、T地域において、どのような歴史的経緯によって形成されたのか。既存文献および高齢者たちからの聞き取りによれば、一九二〇年代にアイヴェンズが見出したような、植物繊維製の網を用い、大小の集団で行われる漁撈活動［Ivens 1978[1930]: 253ff.］、および地域の市場での魚とイモ類の物々交換は、現金流通の漸進的拡大などの変化を経つつも、一九五〇年代頃までおおよそ維持されていたものと推定される。T地域の漁業史における最初の画期として挙げられるのは、一九六〇年頃、a島を拠点に結成された「G漁業協同組合（G Fisheries Cooperative Society）」の活動である（第七章参照）。G氏族にちなんだ名をもつこの組合は、当時形成途上にあった新首都ホニアラに、船舶によって魚を輸送し販売することで、T地域の人々に安定した現金収入をもたらすことを目的とするものであった。同組合は、いくつかの事情により一九七〇年代初頭に解体するが、今日から見てその活動は、

T地域の漁業をはじめて都市市場と接続させることで商業化・現金経済化させた決定的な端緒であったと言える。(28)
一九七〇年代後半以降、国内の村落経済における漁業の重要性を認識した植民地政府、次いで独立後のソロモン諸島政府は、漁業の商業化を促進すべく、魚の流通拠点の整備や村落地域へのクーラーボックスの供与などを行うようになる［Akimichi 1991: 17-18］。中高年層の証言によれば、マライタ島ではじめての製氷機がアウキに設置されたのも、一九七〇年代半ばのことである。一九七一年にはマライタ島北道の延伸によりT村がアウキと陸路で結ばれており［Ross 1973: 66］、この時期以降T地域では、アウキ、およびそれを経由してホニアラ向けの魚の出荷がさらに活発化することになる。

中高年層の証言によれば、T地域において、現在に至る漁法の変化、すなわち伝統的な集団的網漁の衰退と、照明器具を用いた夜間の潜水漁の普及が進んだのは、主に一九八〇年代のことである。(29) さらに一九九〇年代には、日本の海外漁業協力財団（Overseas Fishery Cooperation Foundation、OFCF）により、マライタ島北部で沿岸漁業開発のプロジェクトが行われる。このプロジェクトは、同地域に七つの拠点集落を設定し、村落住民の現金収入源の創出、およびサンゴ礁内の魚類資源の保全のため、マグロやカツオを対象とする延縄漁など外洋での漁撈の導入と、漁獲のホニアラへの安定的な出荷経路の整備を試みたものであった［国際協力事業団 一九九三：三一―三二］。T村を含む一連の拠点集落には、OFCFによって製氷機、FRP製ボート、船外機や大型クーラーボックスが供与され、地域の男性たちが組織化された上で、日本人スタッフによる外洋漁の実地講習が繰り返し行われた。

このプロジェクトは、マライタ島北部でそれまでほとんど行われていなかった外洋漁を普及させようとする野心的なものであったが、プロジェクト終了直後に発生した「民族紛争」（第一章参照）の影響もあり、その効果はほとんど維持されなかった。(30) 調査時点のT村で製氷機が稼働し続けており、地域住民による、外洋ではなくラグーン内における商業的漁業の活況に大きく貢献していたことは、このプロジェクトの、ある意味では皮肉な結果であった。

四　夜間の潜水漁

1　夜間の潜水漁の概要

以上の背景を踏まえ、本節では、現在のT地域における主要な漁撈形態である夜間の潜水漁の実態、すなわち、人々がいつ、どこで、どのように漁をしているかについて検討していく。以下の検討から明らかになるのは、第一に、今日のアシの漁撈活動が、「海（*asi*）」という環境の変化や複雑性にあくまで密着し、それに沿い従う——ラウ語で言えば「スリ（ア）（*suli(a)*）」——かたちで行われるものであること、そして第二に、その効果として、現金収入目的の商業的漁業という性格の反面で、つねに一定の余力あるいは余白を残す——具体的には、自分たちが漁をしない空間および時間というかたちで——という性質を帯びているという事実である。後にも述べるように、漁撈活動のそれらの性質は、アシの人々が、海との、そしてそれを通じて「タウン」という社会経済的空間との、現在とは異なる関わり——したがって、現状とは異なる居住＝生活——の可能性を想像することをまさしく可能にしている。

今日のアシの漁撈活動に関する調査には、それが夜間に、主として海面下で行われるという性質上、様々な困難がともなう。すなわち、漁師たちからの聞き取りのみによってその実態を把握することは不可能に近いが、観察のために夜間の出漁に同行することには安全上の不安がつきまとう。また仮に同行したとしても、夜の海に不慣れな調査者は、自分がどの海域にいるのか、その場所の水面下の様子がどのようになっているのかなどを、容易には理解しえないだろう。これらの困難に対し、本章のもととなる調査では、漁師たちへの継続的な聞き取り、昼夜の出漁への同行[31]、GPS端末（Garmin eTrex Vista HCx および Garmin Foretrex 301）を用いた夜間の出漁のトラッキングと、衛星画像上でのそのトラック・データの分析、さらには漁獲の計量、捕獲魚種の確認・記録、および魚の買い取りの観

写真5-2　加圧式灯油ランタン、通称「バタフライ」（傘を外した状態）

察といったアプローチを多角的に組み合わせることで対処を試みた。

本章で言う潜水漁は、ラウ語では「スースーラー（*susuulaa*）」と呼ばれる。[32] この漁に用いられる基本的な道具は、刳り舟式カヌー（*ola*）、ゴーグル（*galasi*, p. glasses）、銛（*sua*）、銛銃（*kwanga*）などであり、[33] 夜間の漁には、これらに加圧式灯油ランタン（*gasi*, p. gas、写真5―2）または防水式の懐中電灯（*shuti*, p. shoot または *toochi*, p. torch）という照明器具が加わる。[34] 夜間の漁では、漁師は素潜りをしながら、もしくは顔を漬けて浅瀬を歩きながら魚を探し、突き捕る。出漁は基本的に単独で行われ、複数の漁師が同時に出漁している場合でも、他の漁師たちと会話が行われることはほとんどない。

現在のT地域において、夜間の潜水漁は、その他の漁法と同じく「マイ」すなわちラグーン内のみで行われ、外洋や、ラグーンと外洋を結ぶ水路で漁が行われることはない。[35] 以下でも見るように、T地域の漁師は、通常T村から四キロ以内の海域で漁を行い、一晩の出漁時間には、移動時間を含めて四～八時間と大きな幅がある。なぜ昼間ではなく夜間に漁をするのか、と漁師たちに尋ねると、「夜は魚が眠っていて、逃

表5-1　T地域における主な漁獲対象

ラウ語名	和名	学名
スル（*suru*）	タテジマフエフキ	*Lethrinus obsoletus*
ムー（*muu*）	ハナアイゴ	*Siganus argenteus*
ボコフ（*bokofu*）	ダツの一種	*Belonidae* spp.
ウメ（*ume*）	ニザダイの一種	*Acanthurus* spp.
マラ（*mara*）	ヒブダイ	*Scarus ghobban*
グワイラ（*gwaila*）	カンムリブダイ	*Bolbometopon muricatum*
モウア（*moua*）	キツネブダイ	*Hipposcarus longiceps*
アラサ（*alasa*）	フエダイの一種	*Lutjanus* spp.
リフタゲ（*lifutange*）	ブダイの一種？	*Scarus* sp.?
アフィル（*afilu*）	ハタの一種	*Epinephelus* spp.
マガリ（*magali*）	ハゲブダイ	*Chlorurus sordidus*
ナラ（*nara*）	アイゴ	*Siganus doliatus*
マエラフ（*maelafu*）	チビブダイ	*Calotomus spinidens*
マタシ（*matasi*）	ヒメジの一種	*Parupeneus* spp.
ハレ（*hale*）	ヒメダイ	*Pristipomoides sieboldii*
クワレウ（*kwaleu*）	スズメダイ	*Chromis notata*
シヌ（*sinu*）	アカヒメジ	*Mulloidichthys vanicolensis*

げにくいから」という定型的な説明が返ってくる。とくに、漁師たちの間では、「闇夜（*mae rodo*）」、すなわち月の出ていない夜あるいは時間帯が、「魚がじっと眠っていて」捕りやすい時であるとされる。[36] なお表5―1には、T地域の漁撈において主な対象とされる魚種を示した。[37]

以上の概観を踏まえ、次項以下では、T地域における夜間の潜水漁の実態を、便宜上その空間的側面と時間的側面に分けて検討していく。

2　空間的側面——漁法と海底微地形

現在のT地域で行われているような潜水漁は、漁師が単身で海に潜り、魚を探して突き捕るという活動の形態上、サンゴ礁内の多様な空間との直接的かつ身体的な関わりとしての性質を強くもっている。事実、「マイ」での潜水漁についての漁師たちの語りと、GPS端末や衛星画像を用いたその検討は、この人々にとってラウ・ラグーンの海が決して均質で抽象的な広がりではなく、浅瀬、

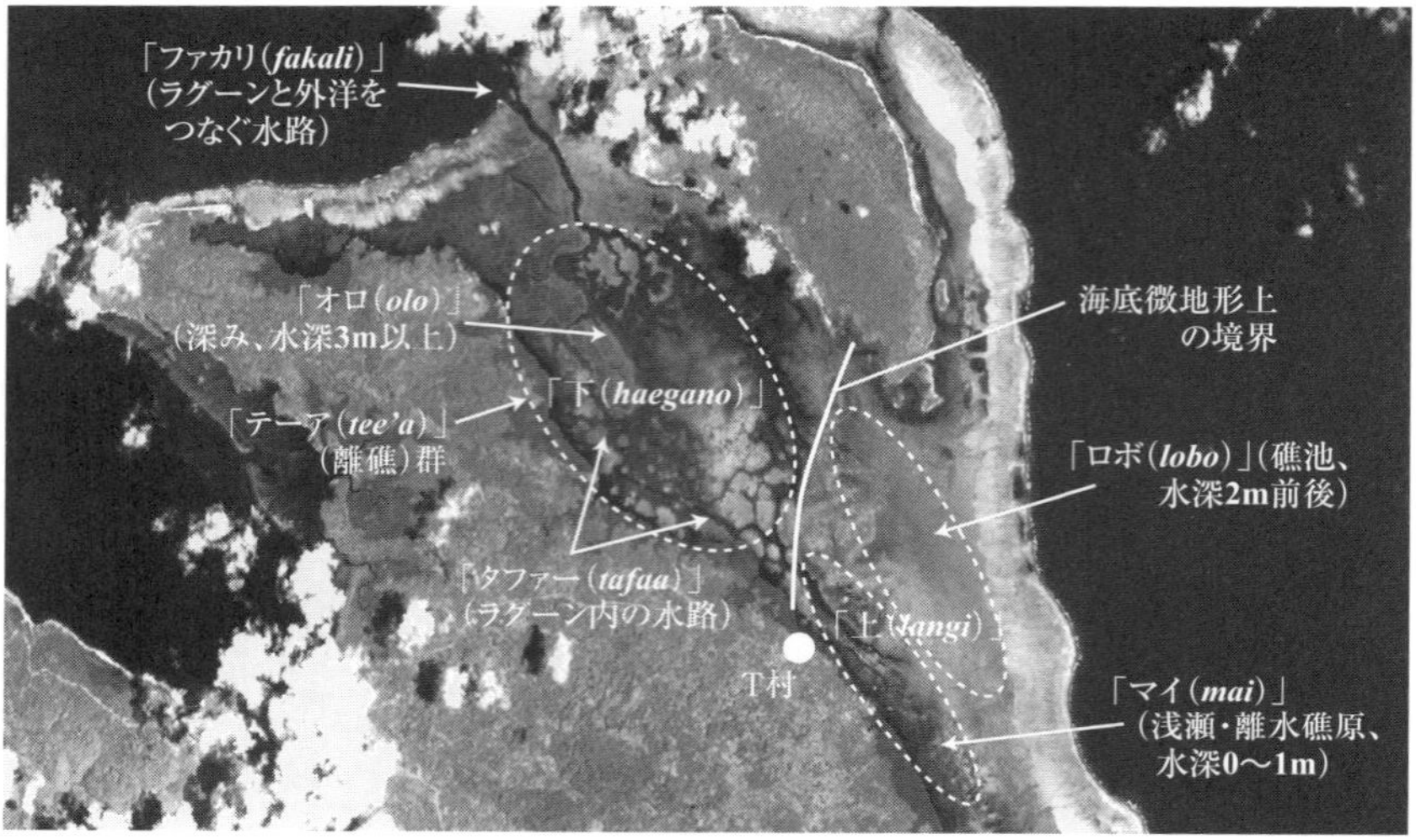

図 5-2　T地域周辺のサンゴ礁とその微地形

深みやそれらの境界、あるいは藻場や砂地といった異なる性質をもつ諸部分からなり、またそれらの性質が潮汐に応じて刻一刻と変化するような、すぐれて複雑で動態的な領域であることを示している。漁撈活動は、アシにおける「海に住まうこと」の本質的な一部分として、この人々がサンゴ礁の海をそのような複雑性と動態性において経験する仕方となっているのである。

それではアシの漁師たちは、そのような「マイ」の空間を具体的にどのように体験しているのか。上述のように夜間の潜水漁では、加圧式灯油ランタンと防水式懐中電灯という二種類の照明器具が用いられるが、これらの照明器具のいずれが用いられるかで、実際の漁撈の様態および出漁場所は大きく異なる。T村における筆者の隣人であった男性ジャケ（Diake、三〇代）――彼自身も漁師である――はある時、このことを、「懐中電灯を使う人たちは下（haegano）で、灯油ランタンを使う人たちは上（langi）で漁をする」という簡潔な、しかし当時の筆者にとっては謎めいた言葉で説明した（二〇一一年七月）。T村沖の海について、「上」は通常T村から南東側を、「下」は北西側を指す[38]（図5―2参照）。GPS端末を用いた出漁のト

写真 5-3　灯油ランタンを用いた夜間の漁

ラッキングを繰り返す過程で徐々に明らかになったように、このジャケの言葉は、T村沖の海における微地形上の差異と、その漁撈活動との関連を端的に説明するものとなっている。

図5―2は、衛星画像上に、T村沖の海のおおよその微地形上の区分と、それらに対応するラウ語の語彙を示したものである。(39) この図を一見しただけでも、T村沖の海の「上」と「下」への区分が、単に方角に基づいているだけでなく、海底微地形におけるかなり明確な差異に対応していることがわかる。すなわち衛星画像を見ると、「上」の海では、一部に黒っぽい影のような部分をともなう白い広がりが、T村の南東方向にずっと続いている。これに対し、「下」の海域にはそうした白い連続的な広がりはなく、暗い色の面の中に、輪郭のおおむねはっきりした、白から灰色の小さな部分がまだらに点在している。容易に予想されるように、図5―2において白色や明るい灰色に見える部分は相対的に浅い海域であり、暗く見える部分は、色が濃く、暗いところほど深い。衛星画像から読み取れるこのような微地形上のパターンを、

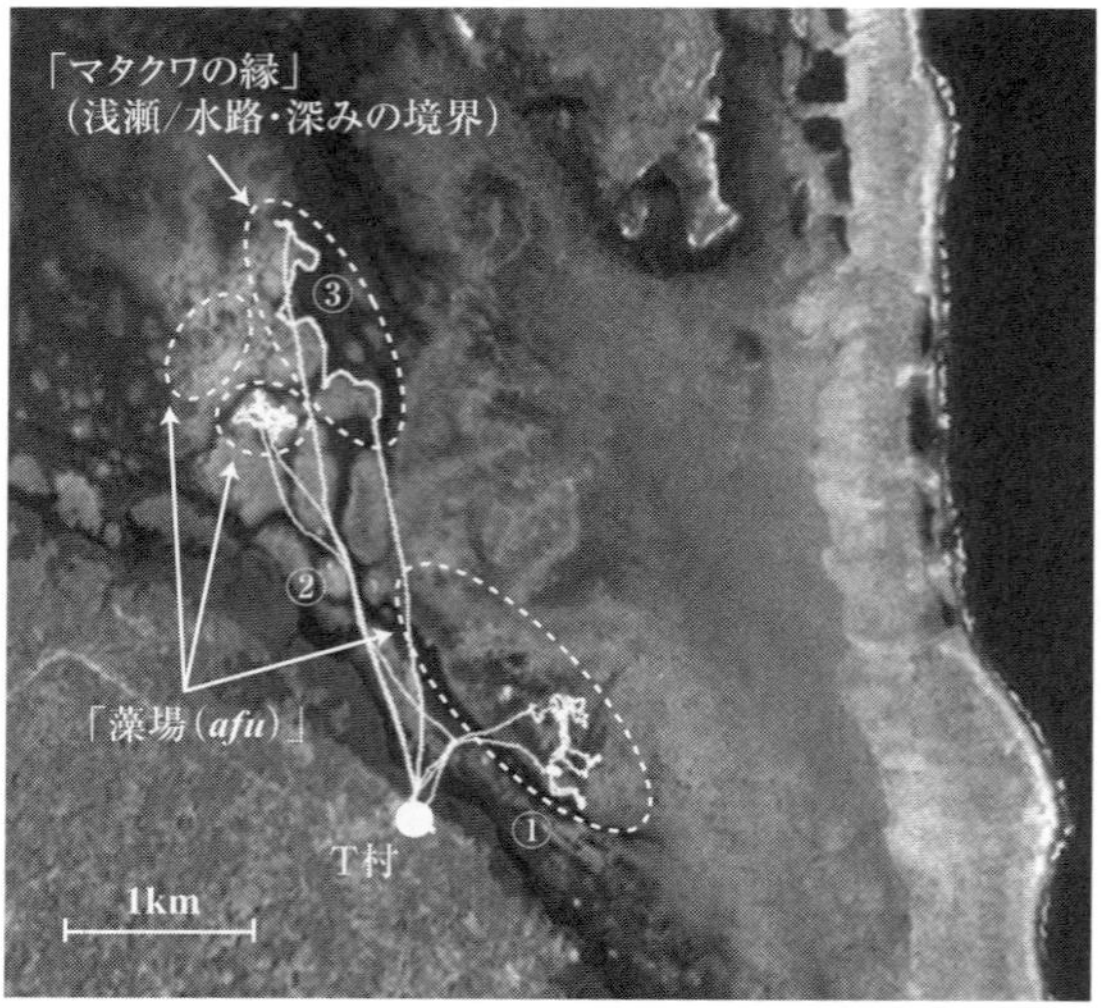

図 5-3　夜間の潜水漁における移動経路と出漁場所

この海域における実際の巡回・観察に基づいてまとめると、次のようになる。

（1）「上」（T村の南東側）：陸に沿って、水深○～一メートルの浅瀬――裾礁（fringing reef）あるいは離水礁原――が延びている。外洋側には、浅瀬と連続した、水深一～三メートルとやや深い海域――礁池（moat）――が広がっている。全体に深浅の差が小さい。

（2）「下」（T村の北西側）：水深○～一メートルの大小の離礁（patch reef）が点在し、その間には水路など水深三メートル以上の深みがある。深浅の差が相対的に大きい[40]。

T村沖の広大なサンゴ礁は、その内部に、このように明確な微地形上の差異を含んでいるのである。この事実を確認することで、「懐中電灯を使う人たちは下で、灯油ランタンを使う人たちは上で漁をする」という先の説明が理解可能になる。漁法と出漁場所のそのような対応関係は、灯油ランタンと懐中電灯という二種類の照明器具が実際に用いられる仕方の差異に由来する（以下、それぞれの照明器具を用いた漁を、「ランタン漁／電灯漁」と略称する）。すなわち、一方の灯油ランタンは、写真5―3に見られるように、通常カヌーの舳先に立てた状

表5-2　灯油ランタン／懐中電灯を用いる漁の諸特徴

	灯油ランタンを用いる漁	懐中電灯を用いる漁
主な出漁場所	藻場など浅瀬	離礁と水路・深みの境界
移動方法	浅瀬の上を歩く	水路・深みを泳ぎ続ける
移動パターン	単一の浅瀬の上を巡回	離礁を周回、その後別の離礁へ
漁獲	「ムー」など特定種が中心	一晩で多様な魚種が捕獲
出漁費用	大（灯油代）	小（電池代のみ）
活動強度	小	大
T村での従事者	約12人	約5人

態で固定され、海面の上から海中を照らして漁師が魚を探せるようにする。ランタンの光が漁に十分なほどに届くのは、せいぜい水深一メートル程度までであり、このことは、ランタン漁が行われうる漁場を浅瀬——ラウ語では、ラグーン全体と同じく「マイ（*mai*）」と呼ばれる——に限定する。このためT地域の場合、ランタン漁を行う漁師は、干潮前後の時間帯に、とくに「上」で発達している、陸に近い浅瀬の上を歩き、水面に顔を漬けた状態で魚を探して突き捕ることになる。[41]

これに対し、懐中電灯を用いた漁では、漁師は電灯と銛銃を左右の手に持って潜水し、水中から、離礁の側面、すなわち離礁が水路や深みに接しているあたりを照らして魚を探す。両手がふさがっているので、カヌーは、漁師の腹部にナイロン製その他のひもで結び付けられる。この漁で漁師が狙うのは、引き潮に従って浅瀬から深み・水路に移動した魚であり、「マタクワの縁（*kamena matakwa*）」と呼ばれる深浅の境界が主な出漁場所となる。図5—2から明らかなように、T村沖の場合、そうした深浅の境界は「下」に特徴的に見られるので、右のジャケの説明の通り、電灯漁は多くの場合「下」で行われることになる。[42]以上の説明は、図5—3に示した実際の出漁事例からも確認されうる。[43]また、以上で述べたランタン漁と電灯漁の違いをまとめれば、表5—2のようになるだろう。[44]

以上で説明した潜水漁の空間的側面に関して注意すべきは、衛星画像上で黒っぽく見えるラグーン内の深み、アシの人々の言う「マタクワ（*matakwa*）」あるいは「オロ（*olo*）」の中では、漁は決して行われていないという点である（電灯漁の漁師たちも、あくまで深みと浅瀬の境界で漁をするに過ぎない)。そのような深みは、図5—2に明らかなように、T村沖では主に「下」の離礁の周囲に見られる。[45] 実際に昼間、カヌーに乗って行ってみると、これらの深みの海面は濃い青緑色に見え、その様子は、明るい青色の海の底に白い砂地が見える「マイ」(浅瀬)や、海底は見えないが明るいエメラルド・グリーンに見える「ロボ(lobo)」(礁池)——干潮時であれば「ロボ」の海底まで潜れる、と漁師たちは言う——と対照的である。

なお、ラウ語における「マタクワ」は、「マイ」すなわちラグーン内の海と対比される「外洋」を指すとともに、「マイ」の内部にある「深み」をも意味するという独特な多義性をもつ。言い換えれば、「マタクワ」(外洋)と区別される「マイ」(ラグーン)の内部に、「マイ(浅瀬)/マタクワ(深み)」という区別が、入れ子構造をなして再び見出されるわけである。このような多義性は、調査初期の筆者を大いに混乱させるものであった。たとえばT村のある漁師(三〇代)は、潮汐との関わりにおける魚の行動と自身の漁撈活動(次項参照)について、「魚は満ち潮の時にマイに行ってエサを食べて、引き潮になるとマタクワに下りる。だからわれわれは、引き潮になった時にマタクワの縁で魚を捕るんだ」と筆者に説明した(二〇一一年八月)。ここでの「マタクワ」が「外洋」ではなく「ラグーン内の深み」を指すことは、以上で述べたような漁撈活動の空間的パターンを把握してはじめて理解可能となる。

しかし他方で、アシにおける海という空間の日常的な体験に継続的に接していると、「外洋」と「ラグーン内の深み」がそのように同じ「マタクワ」という名で呼ばれることには、一定の必然性があると感じられてくる。というのも、それらはいずれも、低潮時でもとうてい底が見えないような深さをもち、そのため、浅瀬での容易な漁撈活動に慣れたアシの人々にとっては、直接の関与が困難であるような、またそこでの活動が一定の恐怖を感じさせるような海域としてである。アシの主観的な体験・認識において「マタクワ」とは、ラグーンの内であるか外であるかを問わず、そのように「われわれ」が直接関わることのできない深い海を指す表現に他ならないのである。

アシの漁師たちは、ラグーン内の「マタクワ」が魚たちの休眠や逃避のための場所であることを認識している。

たとえば、T村に住む漁師の男性アリック（Allick、三〇代）はある時、「最近は漁をする人が多すぎて、魚が人を怖がっている。魚は〔人々が漁をする〕マイ〔浅瀬〕にはほとんど来なくて、ずっとマタクワにいるようになっている」と筆者に語った（二〇一一年七月）。すなわち彼は、魚が長時間深みにいるために、自分たちはなかなか浅瀬で魚を見付けられず苦労している、と不平を言っているわけである。このような語りは同時に、自分たちが捕獲するのは「マタクワ」から「マイ」へと現れ出てきた魚のみである、という空間的な限定を含意している。アシの漁師たちは、仮に「マタクワ」に魚がたくさん潜んでいるとしても、現在のところ、それを求めて深く潜る苦労をしようとは考えていないのである。

このように、アシの漁師たちの認識と実践においては、サンゴ礁の内部に、自分たちが漁をする領域と、魚が豊富にいようとも決して漁をしない領域という区分がはっきりと認められる。そして、右で見たように「外洋」と「ラグーン内の深み」の双方を意味する「マタクワ」という呼称は、まさしくそのような「われわれ」が漁をしない、あるいはできない領域に対して用いられるのである。T村に住む別の漁師（三〇代）は、ある時筆者に対し、「たくさんの人が漁をしているのに魚がなくならないのは、マイが広いからだろう」と語った（二〇一一年八月）。この言葉には、自分たちがその都度漁をしている範囲は、「マイ」（ラグーン内の海）の中のごく一部分に過ぎず、他方で「マイ」には、「下」の「マタクワ」（深み）をはじめ、それ以外の広大な領域がつねに広がっている、という実感が示されている（またそのような実感は、一晩の出漁範囲が数百メートル四方に限られていることを示す図5―3にも合致する）。

このようにアシの漁撈活動は、漁をすることを通じて、逆説的にも、自分たちが漁をしない海域の存在を、この人々の意識に対して浮かび上がらせるという両義的な性格をもっている。それは、現代のメラネシアにおける「利得目的の乱獲」として論者たちが想像するような、ラグーンの全体を一義的に「われわれの漁場」として想定し、実際に利用しようとするような漁撈活動とは明確に異質である。アシの漁撈のこのような性格が、この人々における「海に住まうこと」にとってもつ意味については、後に六節で考察する。

3　時間的側面——潮汐・月齢と出漁時間

以上で潜水漁の空間的側面に見て取ったような、漁撈活動の両義的な限定、すなわち、ある領域で漁をすることが、同時に漁をしない領域をも境界付け、浮かび上がらせるという性格は、アシの漁撈の時間的側面にも見出される。先にも述べたように、現在のT地域で行われているような夜間の漁撈活動は直接の観察が容易でなく、このため調査者はともすれば、「漁師たちは毎晩、日没後から明け方まで漁をしているのだろう」と根拠のない想像をしがちである。しかし実際には、以下で示すように、アシの漁師たちの出漁行動には一定の時間的パターンが認められ、またそれは、「日没から明け方まで」というよりもはるかに限定的なものとなっている。しかもそのような時間的限定は、漁師たち自身によって明確に意識され、かつ、後に見るような規範的な意味を帯びさせられている。

T地域の漁師たちが、「われわれは潮に従って漁をする（*Gemelu dee suli asi*）」という言い方で表現するように、夜間の潜水漁が行われる時間帯は何より「潮汐（*asi*）」によって規定される（ラウ語において、「潮汐・潮位」は、「海」と同じ「アシ（*asi*）」という語で表される）。昼間の漁であれ夜間の漁であれ、また潜水漁であれ網漁であれ、アシの漁師たちは、漁撈活動には「引き潮（*mai*）」の時間帯がもっとも適していることを明言する［cf. 秋道 一九七六：一〇五、一一一—一一三、Ivens 1978[1930]: 254］。すなわち、潮位の低下とともに、魚は浅瀬から相対的に深いところへ移動・集中するので、漁師は漁を行う範囲を空間的に限定することができる。また、引き潮によって水深が浅くなれば、藻場などをランタンで照らして魚を探すことが可能になるし、電灯漁の場合には、「マタクワの縁」での潜水が容易になる。これらの事情から、「潮に従う（*suli asi*）」アシの人々の漁は、陸上や人工島上にいて、「引き潮」を認識したら出漁し、干潮前後に漁をして、「満ち潮（*lua*）」をはっきりと認識したら漁をやめて帰る、という時間的パターンを示すことになる。[46] また、新月および満月の前後に当たる大潮の時期は、干潮時の潮位がとくに低くなる――T村沖では、ラグーンの海底が広範囲に干上がる「大きな引き潮（*mai baita*）」が見られる――ため、潜水漁にもっとも適しているとされる（後掲表5―3参照）。

　さらに、アシの漁師の出漁パターンは、「月（*sinali*）」、すなわち月齢と月の出入りという副次的な契機にも影響されている。先に述べたように、夜間の潜水漁には、「魚がじっと眠っていて逃げない」時期あるいは時間帯としての「闇夜」がもっとも適しているとされる。先にも登場したジャケの説明によれば、「月が明るい（*sinali tala*）時だと、魚はじっと眠っていないので、銛銃で撃っても逃げてしまう。闇夜なら、撃ち損ねたとしても、魚は少しだけ逃げて、またそこで眠っている」[47]（二〇一一年八月）。このため漁師たちは、そもそもある夜に出漁するかどうかを決める上で、その夜に「月が明るい」かどうか、あるいは、月のない「闇夜」の時間帯が引き潮と重なっているか否かといった点を考慮する。結果としてT地域では、「闇夜」の時間帯の長い新月前後から上弦の月の時期には盛んな出漁が行われ、他方、満月前後から下弦の月の時期には、「月がよくない（*sinali e garo*）」のであまり漁が行われない[48]、という時期的なパターンが見られることになる。

　なお月齢に関わらず、一晩のうちの出漁時間帯は、あくまで右で述べたように潮汐に従って決められる。右のジャケが述べたように、「闇夜であっても、潮がよくなければ漁には出ない。われわれは、決してむやみと漁をしたりはしないのだ」（二〇一一年八月）。彼がここで言っている「むやみと漁をする（*dee ata*）」こととは、右で述べたような漁に適した時間帯を無視し、潮汐や月齢に関わらず海に出て魚を捕ろうとするような態度を指している。アシの漁師たちの認識では、潮が満ちてきているにも関わらず漁を続けようとしても、魚の移動・拡散などのためにたくさんの魚を捕ることはとうていできず、そのような漁は無分別で「見苦しい（*ada ta'aa*）」。そもそも、「潮に従う（*suli asi*）」という先に見たラウ語の表現には、「潮汐の変化に逆らわない」という従順さあるいは受動性の含意がある。

表 5-3　T地域における月齢・潮汐と出漁パターンの対応関係

月齢	● 0	◐	○ 15	◑	● 29
潮	大潮	小潮	大潮	小潮	大潮
夜間の潮汐	深夜に干潮 早朝に満潮	深夜に満潮 早朝に干潮	深夜に干潮 早朝に満潮	深夜に満潮 早朝に干潮	深夜に干潮 早朝に満潮
月の出入り	一晩中「闇夜」	夜半以降「闇夜」	一晩中月夜	夜半以降月夜	一晩中「闇夜」
漁への適／不適	◎ （大潮かつ闇夜）	○ （小潮だが、干潮時に闇夜）	× （特定魚種のみ適）	△ （小潮かつ干潮時に月夜）	◎ （大潮かつ闇夜）
出漁傾向	干潮に合わせ早く出漁／深夜に帰漁	干潮に合わせ遅く出漁／朝まで漁	出漁せず or 早く出漁／早く帰漁	出漁せず or 時に長時間に	干潮に合わせ早く出漁／深夜に帰漁
出漁時間	やや長（5～6時間）	短（4～5時間）	（出漁の場合）短（4～5時間）	（出漁の場合）長（7～8時間）	やや長（5～6時間）

出漁・帰漁時間の決定に関し、アシの漁師たちは、自らの意思ではなく「海／潮（*asi*）」それ自体の変化に沿い従わなければならない、と考えているのである。先のアリックの言葉では、「漁にはそれに向いた時がある。昔の人たちは、『むやみと漁をしてはいけない（*Dee-ata-laa ka langi*）』と言っていた」（二〇〇九年五月）。この言葉には、そのような出漁の時間的限定が、単に技術的な効率性に関わるのみならず、漁師たちにおける道徳的・規範的意識とも結び付いていることがはっきりと示されている[49]。

なお、潮汐と月齢の間には通常、おおよその連動関係が見出される［cf. 飯田 二〇〇八：一一五―一一七、小野 二〇一一：二八六―二八八］。T地域においてこの連動関係は、（1）新月と満月の時期（大潮）には、通常昼間と深夜に干潮が、（2）上弦と下弦の月の時期（小潮）には、通常夕方と早朝に干潮が見られる、というかたちをとる。このため、上述のように潮汐に従って決定され、またその都度の月齢と月の出入りによって積極的あるいは消極的に動機付けられるアシの出漁行動は、ある程度の規則性をもって変化することになる。そのような時間的パターンを図式化するならば、おおよそ表5―3のようになるだろう[50]。また図5―4と図5―5には、実際の事例における出漁時間を示した。こ

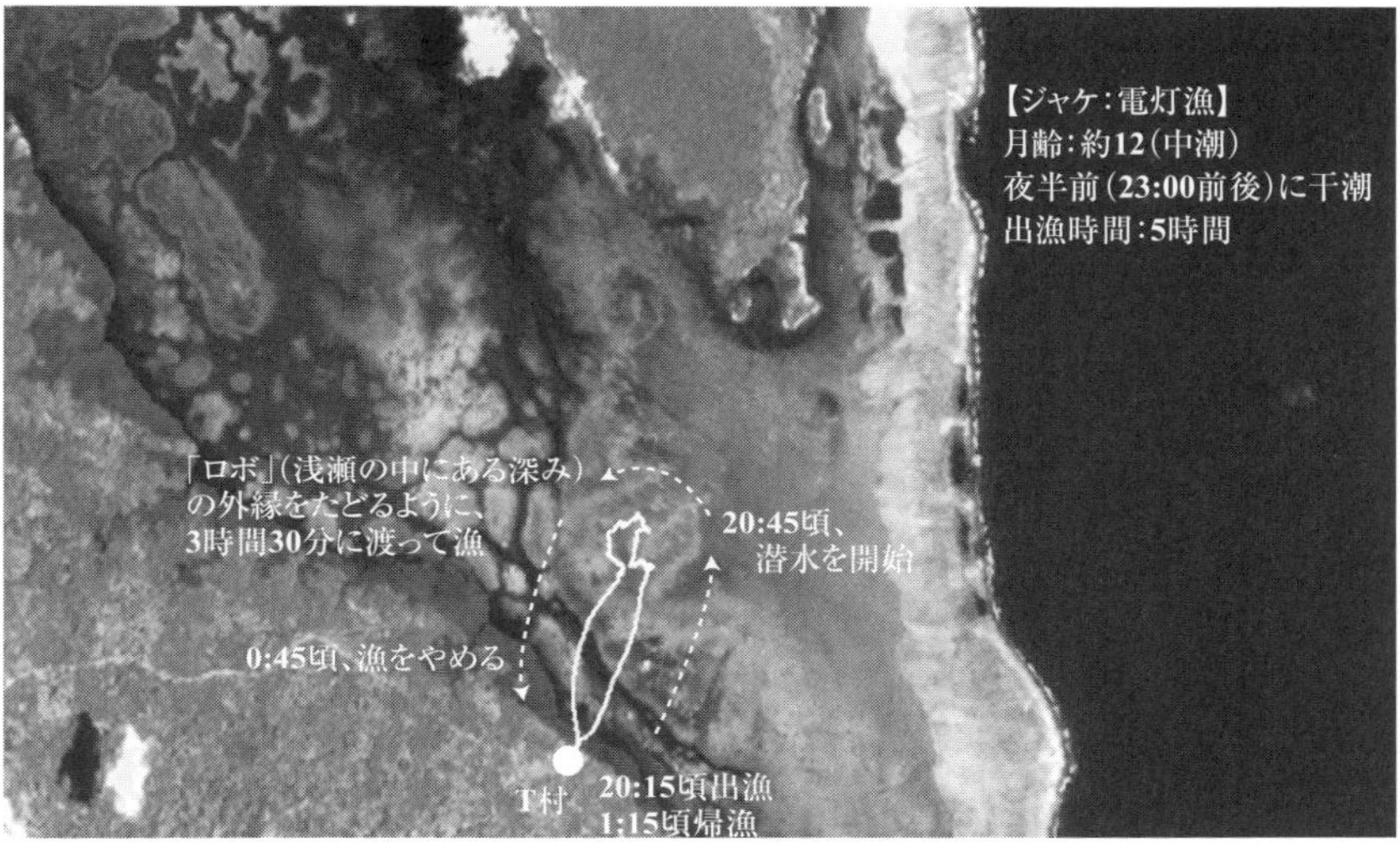

図 5-4　ジャケの出漁のトラック・データ（2011 年 9 月 9 日）

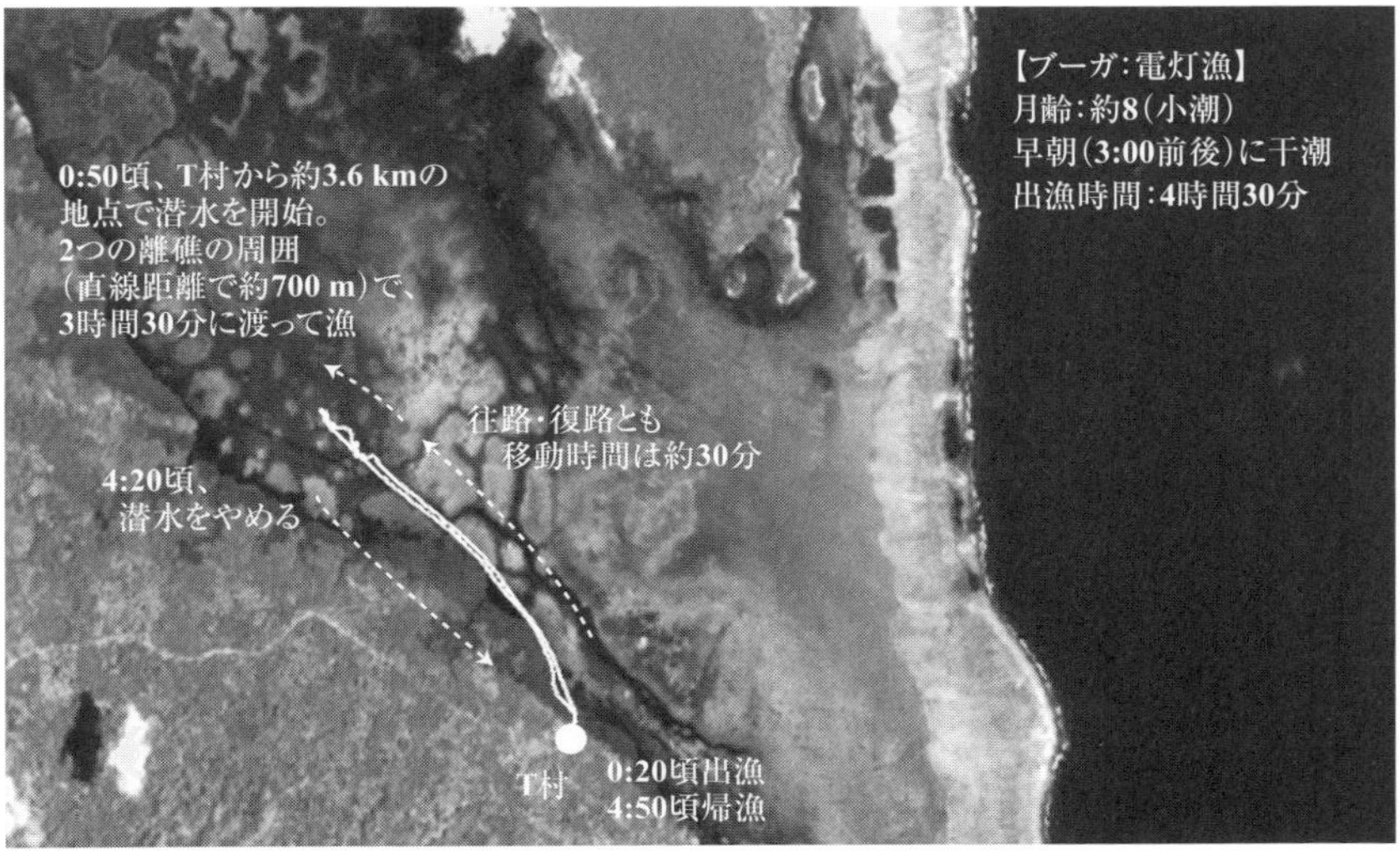

図 5-5　ブーガの出漁のトラック・データ（2011 年 7 月 8 日）

れらの事例からは、T地域の漁師たちが「潮に従って」漁をしていること、およびその結果としての出漁時間の限定を明確に読み取ることができる[51]。

なお、このような時間的限定は、出漁・帰漁の時点が実際に決定される上で、漁師たちが認識する魚の捕りやすさが重要であることをも含意する。以上で見たように、T地域の漁師たちは、魚が捕りやすい引き潮の時間帯になるまで出漁せず、他方、魚が捕りにくく、潜水もより困難になる満ち潮になると、明け方まで間があっても帰漁する。仮にこのような時間的限定を行わず、たとえば「闇夜」だからと言って潮が満ちてきているのに漁を続けるなどすれば、一晩の総漁獲量はそうしない場合よりいくらか増えるだろうが、単位時間あたりの漁獲量、すなわち漁獲効率はほぼ確実に下がるだろう。そして、以上の検討が示すように、T地域の漁師たちは基本的にそのような漁は行っておらず、彼らの一晩の出漁には、つねに一定の時間的余白――彼らが漁をしない時間帯――がともなっているのである。この点において、アシの潜水漁の時間的側面には、先に見た空間的側面と共通の性格、すなわち、漁をすることを通じて、同時に逆説的にも、漁をしない時間を確保するという両義的な性格を指摘することができる。またそのような時間的性格には、漁師たちにおける、もっと長時間魚を捕ろうとすることはあくまで可能だが、自分たちはそのようにはしない、という意識的な選択が示唆されている[52]。そうした選択性があるからこそ、出漁時間を限定し「むやみと漁をする」ことを慎むという態度は、先に見たような規範性をもちえているのである[53]。

五　漁業への意識と「住まうこと」

1　漁業に対する二面的な評価

T地域における漁撈活動の実情を以上のように確認した上で、次に検討したいのは、そのような現状に対し、アシの人々がどのような意識をもっているかという点である。筆者の見るところ、現在のT地域に住む人々における漁撈・漁業に対する意識あるいは評価は端的に二面的なものになっており、そのような二面性は、冒頭で見た「夜の海の『タウン』」という逆説的なイメージにも示唆されている。さらに、漁業をめぐるそのような意識は、第一章以来問題にしている、自分たちが今後も現住地に「住み続ける（*too*）」ことができるか否かをめぐるこの人々の逡巡とも直接に関わっている。

すなわち一方で、T地域の人々は、従来の民族誌、およびマライタ島北部で一般的な「伝統的な漁撈民としてのアシ」という見方に矛盾するかのように、漁撈・漁業に対して明確に否定的な意識をもっている。現状のような漁撈・漁業に立脚した居住＝生活は、この人々にとって、一面でたしかに「よくない、正しくない（*langi si 'o'olo*）」のであり、このような認識は、現住地、すなわち人工島や海岸部を去って「トロ」の「故地」に「帰ろう」という志向をも動機付けている。他方でこの同じ人々は、漁業がもつ、現在なお実現されていない社会経済的な可能性に対して、時に法外にも見える積極的期待を抱いている。T地域の人々によれば、新たな種類の漁撈活動、具体的には、サンゴ礁外の「マタクワ」（外洋）における延縄漁などの漁撈は、現在対象とされていないカツオ（*hau*）などの大型魚を漁獲対象とすることで、今日のそれをはるかに上回る現金収入を新たにもたらしうる。この場合「われわれ」は、現住地に「住み続け」ながら、豊富な現金収入に基づく、現在とは異なる居住＝生活を送ることができる――それがアシの人々の想像に他ならない。このように人々は、右で述べたような否定的な意識の反面において、漁業の社会経済的な可能性、言い換えれば未知の、新たな「海に住まうこと」の可能性を信じることをやめていない。一見矛盾あるいは分裂したものに見えるこのように二面的な意識において、アシの人々は、現住地に「住み、とどまり」ながら、現在のような居住＝生活と別様な居住＝生活の可能性の間で不断に揺れ動いているのである。

2　漁撈・漁業に関する否定的な語り

今日のT地域において、漁撈活動およびそれに依存した生活に関する人々の語りは、しばしば明確に否定的な調子を帯びる。そうした評価はとくに、先に述べたように比較的新しい漁法である夜間の潜水漁に対して向けられるが、他方でその含意は、現在の漁法に限定されず、漁撈・漁業一般にまで及んでいる。

そもそも、T地域の漁師たちにおいて、現在のような漁撈活動は明確に、身体的その他の苦痛をともなう過酷な労働として認識されている。たしかに夜間の潜水漁は、子どもの頃からラグーンでの泳ぎや潜水を身に付けているアシの男性にとっては参入が容易であり、またある程度の現金収入を確実にもたらしてくれる。しかしその反面でこの漁撈は、身体的な負担の大きさや、生活時間を極端に不規則にすることなど、明らかに好ましくない面をもつものとみなされている。たとえばジャケはある時、「夜の海は冷たくて、漁をしていて具合が悪くなることもある。銛を持った手がしびれてしまうこともある」と筆者に語った（二〇一一年七月）。身体の「冷え（*gwaria*）」についての同様な訴えは、T地域の漁師から頻繁に聞かれ、「〔身体の〕具合が悪いので今は漁には出ない」と言って休んでいる漁師の姿も時に見られる。また、別の漁師（二〇代）が、「夜の漁に出て、マングローヴのあたりまで帰ってくる頃には、眠くてこんな風に〔座ったまま、上半身を大きく左右に揺らして〕なるぞ」と筆者に語ったように（二〇一一年八月）、夜間の出漁による睡眠不足もしばしば不満の対象となる。

漁師たちはまた、現金収入の必要などに迫られ、時に不本意な出漁をしなければならないことに対しても不満の意識を抱いている。漁師の世帯では、畑からの自給分の一時的不足を補うイモや米の購入といった日常的出費や、親族の婚姻や教会の催しに際しての儀礼的出費、あるいはT村内の魚の買い手からの「前借り[54]（*kaoni*）」（p. account）の返済といった目的のために、しばしば出漁への圧力が生じる。たとえば、先にも登場したT村の漁師アリックは、ある日曜日、「家にあったお金は昨日の市場ですべて使ってしまったから、〔自宅の照明用の〕灯油を買うために昨日の夜も漁に出た。今日も漁に出るつもりだ」と不満げに筆者に語った（二〇〇八年一〇月。カトリック信者であるT地域の人々は、本来土曜の夜には仕事をすべきでないと考えている）。また、別の漁師（T村在住、三〇代）は、休暇のためにT村に滞在していた親族から、「アウキに戻るついでに、市場に魚を持って行って売りたいから」と出漁を依頼され、「今は月がいい（月齢が漁に適した）時期じゃないのに……」と不平を述べていた。漁師たちがこのような立場に置かれることは、現在のT地域において珍しくない。

さらにアシにおいて、漁撈活動に対する否定的な評価は、単に身体的苦痛や不本意な出漁への圧力に関わるだけでなく、固有の道徳的な側面をもっており、そのような側面は、「住まうこと」のあるべき姿をめぐるこの人々の意識と密接に関わっている。具体的に言えば、現在のアシ地域において漁撈活動は、とくに「畑仕事（*raoa*）」との対比において、短期的に消費されてしまう現金収入にもっぱら関わり、そのため子や孫たちに対する間世代的な気遣いを欠いた、道徳的な意義の乏しい経済活動とみなされているのである。

たとえば、T村近隣に住む「トロ」の男性（四〇代、自身は漁師ではない）は、アシと「トロ」の人々がやり取りする市場について筆者に説明する中で、「［マーナオバ島の］H村の人たちは怠け者なので畑仕事をせず、いつも漁をしてお金で食べ物を買っている」という批評を述べた（二〇〇九年九月）。H村は、T村から約四キロも離れているにもかかわらず、T村の市場への主要な魚の供給元の一つとなっており、H村の人々は、T地域の人々と比べてもさらに活発で専業性の高い漁撈民――「いつも漁ばかりしている（*dee olowe*）」人々――として認識されている。[55] 右の男性の言葉は、そのような専業的な漁撈民としての性格を否定的に評価するものであり、またそこでは、漁撈と畑仕事という二つの生業活動が明確に対比されている。なお、そこで用いられている「怠け者である（*noni 'ela*）」という表現は、活発な漁師を非難する際に半ば定型的に使われるが、[56] 毎晩のように漁に出る活発な漁師がなぜそのように「怠け者」と評されるのか、調査中の筆者には長らく不可解であった。このような疑問は、これに対置される「働き者である（*noni maabe*）」という表現が、アシにおいてもっぱら「畑仕事に熱心である」という意味で用いられ、また以下で見るように、そうした評価が、畑仕事がもつ間世代的な気遣いという側面に関わっていることを理解することで、はじめて解消されうる。

注目すべきことに、アシの人々が漁撈について語る場合、現在の世代における漁撈への依存はしばしば、望ましくない間世代的関係を表すものとして意味付けられる。ここでの「間世代的関係」は、父と子、あるいは祖父と孫の関係など、先行世代と後続世代の間の、主に父系的な関係を指す[57]。たとえば、T村に住む五〇代男性（元a島居住者、自身は漁師ではない）は、自身の世帯の畑仕事や、時折行うアウキへの魚の輸送・販売について筆者に説明する中で、「いつも漁ばかりしているのはよくない。嵐の時には子どもたちがお腹を空かせることになる」と語った（二〇〇九年八月）。ここで言う「いつも漁ばかりしている」とは、先の「トロ」の男性の語りにおいてと同様、畑仕事よりも夜間の漁撈が世帯の中心的な生業となっており、家族の食糧のほとんどが魚を売って得た現金によって購入される――アシの表現では、「市場でご飯を食べる（*fanga 'i maana uusia*）」――ような状態を指している。この男性は、サイクロンなどで数日間荒天が続き、夜間に出漁できない場合には、現金収入が途絶えて家族が困窮することになる、だから漁撈に依存した生活はよくない、と言っているのである。そこにはまた、生計を漁撈に依存している世帯の親たちは、子どもたちに対してなすべき配慮ができていないという、間世代的関係に関する道徳的な非難が含意されている。

なお、以上のような否定的評価は、一見したところ、自身は漁師ではない人々による、自らを棚に上げた一方的な批評・非難であるようにも見える。しかし実際には、そのように否定的な認識は一面で、活発な漁撈を行う人々自身にもたしかに共有されている。たとえば、T村の中でもとくに活発な漁師として知られるT氏族成員の男性（三〇代）は、アウキからT村に向かう乗り合いトラックに筆者と乗り合わせた際、マライタ島北西岸の自動車道沿いに広がるココヤシ農園を指し示して次のように言った（二〇〇九年一月）。「われわれのところ〔T地域〕にも爺さんや父さんたちが植えたココヤシ農園（*bariki*）があれば、われわれもコプラを作ってお金を稼ぐことができるだろう。でもココヤシ農園はないから、われわれは漁をしないといけないんだ」。ここで男性は、マライタ島の他地域の人々が享受しているような間世代的恩恵、具体的には、祖父や父の世代が子孫のために植えたココヤシを利用するという選択肢が欠けているがゆえに、自分たちは仕方なく漁をして現金収入を得ているのだ、という理解を表明している[58]。この例が示すように、現在のT地域では、活発な漁師たちでさえ、自分たちが行う漁撈を、間世代的な恩恵の欠如あるいは断絶のあらわれとして、一面で否定的・消極的に意味付けているのである。

3　漁撈・漁業をめぐる「負の循環」

それでは、なぜ漁撈活動は、今日のアシによってこのように否定的に評価されるのか。その理由は、先に指摘したような、生業を通した間世代的関係の道徳的含意という側面から明らかにされる必要がある。すなわち、次章でも見るようにアシの人々は、先行世代は後続世代の居住＝生活「を気遣って（*manatatoona*）[59]」長期的に存続する有用植物を植え付け、後続世代は、先行世代に由来するそうした恩恵を享受しつつ、さらに後続する世代の便宜を考慮して同様に行動するという関係を、望ましい間世代的関係、さらには「住まうこと」のあり方と考えている。先に見た「働き者」という形容はまさしく、そのように間世代的な配慮に基づき、現住地における居住＝生活を豊かなものにしようとする行動を、道徳的に評価するものに他ならない。アシにおいて、そのような道徳的行動の典型と認識されているのが、畑仕事、ならびにそれに付随する、ココヤシ、サゴヤシやビンロウジュなどの有用植物の植え付け──ラウ語で言う「アルトーア（*alutooa*）」（次章参照）──である。これらの有用植物は、通常自給用の耕地や集落の周縁部に植えられる。それらは、植え付けから利用が可能になるまでにある程度長い時間がかかるが、いずれも長期的に「とどまる（*too*）」（存続する）ことで、その場所に「住まう（*too*）」人々に間世代的に便宜を提供し続けることができる。このような、間世代的な持続性を通じた「住まうこと」との結び付きのために、畑仕事や有用植物の植え付けに熱心な人々は、「働き者」として道徳的に評価されるのである。また同じように、人々の居住地に見られるココヤシ農園や豊富なサゴヤシ、ビンロウジュは、その場所において間世代的・道徳的関係が望ましい状態にあり、したがってそこでの「暮らしがよい（*Toolaa e diana*）」ことの表れとみなされる。

これに対し、T地域に住む人々の認識では、現在の同地域で行われているような漁撈活動は、そのような望ましい間世代的関係という契機を決定的に欠いている。まさにそのために漁撈は、先に見たように、道徳的に貧困化した生業として否定的・消極的に評価されざるをえなくなっているのである。何よりまず、現在行われているような夜間の潜水漁は、右で言及されていたコプラ生産などとは対照的に、先行世代から引き継がれた自然資源のストックにまったく依拠していない。アシの男性は、祖父たちや父たちから何らの有用植物を受け継いでいなくても、文字通り「身一つで」漁をし、生計を立てることができる。だからこそ、「爺さんたちや父さんたちが植えたココヤシ農園」をもたない「われわれ」は、現金収入のために「漁に出なくてはいけない」ことになるのである。さらに、アシの理解によれば、長期的に存続する有用植物の植え付けをしばしばともなう自給的農耕とは異なり、漁撈は後続世代のための新たな資源ストックを創出することもしない。捕った魚を売ることで現金を得て、それでイモや米を買うことはできるかもしれないが、それらを消費した後には何も残らず、次の世代は再び身一つで夜間の漁に従事しなければならないことになる。このように、現在のT地域で行われているような漁撈は、人々により、畑仕事をはじめとする生業に理念上付随し、道徳的な意味を帯びた間世代的関係から切り離された活動とみなされている。先に見たような漁撈についての否定的な語りは、まさしくそのような認識に基づきなされているのである。

さらに言えば、現在のT地域に住む人々の語りには、漁撈と右で述べたような間世代的な資源ストックの間に、「負の循環」とでも言うべき事態が生じているという懸念を読み取ることができる。ここで言う「負の循環」とは、具体的には、（1）T地域において、人口の増加と密集のために土地への人口圧が高まっている、（2）そのために各世帯の耕地が縮小したりココヤシ農園が伐採されたりし、これにより長期的な有用植物のストックが減少している、（3）そのような資源ストックの減少のために、現存世代における漁撈への依存度が高まっている、（4）そのため次世代への新たな資源ストックが創出されず、漁撈に依存した生活が次世代でも反復・再生産されようとしている、という過程を指している。それはまた、先行世代が後続世代のために資源ストックを殖やし、それを後続世代が引き継いでさらに殖やすという、先に述べた「住まうこと」の理想的なあり方の鏡像でもある。そのような、現住地における自分たちの生業の道徳的意義の漸減、あるいはその不可逆的な貧困化の過程こそ、アシの人々が認識する漁撈活動の否定的な一面に他ならない。

このような認識はまた、第一章以来再三問題にしてきた「故地へ帰る」という志向、すなわち、個別の氏族の「故地」とされる土地をマライタ島の内陸部に見出し、そこに生活の拠点を移そうとする、現在のアシ地域で広く共有された構想とも密接に結び付いている。すなわち、今日のT地域でしばしば聞かれる漁撈をめぐる否定的な語りが、漁撈活動と間世代的な資源ストックの間に負の循環が生じてしまっているという認識に基づいているとすれば、これに対し、「トロ」の「故地」への移住は、そのような循環から脱却し、自然資源の間世代的な創出・継承をめぐるあるべき関係を回復する可能性を指し示すものとなっているのである。

先に見たように、アシの人々の認識によれば、現在のT地域では、耕地の相対的な不足のためにココヤシ農園などが伐採され尽くしてしまっている上、長期的に存続する有用植物を新たに植え付けることも困難になっている。このために多くの世帯が漁撈による現金収入に頼った生活を送らざるをえなくなっている、と人々は認識しており、そのような状況は、T地域における「住まうこと」の全般的な道徳的貧困化を意味するものと受け止められている。これに対し、居住人口に対して土地が相対的に豊富であるとされる「トロ」、しかも自身が優位の土地権を主張しうる氏族の「故地」に移住するならば、人々は、自らの子孫たちも同じ土地に「住み、とどまる」だろうという見込みの下、T地域での居住＝生活とは一転して、サゴヤシ、ビンロウジュなどの有用植物を積極的に植え付け、居住地における資源ストックを増大させることができる。将来この「故地」に住む子や孫たちの世代は、これらの豊富なストックから便宜を受けながら生活し、さらに自ら有用植物を植え殖やすことで、「故地」の居住空間を、したがってさらには、そこでの居住＝生活それ自体を、いっそう豊かなものにするだろう――それがアシの人々の期待に他ならない。

このように、アシにとって「トロ」への移住という構想は、単に土地権の確保といった社会経済的な利害への関心に基づいているだけでなく、現住地では実現しえない望ましい間世代的関係と「住まうこと」を回復するという道徳的な意義をももっている。そしてそのような積極的見通しは、現在のアシ地域における「住まうこと」が、漁撈と間世代的関係をめぐる負の循環に陥っているという否定的な認識の裏面に、つねにともなっているのである。

4　外洋漁への期待

さらに、以上で見たような否定的な意識の反面において、T地域の人々は、「トロ」への移住を行うことなく、現住地に「とどまり」、漁業に依存した居住＝生活を維持したままで、自らの生業をめぐる社会経済的かつ道徳的な困難が一挙に解決されうる可能性をも想像している。そしてそのような想像において、先に見たように一面で否定的に評価されている漁撈・漁業は、「われわれ」に現在とはまったく異なる居住＝生活をもたらす可能性を潜在させたものとして、一転して積極的な意味付けを受けているのである。ここで問題となるのは、具体的には、T地域の人々がしばしば口にする、ラグーン外の「マタクワ」（外洋）での漁の商業的可能性への期待に他ならない。

三節で述べたように、T地域を含むマライタ島北部では、一九九〇年代に日本からのODAにより、カツオを対象とする延縄漁などの外洋漁――アシの表現では「マタクワでの漁（*deelaa la matakwa*）」――の普及プロジェクトが実施され、漁獲をホニアラに出荷することで安定的な現金収入を創出することも試みられた。しかし、二〇〇〇年前後にはプロジェクトで試みられた外洋漁は完全に途絶し、ほとんどの拠点集落では商業的漁業それ自体が行われなくなった。他方T地域では、本章で見てきたように、外洋ではなくラグーン内での夜間の潜水漁というかたちで、都市市場向けの漁業が継続されることとなった。

T地域における商業的漁業の活況は、すでに見たように、同地域の人々の間で現在、「漁をする人が多すぎるために、ラグーン内の魚が少なくなっている」という懸念を生むに至っている。その反面で、漁師であるか否かを問わず、人々はしばしば、かつての日本からのODAを想起しつつ、「マタクワ」の海洋資源、すなわちカツオなど大型の回遊魚を再び商業的に活用する可能性について語るようになっている。たとえば、かつての外洋漁プロジェクトに際し、受け入れ側の中心人物の一人であった男性（五〇代、元I島居住者）は、T地域における漁業の現状を診断して、「ラグーンの中には魚が少なくなっているが、外洋の魚は手付かずのままだ。外洋には大きな魚がたくさんいる」と強調した（二〇〇八年九月）。また、活発な漁師として知られるT村の男性（三〇代）は、自らの漁撈活動について筆者に話す中で、「ラグーンの中の魚はすごく小さくなっている。外洋に出られればカツオなどが捕れるのだが……どこか外国の政府が、自分たちにまた外洋での漁のやり方を教えてくれればいいのに」と語った（二〇〇八年一〇月）。

「マタクワ」の海洋資源の豊富さと、それを商業的に活用する可能性へのこのような期待は、今日のT地域において、しばしばごく楽観的な調子とともに語られる。そこで期待されているのは、きわめて豊富であるとされる外洋の資源にアクセスし、それをホニアラやアウキなどの「タウン」に出荷することで、現状と比べてはるかに大きな現金収入が突如得られるようになる、という可能性に他ならない。そのような語りの背景には、現在のソロモン諸島における都市への人口集中と都市市場の拡大という状況についての認識がある。先にも述べたように、村落部に住むアシの認識において、「タウンの人たち」は、国内でも例外的な給与所得をもつ、「お金をもっている」人々に他ならない。また、T地域から魚を輸送・販売している人々の実感によれば、アウキやホニアラの人口が増大し続けている現状では、「市場〔の状況〕はよい（*Maakete e diana*）」、すなわち、「タウン」において魚は供給すればしただけ売れる。そうだとすれば、ラグーン内の魚よりはるかに大きな外洋の魚は、「われわれ」に多大な現金収入をもたらすはずだ――これが人々の見込みに他ならない。

仮にそのような商業的漁業が新たに実現するならば、T地域の人々は、自給的耕地の不足という現状が変わらなくとも、外洋漁から得られる現金収入に依拠した「よい暮らし（*toolaa diana*）」、具体的には、村落地域にいながら米や衣服、太陽電池パネルといった物資を豊富に購入し消費する居住＝生活を送れるようになるだろう。それは、「トロ」の「故地」で実現しうるという自給的生活の理想とは異なるが、しかし、耕地や植物資源の不足にもはや悩まされることのないような、別の意味で望ましく新しい「住まうこと」のあり方である。そこにおいてはまた、「われわれ」が住む「村」と「タウン」の関係も、現在とは多分に異なるものになると想像されている。すなわち、「われわれ」はもはや、「タウンの人たち」とは対照的な貧しい人々にはとどまらず、むしろ、「村」にいながらにして「タウンのような」居住＝生活を送ることができるようになる――そのように期待されているのである。このような想像においてT村は、前章で見たように、多様な出自・親族関係上の立場をもつ人々が「ごちゃ混ぜに住んでいる」という否定的な意味で「タウンのような」居住空間ではもはやなく、むしろ、豊かな現金収入と消費物資に基づく、肯定的な意味で「タウンのような」空間として――正確には、そうした空間になりうるものとして――再定義されている。このようにアシの人々は、「マタクワでの漁」の商業的可能性への期待において、先の「トロ」への移住の志向とは対照的に、現住地であるT地域に「住み、とどまり」ながら、社会経済的かつ道徳的な諸問題が一挙に解消され、まったく新たな「住まうこと」が実現する可能性を想像しているのである。

六　他なる「海」と「住まうこと」

以上のような、一見矛盾し分裂したものと見える漁撈・漁業への評価、具体的には、道徳的に否定的な意味付けと法外な経済的可能性への期待は、アシにおいて、なぜ、どのようにして生じているのか。ここではこの問題を、本章で検討したアシの漁撈・漁業の具体的な現状との関わりで考えてみたい。すなわち、そのような意識は一面で、先に指摘した、つねに時間的・空間的な余白を残す、あるいは創り出すというアシの漁撈活動の性格とおそらく関わっているのである。

ここで示唆的と思われるのが、先にも指摘した、アシにおける「マタクワ」という表現の独特な多義性である。すなわち、「マタクワ」は一面で、「マイ」すなわちラグーン内の海と対比され、その外側に広がる「外洋」を指す。すぐ右で問題にした外洋漁も、現在日常的に行われている「マイの中での漁（*deelaa la mai*）」との対比において、「マタクワでの漁」と呼ばれる。他方で、「マタクワ」の指示対象は「外洋」だけではなく、「マイ」と「マタクワ」を対比する右の用法に一見矛盾するかのように、「マイ」（ラグーン）の内部に見られる「深み」も同じく「マタクワ」と呼ばれるのである。

このように多義的で矛盾したものにも見える用法の反面で、「マタクワ」という表現は、アシにおける日常的な漁撈活動に即して見るならば、先にも述べた通りある一貫した意味をもっている。すなわち、それはアシにおいて、ラグーンの中であれ外であれ、底が見えないほど深く、したがって「われわれ」が直接関わることのできない海域を指しているのである。海という空間の実際の体験に根差したそのような含意において、「マタクワ」は、「外洋」

を指すにせよ「ラグーン内の深み」を指すにせよ、容易に、安心して活動することのできる海域としての「マイ」（ラグーン内の海／浅瀬）と一貫した対比をなしている。さらに、このような「マタクワ」の観念は、先に指摘した、アシの潜水漁の特徴の一つである明確な空間的限定性とも関わっていた。すなわち、現在のＴ地域で行われているような潜水漁は、ある海域で漁をすることが、他方で同時に漁をしない海域をも境界付け、浮かび上がらせるような、海という空間との両義的な関わりの形態となっていた。そして「マタクワ」とは、まさしくそのような「われわれ」が漁をしない領域に対する呼び名となっているのである。別の言い方をすれば、アシにとって海とは、身近な居住＝生活空間であると同時に、そのように「われわれ」が決して関わることのできない、根本的に疎遠で他なる領域をつねに含む空間に他ならない。本書の冒頭で言及した津波のような出来事も、アシにとって、海が内包するそのような他者性を、端的で暴力的なかたちで示したものと言えるだろう。

　ここで指摘したいのは、漁撈・漁業に対する先に見たような二面的な意識は、一面において、アシの漁撈活動や海との関わりがもつこのように両義的な性格と関わっているのではないかという点である。すなわちアシの漁師たちは、以上で見てきたように、一定の海域で漁を行いつつ、残りの海域を、現在のような漁法では漁の対象としない「マタクワ」として定義し、この海域を、「そこでは漁をしない」という否定的・間接的なかたちで繰り返し体験している。このことは、もし現在とは異なる漁法が導入されるなら、現状の「マタクワ」も一転して漁撈の対象となされうる、という潜在的な可能性を含意する。そのような意味において、アシの人々が現に行っている漁撈活動の中には、現在「われわれ」が行っているのとはまったく異なる漁撈の、したがってさらには海との関わりの可能性が、つねに潜在しているのである。事実、一九九〇年代のアシ地域では、上述の通り、一時的とはいえ日本からのＯＤＡによる外洋漁が試みられていた。この点からしても、現在とは異なる漁撈・漁業は、アシにとってあくまで「現実にありうる」ものであり続けていると言える。これに対し、仮にこの人々の漁撈活動に右で述べたような両義性がともなっておらず、それが「ともかくあらゆる海域で捕れるだけの魚を捕る」という一義的な活動であったならば、それはこのような可能性と偶有性についての意識を喚起しなかったであろう。

同じことは、アシの潜水漁の時間的限定性に関しても指摘しうる。現状においてアシの漁師たちは、出漁時間をもっと長くし、一匹でも魚を多く捕ろうとすることはあくまで可能だがそうはしない、という姿勢を保っている。そこにはつねに、「潜水を容易にするような何らかの技術的な変化がもたらされるならば、もっと魚を捕ることは可能である」という、別様な漁撈活動の可能性――現時点では現実化されておらず、あくまで潜在的なものにとどまる可能性――がともなっているのである。

さらに、漁撈活動が現金収入と直結しているT地域の現状において、そのような可能性は、現在とはまったく異なる「タウン」、すなわち都市市場との関係の可能性をも含意する。仮に現在とは異なる漁法が導入されるならば、「われわれ」の海との関わりは現状とはまったく違ったものになり、たとえば「マタクワ」の大型魚を捕獲して「タウン」に出荷するといった活動によって、「われわれ」の社会経済生活は現状とは一変したものになるだろう。このように、海に「マタクワ」がある限り、あるいはより正確には、アシの漁撈活動が一定の海域を「マタクワ」として描き出し続ける限り、この人々は、現在とは異なる漁撈、および現在とは異なる「タウン」との関係の可能性について、したがってさらには、現在とは異なる「海に住まうこと」の可能性について想像することをやめない。そして、本章冒頭で見た「夜の海の『タウン』」というイメージは、夜間の潜水漁の現状と、現在のT地域では実現していないがつねにそこに潜在する「タウンのような」居住＝生活を隠喩的に直結してみせる点において、まさしくそのような想像力を具象化するものと思われる。それは言うなれば、アシの人々における、「海に住まうこと」をめぐる集合的な夢のイメージである。そのように、夜間の潜水漁は人々に、海という空間を、他なる領域としての「マタクワ」をつねに内在させたものとして経験させ、また、現在のような居住＝生活の裏面につねにともなっている、現在とは異なる居住＝生活の可能性・潜在性を想像させ続ける。この点において、アシの漁撈・漁業は、この人々における本質的に偶有的なものとしての「海に住まうこと」の体験の重要な一部となっているのである。

以上で見たように、漁撈・漁業は、男性たちが海という空間と直接的・身体的な関わりを結ぶ活動形態として、またT地域における主要な現金収入源として、自らの「住まうこと」をめぐるアシの認識に決定的な仕方で関わっていた。そこで示されたのは、「われわれ」が決して関わり尽くすことのできない領域としての海との関わりが、アシの「住まうこと」の内部に、それが別様でありうるという可能性を不断にもたらしているという事情であった。自らがその中に「住まっている」自然環境との関わりにおけるこのような偶有性の体験は、アシにおいて、漁撈を通じた海との関わりのみならず、それと並ぶ重要な生業形態である、マライタ島本島の土地における自給的農耕に関しても指摘できる。そこでは、漁を行うことが同時に自分たちが漁をしない空間と時間を浮かび上がらせるアシの漁撈活動と同様な、自然環境との本質的に両義的な関わり方が再び見出される。次章では、土地との関わりにおけるそのような両義性が、アシの「住まうこと」にどのような潜在的動きをもたらしているかを見ることとしたい。

註

（1）ここには誇張も含まれていただろうが、T地域やK村から合わせて三〇人ほどの漁師が海に出ることは実際にある。

（2）「夜の海の『タウン』」についての同様な話は、この後、他の人々からも何度か聞くことになった。このことからしても、それはアシの人々にとって一定の現実味を帯びているものと考えられる。

（3）さらに、潜水漁の灯りが「トロ」からは「タウン」のように見えるという語りには、現在のマライタ島北部における「トロ／アシ」の社会経済的な優劣関係も含意されている。というのも、相対的に自給的な生活を維持している「トロ」の人々から見れば、T地域などに住むアシの人々は、漁業を通じた比較的豊かな現金収入をもつ「進んだ」――したがって「タウン」に近い生活を送る――人々に他ならないからである。加えて第一章と前章では、アシの人々が、非伝統的な大規模集落としてのT村を、しばしば「タウンのようだ」と批判的に評することを見た。このように、今日のアシ地域において「タウン」は、それ自体として「住まうこと」をめぐる両義的な評価の対象となっている。なお、「タウン」のそのような多義性については、マーシナ・ルール運動の過程で建設された新集落「タウン」とそれについての記憶を検証する第七章でも、さらに検討する。

（4）ラウ語の「マイ」は、（1）ラウ・ラグーンの全体を指すとともに、後述のように（2）ラグーン内の「浅瀬」や（3）「引き潮」をも意味する多義的な語であり、アシの人々の海洋環境との関わりにおいて中心的な位置を占めている。

（5）本章では、「漁撈」と「漁業」という二つの用語を、前者が実際の漁獲活動のみを指すのに対し、後者は漁獲の流通・販売をも含む過程の総体を指すというように、区別して用いる。

（6）ただし、本章で述べるように、漁撈・漁業の現状に関してはアシ地域の内部に一定の差異が認められ、T地域の事例をアシ地域を代表するものとみなすことはできない。他方で、五節で検討するような漁業に関するアシの意識や語り方には、アシ地域全体である程度の共通性があるものと推定される。

（7）氏族などの親族集団による漁場の保有と管理については、人工島建設との関連で第二章で触れた。なお実際には、T村沖において、親族集団によって保有された漁場が占める海域はごく限られており、ここで男性が指摘しているような禁漁への違反は、現実にはさほど行われていないものと思われる。

（8）現在のアシ地域において、現金収入目的の漁撈活動に継続的に従事する男性は、「ワネ・デー（*ngwane dee*）」——字義通りには、単に「漁をする男」の意味——と呼ばれる。本章では、簡潔さのために、これらの男性を「漁師」と呼ぶこととする。ただし、アシにおいて「ワネ・デー」とそうでない男性の区別はあくまで流動的であり、日本語の「漁師」が含意するような専業性はそこには認められない。

（9）ただしソロモン諸島では、海洋資源の状態に関する全国的な定量的データの不足が、現在まで政策立案上・研究上の制約であり続けている［cf. Richards et al. 1994: 96-97］。筆者の知るかぎり、今日までにソロモン諸島で行われたもっとも大規模な海洋資源関連の調査は、国際的な環境NGO、ザ・ネイチャー・コンサーヴァンシー（The Nature Conservancy）を中心に二〇〇四年に行われたもので、同国各地でスキューバを使用した本格的な潜水調査を行った結果が公表されている［Green et al. 2006］。他方、ソロモン諸島国内の個別地域を対象とした漁業・海洋資源関連の研究には一定の蓄積があるが、その大半は同国西部州（Western Province）を事例とするものであり［e.g. Aswani 1999; Aswani et al. 2007; Hviding 1996; Ruddle et al. 1992］、これに中央州（Central Province）を対象とする少数の研究が加わる［e.g. Foale 2006; Foale and Macintyre 2000］。これらに対し、本章で扱うマライタ島を対象とした研究は、秋道の研究以外にはごく限られている［e.g. Meltzoff and LiPuma 1986; Molea and Vuki 2008］。

（10）筆者の知るかぎり、アシ地域を直接の調査対象とした報告は存在しないが、近隣地域に関する調査結果［Green et al. 2006］から推定するに、T地域を含むアシ地域に関しても、おそらくマライタ島全体と同様な、あるいは同島内でもとくに顕著な海洋資源の減少が指摘されうる。

(11) 具体的な手法としては、禁漁区・禁漁期間の設定や個別の社会集団による漁場の保有・管理などが知られている。

(12) このような論争は、「伝統的社会」における環境利用をいかに評価するかをめぐる、より広範な人類学的論争［Hames 2007］の一形態と見ることができる。

(13) 一部の地域では、夜間の潜水漁はとくに、特定の月齢に現れる魚の産卵群（spawning aggregation）を対象とする、きわめて漁獲効率の高い商業的漁法として行われることが知られている。たとえば、ソロモン諸島西部州における産卵群対象の潜水漁に関するハミルトン（Richard J. Hamilton）らの報告［Hamilton et al. 2012］では、一人の漁師による一時間あたりの漁獲量が、時に九〜一七キロにも及んだことが記録されている。

(14) これに対し、イモ類や米などの主食に対する副菜として自家消費する魚を得るための漁撈は、昼間の潜水漁やカヌーの上からの釣り漁などのかたちで行われ、一〇歳未満から六〇歳前後まで幅広い年齢層の男性がこれに従事する。なお、潜水漁に関する限り、自給的漁撈が昼間に、商業的漁撈が夜間に行われるというパターンは、現代のメラネシアにおいてある程度一般的に見られる［e.g. Gillett and Moy 2006: 35］。

(15) かつてのアシにおいて中心的な漁法であったとされる網漁は、現在のT地域では、少数の人々だけが従事するあくまで周辺的な漁法となっている。二〇〇八〜〇九年のT村において、網を保有していたのはわずか二世帯——いずれもT氏族成員の男性の世帯——に過ぎず、いずれも一〜二人の漁師によるごく小規模な網漁を行っていた。なお、T氏族の成員男性は、第一章で述べたように現在のT地域で比較的少数にとどまるが、そのほとんどは、同地域内でもとくに活発な漁師として知られている。五節で述べるように、現在のアシ地域において、漁撈とそれによる現金収入に大きく依存した生活は、一般に否定的に評価される。T氏族の成員たちがそのように活発な漁師であること——逆に言えば、畑仕事に比較的無関心であること——は、彼らに対する他の人々の道徳的評価の低さ、ならびに「本当の土地所有者」をめぐる先述の懐疑ともおそらく無関係ではない。

(16) 漁師の妻たちを売り手とする地域の市場では、全長二〇〜二五センチ（二〇〇〜二五〇グラム程度）の生の魚であれば三〜五ドル（三五〜五八円）というように、魚の重さ・大きさと市場へのその都度の供給状況に応じた一尾ごとの価格で魚が売られる。T村の市場では、同村の一部世帯や人工島群、およびマーナオバ島のH村から毎回二〇人以上の女性たちが魚を売りに来るのに対し、一〇〇人以上もの女性が、副食としてこぞってそれを買い求める光景が毎回のように見られる。他方、魚が都市の市場に輸送されて販売される場合には、以下で見るように、T村内で漁師から魚の輸送・販売者への魚の量り売りが行われる。

(17) ランガランガの人々が今日行う漁撈は、船外機付きボートを用い、外洋でカツオなどを捕獲する延縄漁であり、漁場や対象魚種、出漁費用などの点でT地域の漁撈とは性格を大きく異にする。

(18) 二〇〇八～〇九年時点のマライタ島で、魚の出荷用の氷を製造する機械が稼働していたのは、筆者の知る限り、アウキの他はT村のみであった。このため、都市の市場に魚を出荷しようとするアシの人々は、T地域の人工島はもとより、マーナオバ島のH村やT村南方のK村、時にはフォウエダ島周辺からT村までやって来て、保冷用の氷を入手していた。なお、現在はマライタ州政府が所有するT村の製氷機・発電機などの設備は、二〇〇八～〇九年には、同村に住む男性（四〇代、元f島居住者だがT氏族成員ではない）によって賃借され管理されていた。この男性は、おおよそ長さ八〇センチ、幅四〇～三〇センチ、厚さ六～一〇センチの大きさをもつ氷柱を、一本四〇ドル（四六〇円）で販売していた。同じ時期のT村で、米一キロが一二ドル（一四〇円）で売られており、それを買う現金をもたない世帯が珍しくなかったことを考えれば、一本四〇ドルの氷柱はかなり高価なものと言える。

(19) 本章で示す衛星画像はいずれも、メリーランド大学グローバル・ランドカヴァー・ファシリティー（Global Land Cover Facility (GLCF), University of Maryland）ウェブサイト（http://glcf.umd.edu/、最終アクセス：二〇一四年九月四日）より入手した［NASA Landsat Program 2011］。なお図5―1では、作図の都合上、フォウエダ島、フナフォウ島周辺の小規模な人工島は記入されていない。

(20) このことと関連して、T地域周辺の海は、ラグーンと外洋を結ぶ水路（channel）が、人々の居住地――T村や人工島群――から遠いという特徴をもつ。T村東方沖の礁縁（reef edge）には水路はなく、図5―1に示したように、南方のクワイラダ（Kwairada）水路、および北方のラウアロ（Lau’alo）水路が、同村から直近の水路となっている。なお、ソロモン諸島国内の他地域において、水路はラグーン内よりも漁獲効率の高い海域としてしばしば好んで出漁対象とされるが［e.g. Aswani 1998: 220-222］、後述のように、T地域の漁師たちはそのような出漁を行わない。

(21) 図5―1には、「マイ（*mai*、ラグーン内の海）」「マタクワ（*matakwa*、外洋）」、「ファカリ（*fakali*、ラグーンと外洋を結ぶ水路）」など、サンゴ礁の微地形に関連するラウ語の基本語彙の一部を示している。ただし実際には、後述のように、ラウ語の海底微地形関連語彙は高度に相対的で文脈依存的な性格をもっている。

(22) 本章で言う「魚の輸送・販売」は、アシの人々により、「エスキーを運ぶ（*kou eskii*）」と表現される。

(23) 二〇〇八～〇九年のT村では、同村の三九世帯中、都市市場への出荷向けの商業的漁撈を行う世帯――本章で言う「漁師」の世帯――が一四あったのに対し、自らは漁撈を行わないが、魚の買い付けと輸送・販売を定期的あるいは不定期的に行う世帯が六あった。なお、都市の市場への魚の輸送・販売は、用いられるクーラーボックスの大きさ、言い換えれば一度に取り扱われる魚の量によって、その経済活動としての性質が異なる。現在のT地域で用いられているクーラーボックスは、大きさによって大・中・小の三つのタイプに区別され、詰められる魚の重量は、それぞれ約一五〇キロ、八〇キロ、二〇キロとされる。次に述べるように、二〇〇八〜〇九年のT村で魚は八ドル／キロで買い取られていたので、大型のクーラーボックスを魚でいっぱいにするには、単純計算で一二〇〇ドル（一万三八〇〇円）という多額の費用がかかる。出荷のためにはさらに、氷柱やトラック輸送の代金がこれに加わる。このように、大型のクーラーボックスを用いた輸送・販売は、村落地域では例外的な規模の資金を継続的に運用する「ビジネス（*bijinisi*）」（p. business）としての性格を帯びている。他方、小型〜中型のクーラーボックスを用いた出荷は、漁師自身も含め、多額の資金を持たない人々によっても比較的手軽に行われうる。

（24）捕獲された魚は、量り売りの前に、漁師やその家族によって内臓を取り除かれ、腹腔内を洗浄される。夜明け前のT村では、漁師の妻や子どもたちが、自宅の床下や水道の近くにしゃがみこみ、「魚の腹を洗って（*'ogoteinia ii'a*）」いる光景が日常的に見られる。また、夜間の漁獲のうちとくに小さな魚は、この時点で量り売りから除外され、焚き火であぶられるなどして自家消費に回される。なお、魚の量り売りに用いる台秤はT村内に二〜三台しかなく、その「不正確さ」に対する漁師たちの不満も絶えなかった。二〇一一年の調査中、漁師たちからの要求に応じ、一部の買い手は一キロ九ドルへの値上げを行い、他の買い手たちもこれに続いた。この値上げについて、ある漁師（三〇代、T村在住）は、「夜の海に潜ったり、魚の腹を洗ったり、われわれはたいへんな仕事をしているんだから！」と語った（二〇一一年九月）。

（25）筆者の観察・記録によれば、T地域では一晩に通常一〇キロ以上の漁獲が得られており、漁師たちは、現在のマライタ島の基準からすればそれなりに大きな現金収入を得ていると言える。ただし後述のように、魚の買い手からの「前借り」などにより、漁師の収入はしばしばここで述べた計算よりも少なくなる。

（26）台秤には通常、キログラム目盛りに加えてポンド目盛りが表示されており、都市の市場では、より細かい後者を用いて販売が行われる。魚の売値は、その時点で市場に魚の供給が多いか少ないかを見て決められ、また水揚げから日数が経つにつれて下げられるため、それぞれの市場の中でも幅がある。このため、魚の輸送・販売を行う人は、一度の出荷によってどれだけの売り上げと利益が得られるのかをあらかじめ正確に知ることができず、また赤字の危険性も排除できない。このことを踏まえ、T地域の人々はしばしば、魚の輸送・販売は経済活動として「リスキーだ（*riskii*）」（p. risky）と指摘する。

（27）二〇〇九年の国勢調査によれば、給与所得を主な現金収入源とする世帯の割合は、ソロモン諸島全体で二四・〇パーセント、マライタ州で一二・〇パーセントであるのに対し、ホニアラでは七七・八パーセントとなっている［Solomon Islands Government c2013a: 207］。

（28）ただし高齢者の証言によれば、同組合の活動は、植物繊維製の網を用いた集団的網漁という伝統的な漁法にいまだ立脚していた。

（29）たとえばT村在住の四〇代男性は、活発な漁師であった自身の父について、「八〇年代くらいから夜にも漁をするようになった。当時はまだ〔現在一般的な中国製のランタンではなく〕ティリー・ランプ（Tilley Lamp）〔商標名、イギリス製の加圧式灯油ランタン〕を使っていた」と話した（二〇〇八年一〇月）。漁法の変化とその時期については、T地域に住む多くの人々の証言が一致している。また、一九七〇年代半ばの調査に基づく秋道の記述からも、当時のフナフォウ島周辺で、夜間の漁があくまで周辺的なものに過ぎなかったことがうかがえる［秋道 一九七六：一一五］。また秋道は、一九九〇年の再調査に際し、防水式の懐中電灯を用いた夜間の潜水漁が行われるようになっていることを報告している［Akimichi 1991: 18］。

（30）筆者の調査時点において、ランガランガ地域を除くマライタ島北部でマグロやカツオなどを対象とする外洋漁を行っている地域は皆無であり、また、プロジェクトの拠点集落の大半において、供与された資材はすでに散逸するか機能を停止していた。

（31）夜間の漁への同行は、二〇〇九年九月、二〇一一年九月と二〇一四年三月に計三回行い、これらの際、筆者自身は潜水はしていない。他方、昼間の漁への同行はより頻繁に行い、筆者も漁師とともに潜水して水中での漁撈活動やサンゴ礁微地形を観察した。

（32）「スースーラー」のもととなる動詞「スー（フィア）（*suu(fia)*）」は、「（〜を）海の中から採る／捕る」を意味し、正確には必ずしも「潜水する」ことを意味しない。実際後述のように、夜間の漁では、海中に潜るのではなく、顔を海面に漬けて浅瀬を歩く漁法も行われる。本章では、「スースーラー」がピジン語で「ダイヴィング（*daiving*）」（p. diving）と言い換えられることをも踏まえ、便宜的に「潜水漁」という表現を採用する。

（33）銛は、破損した大型の傘の骨などを研いで尖らせ、それを木製の柄に固定することで自作される。銛銃も同様に漁師たちによって自作され、ライフルの胴体のような形状に削り出された木材を枠組みとし、引き金を引くとゴム・チューブの弾力で銛が発射されるという仕掛けになっている。

（34）灯油ランタンとしては、序論の冒頭でも紹介した、「バタフライ（Butterfly）」という商標名で呼ばれる中国製の加圧式ランタン（写真5—2）が一般的に用いられる。

（35）このような空間的限定の背景には、先述の通りラグーンの幅が広く、居住地から外洋や水路が遠いというT地域の地理的特徴や、船外機が普及しておらず、また燃料コストも大きいという技術的・社会経済的条件が指摘できる。

（36）「夜は魚が眠っていて、逃げにくい」というアシの漁師たちの認識は、サンゴ礁魚類に関する現在の生物学的知見とも基本的に合致する［e.g. McFarland 1991］。また、魚は睡眠中もある程度光に敏感であるという特性を考慮すれば、月の出ている時よりも出ていない時の方が「魚がじっと眠っている」、という漁師たちの認識にも根拠があると考えられる。なお漁獲効率に関して、これまでの調査では代表性のあるデータを得られていないが、筆者が実際に計測できた値は、一・二～二・六キロ／人・時であった。T村では、深夜や早朝に漁師が帰漁してまもなく魚の売却が行われることが通常であり、このため正確な漁獲量を継続的に記録することは困難であったが、日常的な観察や漁師との会話から判断して、一晩に二〇キロの漁獲、あるいは一時間あたり二・八キロ前後の漁獲効率は、かなりの豊漁に属すると言える。このような漁獲効率は、メラネシアの他地域などから報告されている値と比べても低くない。たとえば後藤は、同じマライタ島のランガランガの釣り漁について、漁獲が一切なかった出漁を除いた漁獲効率を〇・二一～〇・四五キロ／人・時と記録している［Goto 1996: 27］。またJ・G・キャリアーとA・H・キャリアー（Achsah H. Carrier）は、パプア・ニューギニア、マヌス州（Manus Province）のポナム島（Ponam Is.）における集団的漁撈について、平均〇・五八キロ／人・時という漁獲効率を記している［Carrier and Carrier 1989: 97］。最後に小野は、ボルネオ島（Borneo Is.）東岸に住む海サマ（Sama Dilaut）の網漁について、平均一・八四キロ／人・時の漁獲効率を記録している［小野 二〇一一：三一一］。

(37) 表5―1は、アシ地域の漁撈活動に関する既存の文献［秋道 一九七六、Molea and Vuki 2008］、および筆者自身の観察・写真撮影とウェブサイトFishBase（http://www.fishbase.org/、最終アクセス：二〇一四年八月一一日）を用いた照合に基づくものである。ただし、ここでの種同定はあくまで暫定的・便宜的なものであり、ラウ語名と和名・学名の対応関係は必ずしも想定されえない。なお、同じ潜水漁でも、昼間と夜間では捕れる魚の種類が異なる。たとえば、昼間の漁で頻繁に捕られ、また食用としてとくに好まれるスズメダイ（*kwaleu*／*Chromis notata*）は、夜間にはほとんど捕獲されない。

(38) 第二章でも述べたように、ラグーン内の南方を「上」、北方を「下」と呼ぶことは、アシ地域において一般的な表現である。

(39) アシにおける海底微地形の区分と名称については、秋道［一九七六：八三―八六］をも参照。サンゴ礁内の微地形の同定に際しては、中森・井龍［一九九〇］および井龍［二〇一一］を参考にした（ただし研究者の間でも、サンゴ礁の微地形区分と名称については必ずしも合意がない［cf. 井龍 二〇一一：四―七］）。さらに、ラウ語の海底微地形関連語彙は、一般に高度に相対的で文脈依存的な性格をもっている。たとえば、周囲を浅瀬や岩礁に囲まれた部分的な深みは、アシの人々により、「ロボ（*lobo*）」、「オロ（*olo*）」、「マタクワ（*matakwa*）」など異なる語彙によって指示されうる。このため、「礁池」や「離水礁原」といったここでの同定、およびそのラウ語呼称との対応関係は、あくまで暫定的なものにとどまる。

(40) このような「上」と「下」の微地形上の差異は、T村北東沖のマーナオバ島の存在と明らかに関連している。「下」に特徴的に見られるような離礁は、一般に、外洋から見て堡礁（barrier reef）や洲島（cay）の「陰」にあたる海域に形成される。すなわちT村沖の海は、北西側の微地形がマーナオバ島という洲島の影響下で形成され、他方、南東側はそうではない――その他のアシ地域と同様、単純に海岸線に沿った裾礁が形成されている――という境界域に当たっているのである。

(41)　浅瀬で捕れる主要な魚種として知られているのは「ムー（*muu*）」（ハナアイゴ／*Siganus argenteus*）であり、この魚は、夜間に藻場――ラウ語で言う「アフ（*afu*）」――で群れをなして休眠することで知られる。T村沖で藻場がとくに発達しているのは、無人のt島を中心に北西と南東に広がる浅瀬――このあたりは、衛星画像上でもはっきりと濃い色に見える――であり、この藻場はランタン漁の主要な漁場となっている。

(42)　また、浅瀬の藻場と「マタクワの縁」では、それぞれを休眠場所とする魚の種類が異なるため、ランタン漁と電灯漁では漁獲内容も違ったものになる（表5―2参照）。なお筆者の知る限り、T地域の漁師たちは、ランタン漁と電灯漁の漁獲効率の差異をとくに認識していない。

(43)　図5―3は、T村沖の海の衛星画像上に、漁師にGPS端末を携帯してもらうことで記録した、出漁中の移動経路のトラック・データを表示したものである。出漁日はそれぞれ、①二〇一一年七月二二日、②二〇一一年八月二一日、③二〇一一年八月一八日で、いずれもT村在住の漁師――①と②は後にも登場する漁師アリック、③は先のジャケ――による出漁である。なお、夜間の出漁は多くの場合日付をまたいで行われるが、本章では便宜的に、出漁時点の日付のみを示すこととする。

GPS端末によるトラッキングの際には、出漁前の夕方、防水ケースに入れた端末を漁師に渡し、これをカヌーに乗せた状態で出漁してもらい、帰漁後に回収した（トラック記録は五秒間隔に設定）。このようなトラッキング調査は、二〇一一年七～九月と二〇一四年二～三月の二つの期間に行い、対象の漁師は右の二人を含む四人（いずれもT村在住）、トラック・データを得ることができた出漁は計三四件――一晩に複数の漁師を調査対象とした場合もあるため、日数にすると二八晩――であった。なお二〇一一年の調査時には、多くの場合、深夜や早朝に漁師が帰漁するのを待ってすぐに端末を受け取り、同時に漁獲の計量や魚種の確認も行ったが、二〇一四年の調査時には朝になってから端末を受け取った。

図5―3において、①と②はランタン漁、③は電灯漁の事例を示している。①の事例ではT村の北西方、すなわち「下」への出漁が行われており、このことは表面上、「ランタン漁は上、電灯漁は下で行われる」という先の説明と食い違う。他方で、①と②ではいずれも、衛星画像上でもはっきりと黒く見える藻場の上で漁が行われており、あくまでおおよその傾向を述べたものと理解される限り、出漁場所についての上記の説明は裏付けられている。同じように、③における移動経路は、先の説明の通り、衛星画像上でも視認できる水路と離礁の境界――「マタクワの縁」――にぴったりと沿ったものになっている。

(44)　それぞれの漁法に従事する漁師の数は、あくまで流動的である。また表5―2には、筆者の調査期間中にランタン漁と電灯漁の双方を行っていた漁師三人も含まれており、先述の通り、T村における夜間の潜水漁の従事者数は一四人である。なお、先に言及した網漁を行う漁師たちは、すべて夜間の潜水漁をも行うため、ここに計上されている。

(45) 外洋からT村のすぐ沖まで続いている「ファカリ（*fakali*）」（水路）も、その深さから、同様に「マタクワ」と呼ばれる。

(46) 基本的な事実として、干潮・満潮は通常それぞれ一日に二回あり、理論値としては、干潮から次の干潮まで、あるいは満潮から次の満潮までの間隔は、約一二時間二五分である。このことから、干潮・満潮の時刻は、一日に約五〇分ずつ遅れていくことになる。実際にはさまざまな要因によって干潮・満潮時刻は不規則に変動するが、潮汐のおおよその変化を把握する上で、こうした理論上のパターンは十分に有効である。アシの人々もそのような規則性を認識しており、漁師たちはしばしば、「今朝の六時頃は引き潮だったので、夕方の六時頃も引き潮だろう」、あるいは「今は朝に引き潮の時期だが、これから引き潮はだんだん昼に移っていく」などと語る。なお、T村沖の潮汐の状態は、人工島上はもとより、T村にいても、教会前の広場などから見ることで容易に確認できる。

(47) 「満月の時期だが、曇っていて暗い夜はどうなのか？」という筆者の質問に対し、多くの漁師は、「曇っていたとしても、月が出る時期には魚はじっと眠らない」と答えた。また、一部の漁師はこれについて、「［魚が眠らないのは、］曇っていても海水（*asi*）が熱いからだろう」と説明した。

(48) ごく一部の魚は、満月前後の時期に群れ——おそらく産卵群——をなして現れるために、この時期に電灯漁の対象となる。ブダイ（**Scarus sp.**）の一種と推定される「リフタゲ（*lifutange*）」がその代表的な例である。他方、先述のように、通常は藻場で「ムー」などを狙うランタン漁は、満月前後の時期にはほとんど行われない。

(49) 「……してはいけない（… *ka langi*）」という禁止の表現、および「昔の人たちは……と言っていた」という言い方は、「漁はそれに適した時にのみ行うべきものであり、それ以外の時にむやみと行うべきではない」という教えが規範的な意味をもつことを表している。

(50) 表5—3での「上弦の月／下弦の月」は、南半球に位置するマライタ島での見え方に従い、日本におけるそれらとは左右が反転したかたちで示されている。

(51) 図5—4は、二〇一一年九月九日の夜、先述の漁師ジャケが懐中電灯を用いて出漁した際のトラック・データを示している。この出漁が行われたのは、上弦の月と満月の間の中潮の時期（月齢約一二）で、当時筆者が継続していた日中の観察から、この夜の干潮時刻は二三時頃であったものと推定される。「潮に従って」漁をするアシの漁師たちにとっては、先述のように、干潮のしばらく前から、潮が再びはっきりと満ち始めるまでの時間帯が漁にもっとも適しているとされ、この夜の場合、日没後から深夜〇時頃までがそれに当たる。なお、この時期の月の出は深夜〇時の少し前であったため、干潮前後のこの時間帯は、引き潮にして「闇夜」という潜水漁に最適の組み合わせを示していた。ジャケの実際の出漁時間を見てみると、彼は夕食後間もない二〇時一五分頃に出漁し、T村沖の「深みの縁（*kamena lobo*）」、すなわち浅瀬とやや深い部分の境界線に沿って弧を描くように、約三時間半に渡って漁をした後、早くも一時一五分には陸に戻っている。この事例において、ジャケが漁に適した時間帯を見定め、その間に限定して出漁していたことは明らかである。また彼は、干潮時刻を一〜二時間過ぎ、潮が再び満ち始めたことをはっきりと認識して漁を切り上げたものと推測される。

図5―5は、二〇一一年七月八日の夜、T村に住む別の漁師ブーガ（Buga、二〇代）が懐中電灯を用いて出漁した際のトラック・データを示している。この事例が記録されたのは上弦の月の時期（月齢約八）であり、この夜の干潮時刻は早朝三時前後であったと推定される。すなわち、この夜の漁に適した時間帯は、右の事例よりかなり遅く、深夜〇時前後から干潮を過ぎる早朝までであった。なお、上弦の月は深夜〇時前後には沈むので、その後は干潮の前後も含めて「闇夜」になり、漁に適した条件が整う。図5―5において、ブーガは右のジャケよりずっと遅い〇時二〇分に出漁しているが、おそらくこの頃にはすでに潮が引き始めていた。彼はT村から「下」方向に約三・六キロ離れた離礁の周囲――電灯漁の典型的な漁場――で漁をし、干潮をおそらく一時間半ほど過ぎた四時二〇分頃には、漁をやめて帰途についている。右のジャケの事例では、日没後から夜半までに限った出漁が行われていたのに対し、ここでは夜半から早朝の時間帯に出漁が行われているが、いずれの場合でも、出漁時間は約四時間半〜五時間に限られている。

(52) アシの漁師たちは、船外機を用いる外洋漁などと自身の漁撈活動を対比して、「われわれの漁はタダ（*frii*）〔p. free〕だ」としばしば語る。このような語りには、自分たちの出漁には燃料代などのコストがかからず、それはほぼ自身の労働――アシの認識では「タダ」の――のみに依拠しているので、本来なら、どのような頻度あるいは長さの出漁でも自分たちの意図通りに行うことができる、という認識が含意されている。それにもかかわらず、実際には、アシの出漁行動は以上のような時間的限定性を示しているのである。

(53) 以上の考察は、先にも触れた、メラネシアの他地域で報告されている産卵群対象の潜水漁と、T地域で行われている漁の性格の違いをも示している。産卵群を対象とする夜間の漁は、先述のように、特定の月齢に現れる特定種の産卵群を、一晩かけて大量に、集中的に捕獲するものであり、時にきわめて高い漁獲効率を示す。このような、「捕れる時に捕れるだけ捕る」という性格の漁撈と、先に見たように、「出漁時間を延長してより多くの魚を捕ろうと思えば捕れるのだが、そうはせず帰漁する」というパターンを示すT地域の漁撈は、明らかに性格を異にする。

(54) 現在のT地域では、漁師と魚の買い手の間で、魚の買い取り代金の部分的な前借り／前払いがしばしば行われている。たとえば、灯油ランプを用いた漁の場合、出漁時間の長短にもよるが、通常一晩で二ドル（二四二円、一リットル）分程度の灯油が必要となる。灯油はT村内の小商店などで購入できるが、二ドルの現金が手元にない場合――そのような場合は決して珍しくない――には、漁師は、T村内で魚の継続的な買い手となっている人々と交渉して、この現金を「前借り」する必要がある。「前借り」分は、魚の買い取りの際に代金から引き取られるため、漁師が漁獲に対して受け取る金額は、重量に従った計算よりもしばしば少なくなる。また、そうした「前借り」は、一晩の出漁によってすぐに返済・清算されるとは限らない。何らかの事情により、漁師が買い手から、出漁の約束とともに五〇～一五〇ドルといった現金を借り、しかも悪天候その他の理由によって、彼がすぐに出漁しないという状況もしばしば生じる。この場合漁師に対しては、買い手の側から、「お金を借りているのだから、早く出漁して返済するように」との圧力がかかり続けることになる。

(55) *olowe* は、英語の **always** に由来するピジン語である。なお、H村の人々のそうした生業パターンは通常、土地面積や土壌条件の限られたマーナオバ島では自給用の耕地が拡大できないという事情によって説明される。

(56) ここで「怠け者である」と訳した「ノニ・エラ」は、ピジン語では「レイジー（*leijii*）」(p. lazy)と言い換えられる。「ノニ（*noni*）」は、身体やその状態を一般的に意味し、「働き者である」の意味で用いられる「ノニ・マーベ（*noni maabe*）」は、字義通りには「身体がやわらかく（硬くなっておらず）、よく動く」の意味である。これに対し「ノニ・エラ」は本来、「身体がなまって動こうとしなくなっている」状態を意味する。

(57) アシ地域において漁撈に従事するのはもっぱら男性であり、また理念上、女性は婚姻に際し出身地から転出する場合が多いとされることから、ここでは主として父系的な間世代的関係を問題にする。

(58) この男性が言う通りに、現在のT地域にはまとまったココヤシ農園は存在せず、コプラ生産もまったく行われていない。人々はこのことを、人口の増加のため、ココヤシ農園が伐採されて自給用の耕地にされてしまったことの結果として語る（次章参照）。

(59) ここで「気遣う」と訳したラウ語の動詞「マナタトーナ」は、字義通りには、「考え（*manata*）がとどまる（*too*）」、思い続ける」の意味であり（*-na* は他動詞を表す接尾辞）、ここにも持続性を意味する「トー」の語（序論参照）が含まれている。

第六章　生い茂る草木とともに——土地利用と「自然」をめぐる偶有性

一　草木の茂みとともに「住まう」

第一章で述べた通り、T村沖に見られる一六の人工島のうち、u島、k島など六島は現在無人となっている。これら無人の島の上では多様な草木がきわめて旺盛な繁茂を遂げており、そのためそれらの多くは、大小の茂みとなって海上に浮かんでいるかのように見える（写真6―1）。ラウ・ラグーンにおいて、島々は年間を通じて激しい日照、降雨と潮風にさらされるため、居住者を失った島上の住居は、通常わずか数年のうちに朽ち果てる。同時にそこでは、一部はかつての居住者によって植えられ、また一部は鳥や海流によって種子がもたらされた、ココヤシ（*niu*／*Cocos nucifera*）、ヒルギ（マングローヴ）（*koa*／*Rhizophoraceae*）、モモタマナ（*aliie*／*Terminalia* sp.）、サガリバナ（*fuu*／*Barringtonia* spp.）などの植物が、人為的な妨げを受けることなく急速な生長・繁殖を遂げる。(1) このため島々は、無人となって二〇年あまりの後には、かつての居住＝生活の痕跡を見分けることができないような鬱蒼とした樹木の茂みとなる。その姿はあたかも、西洋世界からの訪問者たちが「人工島」と名付けたこれらの島々が、人為の領域から「自然」の領域へと移行しつつあるかのようである。

写真6-1　無人の人工島（k島）

　このように盛んに生い茂る草木の姿は、人工島上に劣らずマライタ島本島でも見られ、それはアシの「住まうこと」における重要な一契機となっている。年間を通して高温多雨が続くマライタ島において、住居の周辺や耕地は、継続的な除草が行われないなら数か月のうちに草木の茂みに覆われ、さらに二～三年後には、無人の人工島と同様に叢林に埋もれてしまう。そのように、アシ地域において植物は、そこに住む人々が少しの間でも関与を怠るならば、とたんに勢いよく生長して、人々の居住＝生活の痕跡を覆い隠そうとするような存在としてある。

　一例として、筆者の二〇〇八～〇九年の滞在中、T川に近いT村の端に、元a島居住者を父にもつピーター（Peter）という男性（四〇代）とその家族が住んでいた。T村の人々によれば、筆者が帰国していた二〇一〇年頃、彼は家族を連れてホニアラに移り、やがて親族の伝手を頼って建設会社で働き始めた。アシにおいて、このような「タウン」への転出は一時的なもので終わる場合も多いが、ピーターの場合、ある程度安定した職を得たことでホニアラ滞在が長期化したようであった。二〇一一年に筆者がT村に戻ると、T川近くの彼らの住居は支柱を残してほとんど崩れ去り、また周囲には高さ一メートル前後の草木が生い茂っていた。その様子からは、仮にこの家族がT村に戻ってきたとしても、住居を建て直して再びこの場所に住み始めるのは容易ではないだろうと思われた。さらに二〇一四年にT地域を再び訪れると、ピーターの世帯は引き続きホニアラに居住しており、彼らの住居の跡地――ラウ語で言う「フリ・ルマ（*fuli luma*）」（六節参照）――は、人の背を超える草木によって一面に覆われていて、もはやそこに歩み入ることも困難になっていた。

この例が示すように、アシ地域において、ある人々の不在――人々がそこに「いない、住んでいない（*langi si too*）」こと――は何より、旺盛に生い茂る草木によって具現され、そのようなかたちで他の人々に認識される。ピーターらにおいて、ホニアラへの転出にどのような動機があったのかははっきりしないが、アシにおいてそうした移住は通常、親族との不和・対立といった「問題（*'afeteia*）」と結び付けられる（第二章で見た移住伝承でたびたび語られる、親族との「けんか」について想起されたい）。そして人々は、住む人を失った住居の周囲や人工島に生い茂る草木を指し示し、そのような不在のきっかけとなった「問題」について指摘するのである。

このように、アシにおける「住まうこと」は、不断に生い茂る草木と向き合い、それを適切に統御し続けるという作業を、不可欠な一部分として含んでいる。[2] ただし、アシ地域において居住＝生活を適切な状態に保つためには、単に「雑草（*lolo*）」の駆除を徹底すればよいというわけではない。以下で見るように、アシの土地利用、とくに焼畑農耕においては、耕地を休閑の状態に置き、そこに「草木を茂らせる、草木が茂るにまかせる（*faa-buru*）」ということが不可欠な一契機となっている。逆に、休閑地の「茂み、森林（*gano*）」をまったく欠いた景観は、序論の冒頭で見た「このあたりには茂みがないねぇ」という女性のつぶやきにも示されるように、人々により、自給的農耕に基づく自分たちの居住＝生活の危機を表すものとして見られる。このように、アシにおける土地との関わりと「住まうこと」は、一方で草木の茂みを統御しつつ、他方でそれを「茂るにまかせる」という両義的な姿勢に基づいているのである。

本章では、このような理解を基底としつつ、T地域の事例に即して、今日のアシにおける「住まうこと」の本質的な一部分としての土地利用の実態について考察したい。T村への住み込みを始めた直後から、筆者は、伝統的に海の上に居住し、これまでの文献で専業性の高い漁撈民として紹介されてきたアシの人々において、自給的農耕や土地権の確保への関心が高いことに驚いていた。たしかに、前章で見たように、今日のT地域において、夜間の潜水漁を基盤とする商業的漁業は、多くの人々にとって重要な現金収入源としてある。しかし他方で、海岸部の限られた平地における、サツマイモ栽培を中心とする自給的な焼畑農耕は、人々の生活時間の小さからぬ部分を占めており、また前章で見たように、人々はその道徳的意義をしばしば強調する。さらに、第一章以来再三言及してきた「故地に帰る」という構想も、人口増加と耕地の不足に対する懸念を直接の背景とするものである。なお、次節で見るように、人口増加と土地不足、それによる自給的農耕の危機をめぐるアシの意識は、少なくとも表面上、農学的・人類生態学的な説明とも合致する。本章では、そうした合致を一面で受け入れつつ、アシにおける土地利用の実態を具体的に検討することで、この人々の「海に住まうこと」の現状において土地と人々の関わりがもつ意味について、より立ち入った理解を試みたい。

以下では、まず焼畑農耕とその変容に関する農学的・人類生態学な通説を確認し、アシ地域の現状が外見上これに合致することを見る（二節）。続いてT地域における土地利用パターンの現状を概観し、その人工島群から本島海岸部への移住の歴史との関連を指摘する（三節）。さらに、自給用のサツマイモ栽培を中心とするアシ地域の土地利用の実態について立ち入って検討し、それが、〈土地に手を加える〉と同時に〈手を加えるのを控える〉ような両義性を特徴としていることを示す（四節）。その上で、前章でも紹介した「アルトーア（*alutoa*）」の観念、および先にも見た「草木の茂み」というイメージに即して、そのように両義的な性格をもつ土地利用が、アシにおける「住

まうこと」に固有の偶有性をもたらしていることを明らかにする（五・六節）

二　アシ地域における土地利用の現状——客観的分析

1　焼畑農耕と土地の休閑

アシ地域も含め、現在のマライタ島で行われている自給的農耕は、農学において焼畑農耕（swidden cultivation または shifting cultivation）と呼ばれてきた土地利用の類型におおよそ合致する[3]［中野 一九九四、Ross 1973: 77-83］。「焼畑」という日本語の呼称は、耕地への「火入れ」、すなわち伐採された既存植生の焼却という要素を強調するものだが、より一般的には、個別の耕地の半永久的な連続使用を想定せず、一定期間の後にその耕作を停止し、その土地を休閑期間（fallow period）に入らせるという土地の循環的利用こそが、焼畑農耕を本質的に特徴付けるとされる［佐藤 二〇一一、中野 一九九五］。すなわち、堆肥や化学肥料を利用しないいわゆる粗放的な（extensive）農耕において、作物の栽培によって生じる土壌養分の減少に対処する上では、耕地の休閑という契機が不可欠である。マライタ島のような湿潤熱帯（humid Tropics）では、継続的な高温のために有機物の分解速度が速く、また降雨による養分流出も盛んなため、一般に土壌中に養分が蓄積されにくく、また地表の腐植層も乏しい。このことは、有機物の分解によって生み出された養分が、そこに生育する植物によって急速に吸収・同化されるという、養分循環の速さをも含意する［吉良 一九八三：一四〇—一四八］。土壌養分の乏しさにもかかわらず植物の生育が旺盛であるという湿潤熱帯の生態学的な逆説はここに由来するのであり、そこでは、養分は土壌中にではなく生きた植物のかたちで蓄えられていると言える。

このような環境下で農耕を行う上では、必要な養分を、耕地として予定された土地に生育する植物から土壌へと短時間のうちに還元させることが有効である。休閑地の植生の伐採と焼却は、客観的には、まさしくそのような養分循環の手段として行われる［Geertz 1963; Sillitoe 1996: 26-39］。休閑期間中に二次植生の内部に蓄えられた養分は、伐採と焼却によりその多くが失われるものの、一部は灰のかたちで土壌へと還元され、その後植え付けられる作物の生育に利用可能となる。この土地で作物が一度または数度栽培されると、堆肥などのかたちで外部から養分が補充されない限り、土壌養分は再び減少し、仮に耕作を継続しても収穫量が漸進的に減少することになる。そのような事態を避けるため、焼畑農耕においては一般に、短期間の後に耕作が停止され、二次植生のかたちで養分が十分に蓄積され、またその下の土壌中の養分もある程度回復するまで、耕地は休閑の状態に置かれることになる。これが、焼畑農耕における土地の循環的利用の生態学的意義であるとされる。なお、この農法に関する研究では、一〜二年間の耕作と一〇年以上の休閑という時間的サイクルが、焼畑農耕の本来のあり方であるとされてきた［e.g. Rappaport 1971］。

そのような循環的利用の下では、個別の土地は、「耕地→休閑→草地→叢林→発達した二次林→伐採→耕地」という、人為的攪乱と二次遷移の交替過程をたどることになる。このことはまた、焼畑農耕が行われる地域において、理念的には、現に耕作されている土地と休閑地あるいは二次林が一体をなしている、ということを含意する。すなわち、焼畑農耕の継続のためには、ある土地区画が現在耕作されているなら、近隣の別の土地区画は二次林となっており、数年の後には後者を伐採して新たな耕地とすることができるというように、現在の耕地と潜在的な耕地としての休閑地が、つねに組になって並存していなければならないのである。

2　アシ地域の現状

焼畑農耕のこのような一般的条件に対し、アシの認識では、一面に耕地が広がるT村周辺などマライタ島海岸部の土地では、現在休閑地の「茂み（*gano*）」がほとんど見られなくなっている。(4) この人々の理解において、このことは、アシ地域における自給的農耕の危機を示すものに他ならない。なお類似の状況は、メラネシアの海岸部・島嶼部に関してこれまでもたびたび指摘されてきた。すなわち、人口の増加と偏在化による土地への人口圧の増大、その帰結としての休閑期間の短縮と焼畑農耕の持続可能性の危機、という事態がそれである。第一章で述べたように、二〇世紀後半以降急激な人口増加を経験してきたソロモン諸島の中でも、アシ地域を含むマライタ島北部の海岸部はとくに人口密度の高い地域として知られ、その値は国内平均の三倍以上と推定されている。同じくすでに見てきたように、人口増に関するそのような認識は、今日のアシの間でも広く共有されている。このような人口増とそれにともなう食糧需要の増大に対し、焼畑農耕を営む人々が、連続的な耕作期間の延長や休閑期間の短縮によって対処しようとする傾向は、これまで繰り返し指摘されてきた［e.g. Umezaki et al. 2000］。土地利用におけるそのような変化は通常、土地の休閑と二次植生の生長による地力の回復という本来必要な過程を妨げることで、焼畑農耕を持続不可能にすると考えられている。現在のマライタ島に関してもそのような事態がすでに指摘されており、たとえばオーストラリア政府の開発援助機関ＡｕｓＡＩＤ（Australian Agency for International Development）は、二〇〇四年の調査に基づき、マライタ島北部において、人口の急増のために耕地の休閑期間が短縮される傾向にあり、その結果として地力の低下とサツマイモの収量減少がすでに生じていると指摘している［Allen et al. 2006: 86; Jansen et al. 2006: 16; cf. 中野 一九九六：六〇―六二］。

筆者の調査でも、現在のＴ村周辺において、焼畑農耕の古典的なモデルで想定される一〇年以上の休閑が行われることがほとんどないことが明らかになっている（四節第4項参照）。またそのような休閑期間の短縮は、序論の冒頭でも見たように、アシの人々により、Ｔ村周辺に休閑地の「茂み」がほとんど見られなくなっているという景観上の変化として体験・認識されている。(5) このような現状を踏まえるならば、内陸部の「故地へ帰る」というアシの人々の志向は、決して単に空想的なものではなく、そこには一定の合理性が認められる［cf. 中野 一九九六、宮内 二〇一一：三二一―三二三、Frazer 1987］。すなわち、二〇世紀を通じた歴史的過程によって人口が集中した海岸部とは対照的に、マライタ島の内陸部では現在も人口密度が比較的低いままにとどまっており、そこには相対的によく発達した二次林が保たれている。また、この人々の系譜と移住伝承によれば、現在海岸部に居住しているアシも、多くの場合、祖先がもともと居住していたという内陸部に、自らが先住集団としての立場を主張できる土地をもつ。そうであるとすれば、現在住む海岸部を離れ、内陸部の「故地」に移住して自給的生活を立て直そうとするアシの志向には、一定の生態学的かつ社会的な合理性があると言える。

このように見る限り、人口の増加と土地不足、および「故地へ帰る」ことをめぐるアシ地域の現状は、現代のソロモン諸島、あるいはメラネシアの多くの地域に関して指摘されてきた状況と大差ないもののように見える。また、アシによって半ば定型的に語られる、「人口が増えすぎて土地が足りなくなっている」という認識も、外見上、そのような客観的診断と合致する。しかし他方で、そのように一般的な状況を再認するのみでは、伝統的に「海に住まって」きたアシにおける土地との関わりの具体的な現状を理解することにはならない。たとえば、現在のアシ地域において土地に対する人口圧が高いことは事実であろうが、人々は、実際の土地利用の中で、そのことをどのように体験している――あるいはしていない――のか。そして、そのような体験と、「土地が足りなくなっている」あるいは「トロの故地に帰らなければならない」といった人々の認識は、どのように結び付いているのか。土地利用をめぐるアシの意識と実践を理解するためには、このような関連について、より立ち入った検討を行うことが必要と思われるのである。

三　土地利用の空間的パターン

第一章でも述べたように、T村の周辺には、T村と沖合人工島群に住む人々が耕作する「畑（*raoa* または *hara*）」が一面に広がる地帯が存在する（図6―1）。アシの人々はこの一帯を、「土地」や「茂み、森林」を意味する「ガノ（*gano*）」という語で、あるいは単に「畑」と呼ぶが、本章では便宜的に「耕地帯」と呼ぶこととする。T村周辺の耕地帯は、事実上、T川によって、T村中心部の南西側と南側の二つに分けられている[6]。人工島居住者も含め、T地域の人々が日常的に「畑へ行く（*lea 'i hara*）」と言う場合、人々が向かう先は通常、これらの耕地帯のどこかに位置する自身の世帯の畑である。

個別の世帯がこれらの耕地帯にもつ畑――その具体例は次節で見る――は、一般に小さなものであり、たとえば集落中心部により近いT村の南西側の耕地帯の場合、二〇メートル×三〇メートル程度の長方形に近い区画が標準的である[7]。これらの畑の多くは、T村の中心部から徒歩で約二〇分、直線距離にして一・一キロ以内の範囲に位置する。T村周辺の耕地帯では、T村や人工島に住む数十の世帯が、そうした小さな畑をそれぞれ二〜三か所耕作しており、それらの畑が互いに境を接し、碁盤の目状に密集しているのが見られる。いずれの耕地帯においても、現に耕作中の畑、および数か月から一年程度の短期休閑地が数百メートル四方に渡って平坦に続く、視覚的にごく開けた景観が広がっており、一部を除いて叢林のレベルまで成長した二次植生は見られない[8]（写真6―2および口絵7参照）。

第一章で述べたように、T地域のようなマライタ島の村落地域における土地利用は、今日なお、親族・姻族関係に基づく慣習的土地保有の原理に従っているとされる。T地域でも、個別の世帯は、ごく一部の例外を除き、現在

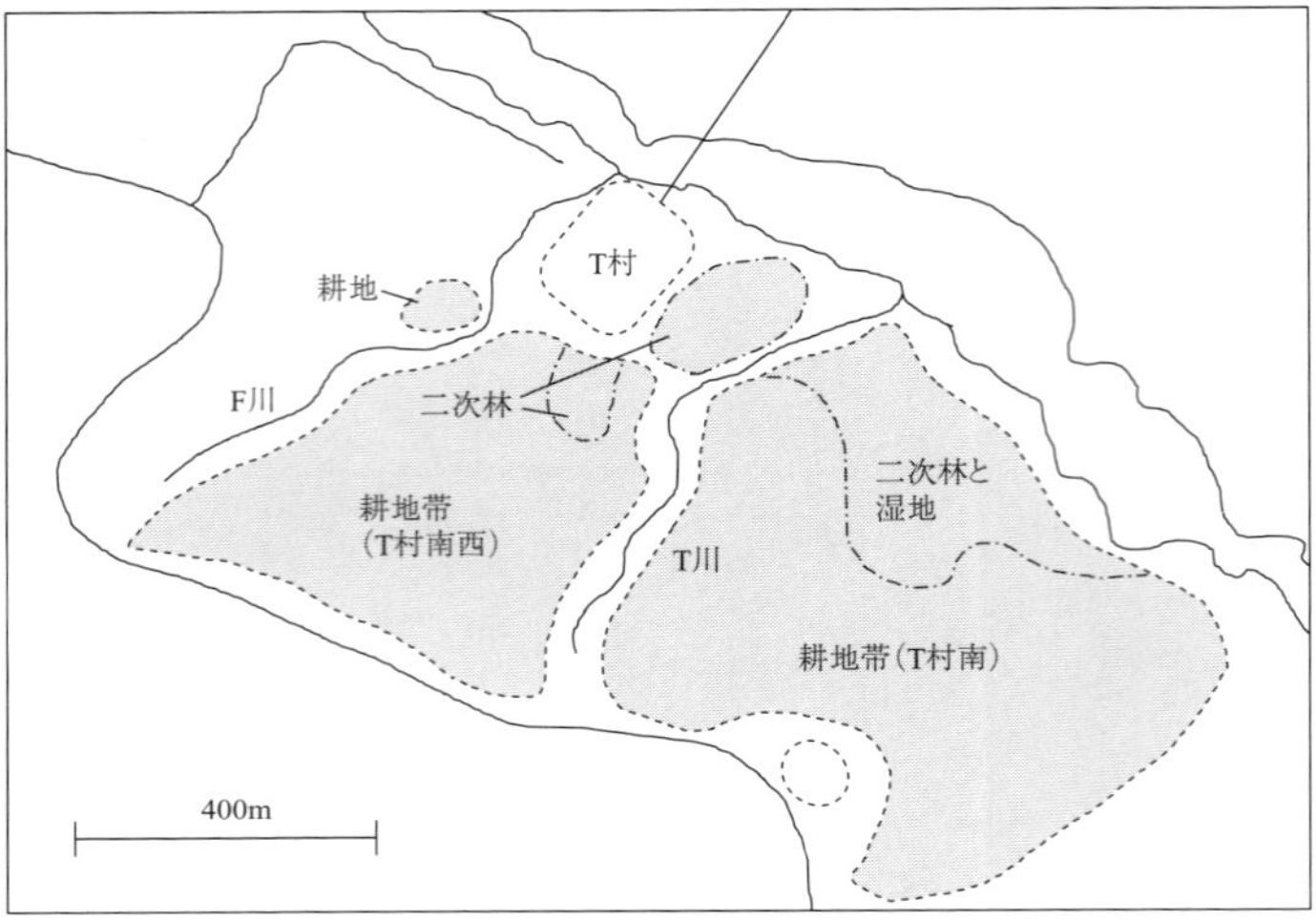

図 6-1　T村周辺における耕地の分布

T村とその周辺の土地の保有集団とみなされているT氏族との親族・姻族関係――しばしばごく間接的な――を根拠に、これらの土地を耕作していると了解されている。たとえば、数世代前に父系的祖先が「トロ」から移住してきたとされるE氏族の成員たち――第四章で登場した高齢男性オイガら――は、この祖先が、現在のT村付近への定着に際し、先住集団としてのT氏族の成員女性と婚姻したという事実に基づき、現在なおT村に居住し、その周辺の土地を耕しているとされる。同様に、過去や現在における人工島居住者たちがT村周辺に耕地をもっていることも、過去に結ばれた通婚関係とその帰結としての非男系的な親族関係に基づくものと理解されている。そのようにアシの人々にとって、T村周辺に広がる無数の畑は、多数の住居が密集したT村それ自体と同様、この地域で歴史的に形成されてきた親族・姻族関係の広がりを具現する景観に他ならないのである。

なお、現在見られるような耕地帯の存在は、一九七〇～八〇年代のT地域における居住パターンの変容という歴史と不可分である。現在の中高年層の証言からは、人工島群から本島海岸部への移住が生じる以前、今日のT地域に住む諸世

写真 6-2　T村南西側の耕地帯の景観

帯が耕す耕地は、現在よりも広い範囲に分散していたと推定される。たとえばa島やb島の（元）居住者たちは、自分たちの子ども時代、具体的には一九七〇年代以前、父母たちが、T村から北に二・五キロ前後も離れたL村周辺（図5―1参照）に畑をもち、カヌーでそこまで日常的に通っていたことを証言する。現在のT地域には、人工島居住者も含め、L村周辺に畑をもっている世帯はほとんど見られず、そのような証言は、人工島群からの移住が生じる以前の土地利用パターンが、現在とは大きく異なるものであったことを示している。また中高年層によれば、現在耕地が一面に広がっているT村の南西側や南側には、一九八〇年代頃まで、「クワエナ（*kwaena*）」すなわち成熟した二次林が生い茂っており、その中に人工島居住者などが耕す畑が散在しているに過ぎなかったという[9]。

以上の証言が示唆するように、現在T村の周辺に見られる耕地帯の形成は、一九七〇～八〇年代における人工島群からの移住と密接に関連している。人々によれば、現在のT村南西側の耕地帯はかつて、その大部分が「クワエナ」に覆われており、海岸に近い一部は、カトリック教会の司祭たちが主導して植えたカカオ農園となっていた[10]。ところがこのカカオ農園は、ソロモン諸島各地に空前の被害をもたらした一九八六年のサイクロン・ナムによって完全に破壊されてしまう。T村沖の人工島群に住んでいた人々は、この同じサイクロンを契機として本島海岸部に移住し、新集落を形成したが、まもなく、T村からほど近いこのカカオ農園の跡地に畑を作るようになったという。その後、この耕地帯は内陸側に向かって徐々に拡大し、やがて「クワエナ」は姿を消した。このように、大規模集落としてのT村と、小規模な耕地が密集するその周辺の耕地帯という今日見られるような景観・土地利用パターンは、歴史的に並行して形成されたと考えられる[11]。

四　自給的農耕の現状

1　アシの焼畑農耕の概要

以上で概観したような現在のT地域の土地は、人々によって、実際にどのように利用されているのか。以下で見るように、自給目的のサツマイモ栽培を中心とする現在のアシの焼畑農耕は、温帯地域出身の観察者から見て、明らかに土地にあまり手を加えないという性格をもっている。そのような性格は、伝統的な焼畑研究において「粗放的（extensive）」という用語で指摘されてきたものであり、また後に見るように、ギアツ（Clifford Geertz）が焼畑農耕と灌漑水田の古典的な対比によって明示した特徴でもある。さらに言えば、アシのそのような土地利用には、耕作を通じて〈土地に手を加える〉ことが、つねに同時に〈土地に手を加えない〉あるいは〈手を加えるのを控える〉ことをもともなっているような、土地との両義的な関わり方を見て取ることができる。そのような関わりは、前章で指摘したアシの漁撈活動の両義性、すなわち、一定の時間・空間において〈魚を捕る〉ことが、逆説的にも、〈魚

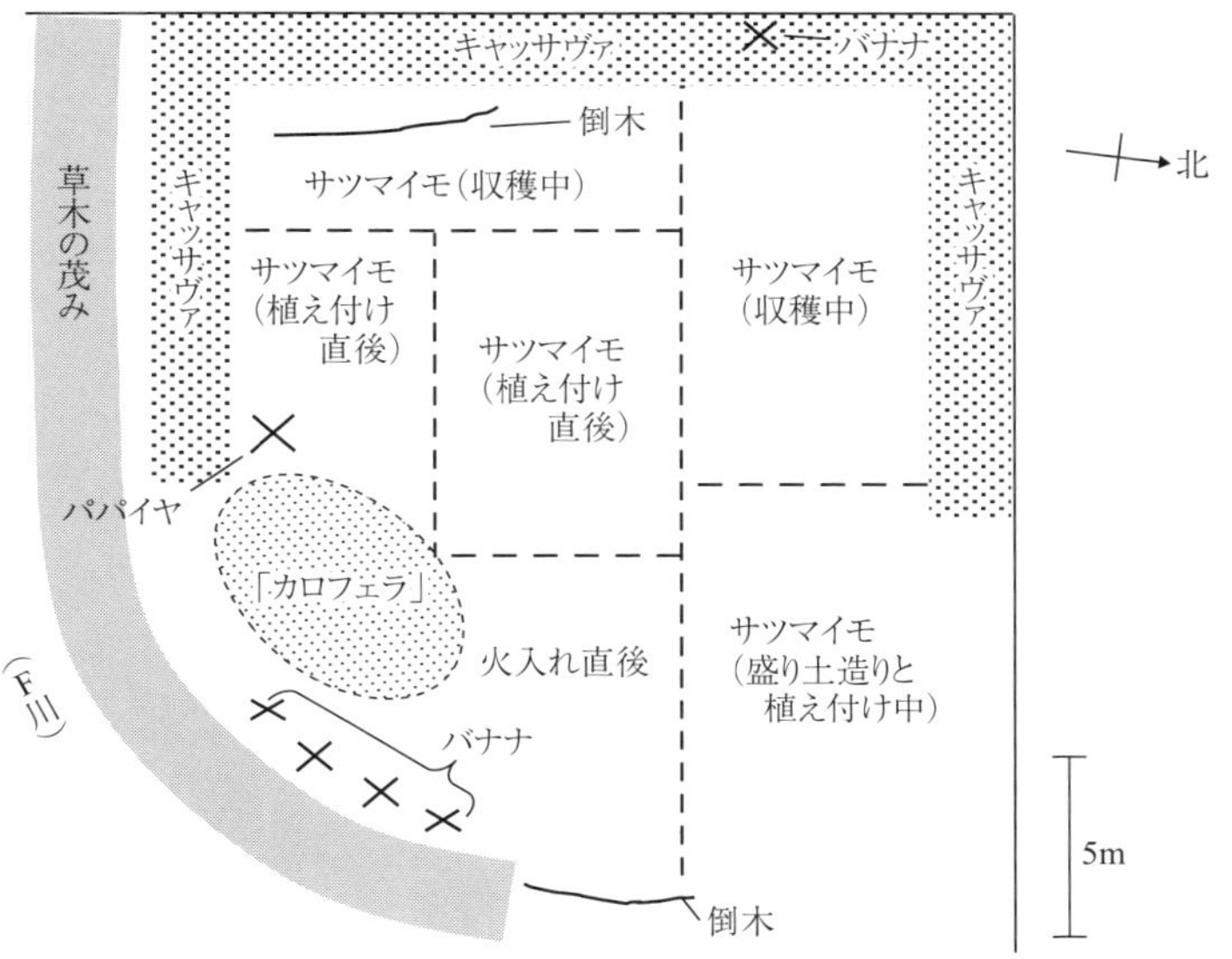

図6-2　ジャケ宅の畑

を捕らない〉余白としてのその他の時間・空間をも浮かび上がらせるという性格とも類比的である。以下で考えてみたいのは、そのような両義性をもったアシの農耕・土地利用が、この人々の「住まうこと」に対してどのような含意をもっているかという点である。

本節では、T地域における焼畑農耕の現状を、ひとつの耕地の例に即して見てみたい。図6―2は、前章でも漁師の一人として登場した、T村での筆者の隣人ジャケ（三〇代）の世帯が、二〇〇八年から二〇一一年に至る期間、F川沿いで耕していた畑を、二〇〇九年一月の観察に基づき平面図に表したものである。二〇〇九年一月の時点で、ジャケ宅にはスー地域出身の妻（三〇代）の他、一人の新生児を含め、いずれも一〇歳以下の六人の子どもがいた。現在のアシ地域では、日常的な畑仕事の多くを女性が担っている反面で、自給的農耕は基本的に世帯を単位とする活動とみなされ、夫と妻が別々の畑をもつことはない［cf. Ross 1973: 83］。ジャケ宅のこの畑も、名目上、彼とその妻が共同で耕作するものである。ここではこの畑を、面積や作物の種類、管理のされ方において、現在のT地域における自給的耕地のおおよそ標準的な姿を示すものとして取り上げたい。

現在のT地域において、個別の世帯の畑仕事は、おおよそ二日に一回、あるいは週に三〜四回の頻度で行われる。女性たちは、しばしば幼い子どもたちを連れて朝のうちから畑に出かけ、第3項で述べるような諸種の作業を、断続的に昼過ぎあるいは夕方まで行って帰宅する。(12) また時に、夕食を準備しようとして十分なサツマイモが調理小屋にないとわかった場合など、女性たちが夕方の短時間だけ収穫のために畑に行くこともある。

現在のT地域において、ほとんどの世帯は、T村周辺の異なる場所に二〜三か所の畑をもっており、通常そのうち一か所は「フリ・ラオア（*fuli raoa*）」すなわち休閑地になっている。たとえばジャケの世帯は、二〇〇八〜〇九年時点において、図6—2に示したT村中心部に近い畑に加えて、自動車道を隔てた「トロ」地域にもう一つの畑を耕作しており、さらにT村南西側の耕地帯に、二〇〇八年時点ですでに三年以上耕作されていない休閑地を一区画もっていた。このように一つの世帯が現に耕作中の畑を二か所もっている場合、それらが同じような頻度と形態で耕作されることはあまりない。すなわち、一つの畑が図6—2のようにサツマイモ中心であれば、他方はサツマイモにキャッサヴァ、バナナや「カロフェラ（*karofera*）」（*Xanthosoma saggitifolium*）——ピジン語で言う「コンコン・タロ（*kongkong taro*）」——など多種類の作物が植えられた畑、あるいは季節性で収穫までに時間がかかるヤムイモと「パナ」を中心とする畑であるというように、それぞれの畑には異なる作物構成が与えられている。また、畑仕事の頻度も、一方の畑が二日に一回であるのに対し、他方は週に一回程度といったように異なるのが通常である。(13)

加えて重要なことに、今日のアシ地域において、休閑地はほとんどの場合、休閑以前にそれを耕作していたのと同じ世帯によって再び耕作される。個別の世帯は、ある耕地の耕作を停止することによって、その場所との関わりを放棄しているわけではないのである。この世帯が数年後にその土地区画の耕作を再開するという予期は、他の人々にも共有されており、その場所は、現に耕作されていない期間を通じてその世帯の「畑」であり続ける。(14) この点で

写真6-3　ジャケ宅の畑（部分）

休閑地は、現に耕作されている「畑」ではないと同時に、当該の世帯にとって潜在的な「畑」であり続けているという両義的な性格をもつと言える（六節参照）。

2　主要作物と耕作法

図6—2の畑を一見して明らかな特徴は、作物の構成において、サツマイモ（*kaakai, kairoki*／*Ipomoea batatas*）が圧倒的に支配的な位置を占めているという点である。マライタ島北部では今日、サツマイモが一般的に主作物および主食としての位置を占めている。T地域の自給的耕地でも、多くの場合図6—2のように、畑のほぼ一面にサツマイモが植え付けられ、その周囲や間隙にキャッサヴァ（*kai'ai*／*Manihot esculenta*）やバナナ（*bou*／*Musa* spp.）、「デー（*dee*）」と呼ばれる在来種の野菜（*Hibiscus manihot*）や、時にはココヤシやパパイヤ（*'ai kafoa*／*Carica papaya*）などの果樹が植えられている[15]（写真6—3）。なお、マライタ島においてサツマイモとキャッサヴァの栽培に季節性はなく、いずれも年間を通じて植え付けや収穫が行われる。

第一章でも述べたように、マライタ島においてサツマイモは、一九世紀末から二〇世紀初頭、労働交易などを通じてクイーンズランドやニュージーランドに渡航し帰還したマライタ島民によって導入されたと推定される、比較的新しい作物である［Bennett 1987: 193-194; Ross 1977］。導入の当初、サツマイモは、マライタ島の伝統的な主作物であるタロイモ（*alo*／*Colocasia esculenta*）や、とくに海岸部で栽培されるヤムイモ（*kai*／*Dioscorea alata*）や「パナ」（*fana*／*Dioscorea esculenta*）とともに、海岸部をはじめとする一部の耕地で栽培されていたと考えられる。この後、通説によれば一九五〇年代、病虫害によってタロイモが壊滅的被害を受けたことが転機となり、マライタ島全体で主作物のサツマイモへの移行が進んだ(16)。また中高年層の証言から、T地域ではキャッサヴァ栽培も同じ頃に普及したと推定される(17)。

これらの作物の栽培上の特質は、アシにおける土地利用の歴史と現状にも大きな影響を与えている。たとえばかつてのマライタ島では、主作物であるタロイモの植え付けと収穫が年間を通じて行われていたが、タロイモ栽培において十分な収量を得るためには、連作を避け、休閑地から新たに伐開した耕地で栽培を行う必要がある。すなわち、タロイモ栽培を継続するためには、現在耕作中の畑とは別に、数年以上の休閑によって植生が回復した土地がつねに確保されていなければならないのである。これに対し現在のT地域では、狭い範囲への耕地の密集のためにそのような休閑地の確保が困難になっており、ラウ語で「オーラ」（*oola*）と呼ばれる、一面にタロイモが植えられた畑はほとんど見られない。人々は現状において、休閑期間の短縮や連作による収量減少が比較的小さいサツマイモを、限られた耕地で栽培し続けることを余儀なくされているのである。同じように、マライタ島において伝統的な作物とされるヤムイモと「パナ」――これらは季節性をもち、毎年主に八～九月に植えられて約半年後に収穫される――も、現在ではサツマイモと比べ限定的に栽培されているに過ぎない(18)。

マライタ島における自給的農耕の実態は、主食であるイモ類、とくにサツマイモやキャッサヴァの保存性が低いために(19)、つねに畑に収穫可能なイモがある状態を保たなければならないという必要によって大きく規定されている

［中野 一九九四：八二］。このことを示すのが、図6―2に見られるように、ひとつの畑の内部を、「ビル（*biru*）」と呼ばれる複数の小区画に分割して耕作するという習慣である。写真6―3に示されたジャケ宅の畑を見てみると、決して広くはないこの畑の内部が、地表に横たえられた木の棒――同じく「ビル」と呼ばれる――によっていくつもの小区画に区切られ、それぞれの内部が、（1）サツマイモが植え付けられたばかりの状態、（2）葉・ツルがある程度成長した状態、（3）十分に成長し、現にイモ（塊根）の収穫が行われている状態、（4）新たな耕起と植え付けに向けて地表の準備が整った状態、といったサツマイモ耕作の異なる段階に当たっていることがわかる。場合によってはさらに、同じ畑の内部に、（5）収穫が終わり、地面から引き抜かれたツルや葉が地表に放置された状態、（6）三か月～一年程度伐採と耕作が行われていない、草木の小さな茂み――ジャケ宅の畑の、F川沿いの縁はこれに当たる――が見られることもある。

このような小区画と異なる耕作段階が見られるのは、直接には、休閑地の耕作が再開される際、通常その全体が一度に伐開されるのではなく、その一部分を伐開してはサツマイモを植え付け、その後また別の一部分を伐開しては植え付けを行う、という手順がとられるためである。このように段階的な伐開と植え付けを、アシの人々は「畑を移していく（*idua raoa*）」と表現する。サツマイモは一般に、一度に植え付けられた区画から、収穫開始後三～四か月間に渡って継続的に収穫されることができる。仮に個別の世帯が一か所しか畑をもたず、しかもその全体が同時に植え付けられるなら、この世帯は一年のうち三～四か月間しかサツマイモを自給できないことになるだろう。これに対しアシの人々は、右のように段階的な耕作を行うことで、耕地の一部からサツマイモの収穫が行われている間に別の部分でイモが生育し、前者の収穫が終わる頃には後者からの収穫が可能となっているというように、継続的・安定的な食糧自給を可能にしているのである。

3　サツマイモ栽培の諸段階

アシの人々は、耕地の準備から収穫の完了に至るサツマイモ栽培を、以下のような一連の作業からなる過程として理解している。ただし実際には、すぐ右で述べたように、同一の畑の内部に、栽培の異なる段階にそれぞれ対応する小区画が並存しているため、アシの人々、主に女性たちは、これらの異なる作業を同時並行的に行うことになる。

①「草木を刈る（*barasi*）」（p. brush）[20]：休閑地に生えている草木（二次植生）を、刃渡り七〇センチほどのブッシュ・ナイフ――ラウ語では通常、単に「ナイフ（*naefe*）」（p. knife）と呼ばれる――で伐採する。主に男性の仕事とされ、またすぐ右で述べたように、通常は休閑地の全体を一度に伐採してしまうのではなく、はじめにその一部を伐採し、その後別の一部を伐採する、という段階的なやり方がとられる。

②「〔刈られた草木を〕片付ける（*unga* または *fode*）」：伐採された土地区画に散乱する「ごみ（*tafu*）」、すなわち刈られた草木を「片付ける（*tagisia*）」。具体的には、それらを区画全体に均等に広げ、また樹木を短く切る、あるいは細かく割るなどする。そうすることで、刈られた草木が乾燥しやすくなり、次に行う火入れが容易になる。

③「畑を焼く（*suungia hara* または *oofia hara*）」：前の段階で区画全体に広げられた草木を、最低でも一週間ほどの乾燥の後、いくつかの小山にまとめて燃やす。その後、焼け跡に残った灰を、手を使って区画の全体に広げる。同時に、焼け残った草木がある場合には、それらを畑の縁にまとめて捨てる。[21]

④「盛り土を造る（*anabota*）」：「クワト（*kwato*）」と呼ばれる、先端を尖らせた手製の掘り棒を用いて、サツマイモを植え付けるための「盛り土（*anabota*）」を造る。盛り土は、直径六〇センチ、高さ一〇センチ程度の低く裾の広い円錐形で、畑の中に、三〇～四〇センチの間隔を空けてほぼ規則的に造られる。なおこの際、写真6―3にも見られるように、盛り土以外の部分の地表は耕されないままに――降雨、日照や火入れによって硬くなったままに――残される。[22]

⑤「植え付ける（*fasia*）」：盛り土造りと同じ日かその数日後、別の畑、あるいは同じ畑の別の小区画から、すでに葉が茂っているサツマイモの「ツル（*ulu*）」の一部を切り取ってきて、それを盛り土の中央部に押し込んで植え付ける。通常、一つの盛り土に対し五本程度のツルがまとめて植え付けられる。(23)

⑥「草抜きをする（*faili*）」：通常は植え付けの一か月程度後、火入れ以降に生えてきた「雑草（*lolo*）」を集中的に抜き取る。(24)

⑦「［イモを］掘る（*'elia*）」：イモの肥大の状況を、地表の盛り上がりを観察したり、盛り土に手を突っ込んでイモに触れてみたりして確認した上で、十分に大きくなっているものから掘り出す。サツマイモのこのような収穫は、世帯の食料を自給するために、女性が畑に行くたびにほぼ必ず行う作業であり、年間を通じて、先述の通り二日に一回程度の頻度で続けられる。(25)

4　耕地の休閑をめぐる現状

焼畑農耕に関わる研究では、個別の地域における耕地の休閑期間の長短、より正確には、耕作期間と休閑期間の時間的な比率がつねに問題にされてきた［佐藤 一九九九：五八―六二］。このことは、先述の通り焼畑農耕において、耕地の休閑と二次植生の回復が、土壌肥沃度の維持、さらにはこの農法の持続可能性それ自体に決定的な役割を果たしていることによる。また、アシ地域を含むマライタ島北部に関して、人口増加による耕作期間の相対的延長、休閑期間の短縮とそれらによる地力の漸進的低下が指摘されてきたこと、またアシの人々が、少なくとも外見上これに合致する認識をもっていることも、すでに述べた通りである。

アシの人々によれば、ある畑でどのくらいの期間サツマイモを連続的に栽培できるかは、その土地が「よい（*diana*）」、すなわち肥沃であるかどうかによって決まる。休閑の必要性は、個別の畑におけるイモ（塊根）の育ち具合を見ることで判断され、イモが「よく実らなくなった（*langi si moua diana*）」と認識されたら、現在行われている収穫をもって耕作をやめ、その畑には「しばらく草木を茂らせておく（*faa-buru fasi*）」と決められる（ここで用いられている「草木が茂る（*buru*）」という表現については、六節で立ち入って考察する）。筆者の聞き取りによれば、現在のT地域では、休閑地の伐開から二年間は連続してサツマイモの栽培が行われる場合が多く、また右のジャケ宅の畑のように、一部には四年前後も耕作が続けられている畑も見られる。[26]

なお、現在のアシ地域における土地利用の時間的パターンは、焼畑農耕についての古典的な研究で想定されていたような、「何年間の耕作と何年間の休閑」という単純な図式には当てはめにくい。同地域ではたとえば、二〜三年間の耕作の後に一年前後のごく短い休閑――いわゆる「草地休閑」［佐藤 一九九九：五八］――を行うというサイクルを何度か繰り返し、その後に三年以上の相対的に長い休閑を行うというパターンがしばしば見られる。また先に見たように、アシ地域の耕地では、異なる耕作段階が一つの畑の中に同時的に並存している場合が多い。そのような土地利用の下では、ある区画で植え付けが行われ、別の区画で収穫が行われている時にも、畑の一部は数か月から一年に渡って放置された草地になっているという状況が生じることになる。

このようにアシ地域の焼畑農耕では、畑全体が二〜三年間に渡って連続的に耕作される場合でも、この耕作期間の内部に、数か月から一年程度の、言うなれば「ミクロな休閑期間」が含まれている――しかも、しばしば複数回に渡って――場合が多い。そのような時間的パターンは、図式的には、「耕作期間（その間の耕作→休閑→耕作……）→休閑期間→耕作期間（……）」という、耕作と休閑、土地を〈耕すこと〉と〈耕すのをやめること〉とが時間的な入れ子構造をなすサイクルとして示すことができる（これにより、「現に耕作中の畑」と「休閑地」は必ずしも明確に区別されえなくなる）。現在のT地域の耕地は、そのようにごく短期の休閑と相対的に長期の休閑を組み合わせたサイクルの下で利用されていると考えられる。[27]

写真 6-4　T村付近の畑

5　焼畑農耕の両義性

以上で見たような耕作法は、アシ地域の耕地に、しばしば雑然とした、奇妙にも人の手の加わっていない外見を与えている。筆者自身、マライタ島での調査開始の当初、耕作中の焼畑と単なる茂みや休閑地を見分けることができず、たびたび戸惑った経験がある。たとえばアシ地域の耕地では、サツマイモを主作物としつつも、キャッサヴァやタロイモ、バナナなどがひとつの耕地に併せて植えられている場合が多い（写真6―4。写真は筆者のホームステイ先のジャウ氏宅の畑で、「パナ」、「カロフェラ」、バナナなどが見える）。熱帯の焼畑になじみのない調査者には、そうした耕地は時に非常に雑然としたものに見える。また右で述べたように、サツマイモなどを植え付ける場合でも、アシの人々は畑の土を一面に耕起するということが決してなく、畑の一定部分は、草木の燃え残りなどが散乱する硬い地表の状態にとどめられている。さらに、ある程度生育した二次林を伐開して造った耕地――そうした例は現在のT村周辺では少なくなっているが――では、薪や建材として将来利用するため、あるいは単に畑仕事の際に休憩をする日陰を残すために、一部の樹木は切り倒されずに残されているのが通常である。(28) このため耕地は時に、あたかも「自然の」森林の中でタロイモやキャッサヴァが栽培されているかのような、複雑な外見を呈することになる。一面に整備された水田や単一種栽培の畑を「耕地」の基本的なイメージとして抱いている温帯出身の調査者にとって、そのような外見はあまりに「人の手が加わっていない」ものと感じられ、はじめのうちは、「これは誰も耕していないただの茂みなのだ」と誤解しかねないほどである。

そのような印象は、筆者の見るところ、単に主観的なものではなく、アシ地域における焼畑農耕の本質的な性格に関わっている。すなわち、先述の通り焼畑農耕は一般に、個別の畑を半永久的に耕作し続けるのではなく、短期間の耕作の後に比較的長期の休閑期間を設けるという土地の循環的利用を特徴とするとされる。現在のアシ地域でも、休閑期間は大きく短縮しているが、耕作と休閑のそのような循環は基本的に維持されている。しかし、T村周辺の耕地をより具体的に観察してみると、前項で指摘したように、現に耕作されている畑でさえ、その内部にしばしば数か月間から一年程度の休閑区画を含んでおり、そうした区画は草地や小さな茂みになっていることがわかる。そのように、アシ地域の畑は通常一面に耕作されるということがなく、現に耕作されている畑の中に、現に耕作されている部分と耕作されていない部分を入れ子状に並存させている。それらの耕地は、アシの人々におけるそのように両義的な関わり方によって、継続的に利用可能なものとして維持されているのである。

アシの農耕が示すこのような両義性は、ギアツがかつてインドネシアの事例に即して指摘した焼畑農耕と灌漑水田（棚田）の対比 [Geertz 1963] にも合致する。ギアツによれば、灌漑水田が、既存の自然の生態系を大幅に、かつ半ば恒久的に変容させることによって成り立つのに対し、焼畑農耕は、生態系を大部分維持しつつ、それに統合され、一体化するようなかたちで行われる [Geertz 1963: 16]。焼畑は、単一種を耕地全体で均一に栽培する水田のように、熱帯林の生態系に対し否定的・対立的な関係に立つのではなく、むしろそれと連続的で調和的な関係を保ったままで創出され耕作されるのである。彼によれば、熱帯林と焼畑の間には、（1）植物種の多様性、（2）土壌中の養分の乏しさと、生きている植物によるその保持、および（3）異なる植物種によって構成される複合的な垂直構造あるいは「閉じた樹冠」、といった生態学的な類似性が認められる［Geertz 1963: 16-25］。これらの点において、焼畑は、「ミニチュア化された熱帯林」［Geertz 1963: 25］、あるいは自然の生態系の「巧妙な模倣」［Geertz 1963: 16］となっている、とギアツは言う[29]。

ギアツのこのような議論は、湿潤熱帯の焼畑農耕にはじめて接した調査者の多くが抱くであろう印象を、的確に分節化するものと思われる。それはまた、土地に対して〈手を加えること〉の内部に、〈手を加えること〉と〈手を加えないこと〉が逆説的に共存するアシの農耕の特徴――前章で見た漁撈活動の性格とも同型的な――をも、端的に言い当てている。焼畑農耕に内在するそのような両義性は、次節で示すように、ある土地を利用しつつ、そこに、あるいは近隣の人工島に「住まうこと」とは本来どうあるべきかについてのアシの了解においても、根本的な重要性を帯びている。

五　土地利用をめぐる意識――「アルトーア」の観念と「住まうこと」

1　望ましい土地利用と「アルトーア」

Ｔ地域における土地利用の現状を以上のように確認した上で、次に考えたいのは、このような現状を、アシの人々がどのように認識し評価しているかという点である。とくに以下では、先に二節で見た、人口の増加と集中による休閑期間の短縮、それによる自給的農耕の危機というしばしば指摘される現状について、この人々自身がどのような意識をもっているかについて検討したい。

土地利用の現状に対するアシの認識・評価を検討する上では、この人々の考える望ましい土地利用と「住まうこと」の一面を示す「アルトーア（*alutooa*）」という観念（前章参照）が手がかりになる。「アルトーア」はアシにおいて、長期的に存続し継続的な利用が可能な自然資源、通常は有用植物を指す語であり、今日のアシは、ピジン語ではこれを「リソーシス（*risoosis*）」（p. resources）と言い換える。[30] これらの有用植物には、人為的に植え付けられ、殖やされた植物も、そうではなく、二次林などの内部に自生する植物も含まれ、また農学的に見れば、栽培化された種と野生種の双方が含まれる [cf. 宮内 二〇一一：一二二─一二七]。「アルトーア」という表現自体は、「アルトー（ナ）（*alutoo (na)*）」という動詞の動名詞形であり、字義通りには「植えて／置いて（*alu*）＋おく（*-too*）＋こと（*-a*）」、すなわち、ある土地に「植え付けられた」有用植物がそこに長期的に「とどまる（*too*）」こと、あるいは、人為的に植え付けられたのではない場合でも、ある植物が、その有用性のために維持・保存され「置いておかれる」ことを意味する。

人々によって意図的に植えられる「アルトーア」としては、典型的には、食用として重要なココヤシ、住居の屋根や壁面の建材として不可欠なサゴヤシ（*hao*／*Metroxylon salomonense*）の他、嗜好品として用いられるビンロウジュ（*'egeru*／*Areca catechu*）、季節性の堅果樹であり、その実が食用にされる「ガリ（*ngali*）」（*Canarium indicum*）、巨大な湿地性のタロイモである「カカマ（*kakama*）」（*Cyrtosperma chamissonis*）や、葉が敷物などの材料にされるパンダナス（*kaufe*／*Pandanus* spp.）などが挙げられる。これらの有用植物は、ココヤシを除きいずれも畑などに一面に植えられるということがなく、通常は住居・集落の周囲や耕地の端などに数本単位で植え付けられ、必要に応じて利用される。他方、二次林などに自生する「アルトーア」としては、建材として用いられる各種の硬木やツル植物が挙げられる。

アシにおいて「アルトーア」とみなされる植物は、いくつか共通の性質をもっており、人々にとって有用な植物のすべてが「アルトーア」と呼ばれうるわけではない。第一に、「アルトーア」とみなされる有用植物は、ある程度長期的に存続するものでなければならない。このことは、「植えて／置いておくこと」という「アルトーア」の原義、とくにそこに含まれる、ある動作の結果が持続することを意味する「トー（-too）」という補助動詞的な表現――人がある場所に「住まう」という動詞と同一の――に明確に示されている。すなわちココヤシ、ビンロウジュなど、右で挙げた有用植物の多くは、その一部を採取・利用しても消滅することなく、しばしば複数の世代に渡って長期間利用され続ける。[31]このことは、前章で見た、「爺さんや父さんたちが植えたココヤシがあれば、自分たちもコプラを作ることができるのに」という男性の言葉にも明らかである。これに対し、短期間のうちに成長し収穫されてしまうサツマイモやキャッサヴァは、それらの明らかな有用性にも関わらず、決して「アルトーア」とは呼ばれない。

第二に、「アルトーア」と呼ばれる植物には、とくに人々によって植えられた場合、利用可能になるまで時間がかかる――「カカマ」では二年以上、ココヤシでは通常五年以上など――が、日常的な管理がほとんど不要であるという共通の特徴がある。この点に関して、「アルトーア」の動詞形である「アルトー（ナ）」が、右で述べた「植え付けられ、その結果として持続する」という意味に加えて、単に「置いておく、放っておく」という意味をもつことは示唆的である（たとえばT村では、ナイフで遊んでいる幼児に対し、親が「アルトーナ（置いておきなさい）！」と言うのがしばしば聞かれる）。一見した限りでは、同じ「アルトーア」という表現が、有用植物を積極的に「植え付ける」ことと単に「放っておく」ことの双方を意味するのは不可解である。しかし、先に挙げたような有用植物に対するアシの実際の関わり方を見るならば、そのように両義的な表現が、この関わり方の特徴を的確に表していることがわかる。たとえば、代表的な「アルトーア」であるココヤシは、マライタ島において、いったん植え付けられたら、果実の収穫以外の管理がなされることはほとんどない。また「カカマ」については、人々は「沼地（*kunu*）」に植え付けたらそれのことを「忘れてしまい（*manata buro*）」――そもそも、集落周辺の沼地は日常的に訪れる場所ではない――、数年後になって、食用のサツマイモが極端に不足した際などに思い出して掘り出せばよいとされる。この

写真 6-5　人工島上の植物

ように「アルトーア」とは、人々にとって有用ではあるが、日常的にはあくまで「放っておかれ」、あれこれと手を加えられて管理されることのないような植物資源を指している。アシにとって、「アルトーア」の有用性はまさしく、そのように放置されながらも必要な時に利用されうる「ストック」としての性格にあるのである。この点でも、二日に一度といった頻度で畑に手が加えられ、「放っておかれる」ことがないサツマイモ、キャッサヴァやタロイモなどの作物は、「アルトーア」の範疇に適合しない。

このような「アルトーア」の概念は、前章でも述べたように、アシにおいて、土地利用と「住まうこと」の望ましいあり方を特徴付ける重要な一契機となっている。アシの間では今日まで、新たな集落や耕地を拓く際、そこにココヤシやサゴヤシ、パンダナスといった有用植物を「植え付ける」ことが慣習的に行われてきた。植え付けられる植物の種類は限定されるが、人工島が新たに創設あるいは拡張される場合でも同様である(写真6―5)。上述の通り、これらの植物の多くが、利用可能になるまでに長い期間を要することを考えれば、そのような「アルトーア」の行為は明らかに、当該の場所と長期的・持続的な関わり——ラウ語の「住まうこと（トーラー）」がまさしく意味するところの——を結んでいこうとする意志を表している。アシの人々において、そのような行為はとくに、近い将来、その土地や人工島に住まうであろう子や孫たちが、やがて成長し利用可能になった有用植物から便益を得られるように——人々の言い方では、「子どもたちの暮らしがよいものになるように（*hai toolaa ngwela gi ka diana*）」——という間世代的な気遣いに基づくものと説明される。

たとえば、T地域北方のw島に近い本島海岸部に住む二〇代の男性は、ある時、数年前に亡くなった自身の父について、「父さんは、ココヤシとかビンロウジュとか、すごくいろいろなものを土地に植え付ける人だった。そのために今、僕ら子どもたちは助かっている」と筆者に語った（二〇一一年七月）。彼によれば、現在彼やその兄弟が住んでいる集落は、父が一九八〇年頃に拓いたものであり、その周囲には父が植えたココヤシやビンロウジュなどが豊富に育っている。この語りにおいて、現在自分たちが享受している豊かな「アルトーア」は、父から自分たちへの間世代的な気遣いの表れとして、明確に道徳的な価値付けを受けている。このような「アルトーア」の観念は、アシの人々が考える土地・環境との望ましい関わり方、さらには「住まうこと」のあるべき姿の一面をはっきりと表している。すなわちアシは、周囲に豊かな「アルトーア」をもつ居住環境あるいは「住み場所（*fera*）」を、単にその日常的な有用性のためだけではなく、それが具現する間世代的配慮と居住環境との持続的な関わりという道徳的価値において、望ましいものと考えているのである。「アルトーア」は、継続的に利用されながらもその場所に「とどまる」というその時間的・間世代的な持続性において、「住まうこと」をめぐるアシの理念と実践の重要な一契機となっていると言える。

2 手を加えること／放っておくこと

以上のような「アルトーア」の観念は、アシの人々が考える望ましい土地利用のあり方に特徴的な両義性をもたらしている。先に述べたように「アルトーア」には、一方で有用植物を「植え付け」、殖やしつつ、他方でそれらをあくまで「放っておく」という、一見逆説的にも見える二面的な土地利用のあり方が含意されていた。すなわちアシは、豊かな「アルトーア」をもつ居住環境を好ましいと評価しつつも、「アルトーア」とみなされる有用植物を「植えれば植えるほどよい」という単純で一義的な価値観をもっているわけではないのである。

そもそも、それらの植物の多くは生育に長い時間がかかり、日常的に頻繁に世話をしたからといって早く利用可能になるわけではない。また、野生の有用植物であれば、長期に渡ってそれを利用し続けるためには、必要な時に必要な部分だけを採取し、通常は「そのままにしておく」という関わり方が不可欠である。このように、「放っておく」ことは「アルトーア」の有用性の本質的な一契機となっている。さらに、すぐ後で述べるような、畑仕事との部分的に拮抗する関係から、一線を越えて「アルトーア」を殖やすことは人々の便益にならない。たとえば、集落の周辺一面にココヤシが植え付けられてしまうならば、それらは人々の自給的農耕の妨げになるだろう。[32] また、先述の「カカマ」やサゴヤシは、通常の耕地や宅地としては利用しえない湿地に栽培される作物である。そのような湿地は一般に、耕地帯の周縁などにごく部分的に見られるに過ぎない以上、「カカマ」やサゴヤシの植え付けを積極的に拡大することは困難である。それはあくまで、現状のままで「放っておかれ」、必要な時にだけ利用されるべき作物としてあるのである。

「アルトーア」の概念における、「植え付け、殖やす／放っておく」というこのような両義性には、先にアシの焼畑農耕に読み取ったのとまさしく同型的な、土地に手を加えるのをやめる、あるいは控えることを本質的な一契機として内包する、両義的な土地利用の仕方を読み取ることができる。すなわち、アシの自給的農耕と「アルトーア」

は、サツマイモやキャッサヴァが「アルトーア」とはみなされないように、一面において区別されながらも、他面において明確な類似性と連続性を示している。それらに共通して読み取られる、アシにとって望ましい土地利用とは、自らが居住あるいは利用する土地に、自給的農耕や有用植物の植え付けを通じてある程度は手を加えつつ、他方で同時に、この土地やそこに育つ植物を、部分的には「放っておく」ような、本質的に両義的なそれである。ここにはまた、前章で指摘した、漁を行うことを通じて一定の空間・時間を漁をしない空間・時間として境界付けるというアシの漁撈活動とも共通の性格を見出すことができる。

そのような規範意識をもつ人々にとって、現在のT地域で見られるような、居住地の周囲がサツマイモやキャッサヴァの畑として一面に耕作されているような状態は、決して望ましい状態ではない。というのも、そのような状態においては、先に述べたようにアシの人々が理想とする土地利用の両義性が失われており、農耕を通じて土地に手を加えるという側面が過剰に亢進しているからである。そもそも、サツマイモなどが栽培される畑と「アルトーア」の間には、本質的に両義的な関係がある。一方で、成熟した二次林の内部に見出される野生植物を除けば、多くの「アルトーア」は、日常的な畑仕事に付随して、耕地帯の周縁部などに植え付けられるものである。その限りでは、畑仕事を行うことと「アルトーア」を殖やすことは両立する（だからこそ、前章で見たように、畑仕事に熱心な個人は、世代的な配慮をもった「働き者」として評価されるのである）。しかし他方で、食糧自給のための畑仕事が一線を越えて行われるなら、それはもはや「アルトーア」とは両立不可能となる。そのような場合、たとえば畑の周囲に立つココヤシは、サツマイモの植え付けを妨げるものとして切り倒されてしまうだろうし、耕地帯の周縁部にあり、サゴヤシや「カカマ」が植えられていた沼地も、排水路の整備などによって耕地に転化されるだろう。そこでは、畑仕事と「アルトーア」の関係はすでに拮抗的なものとなっており、畑は一方的に拡大するが「アルトーア」は減少するという、すでに前章でも論じたような「住まうこと」の道徳的貧困化の過程が進行していることになる。

アシの認識において、T地域の土地利用の現状は、一面で、まさしくそのような状態を示している。T村に住むある女性〔五〇代〕はある時、「ココヤシはみんな畑を作るために伐ってしまったよ。私たちは、今じゃココヤシを〔周辺地域の人々から〕買っているんだ」と自嘲的に語った〔二〇一一年七月〕。このように、現在のT地域において、いわゆる土地不足のためにココヤシ、サゴヤシや「カカマ」といった「アルトーア」が減少していることは、同地域の人々の間で広く認識されている。ここでアシの人々にとって問題なのは、先に二節で見たような農学的・生態学的説明において言われるように、土地に対する人口圧が増大していることそれ自体ではない。そうではなくむしろ、アシの考える望ましい土地利用において本質的であったはずの〈土地に手を加えること〉と〈手を加えないこと、放っておくこと〉の両義的な並存関係が失われ、自らの土地利用の、さらには「住まうこと」それ自体の道徳的意義が漸減しつつあることが問題なのである。アシの人々にとって、T地域における「アルトーア」の貧困化は、そうした道徳的な危機の端的な表れに他ならない。またそのような危機は、人々において、T村周辺に休閑地の「茂み」やココヤシ林が見られないといった、日常的な景観に対する違和感——自分たちの「住み場所」とそこでの居住=生活が、どこかおかしくなっているという感覚——として、繰り返し体験されているのである。

六　草木の茂みと「住み、とどまること」

本章のまとめとして、本節および次節では、以上で見てきたような、アシにおける土地利用と「住まうこと」の関連を、ある土地・場所に「草木が茂る」ということ——ラウ語では「ブル〔*buru*〕」という動詞で表現される——をめぐるこの人々の意識と体験に注目して、あらためて考察しておきたい。

すでに述べたように、年間を通じて植物がきわめて旺盛に繁茂するマライタ島の環境において、この植物とどのように関わるかということは、人々の居住＝生活にとって根本的な問題となっている。すなわち、一方でアシは、居住地や耕地における草木の繁茂――土地が「ブル」すること――を統御する必要性につねに直面しており、そのような統御は、住居の周辺の「草刈り（*barasilaa*）」や耕地の「草抜き（*failiaa*）」として日常的に行われる。しかし他方で、アシの土地利用においては、とくに耕地の休閑というかたちで、一定程度「草木を茂らせておく、草木が茂るにまかせる（*faa-buru*）」ことも不可欠な一契機となっている[33]。この人々にとって、過剰に「ブル」した土地は何らかの「問題」の徴候だが、他方で、まさしく現在のT村周辺で見られるように、ほとんど「ブル」しておらず茂みのない景観も、自分たちの居住＝生活と土地利用における根本的な困難を示唆するものなのである。

　このように、アシの土地利用、およびそれを基本的な一要素とする「住まうこと」においては、草木の茂みを統御することと「茂るにまかせる」ことの間で両義的なバランスを維持することが、本質的な重要性を帯びている。そのようなバランスの維持は、アシにおいて、日常的な除草や適切な時点における耕地の休閑を通じて行われてきた。しかし同時に、この両義的なバランスには本質的な崩れやすさが含まれている。すなわち、アシの「住まうこと」と土地利用は、以上で見てきたように、土地を〈耕作している／耕作していない〉あるいは〈利用している／利用していない〉という両義性をつねにともなうがゆえに、しばしば容易に、当該の土地を〈単に耕作・利用していない〉状態――したがって、「われわれ」がもはやそこに「住んでいない」、あるいは「住むことができない」状態――に転化してしまうのである。

　このような事情は、休閑中の耕地に対するアシの人々の関わりによく示されている。すでに述べたように、区画全体で耕作が停止されている休閑地は、単に「畑（*raoa*）」と呼ばれることも多いが、現に耕作中の畑との区別を明示する場合には、「フリ・ラオア（*fuli raoa*）」という呼称が用いられる。「フリ（*fuli*）」は、もっとも一般的には「～の場所」を意味するが、多くの場合、「もともと～があった場所だが、現在は～はない」という「～の跡地」の意味で用いられる。たとえば「フリ・ルマ（*fuli luma*）」は、字義通りには「住居の場所」の意味だが、「〇〇（人名）のフリ・ルマ」と呼ばれる場所には、通常その人の住居はもはやなく、この表現は「〇〇がかつて住んでいた場所、その住居の跡地」の意味で用いられる。多くの場合、かつてそこに住んでいた人は移住・転出しており、草刈りを行う人がいなくなったその「住居の跡地」は、一節で見たピーター宅のように、草木が「ブル」する茂みとなっている。このように「フリ」という表現には、移住・転出によるかつての居住者の不在と、その結果としての植物の繁茂という含意が明確にともなっている。

同じように休閑地は、「もともとはある人の畑として耕作されていたが、現在では耕作されていない場所」という意味で、「フリ・ラオア」と呼ばれる。この表現が奇妙で逆説的と思われるのは、耕地の休閑に際し、人々は通常同じ土地を近い将来に再び耕作することを意図しており、そのことは他の人々によっても了解されているにもかかわらず、そこに右で述べたような不在の含意がつきまとっている点においてである。休閑中のある畑が「フリ・ラオア」と呼ばれる時、そこにはあたかも、それまでそこを耕していた人々が他地域に移住してしまうなどして、その土地が、「一時的に休閑されている畑」ではなく、完全に利用・耕作を放棄された「単なる茂み」になってしまう可能性が示唆されているかのようである(34)。

なお、アシ地域の現状を考慮するならば、「フリ・ラオア」という表現に、「一時的な休閑地」から「単なる茂み」への潜在的な転化を読み取る以上のような理解は、決して恣意的なものではない。本章冒頭でも述べたように、現在の同地域において、個別の世帯が一時的にホニアラなどに転出する例は珍しくない。当該の世帯は、当初は数か月の後にアシ地域に戻り、畑の耕作も再開するつもりでいるかもしれないが、実際には、ホニアラでの金策がうまく行かないなどの理由で、村に戻るのが一年、また一年と遅れる場合もある。そのような場合、村に残した住居は、無人となった人工島上のそれと同様、草木の茂みに囲まれて朽ち始め、また一時的に「ブルさせて」いたはずの畑は、完全に放棄され、耕作する人を失った土地のように見えるだろう。[35] このように、「一時的な休閑地／かつては畑であったが、もはや耕す人を失った土地」という右で述べた「フリ・ラオア」の両義性、および前者から後者への反転可能性は、現在のアシ地域において一定の現実性をもっているのである。

このように見るならば、居住や耕作を通じたアシの土地との関わりには、先に焼畑農耕の実態と「アルトーア」の観念に即して指摘したような根本的な両義性のゆえに、右で見た「フリ」というラウ語で表現されるところの、「かつては居住・耕作されていたが、現在ではそうする人のいなくなった土地」という不在のイメージがつねに付随していると考えられる。言い換えれば、アシにおける、「われわれは現にこの土地に住み、それを耕している」という自己了解には、つねに同時に、「われわれはもはやそこには住んでおらず、耕作もしていない」という対立的なイメージが潜在的にともなっている。この人々は現住地において、耕地を半ば「放っておき」ながら耕作するように、自らを潜在的に不在にさせながら「住まって」いるのである [cf. Harrison 2004]。

このような、土地利用に潜在する「われわれ」の不在という契機は、一面で明らかに、現住地におけるアシの居住＝生活に否定的な含意を与えるものである。すなわちアシにとって、たとえば無人の人工島上に生い茂る草木は、「われわれはもはやここに住み、とどまることができないかもしれない」というメッセージを潜在的に伝えるものに他ならない（事実今日、多くのアシがそのように感じている）。しかし、そのように否定的な意味付けは、おそらく事態の一面に過ぎない。すなわち、アシの土地利用が本質的に両義的なものであるように、その現状をめぐるこの人々の意識も、悲観的な面と積極的・肯定的な面がつねに並存し、相互に反転し合うような、根本的に両義的なものとして理解される必要がある。前章ではそのような反転可能性を、漁撈活動の現状に対するアシの意識に関して指摘した。同様な指摘は、おそらく土地利用をめぐる意識についてもなされうる。

事実、第一章以来再三問題にしている「故地へ帰る」という志向において、「われわれはもはやここ（アシ地域には住み続けることができない」という否定的な認識の裏面には、「われわれは、よそ（トロの故地）で別様に住まうことができる」という肯定的な見通しがつねにともなっている。ここでも問題になるのは不断に生い茂る草木という形象であり、アシにとってそれは単に否定的なものではない。すなわちアシの人々は、今日でも「トロ」の土地には大きな「茂み」（二次林）が生い茂っていることをしばしば指摘する。そのような土地は、アシ地域とは対照的に、サツマイモはもとより、マライタ島の伝統的作物であるタロイモの栽培にも好適であるとされ、またそこには、サゴヤシなどの「アルトーア」を植え付ける余地も豊富に存在する。そのように草木が旺盛に茂る土地がどこかにある限り、「われわれ」は望ましい仕方で「住まう」ことができる——「トロ」の「故地」への探求においてアシの人々が志向しているのは、一面において「住まうこと」をめぐるそのような可能性である。

この意味において、現住地における「われわれ」の潜在的不在を表す草木の茂みは、同時に、他の場所における別様な「住まうこと」の可能性を、積極的・肯定的に示すものでもある。アシの「住まうこと」がつねに別様でもありうるという偶有性は、このように、「われわれ」の周囲で、あるいは遠く離れた「トロ」で旺盛に「ブル」し続ける植物という両義的なイメージと、不可分に結び付いているのである。

七　土地利用に内在する他者性

以上で見てきたように、アシにおける土地との関わりは、「耕しつつ、耕すのをやめる」あるいは「茂みを統御しつつ、時に茂るにまかせる」という両義性を含み、また「現にここに住み、耕している」ことの裏面に、「もはや住み、耕してはいない」というイメージ、さらには「他の場所で、別様に住み、耕す」ことの潜在性を、つねにともなっている。土地とのこのように多義的な関わりは、これまでの各章で考察してきたような、根源的な偶有性

写真 6-6　t 島

に特徴付けられた「海に住まうこと」、すなわち現にそうであるような居住＝生活が、つねに同時に別様な居住＝生活の可能性を内包しており、そのために、人々の生がそれらの両面の間で不断に揺れ動き続けるような、アシに特徴的な「住まうこと」のあり方の一面をたしかに構成している。本章の最後に、このことを、土地利用と「住まうこと」をめぐるアシの語りにしばしば特徴的な仕方で登場する、「他人（*imola*）」という範疇に注目して示しておきたい(36)。

前節で注目したような草木の茂み、とくに「フリ」という語で表現される、もはや居住・耕作者をもたない「跡地」に現れる茂みは、アシの人々において、当該の土地の現住者である「われわれ（*gia, gami*）」にとっての「他人」としばしば結び付けられる。T地域において、そのような「他人」とは主に、現在のT村が形成される以前、その周辺や沖合の人工島に住まいながら、現在では、その近親者も含めてもはやT地域に住んではいない人々を指す。「われわれ」にとって疎遠なそのような「他人」は、T地域の人々にとって、逆説的にも、しばしばごく身近な仕方で現前し続けている。たとえばT村沖のｔ島（写真6―6）は、今日では無人の茂みとなっており、現在T地域に「住んでいない（*langi si too*）」そのかつての居住者やその子孫たちは、同地域の人々にとって「他人」の範疇に属する。他方で、T村の沖合数百メートルに「あり続けている（*too*）」ｔ島の茂みは、このあたりの海を日常的に行き来する人々にとってごく身近な視覚的対象としてある。同じように、T村の教会の敷地にある共同墓地は、キリスト教受容の初期に、洗礼を受けてバエに埋葬されえなくなった男女を埋葬するために形成されたとされる。T地域の高齢者たちによれば、この墓地には、現在の同地域に近親者がおらず、したがって誰がどこに埋葬されているのかも特定できなくなった「他人」が数多く埋葬されている。これらの人々が埋葬されている区画は、命日などに草刈りや墓の清掃をする親族もいないため、草木が茂り放題の状態になっている。無人のｔ島の場合と同様、T地域における「他人」の不在と現前は、それらの人々がもはや「ここ」には「住まっていない」ことを証拠立てる草木の茂みと不可分に結び付いているのである。

重要なのは、これらの茂みに具現される「他人」の立場が、現在のT地域に住むアシにとって、「われわれ」自身と決して截然と区別されえないという事情である。ここで、序論以下で再三言及してきたイロイとｕ島の事例を再び想起しよう。すでに見たように、一九八〇年代初頭にイロイらがそこから転出してきたｕ島は、現在、右のｔ島と同様な無人の茂みとなっている（口絵2参照）。そして第四章での考察は、「カストムの時代」に建設されたこの島が、イロイにとって、何らかの重大な出来事との関連を示唆しながらも、その歴史的背景などについて、根本的に「よくわからない」ものとなっていることを示していた。しかも彼において、ｕ島のそのような「わからなさ」は、自身の出自・親族関係の「わからなさ」とも一体となっている。すなわちイロイにおいては、自分自身が自らにとって半ば疎遠な「他人」なのであり、無人の茂みとなったｕ島は、ｔ島と同様、そのような「他人」性を具現するものに他ならないのである。

今日のT地域において、自分自身が潜在的に「他人」であるというこのような状況は、決してイロイだけのものではない（そもそもアシの人々が、他地域からの移住者として、自らを「よそから来て居着いた人々」と規定していたことを想起されたい）。すなわち、アシの土地利用が、土地を耕しつつ耕すのをやめ、草木の茂みを統御しつつ茂るにまかせるという両義的なバランスに立脚している以上、先にも述べたように、何らかのきっかけでそうしたバランスが崩れ、「われわれ」が居住し耕作していたはずの土地が、不在の「他人」を表示する単なる茂みへと転化してしまう可能性はつねに存在する。そのような転化は、もっとも現実的には、現在T地域に住む「われわれ」が、かつての「他人」たちと同じように、この地域から転出しどこか別の場所へと移住してしまうことによって生じるだろう。その場合、「われわれ」が居住・耕作してきたT村周辺の土地や沖合の人工島群は、生い茂る植物を統御する人もいない無人の茂みとなり、また別の人々によって、「他人」の居住・耕作の「跡地」とみなされることになる。ここでアシの人々によって予期されているのは、現在の「われわれ」自身が、近い将来に「他人」へと転化するという可能性に他ならず、そのような可能性は、この人々の土地利用と「住まうこと」につねに潜在しているのである。またここにおいてアシは、そのような潜在的な「他人」性を、不断に生い茂る植物という、自分たちの関与を根本的に超えた「自然」の事象――本書冒頭で言及した「ツナミ」や、前章で見た「マタクワ」（深い海）と同様な――に即して、言い換えれば、「アシ／トロ」や「キリスト教徒／非キリスト教徒」といった社会文化的差異の水準を超えた仕方で経験していると言える。

現在T地域に住む多くの人々において、「われわれ」がそのように現住地から移住・転出するという可能性は、あくまで現実的なものと考えられている。第一章で述べたように多くの人々にとって、T村周辺の土地は「われわれの土地」ではなく、人口増による土地不足の懸念の下、これらの人々は、現在のような居住＝生活を今後も継続していけるという見通しをもてないでいる。また、同じく第一章で述べた、T村やその周辺の土地の慣習的保有主体をめぐる潜在的な対立は、T地域における居住＝生活と土地利用の先行きをいっそう不確定なものにしている。ただしここには、現在のような居住＝生活の継続可能性に対する単なる不安以上のものが含まれている。前節でも述べたように、つねに生い茂る草木の存在は、アシの人々に、「トロ」での別様な居住＝生活があくまで可能であることを示し続けているのである。

以上のように見るならば、今日のアシにおける「トロ」の「故地」に「帰る」という志向は、一面において、この人々の土地利用のあり方につねに内在してきた両義性、および「われわれ／他人」の反転可能性と連続したものであり、さらには、それらを極端なかたちで展開するものとして理解されうる。「トロ」の「故地」への移住構想において、アシの人々は、「われわれ」であると同時に潜在的な「他人」であり、また、「ここ」に「住まい」つつ、同時に自らを潜在的に不在とするような逆説的な生のあり方を、言わば過激に、すなわち、もはや潜在性の水準を超え出ようとするような仕方で生きている。そしてそのような、「われわれ」と「他人」、および「住み、とどまること」と「もはやいないこと」、さらには「よそに住まうこと」をめぐる緊張関係こそが、この人々が生きる重層的な現在を形作っているのである。

なお、以上の各章で明らかにしてきたような、アシの「住まうこと」につねに内在する別様でありうるという可能性は、決して単に空想的・観念的なものではない。注目すべきことにアシは今日、過去のある時期において、現在とはまったく異なる、また現在から見てもある意味で「新しい」居住＝生活が大規模なかたちで実現したという事実を記憶しており、そのことを折に触れて想起する。すなわち、第一章でも紹介した、太平洋戦争直後に展開されたマーシナ・ルール運動の記憶がそれである。本書の終章に当たる次章では、マライタ島の名を人類学者たちの間で知らしめてきたこの運動が、今日のアシにおいてどのように記憶され想起されているかを見ることで、過去と現在、および別様な「住まうこと」の可能性と現実性が交錯し合うアシの現状についてさらに明らかにしたい。

註

（1）本章における植物種の同定に際しては、以下の文献を参照した［宮内 二〇一一、吉田ほか（編）二〇〇三、Barrau 1971[1958]; Whitmore 1966］。

（2）このことは、序論の冒頭や第四章で見たT村の教会の敷地についても指摘できる。この敷地では、人々によって毎週草刈りがなされることで、草木が生い茂ることが決してなく、つねに見通しのよい空間が保たれている。そのような空間は、カトリック教会を中心とする「コミュニティ」としてのT村の一つの象徴となっており、逆に、そこに草木が茂ったままに放置されるならば、それは、T地域の人々におけるキリスト教徒としての居住＝生活が何らかの「問題」を抱えていることの表れとみなされるだろう。生い茂る草木を継続的に統御することは、アシ地域における「教会に従った生活」の不可欠な一部となっているのである。

（3）福井によれば、焼畑農耕は、「ある土地を既存植生の伐採・焼却などの方法を用いることによって整地し、作物を短期間栽培したのち放棄し、自然の遷移によりその土地を回復させる休閑期間をへて再度利用する、循環的な農耕」［福井 一九九四：二三六］と定義される。

（4）興味深いことに、ラウ語において、「土地、土壌」と「茂み、森林」は同じ「ガノ（*gano*）」という語で言い表される。このことはあたかも、二節第1項で述べた、焼畑農耕における耕地・土壌と二次林の一体性を、アシの人々が認識しているかのようである。

（5）第一章および前章で述べたように、アシの世帯の多くは、主食の自給のための小規模農耕と現金収入源としての漁業を組み合わせた生業を営んでおり、この人々にとっては、自給的農耕の危機が直接に居住＝生活の危機を意味するわけではない。それでも、焼畑農耕の変容に関する農学的な議論を踏まえるならば、人口の増加と偏在化を主な原因として、アシの自給的農耕が現在困難に直面していることは明らかと思われる。

（6）図6―1に示したように、F川の北側にもごく一部の世帯が耕地をもっている――次節で見るジャケ宅の畑もここにある――が、本章ではこれもT村の南西側の耕地帯の一部とみなす。

（7）T村から相対的に遠いT川の南側の耕地帯の場合、個別の世帯の耕作面積はこれよりやや大きくなる。ただし後述のように、アシ地域の畑は多くの場合、その周縁部などに、耕作が短期間停止され、小さな「茂み」の状態になった区画をともなっている。このため、個別の畑の境界と面積を特定することはしばしば困難である。

（8）前章でも触れたように、マライタ島他地域の海岸部の景観をしばしば特徴付けるココヤシ林は、現在のT地域ではほとんど見られない。

（9）たとえばa島に住むG氏族成員たちは、現在の中高年層の父母の世代から、T川のすぐ南側の一帯を耕作していたとされる。現在でも、この一帯にはG氏族成員の諸世帯の畑が密集している。

（10）マライタ島においてカカオは、一九六〇年代初頭以降、政府によって新たな商品作物として栽培が推奨された［Frazer 1987: 76］。

（11）T地域において、居住パターンと土地利用パターンがこのように並行して変化してきたことは、一面でこの人々における移動・運搬手段の変化と関わっている。先述のように、現在T村に住む人々のほとんどは、自宅から徒歩約二〇分、直線距離で一・一キロ以内の範囲に畑をもっている。土地利用範囲のこのような限定は、主として畑との往復の身体的・時間的負担によるものである。アシの人々において、収穫物や畑の周辺で切り出す薪を背負って畑から自宅に戻ることは、しばしばかなりの重労働になる。このことは夕方、二〇キロ以上にもなるサツマイモ、バナナや薪を背負ってT村に帰って来る土まみれの女性たちの姿に端的に示されている。直線で一・一キロ、徒歩二〇分は、T村の人々がそのような運搬を日常的に受け入れうる最大の範囲と見ることができる。これに対し、カヌーによる海上移動は、畑との往復・運搬作業をはるかに容易にする。人工島現住者が好んで指摘するように、畑がどれほど遠くとも、また収穫したイモや薪がどれほど重くとも、人はそれらをカヌーに乗せるだけで何の苦労もなく島まで運ぶことができる。かつてのa島やb島の居住者たちが、上述のように、現在のT村の人々が徒歩で往復できる距離を大きく超える場所に畑をもっていたことは、カヌーによる移動・運搬のそのような利便性と明らかに関わっている。現在でも、人工島に住む世帯には、本島に住む世帯と比べて遠くに畑をもっている例がしばしば見られ、たとえばs島に住むある世帯は、同島に近い本島海岸部と並んで、島から約二・五キロも離れたT村南方の耕地帯にも畑をもっている。なおもちろん、本島に住む人々であってもカヌーを利用することは可能なはずだが、現在のT村でカヌーを保有している世帯はごく一部であり、また畑との往復にもそれらはほとんど利用されていない。この理由としては、カヌーを購入することの経済的負担の他、陸上移動とは違って海上移動は潮汐による時間的制約を受けること、またそもそも、本島に住んでいる場合、カヌーを使ったとしても行程の一部では陸上を移動・運搬しなければいけないことなど、メリットの乏しさが指摘できる。

（12）昼食はとくにとられないことが多いが、住居から相対的に遠い畑で長時間の作業を行う場合には、畑に生えているバナナなどが食べられることもある。

（13）ジャケの世帯の場合、T村に近いサツマイモ中心の畑がほとんど毎日訪れられていたのに対し、より多様な作物が植えられた「トロ」の畑での作業は週に一～二回にとどまっていた。なお、このように一つの世帯が性格の異なる複数の畑を耕作するパターンは、ソロモン諸島国内の他地域からも報告されている［e.g. Hviding and Bayliss-Smith 2000］。

（14）アシの人々は、休閑地についてもそれが誰の畑であったかを言うことができ、またその場合の休閑地は、現に耕作中の畑と同じく「○○たちの畑（*raoa gera...*）」と呼ばれる。

（15）キャッサヴァやバナナなど相対的に背の高い作物を、畑の外周に沿って生け垣のように植えることは、ラウ語で「ヌヌフィア（*nunufia*）」――字義通りには「日陰にすること」――と呼ばれ、サツマイモのツルが畑の外まで伸び広がることを防ぐ意義があるとされる。なお、かつてのマライタ島の畑には、放し飼いにされたブタの侵入を防ぐ「柵（*saakali*）」が設けられていたが、放し飼いが行われていない現在では、これらはほとんど見られない。

（16）サツマイモは、（1）成長につれて葉が地表を覆い尽くすため、タロイモなどと比べて耕地に雑草が繁茂しにくく、除草作業が容易である、（2）早い種では、植え付け後約三か月で収穫を開始することができる（タロイモやヤムイモでは約六か月）、（3）タロイモ、ヤムイモなどと比べてエネルギー換算の土地生産性が高く、また連作や休閑期間の短縮による収穫量の低下も小さいといった長所をもち、二〇世紀後半のマライタ島海岸部における人口の増加・集中傾向に適合的であったと指摘されている［中野 一九九四：八一―八四］。

（17）たとえばT村在住の六〇代男性は、「子どもの頃、サツマイモはすでにあったが、キャッサヴァはまだなかった」と証言している（二〇〇九年七月）。なおT地域においてキャッサヴァは、一九四〇年代末にフィジー留学から帰り、後に漁業協同組合を組織する男性イロイ（次章参照）がガダルカナル島から導入したと語り継がれており、右の証言はこれとも整合的である。

（18）ヤムイモと「パナ」が一面に植えられた畑は「ファリシ（*falisi*）」と呼ばれる。なお、サツマイモやキャッサヴァを中心とする畑に対するラウ語の呼称はとくにない。ヤムイモと「パナ」はいずれもツル性であるため、畑には、ツルを伝わせるための「ウロボ（*urobo*）」と呼ばれる木の棒が数多く立てられ、植え付けの後も、ツルの方向を直すなどの世話がなされる。

（19）サツマイモは、収穫後、イモに付いた泥を水で洗い落とした場合、「傷んでしまう（*ta'aa*）」ことなく保存できるのは五～七日間程度とされ、泥を洗い落とさなければより長く保てるとされる。キャッサヴァは、タロイモと並んで傷みやすいイモとされ、収穫の翌日には食べてしまう必要があると言われる。これらとは対照的に、ヤムイモと「パナ」は、次の年の植え付けまで種イモを約半年間貯蔵することができるように、保存性の高いイモであるとされる。

（20）「『バラシ』に対応するラウ語は何か？」という筆者の質問に対し、何人かは、「昔は『バラシ』の代わりに、〔以下で述べる〕『ウガ』や『フォデ』が用いられていたのだろう」と答えた。

（21）農学的には、焼畑農耕における火入れの意義として、（1）灰に含まれる養分が土壌に浸透し、作物の生育に利用可能になるという肥料効果、（2）土壌温度が上昇することで有機物の分解が促進され、同様に土壌中の養分が増加する、いわゆる焼土効果、（3）同じく土壌の加熱により草本植物の種子などが発育不能になり、雑草の繁茂が妨げられるという除草効果、（4）伐採された尨大な二次植生を、移動させることなく短時間にほぼ消失させ、耕地を利用可能にする省力効果、などが指摘されている［佐藤 一九九九：五三、中野 一九九五：九一—九二］。他方、アシの人々は、「畑を焼く」理由を、「［サツマイモなどの成長を妨げる］雑草や切り株を殺すため」、「ごみ［伐採された草木］を畑の外に運ぶのは大変すぎるから」、「灰が土をよくするから」——それぞれ、右の（3）、（4）、（1）におおよそ対応する——などと説明する。

（22）このように限定的な耕起法は、湿潤熱帯の激しい降雨の下、表土の攪乱を最小限にとどめることで土壌流出を予防する効果をもつと指摘されてきた［掛谷 一九九八：六七—六八］。アシの人々も時に、現在一部の世帯が行うようになっている鉄製の「鍬（*hou*）」（p. hoe）を用いた耕作との対比において、掘り棒を用いた盛り土造りのそうした意義を指摘する。たとえば、s島に住む男性（四〇代）はある時、「鍬で盛り土を作ると、［一度サツマイモを栽培した後、］長い時間草木を茂らせないとイモが十分に育たない。土が掘り起こされすぎるからだろう」と筆者に語った（二〇〇九年八月）。また別の男性（四〇代、T村近隣在住）は、同じ理由から、鉄製の鍬は「土地をだめにする（*nagaa gano*）」とさえ指摘した（二〇一一年八月）。

（23）このことは、葉を食べる甲虫などの虫害や、サツマイモの生育に不適とされる過剰な降雨などのために、一部のツルが枯れてしまった場合に備えてのことと説明される。なおアシの人々は、植え付けとその直後の時期の天候が、サツマイモの生育に適したものであるかどうかに敏感である。アシの間では一般に、植え付け直後における「日照り（*hatohato*）」、すなわち継続的な晴天と強い日照がイモの生育にとって好条件であるとされており、そのような場合には、約三か月後にイモが「よく実る（*moua diana*）」ことが期待される。T地域では、一年のうち多くの時期にはそうした条件が得られていると言える。他方、サイクロンの際や例年七月に見られる連続的な降雨は、サツマイモの植え付けに不適であり、将来のイモの実りを悪くするばかりか、極端な場合には植え付けたばかりのツルを枯れさせてしまうという。なお農学的には、サツマイモにおけるツルや葉の生育とイモ（塊根）の生育は、トレード・オフではないまでも部分的に背反する複雑な関係にあるとされる［e.g. Nakano 2012: 84; Sillitoe 1996: 46-50］。これに対し、アシの人々への聞き取りではそうした関係は指摘されず、サツマイモの「ツルが伸びる（*aela*）」ことと「イモが実る（*moua*）」ことは、基本的に両立・並行すると考えられていた。

（24）サツマイモ畑では、植え付けの一～二か月後には葉が地表を覆い、日照を遮ってその他の草本の生育を妨げるため、集中的な除草作業が行われるのは一度のみである。その後は、収穫やその他の小区画での盛り土作りなどのついでに散発的な草抜きがなされる。

（25）アシの人々は、一つの小区画からのサツマイモの収穫を、おおよそ三つの段階に区別する。最初の段階では、「盛り土の中をまさぐる（*hamosia anabota*）」、すなわち個別の株の中心部が根付いている盛り土の中に手や木の棒を突っ込み、大きくなっているイモを探ってちぎり取る、という仕方で収穫が行われる。もっとも大きく「よい」イモが採れるのはこの段階においてである。またこの際、まだ十分に大きくなっていないイモは地中に残される。次の段階は、サツマイモを「たどっていく（*isu*）」と表現され、具体的には、盛り土から伸びたツルが根付いた先のイモが掘り出される。ツルが根付いた先にできるイモは、一般に、盛り土の中に育つイモほどは大きくないとされ、またこの段階では、大小のイモがまとめて掘り出されてしまう（この際に収穫されるごく小さなイモは、通常ブタのエサに回される）。これらの収穫法が三～四か月に渡って継続され、大半のイモを収穫し終えると、人々は、地表に出ている「根毛（*kamu*）」などを手がかりに、畑に残ったイモを「すべて掘り出す（*kakarangai*）」という最後の作業を行う。

(26)　上述のジャケ宅の畑は、二〇〇九年八月の説明では、耕作を再開して二年目——実際の耕作期間はおそらく一年半程度——であったので、二〇一一年九月の観察の時点では、伐開から三年半ほどに渡って、ほぼ連続的に耕作が行われていたことになる。このような耕作期間は現在のT地域でも長い部類に属し、多少の収量減少はすでに生じているものと推測されるが、ジャケ自身は、二〇一一年の時点でもイモの育ち方は「問題ない（*diana gwana*）」と述べていた。なお、この畑がこのように長期間耕作され続けていることは、明らかに、T村の自宅から直線距離でわずか二五〇メートルしか離れていないというその利便性と関連している。

(27)　ここで言う「相対的に長期の休閑」が具体的にどの程度の長さに及ぶかは、個別の事例によってさまざまだが、T村周辺での筆者の聞き取りでは、比較的大きな叢林が育っている土地で五～七年、多くの場合では三年程度の休閑が行われていた。農学的な基準によれば、一〇年に満たないこのような休閑期間は土壌肥沃度の回復には不十分とされる［Nakano and Miyauchi 1996］。また、耕作期間と休閑期間の比率が、多くの場合一対一に近くなっているT地域の現状は、今後の持続可能性が疑問視されるほどの、高度に「集約化された（intensified）」土地利用であるということになる［cf. Allen et al. 2006: 86］。

(28)　先に見たジャケ宅の畑のように、休閑地の樹木を切り倒してしまう場合でも、それらの樹木は耕地内に横たわった状態で置いておかれ、少しずつ薪として利用されることが多い。

(29)　「熱帯林の模倣としての焼畑」というギアツの議論は、焼畑農耕の本質的性格を簡潔に指摘したものとして、多くの論者に引用されてきた［e.g. Brookfield with Hart 1971; Harris 1971; Rappaport 1971］。他方、ギアツの焼畑論、とくに（1）焼畑における植物種の多様性という指摘に対する批判については、佐藤［一九九九：三七七―三七九］の整理を参照されたい。

(30)　宮内［二〇一一：第3章］は、アシと同じマライタ島北部に住むファタレカの人々における生業と自然資源利用について考察する中で、「半栽培」をキーワードに、「野生／栽培」の二分法に還元されえないファタレカの資源利用の多様性を強調している。アシの事例に関する以下での考察は、そのような宮内の研究と関心を共有し、またそこから多くを学んでいる。

他方で宮内の議論は、(1)「資源」をもっぱら分析上の概念として用いている点、(2)自然との「半栽培」的な関わりがファタレカの生活に「安定」をもたらしている、という機能的・合理的な側面を強調している点など、いくつかの点で、アシの居住＝生活の根本的な動態性――むしろ「不安定」と言うべき――を明らかにしようとする本書とは力点を異にしている。また、アシにおける環境利用の理念と実践に関わる「アルトーア」の観念を分析する本節の考察は、マライタ島内の他地域、さらにはメラネシア一般における類似の観念についての探究を促すものと言えるだろう。

(31) この点で、ここで挙げた湿地性のタロイモ「カカマ」は興味深い性質をもつ。現在のアシ地域においてカカマは、何らかの事情でサツマイモが決定的に不足した際の救荒作物として、あるいは親族の葬儀などの際の贈与物として利用される。カカマの収穫に際しては通常、イモを掘り出すと同時に、その周囲に付着して育っている「子イモ(*gala*)」を、掘り出したのと同じ場所に植え付ける。これにより、数年後には同じ場所で再びイモが利用可能になる。このように収穫と植え付けをつねに組み合わせる利用法により、結果的にカカマは、長期間に渡って「とどまる(*too*)」(なくならない)作物となっているのである。

(32) そのような事態は、現在でも広大なココヤシ農園が見られるマライタ島北西部のトアバイタ地域で、一九七〇年代以降に実際に生じたとされる[Frazer 1987]。

(33) 「草木を茂らせておく(*faa-buru*)」という動詞に含まれる「ファー(*faa-*)」という接頭辞は、一般に「〜させる」という使役の意味をもつが、この場合その含意は、対象に働きかけて「強制的に〜させる」というよりは、働きかけをやめることで「〜するにまかせる」というものに近い。この動詞は、「人間が何もしないことによって、草木が自然に茂るがままにしておく」という、言うなれば他動詞ではないような他動詞なのであり、この点で先に見た「アルトーナ」(植え付ける/放っておく)の観念にも類似している。

(34) このような印象には、おそらく歴史的な背景がある。すなわち、かつてのマライタ島北部では、人口密度の低さ、および人工島からの海上移動の自由のために、耕地を拓くに際しての選択肢が比較的豊富であった。人々は、以前に自分たちが耕していたのと同じ土地区画を再び耕作する必要をもたず(現在でも、T村近隣の「トロ」の人々は、利用可能な土地がアシ地域と比べて豊富であることを誇ってそのように言う)、ある土地区画での耕作を停止した世帯は、将来そこで耕作を再開する場合もあれば、しない場合もあったと考えられる。すなわち、「一時的な休閑地」としての「フリ・ラオア」と「もはや完全に放棄された畑の跡地」としての「フリ・ラオア」の区別はあくまで不明確で、とくに問題にもならなかったのである。これに対し現在のT地域では、本島への移住によって耕地が密集し固定化され、当該の世帯は必ず休閑地で耕作を再開する――したがって、他の世帯はその土地区画を利用することはできない――という想定が維持・共有されている。このために、「フリ・ラオア」という表現自体は維持されながら、ここで述べたその二つの意味の間には事実上の分裂が生じていると考えられる。

(35)　二〇一四年にT地域を再訪した際、筆者は、T川南の耕地帯の一画でそのような畑に遭遇した。前年までこの畑を耕していたのは、T村に住んでいた三〇代の女性（元a島居住者）で、人々によれば、彼女は二〇一〇年に夫（当時三〇代、元1島居住者）を亡くした後、一時的に滞在していたホニアラで出会ったマキラ島（Makira Is.、図0―1参照）出身の男性と再婚した。T村の人々は、彼女はもはやT地域に戻ってこないと認識していたが、それでも二〇一四年の時点において、彼女の「フリ・ラオア」を代わりに耕作しようとする人はおらず、そこには高さ一メートル前後の草木が茂り放題になっていた。

(36)　ラウ語の「イモラ（*imola*）」は、日本語の「ひと」と同様、「不特定の人」を一般的に表すと同時に、「自分にとって疎遠な人、他人」を意味する。

第七章　想起されるマーシナ・ルール――「住まうこと」と偶有性の時間

一　a島の「フィッシャリー」の記憶

ここで、第四章の冒頭でも見た、二〇〇八年一〇月にa島で行われた追悼ミサの場面に立ち帰りたい。元a島居住者であるジャウ氏に誘われて島に赴いた筆者は、ミサの前、T村の教会の司祭が到着するまでしばらく間があるようだったので、島の上を一人で歩き回っていた。第一章でも見たように、a島の東端の部分は突堤のように海に向かって細長く突き出しており、これによって、海面がプールのような長方形に囲われている（写真7―1および図1―4参照）。島の広場の隅にたたずんでこの一角を眺めていると、傍にいたジャウ氏が不意に、突堤のような部分を指さして言った。「この島の人たちは、このあたりで最初にフィッシャリー（*fisharii*）を始めたんだ。これがそのフィッシャリーの埠頭だよ」。

ジャウ氏のこの言葉は、「大切なことだからよく見て、覚えておけよ」と言わんばかりの大仰で誇らしげな調子を帯びていたが、筆者にはこれは唐突に感じられた。調査開始後間もない時期であったとはいえ、「フィッシャリー」が、T地域の人々の主要な現金収入源である都市市場向けの漁業を指すこと（第五章参照）は、筆者もすでに把握し

写真 7-1　a 島の「埠頭」

ていた。それにしても、a 島の人々が始めた「フィッシャリー」とは、いつ頃の、どのようなものであったのか、そしてなぜそれがことさら誇らしげに語られるべきことなのか、この時にはまったく見当がつかず、またその場でジャウ氏に尋ねることもできなかった。

a 島の「フィッシャリー」については、その後もいろいろな人から、その都度断片的な話を聞くことになった。すなわち「フィッシャリー」は、かつて同島居住者らによって組織された漁業協同組合（fisheries cooperative society）を指していること、その中心となったのは、a 島およびh島の出身であるイロイという男性——現在のT村で、一部の人々に「本当の土地所有者」と目されている男性イロイと同名——であること、組合の活動は主に一九六〇年代に展開されたこと、また、当時はホニアラからT地域まで船舶がやって来て、人々が捕った魚を運んでいったこと、そして、a 島東端の突堤とそれによって囲まれたプールのような部分は、それらの船舶が停泊できるように、また捕った魚を生きたまま保存しておけるように、組合参加者たちによって建設されたものであること、といった話がそれである。特徴的なことに、これらの語りの多くは、右のa島でのジャウ氏の言葉と同様、筆者からとくに質問したわけでもないのに、人々によって自発的な語りのかたちでなされた。しかしそれでもなお、a島の「フィッシャリー」の記憶がなぜ、T地域の人々にとって、ジャウ氏の言葉の誇らしげな調子や、他の多くの「問わず語り」に表れていたような重要性をもっているのか、筆者には長らく理解しがたく思われた。

このような疑問は、「フィッシャリー」の記憶が、現在のT地域において、太平洋戦争直後のマーシナ・ルール（Maasina Rule）運動をめぐる記憶と密接に結び付いていることに気付いた時、はじめて解消へと向かい始めた。そうした気付きの一つのきっかけとなったのが、「フィッシャリー」のリーダーであったイロイが、現在のT村近くで「カストム」に関する教育を行っていたという、後述のa島在住の男性（六〇代）の証言である。第一章で述べたようにマーシナ・ルールは、マライタ島の植民地史においてもっとも重要な出来事の一つとして知られ、メラネシアにおける社会運動の主要事例としてこれまで繰り返し論じられてきた。この運動に参加したマライタ島の人々は、植民地政府に対し法的・政治的自治を要求しつつ、それまで主に居住していた内陸部から海岸部に移住し、自ら「タウン（*taoni*）」と呼んだ大規模な新集落を築いたとされる。また「タウン」では、「ファーム（*faama*）」（p. farm）と呼ばれる集団農園の耕作や、これ以後「カストム」と呼ばれることになる、氏族の系譜や移住伝承といった伝統的知識（第四章参照）の文書化などの活動が展開された。このような活動内容において、マーシナ・ルールは、マライタ島の人々が従来とはまったく異なる居住＝生活を志向し、かつ一時的とはいえそれを自ら実際に生み出した、同島の植民地史において前例のない出来事であったと言える。

このマーシナ・ルールについては、筆者も調査の初期から、「フィッシャリー」とはまったく無関係に聞き取りを試みていた。しかし、この運動が展開された一九四〇年代後半からはすでに六〇年あまりの時間が経過しており、現在のT地域には、マーシナ・ルールを自ら経験した高齢者はほとんどいない。この運動について中高年層に尋ねても、多くの場合、断片的で不明瞭な返答が得られるのみであった。このため、時間の経過と世代交代により、今日のアシ地域ではマーシナ・ルールの記憶はほぼ失われている、というのが筆者の当初の印象であった。

しかし実際には、アシの人々において「マーシナ・ルールは忘れられてなどいない——a島の「フィッシャリー」をめぐる語りに繰り返し接する中で、筆者が気付いたのはこのことであった。この運動はむしろ、既存の文献に基づいて筆者が予期していたのとは異なるかたちで想起され、語られているのであり、「フィッシャリー」をめぐるT地域の人々の語りも、まさしくそうした例として理解されなければならないのだ。さらに、a島に残る埠頭といった具体的なものや場所に結び付いたマーシナ・ルールとそれに続く展開の記憶は、それらに媒介された日常的な想起を通じて、アシの人々が生きる現在の中でたえずその意味を新たにしている。このことはまた、現住地に「住み、とどまること」と「故地に帰る」という可能性の間で揺れ動き続けるアシの現状とも深く関わっている。本章では、マーシナ・ルールおよびそれと不可分なa島の「フィッシャリー」をめぐる人々の記憶について検証することを通じて、アシにおける、過去と現在における「住まうこと」の多様な可能性の体験と、さらにそこから生み出される、まったく新たな居住＝生活に向かう衝動とでも呼ぶべきものについて明らかにしたい。

以下、本章ではまず、従来のマーシナ・ルール研究がその一部をなすところの、メラネシアの社会運動あるいは「カーゴ・カルト（cargo cult）」に関する人類学的研究について概観した上で（二節）、これまでのマーシナ・ルール研究の問題点と本章のアプローチについて述べる（三節）。続いて、今日のT地域でマーシナ・ルールとそれに続く展開が想起され語られる仕方の特徴を指摘し（四節）、具体的な証言に基づき、T地域におけるマーシナ・ルールの実態、とくにそこで建設された「タウン」の姿について再構成する（五節）。さらに、上で述べた一九六〇年代の漁業組合の活動と、そのマーシナ・ルールとの連続性について確認した上で（六節）、現在のT地域において、これらの活動についての記憶が、「われわれ」の居住＝生活の現状を繰り返し疑問に付し、過去と現在を動的に結び付けることで、

「われわれ」が生きる現在にたえず新たな可能性を導入するものとなっていることを示す（七節および八節）。

二　メラネシア人類学における「カーゴ・カルト」論

マーシナ・ルールは、しばしば「カーゴ・カルト」の一事例ともみなされ、メラネシアの社会運動の中でも古典的と言うべき位置を占めてきた。「カーゴ・カルト」は、一九世紀末以降、植民地状況下のメラネシア各地から報告されてきた、宗教的な性格をもつ社会運動の総称である［春日 一九九七、棚橋 一九九六、ワースレィ 一九八一、Lindstrom 1993］。それらは一般に、社会生活の全面的な転覆・変容への千年王国論的な待望と、西洋世界の物質的富を自分たちのものとすることへの非合理的・神秘的な期待を特徴とするとされる。「カーゴ・カルト」へのアプローチは、個別の論者あるいは時期によってごく多様だが、一例としてワースリー（Peter Worsley）は、古典的な「カーゴ・カルト」論の中で、それらの運動の外見上の非合理性を、植民地化を通じた世界経済への包摂の体験を、メラネシアの人々が手持ちの文化的枠組みで理解しようとしたことの結果として論じた［ワースレイ 一九八一］。またエリントン（Frederick Errington）らは、「カーゴ・カルト」を特徴付ける社会生活の急激な変容に対する期待を、西洋における連続的・「進化的（evolutionary）」な時間意識に対比される、メラネシア人の切断的・「挿話的（episodic）」な時間意識によって説明している［Errington 1974; McDowell 1985; cf. Robbins 2001］。

「カーゴ・カルト」の観念は、はじめて文献上に登場した一九四〇年代以降、メラネシア各地の社会運動を記述し解釈するために広く用いられ、マーシナ・ルールに関しても、その同時代から、これを「カーゴ・カルト」の一事例とする解釈が提起された(1)［Tanahashi 1992］。しかしそのような解釈は、次節でも見るように、一九七〇～八〇年代、マーシナ・ルールの合理的で現実主義的な側面を強調するキージングらの論者により退けられる。同じように、メラネシアの社会運動一般についても、一九九〇年代以降、物質的富への待望や千年王国論的な時間意識を「メラネシア文化」の表現とみなす本質主義や、非合理主義的な運動から近代的ナショナリズムへの「発展」を想定する単線的歴史観など、古典的な「カーゴ・カルト」論の多くの点に対して批判が寄せられている[e.g. 棚橋 一九九六、Jebens (ed.) 2004; Lindstrom 1993]。

筆者の見るところ、かつての「カーゴ・カルト」論には、これらの運動に対する顕著に二面的な評価、あるいは異なる評価の間での揺れ動きが含まれていた。すなわち、一面において論者たちは、一群の運動の中に、メラネシアの人々における〈新しいもの〉、より具体的には、現にそうであるのとはまったく異なる〈新しいわれわれ〉に対する志向を読み取っていた。たとえば、「カーゴ・カルト」と呼ばれる運動の過程では、参加者たちが新たな大規模集落や集会場を建設し、そこに長期的・短期的に移住するという動きがしばしば見られたことが知られており[e.g. ワースレイ 一九八一、Lawrence 1964; Whitehouse 1998]、マーシナ・ルールも例外ではない。そのような動きにおいて、メラネシアの人々は、小規模で分散的な伝統的居住形態を離れ、新たな時代の到来に備えたかつてない集合的生活を実現しようとしていたとされる。「カーゴ・カルト」のこのような側面を見ることを通じて、論者たちはメラネシアの社会生活に、「未開社会」についてのステレオタイプが想定するような伝統的同一性の再生産にとどまらない、動的で生成的な側面を見出していたと言えるだろう[cf. ワグナー 二〇〇〇、Wagner 1979]。類似の視点は、「カーゴ・カルト」における切断的な時間意識に注目することで、メラネシア社会を、ラディカルな変容の可能性を本来的に潜在させたものとしてとらえ直した上述の議論にも見て取ることができる。

しかし他面において、「カーゴ・カルト」における〈新しいもの〉の契機に関して、従来の議論は今日から見てある限界を抱えていた。すなわちほとんどの場合、メラネシアの社会運動に見られる革新性や動態性が、現地社会にとってあくまで外的な由来をもつものと解釈されてきたという限界がそれである[cf. ストラザーン 二〇一六]。一例として、上述のワースリーをはじめとする多くの論者は、「カーゴ・カルト」を特徴付ける法外な物質的富への待望を、初期植民地時代、西洋由来の物資にはじめて接して驚嘆したメラネシア人たちが、既存の文化的な枠組みの内部で——具体的にはたとえば、富を生み出す祖先の霊的な力といった観念を援用することで——なんとかそれを理解しようとしたことの表れとして説明してきた。このような説明において、〈新しいもの〉をもたらす行為主体性は西洋人の植民者の側にのみあるものと想定されており、他方でメラネシア人は、伝統的な認識枠組みによってそれに受動的かつ非合理的に対応することしかできない人々として位置付けられている。同じように、右で述べた通り「カーゴ・カルト」においてしばしば見られる、大規模集落などの新たな社会的集合性の形成は、多くの場合、キリスト教の宣教師や植民地政府によって外部からもたらされた社会組織の産物あるいは模倣として説明されてきた［e.g. ワースレイ 一九八一、Whitehouse 1998］。メラネシアの人々は、そのような外来の刺激によってのみ、親族集団を中心とする伝統的で狭隘な社会関係から抜け出すことができるとされてきたのである。

このように、かつての「カーゴ・カルト」論は、メラネシアにおけるさまざまな社会運動に含まれた、〈新しいわれわれ〉に向かう勢いあるいは生成性を認識しつつ、他方でそうした〈新しさ〉を、西洋人によってもたらされた外来の契機へと還元してしまっていた。この点においてそれらの議論は、序論でも問題にした「伝統的同一性の中に閉じこめられた未開社会」というステレオタイプを再生産してしまっていたと言える。このような限界を認識した上で、現在のメラネシア民族誌に求められるのは、「カーゴ・カルト」概念の古典的な規定から自由になりつつ、なおもそこに含まれていた生成的な契機を展開すること、しかも、自ら〈新しいもの〉を生み出す主体性をメラネシアの人々から奪うことなくそうすることであろう。そのような作業はまた、アシにおける「われわれ」の居住＝生活の偶有性——つねに別様でありうる可能性——を描き出そうとする、本書の一貫した課題にも合致する。マーシナ・ルールという古典的事例、とくに今日のアシにおけるその想起の体験に即して本章で行おうとするのは、まさしくそのような作業である。

三 マーシナ・ルールへのアプローチ――先行研究とその問題点

マーシナ・ルールは、先述のようにその同時代以来、数多くの論者によって取り上げられてきた(2)。たとえばワースリーはこの運動を、メラネシアの社会運動史において、非合理主義的なカルトから政治的ナショナリズムへの移行を画する重要事例と位置付けている〔ワースレイ 一九八一：第9章〕。ただしワースリーの分析は、主として当時の植民地行政官の報告や雑誌記事に基づいており、運動の実態に対する把握という点では不十分なものであった。その後一九七〇～八〇年代には、キージングやラランシー（Hugh Laracy）が、史料と現地調査に基づくより綿密な検証を行い、マーシナ・ルールを、植民地主義的な支配・従属に対する抵抗と、在地の価値観に基づいた社会生活の変革への志向を本質とする運動として記述した〔Keesing 1978; Laracy (ed.) 1983〕。このような理解は、今日に至るまで、マーシナ・ルールに関する通説となっている。さらに一九九〇年代以降には、ポストコロニアリズムや歴史人類学などの理論的展開を踏まえ、この運動に、植民地主義的な組織・概念の「流用（appropriation）」を通じた抵抗の戦略を見出すなど、新たな解釈が試みられてきた〔棚橋 一九九三、一九九八、二〇〇〇、Akin 2013; Keesing 1992〕。

このような研究蓄積をもつマーシナ・ルールに対し、現在どのようなアプローチが可能だろうか。そもそも、マーシナ・ルールに関するこれまでの研究の多くは、この運動の実態を事後的に検証し再構成しようとする歴史的なアプローチに依拠するものであった。そのようなアプローチにより、運動の端緒としての太平洋戦争中の労働部隊体験や、南洋福音伝道会（SSEM）の信徒ネットワークの組織上の影響、運動組織における植民地政府の行政組織の模倣・流用、あるいはマライタ島「南部」（アレアレ地域、クワイオ地域など）と「北部」（クワラアエ地域など）における植民地政府への姿勢の差異など、さまざまな事実関係が明らかにされてきた。先にも述べたように、現在のマライタ島では、主として時間の経過のために、マーシナ・ルールに関する人々の記憶は一般に断片的で不明確なものになってしまっている。そのような状況の中では、聞き取りを通じてこの運動について新たな歴史的事実を明らかにすることは困難だろう。また、筆者が行ったT地域での聞き取り、および国立文書館所蔵の植民地政府文書の検討も、右でその一端を述べたような既存のマーシナ・ルール研究の知見を基本的に裏付けるものとなっている。(3)

他方でこれらの先行研究は、発表時期の違いにも関わらず、限られた事例に基づき、事実関係に関する類似の指摘や同型的な分析をしばしば反復している点において、読者に奇妙な閉塞感を覚えさせる。具体的に言えば、マーシナ・ルールが、第一章で述べたようにマライタ島全域で展開された運動であったのに対し、既存の研究ではクワイオ地域の事例が偏重されており、同地域出身の少数の運動リーダーの証言［e.g. フィフィイとキージング　一九九四］が定型的に参照されてきた。(4)その結果、これらの研究は半ば不可避的に、マーシナ・ルールについて同型的な像を描いてきた。すなわち、この運動が本質的に、植民者との対立的な関係の下で、マライタ島の人々が政治的・文化的自律を求めた闘争あるいは抵抗の運動であったとする理解がそれである(5)［e.g. 棚橋　一九九三、一九九八、Akin 2013; Keesing 1978, 1992］。もちろん、一連の研究が示すように、マーシナ・ルールが植民地主義に対する抵抗・闘争としての面をもっていたことは、歴史的事実として疑いない。しかし注意すべきことに、先行研究において定型化されたそのようなマーシナ・ルール理解は、現在のマライタ島、少なくともアシ地域の人々におけるこの運動についての認識と、見逃しえない仕方で食い違ってしまっているのである。

T地域でマーシナ・ルールに関する聞き取りを繰り返し試みる中で、筆者は、現在のアシの人々がこの運動について語る際、「植民地支配に対する抵抗」や「自律」といった理念あるいは目的が語られることがほとんどないことに気が付いた。人々は、この運動が植民地主義への抵抗という性格を帯びていたことをおそらく認識してはいるが、そのような側面は、現在の語りにおいてほとんど強調されることがない。代わって多くの人々は、マーシナ・ルールを、以下で具体的に見るように、運動の過程で建設された新集落「タウン」への集住や集団農園「ファーム」の耕作を通じて、父母や祖父母たちが新たな居住＝生活を実現しようとした試みとして想起する。その意義は、植民地政府への抵抗や自律を求めた闘争といった点にではなく、それらの社会経済的な試みの中で、多数の人々による集合的な居住＝生活――アシ自身の表現では、人々が「一緒に住まい、協力して働いた（*too ofu, rao kwaimani*）」こと――が類例のない仕方で実現した、という点に見出されているのである。

このように、マーシナ・ルールの意義について、従来の研究者の認識と現在のマライタ島の人々、少なくともアシにおける認識の間には、明らかな乖離がある。このことは、既存のマーシナ・ルール研究に対して一定の疑問を投げかけるものである。すなわちそれらの研究は、この運動の歴史的再構成に専念するあまり、現在のマライタ島、とくにクワイオ地域以外の地域において、マーシナ・ルールの意義がどのように認識されているかという点を等閑視してきたのではないか。そしてその結果として、この運動が今日に至るまでマライタ島の人々に対して帯びてきた、「抵抗・闘争」の主題に回収されえない多様な意義は、従来の研究によって取り逃されてきたように思われるのである。

このような問題を乗り越え、マライタ島におけるマーシナ・ルールの意義をより多面的に理解するためには、従来の「抵抗・闘争」論的な解釈を反復する代わりに、現在の同島、とくにこれまでの研究で注目されてこなかった地域や階層――具体的には非リーダー層――の人々における認識をも踏まえた再検討が必要だろう。本章では、アシ地域の事例に基づき、まさしくそのようなアプローチを試みる。(6) その際以下では、従来の研究では周辺化されていた「ポスト・マーシナ・ルール」［Keesing 1978: 53］と呼ぶべき展開、すなわち、全島規模の運動が終息した一九五〇年代初頭以降、マライタ島各地で多様なかたちで継続された社会経済的あるいは文化的な諸活動にも注目

する。(7)

なお、より理論的な水準では、以上で指摘したようなマーシナ・ルール理解の乖離は、決して単に「運動当時の意味付け／現在の意味付け」あるいは「クワイオ地域での理解／アシ地域での理解」といった形式的な差異に還元されうるものではない。本書における、「われわれ」の現状それ自体に内在する他者性・生成性という一貫した視点から見るとき、マーシナ・ルールに関して従来反復されてきた「抵抗・闘争」論は、「われわれ」（マライタ島民）と「彼ら」（植民者たち）のそれぞれの同一性を前提とした上で、両者の間の外的で対立的な関係について論じる固定的な図式に過ぎない（なおこの批判は、第四章で「自己同一性の象徴・媒介物としての『カストム』」という議論に対して行ったものと同型的である）。先に「カーゴ・カルト」一般について指摘したのと同じように、マーシナ・ルールには、居住=生活の刷新を通じて、現にそうであるような「われわれ」の同一性を超え出ていくような生成的な動きがたしかに含まれており、そのような動きは、現在における運動の記憶にもたしかに保存されている。しかしこうした側面は、従来反復されてきたような「抵抗・闘争」論では決してとらえることができないだろう。この点においても、本章は既存のマーシナ・ルール研究の限界を超えようとする試みとなっているのである。

四　（ポスト・）マーシナ・ルールの痕跡と想起

ここで、冒頭で紹介したa島でのエピソードに立ち帰りたい。現在のアシ地域におけるマーシナ・ルールの記憶について考える上で、このエピソードは二つの重要な手がかりを含んでいる。第一に、そこでジャウ氏は、イロイという男性を中心にかつて組織された漁業協同組合について語っていたのだが、今日のT地域において、この組合を含む一九五〇年代以降の社会経済的な改革の試み、すなわち本章で言う「ポスト・マーシナ・ルール」と、一九四〇年代後半のマーシナ・ルールは、あくまで連続的な一つの展開として認識されている。

たとえば、先述のようにマーシナ・ルールの過程では、参加者により、「カストム」と呼ばれる伝統的知識の文書化が進められたことが知られている。他方で人々は今日、右のイロイに関して、マーシナ・ルールに直接言及することなく、「イロイは学校（*sukulu*）〔p. school〕をつくり、カストムについての授業をしていた」（六〇代男性、a島在住、二〇〇九年五月。なお、イロイの「学校」については後述する）、あるいは「イロイはそれぞれの氏族についてのカストムをまとめて、その上で〔異なる氏族に属する〕人々を集めてフィッシャリーをつくった」（五〇代女性、元a島居住者、アウキ在住、二〇一一年八月）というように証言する。これらの証言において、従来の文献でマーシナ・ルールの一環として記述されてきた「カストム」への関心は、イロイとその漁業組合を中心とするポスト・マーシナ・ルールの展開という枠組みに組み込まれたかたちで想起されている。このように現在のT地域において、マーシナ・ルールとポスト・マーシナ・ルールは通常区別されず、一続きの展開として想起され語られるのである。以下では、人々の想起と語りにおける二つの時期のそうした一体性を表すために、「（ポスト・）マーシナ・ルール」という表記を採用したい。

第二に、今日のT地域において、マーシナ・ルールとそれに続く展開の記憶は、単に観念や語りの中にあるだけでなく、人々の日常的な生活空間の中に存在する具体的なものや場所と密接に結び付いている。[8] a島の埠頭を前にしてのジャウ氏の問わず語りは、そうした結び付きをよく示している。そのような、（ポスト・）マーシナ・ルールの「痕跡」とでも呼ぶべきものや場所は、a島の埠頭の他にも、後掲の図7―1に示すように、イロイが自宅近くに植林したマングローヴ、右の証言でも触れられている彼の「学校」の跡地や、同じくイロイが開設したサッカー場跡、そして現存するのはT地域ではなくスー地域――イロイの母および妻の出身地――だが、漁業組合が用いていた船ノース・マラ（North Mala）号のエンジンの残骸などとして、この地域にいくつも点在している。

a島上でのジャウ氏の語りがそうであるように、本章が依拠する人々の証言のうち、とくにポスト・マーシナ・

ルール期に関するものの多くは、筆者の側から質問したわけでもないのに、それらのものや場所を前にして、人々によって自発的に、しかも明確な熱意や誇りをもって語られたものである。たとえばT村在住のある男性（五〇代、元a島居住者）は、筆者を連れて畑仕事に向かう途中、T川沿いの一帯に差しかかると、何の前触れもなく、「ここには昔サッカー場があったんだ。今の〔T村の〕サッカー場より大きくて立派だった」とうれしそうに話した（二〇〇九年七月。後述のようにイロイは、T地域にはじめてサッカーを紹介した人物として語り継がれている）。また、スー地域のG村を訪れた際、筆者を案内してくれた同村の男性（三〇代）は、村の波打ち際に放置されたままになっている錆びた金属の塊を指さし、「これはフィッシャリーが使っていたノース・マラ号のエンジンだぞ」と力を込めて説明した（二〇〇九年六月）。冒頭のa島でのエピソードと同様、いずれの場合にも、筆者の当初の印象は、「今では単なる茂みに過ぎない昔のサッカー場や錆びきったエンジンの残骸が、いったい何だというのか?」というものだった。人々にとってそれらが、（ポスト・）マーシナ・ルールについての想起を促す媒体として重要な意味を帯びているという事情は、しばらくの後、一見相互に無関係なそれらのものや場所が一つの結び付きを形作っていることに気付いて、はじめて理解されたのである。

五　T地域におけるマーシナ・ルール

1　「タウン」をめぐる証言

右で述べた一群の痕跡の中で、潜在的に中心的な位置を占めているのが、今日しばしば「タウン（Taoni）」と呼ばれるT村の外れの一帯である。T川に沿ったこの一帯は現在、川の南側に広がる耕地帯との往復の際などに人々によって通行されはするものの、住居や耕地がほとんどない沼地や茂みとなっている[9]（写真7―2）。単に「草木が茂っ

写真 7-2　T村外れの「タウン」

ているだけ（*buru gwana*）」のこの一帯が「タウン」と呼ばれることは、筆者にとっても当初は不可解であった。

すでに述べたように「タウン」は、マーシナ・ルールの過程で各地に建設された、数百人規模の新集落を指す。それまで多くの場合、内陸部に数世帯単位の小規模集落を構えて居住していたマライタ島の人々は、運動のリーダーたちの呼びかけに応じて海岸部に移住し、「カストム」の文書化や「ファーム」の経営といった集合的活動の拠点として新たな集落を創り出したとされる[10]。そのような新集落が「タウン」というピジン語で呼ばれたこと自体、マーシナ・ルールの参加者たちが、マライタ島にそれまで存在したことのない新たな居住＝生活空間の実現を目指していたことを示している。

今日のアシ地域では、先述のように、一九四〇年代後半におけるマーシナ・ルールの展開についての記憶は、多くの場合ごく断片的で不明確なも

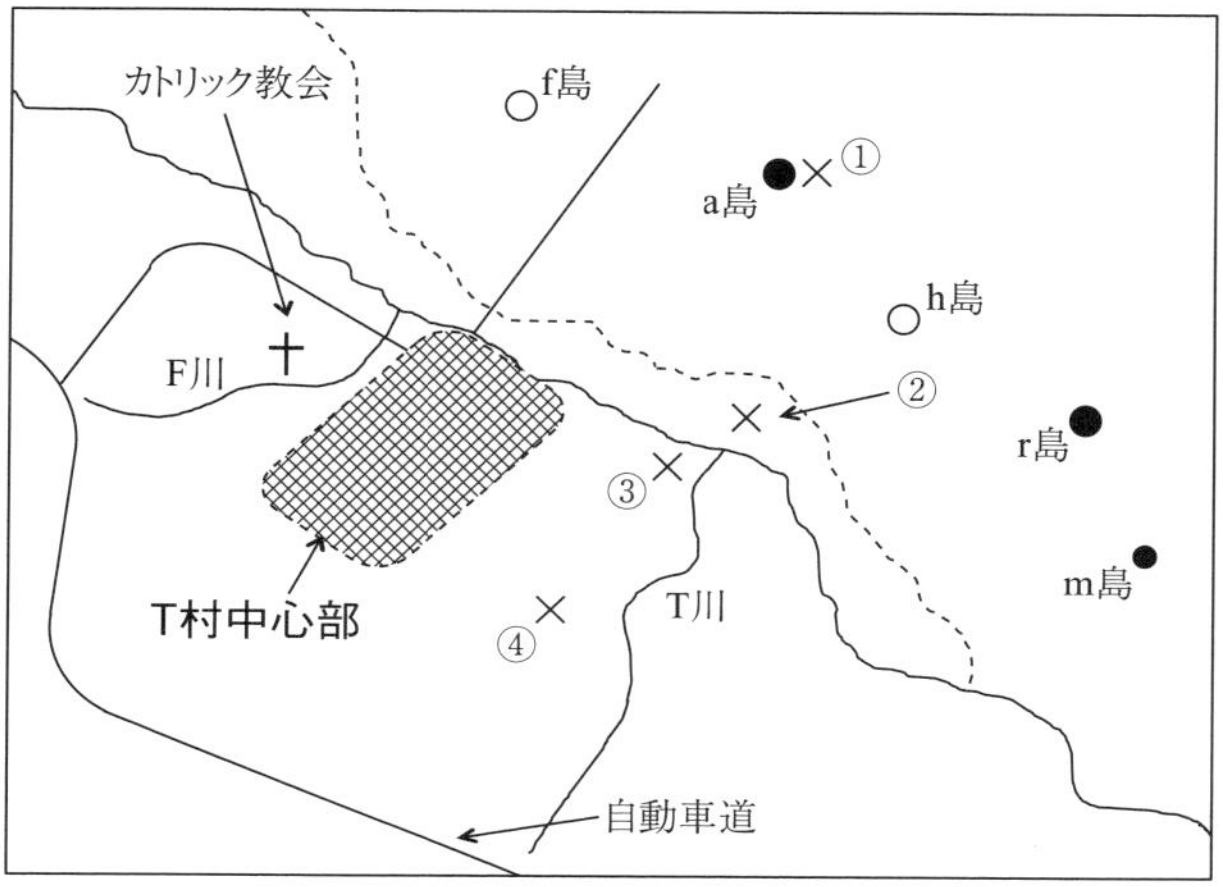

図 7-1　現在の T 村周辺

①a 島の埠頭
②イロイが植林したマングローヴ
③イロイの自宅および「学校」跡
④イロイが開設したサッカー場跡

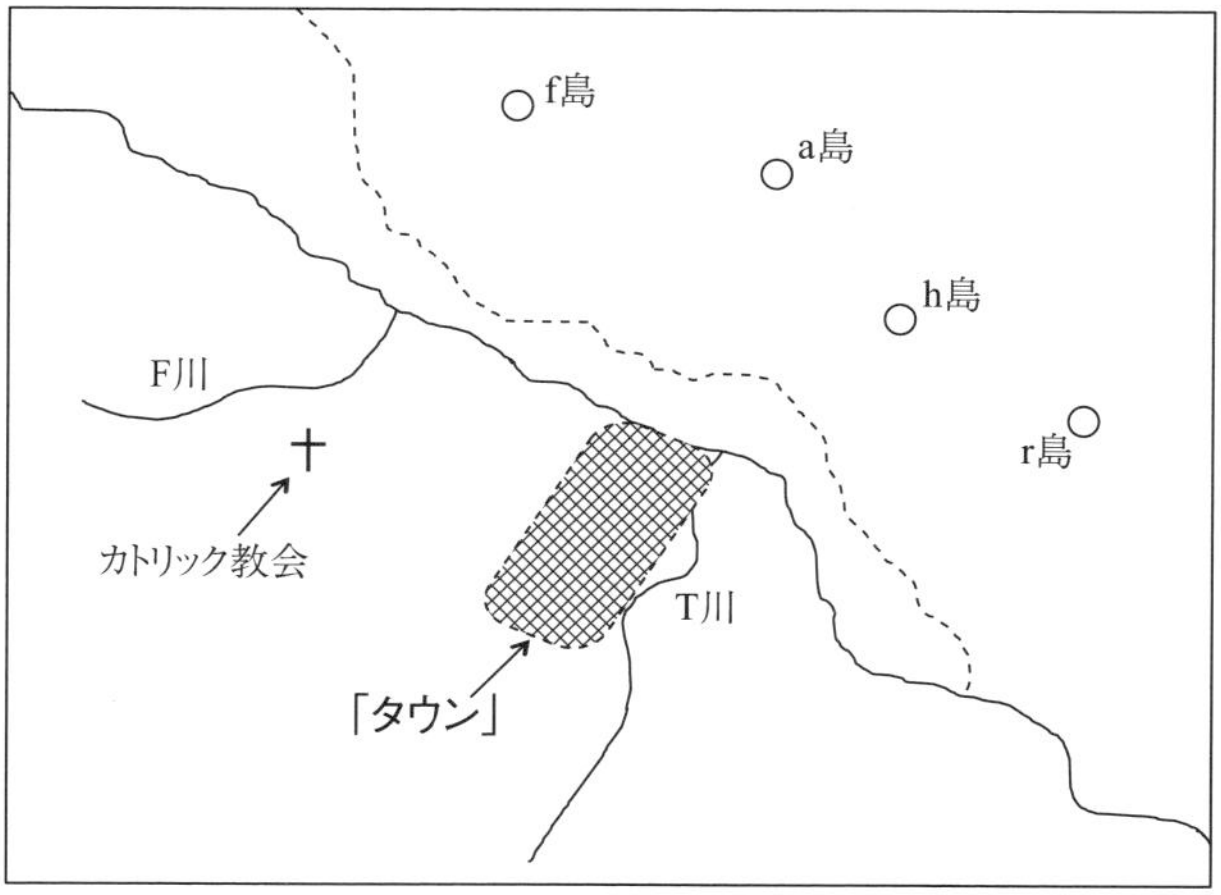

図 7-2 マーシナ・ルール当時（推定）

のになっている。そうした中でも、T地域の中高年層は、運動の時期、同地域でも本島海岸部に「タウン」が建設され居住されたことを一様に証言する。そのような証言の一致は、それ自体として、人々のマーシナ・ルールの記憶において、「タウン」が中心的な位置を占めていることを示唆している。そして、今日「タウン」と呼ばれるT川沿いの一帯は、まさしくマーシナ・ルール期にこの「タウン」が位置していた場所に当たっているのである〔図7―2〕。たとえば、調査時点でこの地域の最高齢者であったm島在住のバカレ老人〔九〇代、第二章参照〕は、自身の体験を次のように語っている〔二〇〇九年五月〕。

自分は〔ガダルカナル島の〕ルンガ〔Lunga〕でアメリカ軍の労働部隊に勤めて、その後でl島に帰ってきた。マーシング・ルールが始まったのはそのすぐ後だ。島々の人たちは陸に移り住んで、T川の側にタウンを造って住んだ。商店〔*stoa*〕〔p. store〕を経営したり、ファームを造ってイモを市場で売ったりもした。タウンに住んでいる人たちからは税を集めて、マーシング・ルールのお金にした。その後、政府がタウンを禁じたので、人々は島に戻った。

「タウン」についての同様な証言は、同じく高齢層に属する男性オイガ〔七〇代、第四章参照〕によっても次のようになされている〔二〇〇九年八月〕。

マーシング・ルールが始まった時、父〔E氏族最後の祭司、第四章参照〕は亡くなったばかりで、子どもだった自分は母や兄、妹たちとk島に住んでいた。e島からk島までの島々の人たちは、T川の側に造られたタウンでマーシング・ルールに加わった。〔T村近隣の〕「トロ」の人たちもタウンに移り住んだ。自分たち〔の家族〕

はｋ島から、クーティ〔Kuuti〕〔ジャウ氏の妻の父〕たちはｆ島からタウンに移り住んだ。〔Ｔ地域北方の〕ｗ島の人たちも、同じように陸にタウンを造って住んだ。

これらの証言から、マーシナ・ルールの時期、沖合人工島群、および部分的には近隣の「トロ」地域から人々が移り住み、Ｔ川沿いの一帯に新集落が形成されていたことがわかる。Ｔ地域において特徴的なのは、他地域で通常見られた内陸部からの移住ではなく、主として沖合の人工島群からの移住によって「タウン」が形成されたという点である（ただし後述するように、「タウン」と人工島の関係は時期によっておそらく変化した）。この点について、六〇代の元ａ島居住者の男性（Ｔ村在住）は、自身の父の体験に即して次のように述べている（二〇〇九年六月）。

マーシング・ルールの頃、ｋ島、ｉ島、ａ島、ｅ島、ｂ島、ｌ島などの島はもう造られていた〔第二章参照〕。人々がタウンに移り住んだので、これらの島々は無人になった。父はこの頃、アウキで政府の調理人として働いていたので、ここ〔Ｔ地域〕のマーシング・ルールには加わっていない。ただし父は、アウキから警察官がやって来る時に一緒に来て、タウンの人々に前もって「森に隠れろ！」と知らせたりしていた。マーシング・ルールが終わってから、父はアウキからａ島に戻った。

同じように、すでに何度か登場している男性ディメ（五〇代）は、父母の体験について次のように語っている（二〇〇九年五月）。

父はここのマーシング・ルールの中心人物の一人だった。戦争中、父はすでに結婚していて子どももいたが、ツラギ〔Tulagi〕〔戦前の首都〕で労働部隊に加わった。戦争が終わってツラギからa島に戻り、まもなくマーシング・ルールに加わった。人々はT川の側にタウンを造り、父たちもa島からタウンに移り住んだ。自分は、運動が終わって父たちがa島に戻ってから生まれた。

2　T地域における「タウン」

以上のような証言によって、T地域でも「タウン」が建設されて人工島群から人々が移り住み、「ファーム」の耕作などの活動が展開されていたことがわかる。ただし、今日の中高年層の証言は、右で見た以上の詳細を語るものではなく、また既存の文献や国立文書館の史料にも、T地域におけるマーシナ・ルールの展開についての具体的な記述はほとんど見られない。このため、同地域に建設された「タウン」の実態について知ることは容易ではない。一群の断片的な証言を照らし合わせることで、T川沿いの「タウン」が、一九四六～五〇年のうち数年間に渡って存続し、現在のT村にも似た数十世帯の規模をもっていたこと、そこにアシのみならず近隣の「トロ」の人々も移住してきたこと、また政府との対立が強まった運動の後期には、その周囲に防御用の柵や見張り塔が建てられたことなどを推定することができる[11]。また高齢者によれば、当時、現在のT村中心部の大半は茂みや沼地に覆われており、司祭たち以外にはほとんど人が住んでいなかったという。

T地域における「タウン」の実際の住まわれ方、およびその人工島群との関係は、時期によって一様でなかったものと推定される。具体的には、他地域について指摘されているように［Akin 2013: 188, 191］、初期には「タウン」に先立って海岸部に「ファーム」が建設され、人々がその周囲に仮住まいしているような段階があり、その後に「タウン」が本格的に建設され、人々が常時そこに居住する「タウン」の最盛期があった――高齢者たちが指摘するように、この間島々はほぼ無人となった――と考えられる。その後、政府によって「タウン」の柵を破壊するなどの弾圧が行われるようになると、人々は人工島と「タウン」の間を往復しつつ運動を継続したと推定される［cf. Akin 2013: 424］。

高齢者たちの証言によれば、T川沿いの「タウン」には、T村のカトリック教会で洗礼を受けたキリスト教徒と「ウキタ」（非キリスト教徒、第四章参照）の人々がともに居住していた。他地域の事例から類推するに、キリスト教徒／非キリスト教徒の居住区画は「タウン」の内部で区別されていたが［cf. Akin 2013: 190; Burt 1994a: 181］、伝統的禁忌の遵守などをめぐって、両者の間には一定の緊張も生じたものと推定される。(12) なおカトリック教会は、英国国教会など他の教会とは異なり、マーシナ・ルールに対して一定の距離をとりつつも友好的な姿勢を維持したことが知られており［Laracy 1976: 128-130］、現在のT村に駐在していた司祭たちも同様であったと推定される。

T地域の「タウン」あるいはマーシナ・ルール全般において、どのような人々がリーダー——運動当時の呼称では「首長（*sifi*）」（p. chief）——の立場にあったのかについて、現在の中高年層の説明は必ずしも明確でない。次節であらためて紹介するイロイにしても、「タウン」における「学校」の運営など独自の活動を展開していたとされるが、T地域のマーシナ・ルール全体の主導者として言及されるわけではない。(13) 聞き取りに基づく筆者の印象では、同地域の運動において中心となったのは、単一のリーダーでもなければ、かつてキージングらが強調したような明確に階層化されたリーダーたちでもなく、むしろ、イロイを含む一九一〇〜二〇年代生まれ——当時二〇〜三〇代——の一群の男性たちであった。(14) なお、これらの男性たちは後に、漁業組合の主要な参加者として、T地域における社会経済的な革新の試みを再び担うことになる。

以上で見たような「タウン」の形成は、本書でたびたび問題にしてきた、T地域における居住パターンの歴史的変遷の中で、とくに興味深い位置を占めている。すなわち人々は、第一章や第四章で見たように、一九七〇〜八〇年代の人工島群からの移住によって成立したT村の「新しさ」を強調するのだが、実際には、それに約三〇年先立つマーシナ・ルールの過程で、現在のT村とよく似た大規模集落が形成されていた。筆者自身も本調査の後半になってようやく気付いたように、T地域の人々が人工島群から本島海岸部に移住したのは、一連のサイクロン被害が生じた一九七〇〜八〇年代がはじめてではなかったのである。しかし他方で、T村は、マーシナ・ルールの「タウン」の単なる継続や再現としてあるわけではない。図7―1と図7―2の比較から明らかなように、T村と「タウン」の位置は微妙に異なっており、すでに述べた通り、かつて「タウン」があったT川沿いの一帯は現在、住む人もほとんどない沼地や茂み――前章で見たラウ語表現を用いるなら、「タウンの跡地（*fuli taoni*）」――となっている。T地域の人々は言うなれば、現存する大規模集落としてのT村ともはや存在しない「タウン」が相互にずれをともないつつ重なり合う、独特の歴史的重層性をもった空間に住まっているのである。

3　集合的生活の記憶と現在

T地域におけるマーシナ・ルールと「タウン」に関する証言はまた、それらにおいて人々が、この運動の意義をどこに見出しているかという点でも注目に値する。すなわち、先にも述べたように、人々は多くの場合、運動の意義を、従来の研究で強調されてきた「植民地主義への抵抗」や「自律を求めた闘争」といった点にではなく、多くの人々がともに「タウン」に住まい「ファーム」を耕したという新しい集合的居住＝生活それ自体にあったものとして語るのである。

一例として、T村近隣在住の男性（五〇代、元k島居住者）はある時、運動の意義について、「マーシング・ルールで特別だったのは、人々が物事を一緒に行い、協力して働いたことだ。たとえばタウンに訪問者が来たときも、首長たちが命令を出して、すぐに食事ができあがった」と筆者に説明した（二〇〇九年五月）。この語りに見られるような、「一緒に（物事を）行う（*ili 'ogu*）」、「協力して働く（*rao kwaimani*）」、あるいは「一緒に住まう（*too ofu*）」という表現は、マーシナ・ルールおよびそれに続く展開――先述のように、両者はしばしば区別されない――に関する人々の語りにおいて、頻繁に聞かれるものである。たとえば、先にも自身の父のマーシナ・ルール体験についての証言を引いた六〇代の元a島居住者は、別の機会に、漁業組合当時の漁撈活動について説明して、「あの頃は、大きな網を使って男たちが一緒に漁をした（*dee ofu*）ものだ。漁場で網を使うと大きな魚がたくさん捕れた。二人や三人だけで漁に出るようなことは決してなかった」と語った（二〇〇九年八月）。これらの語りにおいて人々は、マーシナ・ルールにおける「タウン」や「ファーム」、あるいは漁業組合といった集合的な活動形態を、それ以前の伝統的な小規模集落や、現在でも一般的な世帯単位の自給的農耕や漁撈（第五章および前章参照）と、明示的あるいは暗示的に対比している。そのような対比によって強調されているのは、運動において、多数の人々が集まり、ともに何かを行うことを通じて「一緒に」なった、すなわち高度な調和と一体性の感覚をともなう集合的居住＝生活――ラウ語で言えば「一緒に住まうこと（*too-ofu-laa*）」――を実現したという側面に他ならない[15]。

　マーシナ・ルールに関するそのような語りはまた、第一章や第四章で見たように、人々が「一緒に働く」ことができないとされるT村の現状への批判をも含意している。マーシナ・ルールにおける集合的な居住＝生活を形容して用いられる「一緒に（*ofu*）」という表現は、複数のものや人がまとまり、そろっている状態を表し[16]、先に見たようにT村の現状に対して用いられる「ごちゃ混ぜに（*dodola*）」と明確な対比をなす。現在のT村は、出自・親族関係上の背景が異なる多数の人々が集住しているという点ではマーシナ・ルール期の「タウン」と類似していながら、それら異質な人々が多くの場合、かつてのように自分たちを調和的な集合性として組織することができていないという点において、あくまで「ごちゃ混ぜ」にとどまるとされる。右で引いた「タウン」への来訪者についての語りにしても、そこには明らかに、現在のT村の人々はリーダーに従うことができない――それどころか、現在のT地域には誰がリーダーなのかの合意さえない――という批評が含意されている。今日のT地域の人々にとって、T村と「タウン」という二つの大規模集落は、そうした社会的集合性の性質においても、類似しつつ異なる両義的な関係をなしているのである。

ここではまた、「タウン」という範疇それ自体も多義的なものになっている。第一章などで見たように、アシの人々は今日、大規模集落としてのT村の「ごちゃ混ぜ」の現状を評して、「まるでタウンのようだ」としばしば述べる。ここで想定されているのは、現金収入や消費物資といった現代的な豊かさをある程度実現しながらも、人々同士の道徳的関係や社会的規律を失っているとされる、ホニアラやアウキなど現代の都市部における居住＝生活に他ならない。他方で、同じ「タウン」という名で呼ばれ想起されるマーシナ・ルール期の新集落においては、一時的とは言え調和的な居住＝生活が実現し、また、集団農園の耕作などを通じた社会経済的な革新も試みられていたとされる。このように、あるべき「われわれ」の居住＝生活をめぐる今日のアシの語りにおいては、「タウン」というイメージそれ自体が、否定的および肯定的な両面をもつ、多義的で緊張をはらんだものとなっているのである。

六　T地域のポスト・マーシナ・ルール――漁業組合とその記憶

1　イロイとその漁業組合

マーシナ・ルールと「タウン」の記憶に関する以上の指摘は、先述のイロイを主導者とする一九六〇年代の漁業組合にも当てはまる。今日のT地域においてイロイは、マライタ島へのサッカーの紹介、キャッサヴァ栽培の導入など、数多くのエピソードによって語り継がれる人物である。[17] ここでは、彼の長女（五〇代、ホニアラ在住）を含む複数のインフォーマントからの聞き取りと、ごく限定的ではあるが彼に関わる記述を含む文献［Cochrane 1970; Laracy 1976］に基づき、イロイの経歴を再構成することを試みる。

イロイは一九二〇年代はじめ、G氏族の成員としてａ島で生まれたが、少年時代に、同島の隣に新たに建設されたｈ島――現在は無人――に家族で移住している。少年時代の彼は、現在のT村のカトリック教会付属の学校に通った後、その優秀さを認められてガダルカナル島マラウの学校に進学する。[18] さらに一九四六年頃には、カトリックの司祭となるための教育を受けるべくフィジーへの留学生に抜擢されるが、留学の一年ほど後、何らかの事情により教育課程を中断して帰国している。[19] 帰国直後イロイは、カトリック教会により一九四七年にホニアラ近郊のテナル（Tenaru）に新設されたばかりの学校［Laracy 1976: 155］――戦争で破壊されたマラウの学校に代わるもの――の運営に一時関わるが、一九四八年頃には、マーシナ・ルールただ中のT地域に帰っている。T地域に戻ったイロイは、「タウン」の中に住居を構え、この自宅で私塾のような「学校」を開く（前掲図7―1、図7―2参照）。「タウン」における「学校」の開設は、T地域におけるマーシナ・ルールへのイロイの関わりをよく示している。マーシナ・ルールにおいては、当時教会付属の学校で行われていたような単なる聖書教育を超える、より充実した学校教育への要請が、運動参加者の間で広く共有されていたとされる［Akin 2013: 151-152］。この点でイロイの「学校」は、運動の関心を明確に具現するものであった。[20] また、「カストム」に対するイロイの関心についての先述の証言や、彼がマーシナ・ルールの「書記（secretary）」だったという彼の長女の証言（二〇〇九年八月）にも示唆されるように、当時としては傑出した読み書き能力をもっていたイロイが、T地域の「タウン」において、氏族の系譜や移住伝承などを収集し文書化する作業の中心的な担い手となったことも疑いない。

一九五〇年前後に「タウン」が崩壊した後、イロイは、T村の司祭が設立した、コプラの仲買や商店経営を主な活動とする協同組合に一時期関わっている。一九五〇年代のマライタ島では、カトリック教会が、崩壊したマーシナ・ルールに代わる社会経済的な改革の試みとして、「カトリック福祉組合（Catholic Welfare Society）」と呼ばれる協同組合を各地で組織しており［Laracy 1976: 134］、T村の組合もその一つであった。[21] ただしこの組合の活動は、一九五〇年代後半には大部分停止してしまう。その後、一九六〇年頃、イロイは自身が成員であるG氏族の名を冠した「G漁業協同組合（G Fisheries Cooperative Society）」を設立し、a島を拠点に、一九七〇年代初頭までその活動に取り組むことになる。[22]

人々が今日証言するように、イロイの漁業組合は、当時、戦争中に放棄され破壊されたツラギに代わる新首都として建設されつつあったホニアラに魚を供給して販売し、T地域の人々に安定した現金収入をもたらすことをねらいとしていた。本章冒頭のエピソードに登場したa島の埠頭は、そこでも述べたように、ホニアラに魚を輸送するノース・マラ号その他の船が停泊できるよう、組合参加者たちによって建設されたものに他ならない。今日から見て同組合は、アシ地域の伝統的な生業である漁撈活動を都市の市場と接続して現金経済化することで、第五章で見たような、現在に至るT地域の商業的漁業の端緒となったと言える。「a島の人たちはこのあたりで最初にフィッシャリーを始めた」という先のジャウ氏の言葉には、今日に至るそのような連続性の意識がはっきりと示されている。またこの漁業組合は、アシ地域の漁撈に協同組合という新たな組織形態を付与し、それを通じて村落地域に豊かな現金収入をもたらそうとする点において、マーシナ・ルール期の「タウン」や「ファーム」に見られた社会経済生活の刷新、言い換えればまったく新たな「住まうこと」への志向を明確に受け継ぐものであった。

イロイの漁業組合は、G氏族の名を冠したその名称にもかかわらず、同氏族成員やa島居住者に限らず、T地域の人工島に住む人々――主に、現在の中高年層の父やオジたちに当たる――を広く動員するものであった。T地域の人々にとって、a島に残る、無数の岩を積み上げることで築かれた埠頭は、人々が漁業組合のために「一緒に、協力して働いた（*rao ofu, rao kwaimani*）」――これは、この埠頭に関して定型的に用いられる表現である[23]――という過去の事実を、現在において物質的に証拠立てるものに他ならない。なお、当時の漁撈は大型の植物繊維製の網を用いた集団的網漁が中心であり（第五章参照）、そのような漁撈活動は、「あの頃は……男たちが一緒に漁をしたものだ」

という先の語りでも指摘されていたように、組合参加者たちによる共同作業として行われた。組合はa島上に事務所をもち、参加者には魚の売り上げが、当時流通していたオーストラリア・ドルで分配された。[24] ホニアラへの魚の輸送には何艘かの船舶が用いられたが、このうち組合が保有していた一艘は、当時の植民地政府の融資制度を用いて建造・購入された木製の船であったという。[25]

組合参加者たちはまた、ホニアラ側の活動拠点として、現在のホニアラ中心部の近くにM村を築き、同村にはT地域から一定数の人々が一時的に移り住んだ。後に見るように、そこには当時のG氏族成員たちの他、現在のT氏族成員たちの父や、「本当の土地所有者」をめぐる懐疑の中心にいる男性イロイの父など、さまざまな男性たちが含まれていた。これにより、すでに一九五〇年代に始まっていたT地域から新首都への「還流的移住（circulatory movement）」［Chapman and Prothero (eds.) 1985］――都市への転出者が、やがて村落部に帰って来るという移住パターン――は、いっそう促進されることとなった。なお漁業組合は、一九六〇年代を通じて以上のような活動を継続したが、一九七〇年代はじめ、ホニアラへの魚の供給をめぐる他企業との競合や、[26] 資金管理をめぐる内部対立のために、事実上の解体に至っている。

2 ポスト・マーシナ・ルールとしての漁業組合

すでに指摘したように、今日のT地域の人々による想起と語りにおいて、マーシナ・ルールと漁業組合は多くの場合、連続した一つの展開とみなされている。イロイは両時期に一貫するリーダーの一人として言及され、彼に関する証言はしばしば、マーシナ・ルールと漁業組合のどちらの時期に関するものなのか判別しがたい。また人々は、いずれの時期においても、一九一〇～二〇年代生まれの、現在の中高年層の父やオジに当たる世代――マーシナ・ルールの時期には主に二〇代、漁業組合の時期には四〇代――が活動の中心となったことを証言する。

加えて注目されるのは、同じくすでに触れた、両時期の活動に関する現在における語りの同型性である。マーシナ・ルールをめぐる想起においては、先に述べたように、人々が「タウン」や「ファーム」で「一緒に」住まい、働いたという集合的居住＝生活のイメージが中心的な位置を占めているが、一九六〇年代の漁業組合も今日これと同様な言葉で語られる。たとえば、先にも父母のマーシナ・ルール体験についての語りを引いた男性ディメは、別の機会に、現在のT地域で漁撈活動が個人単位でしか行われず、「兄弟でさえ一緒に漁に出ようとしない」ことを指摘した上で、「昔は協同組合は本当にうまく行っていたんだよ」と懐かしげな調子で語った（二〇〇八年一〇月。彼はまた、一九一〇年代後半生まれの自身の父――第四章参照――が、G漁業組合の熱心な参加者であったことをも証言している）。ここには、先にマーシナ・ルールについての語りに見たのと同様な、かつて実現していた集合的活動と、人々が「一緒に働くことができない」T地域の現状との対比を明確に読み取ることができる。そのような対比はとくに、一九六〇年代に始まる都市市場向けの商業的漁業が今日まで継続されているからこそ、T地域の人々にとって無視することのできない意味をもつ。同じように、T村に住む五〇代男性（元a島居住者）は、漁業組合について何か知っているかとの筆者の問いかけに対し、埠頭の建設作業や船舶の名称などいくつかの断片的な事実に触れた上で、「協同組合はすばらしかったよ……ああやって人々が協力して働くというのは……」とつぶやいた（二〇〇八年一〇月）。これらの言葉が示すように、漁業組合は現在、人々がともに漁撈を行い、埠頭を建設し、また力を合わせて魚の輸送と販売に取り組んだ、今日ではもはや見られない輝かしい集合的活動として想起されるのである。

また、イロイの漁業組合が、魚の輸送・販売を通じてT地域と新首都ホニアラを結び付けようとしたことも、アシ地域におけるマーシナ・ルールからポスト・マーシナ・ルールへの展開を考える上で示唆的である。第一章でも触れたようにマーシナ・ルールでは、運動の方針として、男性たちのマライタ島外への移住労働、具体的には、島外のプランテーションでの労働や、植民地政府の下でのホニアラ建設への従事が禁じられていた。このため、マライタ島からの労働力によりホニアラ建設が本格化するのは、運動が終息した一九五〇年代以降のことである。(27) この点において、今日に至るホニアラという「タウン」の形成は、それ自体としてすぐれてポスト・マーシナ・ルール的な現象であり、G漁業組合の活動は、まさしくそのような時期に展開されたと理解することができる。

今日から見ると、マーシナ・ルール以後のこのような展開の中で、アシにおける「タウン」の指示対象とそれとの関わり方が大きく変化していたことがわかる。すなわちマーシナ・ルールにおいては、他ならぬアシ地域に新たな集住形態としての「タウン」を創出することにより、村落部にいながらにして、「われわれ」の居住＝生活をまったく新たなものに変容させることが目指されていた。これに対し、一九六〇年代の漁業組合の活動においては、「タウン」はもはやアシ地域に位置付けられておらず、それは一転して、ガダルカナル島北部に現れた新首都ホニアラによって具現されるものとなっている。そこで追求されていたのは、ホニアラという実在する「タウン」の現金や輸入物資が、魚と引き換えに「われわれ」の「村」にもたらされるという、先に第五章で見たのと同様な社会経済的関係であった。新しい居住＝生活が実現され体験される空間としての「タウン」は、これ以後現在に至るまで、「われわれ」が暮らす「村」とは区別された外的な空間として位置付けられるようになったのである。

七　（ポスト・）マーシナ・ルールの想起の問題性

以上で見てきたように、マーシナ・ルールや漁業組合の記憶は一面で、今日なお、T地域に住むアシの人々にとって身近なものであり続けている。また、それらをめぐる想起は、先に（ポスト・）マーシナ・ルールの「痕跡」と呼んだような具体的な場所やものとの結び付き、そしてT地域の現状との類似性と差異という両義的な関係のために、この人々にとって、現在における居住＝生活との対比を逃れがたく喚起するものとしてある。そしてこのために、そのような想起の体験は、単に「昔は皆が仲良く一緒に暮らし、働いていた」というノスタルジックな理想化にとどまらず、人々にその都度戸惑いや驚きを感じさせるような、問題含みなものとなっているように見える。

このような事情をよく示すものとして、以下のような語りのエピソードを紹介したい。二〇〇九年九月四日の朝、筆者は、T村に住む男性マエリ（四〇代）の自宅で、T地域の人々の親族関係などについて聞き取りをしていた。第一章で述べたように、マエリは現在、T村とその周辺の土地を保有するとされるT氏族の中心人物としての立場にある。これに対し一定数の人々は、彼らT氏族成員たちの「土地所有者」としての正統性をひそかに疑い、彼らではなく、かつての漁業組合の創設者にちなんだ名をもつ男性イロイが同村の先住集団の「本当の」父系的子孫であると推測している。しかし現状では、マエリとイロイの間に実際にどのような関係があるのかは不明確なままであり、彼らの土地権上の対立はあくまで潜在的なものにとどまっている。そうである以上、調査中の筆者は、対立を煽らないためには、イロイとの親族関係や自身の「土地所有者」としての正統性について、マエリに直接質問することは控えるのが無難だと考えていた。ところが、この朝マエリは、T地域の人々の親族関係について説明する中で、自分から「自分とイロイは、同じ氏族に属する兄弟（*roo ngwai haasi*）〔同世代の男系親族〕なのだ」と言い出し、筆者をうろたえさせた。[28] さらに唐突なことに、彼はそれに続いて、一九六〇年代の「フィッシャリー」すなわち漁業組合を引き合いに出し——彼から漁業組合の話を聞くのははじめてだった——、次のように語った。

人々はわれわれを対立させて土地裁判を起こさせようなどとするが、自分とイロイは、同じ氏族に属する兄弟に過ぎないのだ。それだから、イロイの父がホニアラでフィッシャリーの仕事をしていて死んだ時も、自分の父たちがノース・マラ号に載せて遺体をここ〔T地域〕まで運んできたし、葬儀も手助けしてやったのだ。[29]

マエリはこのように、自身の父とイロイの父の間にかつてあった友好的な関係について語ることで、T村の土地保有をめぐる現状への困惑をあらわにしてみせた。さらに彼は、右の言葉に続いて、先述の通り漁業組合がホニアラに築いた拠点集落M村に「一緒に住み（*too ofu*）」、活動に参加していた人々の名を列挙し始めた。そこには、マエリやイロイ、その他のT村現住者の父たちのほか、この前年（二〇〇八年）にマエリを相手取って土地裁判を起こしたT村近隣在住の男性（五〇代）の兄など、さまざまな人名が含まれていた。これらの人々が、「ホニアラの街が出来始めた頃、M村に一緒に住んで、フィッシャリーのために漁をして市場で魚を売っていたのだ」とマエリは説明した。

以上の語りは、現在のT地域の人々にとって（ポスト・）マーシナ・ルールの記憶が帯びている問題性をよく示すものと思われる。そこでマエリが列挙した人々は、組合創設者イロイの近親者や当時のａ島居住者に決して限定されず、出自・親族関係においてごく多様であるばかりか、その子たちの世代は現在、しばしば互いに疎遠、あるいは不和でさえある。マエリの語りは、そのように現在T村に「ごちゃ混ぜに」集住し、土地権などをめぐって潜在的・顕在的に対立している人々の父たちが、かつて「一緒に」住み、活動していたという事実に言及することで、T村の現状と過去の調和的な居住＝生活を明確に対比している。そのような対比が、マーシナ・ルールや漁業組合についての現在の語りに定型的に見られることは、すでに指摘した通りである。そして、右のマエリの語りには、そのような対比に基づく、現状に対する困惑の意識――言うなれば、「いったいわれわれはどうしてしまったのか？」という感覚――がはっきりと示されている。

たしかに、以上のマエリの言葉は一面で、自らを、「本当の土地所有者であるにもかかわらず、一部の人々から不当な疑いをかけられている人物」として擁護し正当化するものとも見ることができる。しかし、そうした政治的な解釈によるのみでは、現在のT地域において（ポスト・）マーシナ・ルールの記憶が、以上で見てきたいくつもの問わず語りが示すように、執拗に想起され、人々の現在の中に繰り返し回帰することの意味をとらえることができないだろう。また、以上で見てきたような一連の語りには、T村の現状に対する戸惑いや否定的評価の反面で、「フィッシャリーにおいて、いったいなぜそのような居住＝生活が可能であったのか?」という、過去の「われわれ」自身に対する驚きとでも言うべき感覚をも読み取ることができる。これらの語りが示すように、今日のアシにとって（ポスト・）マーシナ・ルールの記憶は、現在の関心に基づき一方的に理想化され、必要に応じて参照されうる過去にとどまるものでは決してない。それはまた、マーシナ・ルールに関する過去の文献が反復してきたような、「政治的・文化的自律を求める闘争」という「対立」と「同一性」からなる枠組みに回収されうるものでもない。それらの記憶はむしろ、過去と現在における「われわれ」の居住＝生活の異なるありようを否応なく対比することによって、現在の居住＝生活をその都度疑問に付し、人々に戸惑いや驚きを感じさせるような、すぐれて多義的なものとなっているのである。

八　別様でありうる「われわれ」を想起する

以上で見てきたように、今日のT地域に住む人々は、a島の埠頭や「タウン」の跡地といった（ポスト・）マーシナ・ルールの痕跡と日常的に接する中で、「なぜ、どのようにしてこのような集合的居住＝生活が実現しえたのだろうか?」という疑問や驚嘆の感覚を繰り返し抱いている。本章の結びとして、ここではこのような想起の体験を、「われわれ」とその「住まうこと」の偶有性に関わる固有の時間性の体験として考察し直したい。ここで手がかりとなるのが、序論でも言及した論文「歴史のモノたち」［ストラザーン二〇一六］におけるストラザーンの議論である。(30)

この論文においてストラザーンは、メラネシアにおける社会的集合性に対する独自の考察に基づき、本章の二節で紹介したような古典的な「カーゴ・カルト」論の乗り越えを試みている。彼女によれば、メラネシアにおいて、集合的行為、すなわち人々が自分たちを一つにまとまった集団として実現する行為の可能性は、決して所与でなくつねに創出・達成されるべきものとしてある。このため、そうした集合性の実現は、当事者にとってもしばしば驚きや意外性をともなうものとして体験される［ストラザーン 二〇一六：八五］。たとえば、ニューギニア高地マウント・ハーゲン（Mount Hagen）の男性たちは、他集団との儀礼的交換の際、斉一的な身体装飾や踊りを通じて、自分たちを一つの集団として創出・提示しようとする。そうした集合性は、各人が多様で個別的な社会関係に従事している日常生活において所与ではなく、またうまく実現されないかもしれないという失敗の可能性をつねにともなうがゆえに、それが実現した時には、当の男性たちにおいても驚きとともに体験されることになる。またストラザーンによれば、メラネシアにおいて、集合性をめぐるそうした驚きの体験は決して儀礼の場面に限定されない。たとえば、儀礼の焦点となる交換財や彫像といったモノ、あるいは儀礼が行われる場所やその景観さえも、かつて実現した集合性を具象化し、人々の記憶にとどめる事物として、それらに接する人々を驚かせ続けるのである［ストラザーン 二〇一六：八五］。

このような議論は、それまでの「カーゴ・カルト」論における社会的集合性についての想定を、根底的に批判するものとなっている。先にも述べたように、ワースリーらの「カーゴ・カルト」論は、メラネシアにおける集合性の変革、たとえば伝統的な氏族間関係を超えた居住集団の形成を、キリスト教宣教や植民地統治といった外的な影響によってはじめて可能になるものと――あたかも「メラネシア人は、新たな集合性を自ら生み出すことができない」とでも言うように――想定していた。これに対しストラザーンは、伝統的状況においてであれ植民地的状況においてであれ、メラネシアの人々の儀礼的実践や事物との関わり自体が、既存の集合性を繰り返し刷新し、人々自身をも驚かせるような新たな集合性を反復的に創出する機制となっていることを指摘する［ストラザーン 二〇一六：八四―八八］。そうした視点によって彼女は、従来の「カーゴ・カルト」論における「伝統的な集合性／外来の新たな集合性」という二分法を乗り越えようとするのである。

メラネシアにおける社会的集合性に内在する偶有性や出来事性、および事物や場所に媒介されたその想起に関するストラザーンのこのような議論は、現在のアシ地域における集合性と（ポスト・）マーシナ・ルールの記憶を考察する上でもきわめて示唆的である。T地域の人々は今日、第一章や第四章で見たように、多様な出自・親族関係上の背景をもつ自分たちを、日常的には「ごちゃ混ぜ」と認識しつつ、ミサやその他の教会行事に際しては、キリスト教的な「コミュニティ」を具現する、調和的で斉一的な「われわれ」として実現しようとする。そこで実現が目指される集合性は、日常の社会生活において所与ではない、あくまで偶然的な形態としてある。そうであるがゆえに、首尾よく実現した場合には、それは人々に、「自分たちがこのように一緒になれるとは！」という喜びと驚きの感覚をもたらし、またあるべき「コミュニティ」の姿を再確認させるものとなる。他方で、そのような集合性の実現は、その本質的な偶有性・出来事性のゆえに、ストラザーンも論じるように、それを事後的に想起する人々においては、「一体われわれはなぜ、このような集合性を実現しえたのだろうか？」という疑問や驚きを喚起するものとなる。そこにおいて、過去に実現された集合性は、たしかに「われわれ」が実現したものではあるが、今となってはなぜそれが可能であったのかよくわからないような、現在の「われわれ」にとって根本的に異質で謎めいたものとして現れるのである。

筆者の見るところ、T地域における、一群の痕跡に媒介された（ポスト・）マーシナ・ルールの想起において生じているのは、まさしくそのような、過去における「われわれ」自身の達成に接して繰り返し驚くという体験に他ならない。たとえば、a島の埠頭を指し示したジャウ氏の誇らしげな様子や、かつての「タウン」について語る高齢者たちの高揚した口ぶりには、教会行事における盛大な祭宴などに接した人々と同様な、整った集合性の実現を前にした興奮や驚嘆の感覚が示されている。これに対し、漁業組合でかつて実現していた集合的な居住＝生活を、現在のT村との対比において想起するマエリやその他の人々の語りには、過去における際立った集合性に直面しての疑問や戸惑いの意識をたしかに読み取ることができる。このような想起と戸惑いの体験において、アシの人々は、「われわれ」自身に内在する潜在性、すなわち、「われわれ」が何をなしえ、またどのようでありうるかという、「われわれ」自身もいまだ知り尽くしていない可能性に繰り返し接していると言えるだろう。そうであるがゆえに、この人々における（ポスト・）マーシナ・ルールの想起は、つねにすぐれて両義的な体験とならざるをえない。すなわち一方でアシは、（ポスト・）マーシナ・ルールの痕跡に遭遇するごとに、現在の「われわれ」はかつてのような調和的な居住＝生活を実現しえていない、という困惑と落胆を覚える。しかし、他方でそれらの痕跡は、現状には回収されえない「われわれ」の潜在性を繰り返し示すことで、人々に、「われわれ」が再びそのような集合的居住＝生活を実現しうるという期待を抱かせるのである。

このことは、アシの人々、とくに中高年層が、以上で見たように、（ポスト・）マーシナ・ルールについて、尋ねられてもいないのに自ら進んで、喜びをもって語ろうとする理由をも説明する。すなわち、そうした語りを通じて人々が享受しているのは、単にノスタルジックな過去の想起では決してなく、むしろ未来に向けた「われわれ」の潜在性、言い換えればまったく新たな居住＝生活の可能性それ自体なのである。さらに、この意味において、T村の外れの「タウン」やa島の埠頭のような（ポスト・）マーシナ・ルールの痕跡は、過去の出来事を現在へと記録し保存しているのみならず、一面において逆説的にも、「われわれ」の未来の潜在的な痕跡となっているとさえ言えるだろう。アシにとってそれらの痕跡は、新たな「われわれ」をめぐる多様な可能性に満ちているのであり、人々は想起を通じて、それらの可能性を繰り返し認識し、また享受しているのである。

このように、現在のアシ地域において（ポスト・）マーシナ・ルールがもつ意味の核心をなしているのは、反復的な想起を通じて、過去と現在、さらには未来における「われわれ」とその居住＝生活の多様な可能性が相互に結び付けられるという、時間的な運動であると考えられる。第一章以下で見てきたように、今日のアシは、現にそうであるような「住まうこと」と、別様な「住まうこと」のさまざまな可能性の間で不断に揺れ動いている。そうした揺れ動きはたとえば、「トロ」の小規模集落とキリスト教的「コミュニティ」という居住＝生活の異なるあり方の間での宙に浮いた選択として、あるいはまた、現在のように小規模で限定的な漁撈活動と、多大な商業的可能性をもつとされる外洋漁の間の転換可能性として経験され想像されている。このようにアシの人々は、現にそうであるような「住まうこと」を生きつつ、同時につねに別様な可能性を想像し、それらを潜在的に生きているのである。そして、アシがそのように自らの居住＝生活が別様でありうるという可能性と向き合い続ける限り、「われわれ」自身に内在する他なる可能性を証拠立てる（ポスト・）マーシナ・ルールの記憶は、この人々の現在の中で生き続けると言えるだろう。

註

（1）このようなマーシナ・ルール解釈はとくに、政府による弾圧が強まった運動の末期に、太平洋戦争の終結によりいったんソロモン諸島から去ったアメリカ人が、イギリスの植民地支配からマライタ島民を解放するために再来する、という期待が広まったことを受けたものとされる［Akin 2013: 290-299; Keesing 1978: 63-70］。

（2）初期のマーシナ・ルール解釈については、棚橋による整理［Tanahashi 1992］を参照。

（3）ただし最近の研究では、ララシーらがかつて強調した、マーシナ・ルールの運動組織におけるリーダーシップの階層性という点について異論が提起されている。この点については五節第2項で後述する。

（4）例外として、現地での聞き取りに基づき、クワラアエ地域東部におけるマーシナ・ルールの展開を詳細に再構成したバートの研究［Burt 1994a: ch.7］、マライタ島の南東に隣接するマキラ島への運動の波及に注目したスコット（Michael W. Scott）の研究［Scott 2007: ch.3］が挙げられる。

（5）マーシナ・ルールに関する先行研究で中心的事例とされてきたクワイオ地域は、一九二七年の行政官ベル殺害事件（第一章参照）を端緒とする歴史的経緯により、植民地政府、さらには独立後のソロモン諸島政府に対する敵対意識がとくに根深いことで知られる［Akin 1999; Keesing 1992］。同地域のこのような特殊性は、これまでのマーシナ・ルール研究における「抵抗・闘争」論的な理解にも明らかに反映されている。

（6）以下でも見るように、現在のアシ地域において、マーシナ・ルールは通常、運動当時から用いられていた別称「マーチング・ルール（Marching Rule）」の訛りである「マーシング・ルール（*Maasing Rul*）」の名で呼ばれる。これまでの研究において、「マーシナ・ルール」の名称は、「キョウダイ同士」の関係を意味するアレアレ語の「マーシナ（*maasina*）」に由来し、「同胞間の連帯に基づく規則」という理念を表すものと説明されてきた［Keesing 1981; cf. Akin 2013: 164-166］。しかし、現在のアシ地域でそのような意味が理解されているとは考えにくい（アレアレ語の「マーシナ」に相当するラウ語表現は「ハーシナ（*haasina*）」だが、これは単に「彼の弟／彼女の妹」を意味する親族範疇であり、「キョウダイ同士」といった相互的な関係や連帯の理念を含意するものではない）。なお本章では、読みやすさを優先し、人々の語りの内部を除いて「マーシナ・ルール」という呼称を採用する。

（7）ここで言う「ポスト・マーシナ・ルール」の諸事例については、以下を参照［Akin 2013: 341; Keesing 1978: 53-56; Ross 1973: 15］。

（8）メラネシアにおいて、過去の記憶が、その想起を媒介する具体的な場所やものとしばしば不可分に結び付いていることは、これまでにも指摘されてきた［e.g. Küchler 1993; Rumsey and Weiner (eds.) 2001］。そうした結び付きは本書でも、移住史と人工島の関連（第二章）、キリスト教受容史と教会周辺の空間の結び付き（第四章）などとして繰り返し問題にしてきた。

（9）前章で言及した、ホニアラへの転出のために朽ち果てることとなったピーターの世帯の住居も、「タウン」と呼ばれるこの一帯に位置していた。

（10）マーシナ・ルールにおける「タウン」の着想源としては、住居や倉庫が整然と並ぶ太平洋戦争中の米軍基地や、一九三〇年代のアレアレ地域で植民地政府が試行した新集落建設プロジェクトなどが指摘されている［Akin 2013: 166; Burt 1994a: 170］。植民地政府による運動の弾圧や「タウン」の破壊がすでに開始されていた一九四九年初頭の時点で、行政官たちは、マライタ島内になお一五〇か所以上の「タウン」が存在すると推定しており［Akin 2013: 284］、運動の最盛期にはそれ以上の「タウン」が存在したと考えられる。また、政府の一九四九〜五〇年の年次報告書には、「タウン」の破壊作戦が再び展開された一九四九年四〜五月の時点で、ラウおよびバエレレア地域に合計三一か所の「タウン」が残っていたことが記されている［Malaita District 1949-50: 9］。

（11）T川沿いという立地は、多数の居住者のための生活用水の確保を容易にするという意図と明らかに関連している。なお、「タウン」はしばしば、住居や集会所が歩道に沿って整然と並ぶ計画的な外観をもっていたとされるが［Akin 2013: 190-191］、T地域の例についてはそうした証言は得られていない。また、アシ地域におけるマーシナ・ルールに関しては、二〇世紀初頭から植民地政府との関係が深かったスルフォウ島、フォウエダ島などいくつかの主要な人工島の人々が、反マーシナ・ルールの立場をとったことが知られている［Akin 2013: 250, 364］。これに対し、T地域ではそうした反マーシナ・ルール派の例は知られていない。

（12）ララシーの編集によるマーシナ・ルール関連史料集には、T地域におけるそうした状況を垣間見させる史料が収録されている［Laracy (ed.) 1983: 136, 149］。

（13）マーシナ・ルールにおいてアシ（ラウ）地域全体の「ヘッド・チーフ（head chief）」としての立場にあったとされる男性ティモシー・ボボギ（Timothy Bobongi）は、現在のT村沖のk島の出身だが、少年時代から長期間他地域で働いていたなどの事情から［Akin 2013: 179］、T地域の運動にはさほどの影響力はもたなかったと推定される。

（14）自身の父が運動の「中心人物の一人」だったとする先のディメの語りも、そのように解釈されるべきと思われる。なおこのような理解は、かつてのマーシナ・ルール研究における「階層的なリーダーシップによる運動の統合・組織化」という指摘を相対化する最近の研究とも整合的である。たとえばエイキンは、マーシナ・ルールにおける実際の運動組織が、従来指摘されていたよりも平等主義的であり、多数の男性たちが「首長」として「タウン」の活動を担ったと指摘しており［Akin 2013: 172］、バートもクワラアエ地域の事例に基づき同様な認識を示している［Burt 1994a: 178］。

（15）マーシナ・ルールの記憶において集合的生活の体験がもつ重要性については、これまでの文献でも指摘されてきたが［e.g. Akin 2013: 195-196］、そうした側面は通常、「反植民地主義的な抵抗・闘争」という主題によって後景化されてきた。

（16）第三章では、氏族単位の葬送としての「トロラエア」の意義が、死者たちを「一緒に祀る（*foosi ofu*）」ことができるようにすること、として説明されていた。

（17）アシ地域へのキャッサヴァ栽培の導入については、前章でも言及した。なお、イロイは二〇〇六年に亡くなり、T村の外れの、かつて彼の「学校」があった場所の近くに埋葬されている。彼が、現在のT地域で「本当の土地所有者」であると憶測されている五〇代の男性と同名であることは、一九四〇年代末以降、前者のイロイと後者のイロイの父が親しい関係にあったことを示唆している。後者のイロイが生まれたのは、T村の教会の洗礼記録によれば一九五〇年であり、以下で述べる推定によれば、この時点で前者のイロイはT地域に戻っている。また七節で述べるように、後者のイロイの父は、漁業組合の活動に参加していた一九六〇年代末にホニアラで亡くなり、今日までu島に埋葬されている（序論参照）。

(18)　第四章で述べたように、一九三〇年代後半から四〇年代はじめのT地域からは、司祭によって選抜された少数の少年たちが、クワイオ地域のブマやマラウの学校に進学していた。これらの少年の多くは、後にカテキスタや学校の教師として、T地域におけるカトリック信者の「コミュニティ」の中心となったとされる。

(19)　一九四六年のフィジーへの留学生派遣は、ソロモン諸島のカトリック教会において、現地人司祭を育成しようとする実質的にはじめての試みであった［Laracy 1976: 147］。ただし、中途で帰国したイロイの例にも見られるように、この初期の試みは順調には進まず、カトリック教会で最初の現地人司祭が誕生したのは一九六六年になってからである（第四章参照）。なおイロイのフィジー留学について、T地域の人々はしばしば「七年間」といった長い期間を証言するが、仮に一九四六年頃から長期間留学していたなら、彼はT地域のマーシナ・ルールには参加しえなかったことになる。このことからここでは、実際にはイロイの留学期間は一年程度と短く、人々は、彼がマラウで教育を受けていた時期をも含めて語っている、という推定を採用している。このような推定は、彼に関連するコクラン（Glynn Cochrane）――一九六〇年代半ばのマライタ島における植民地行政官の一人――の記述［Cochrane 1970: 108］とも整合的である。また、すぐ前の註でも述べたように、T地域では、イロイと同世代で、一九四〇年前後にマラウに進学した男性が他にも数人知られており、このような推定には一定の根拠がある。

(20)　高齢者たちの証言によれば、イロイの「学校」には、マーシナ・ルールにおけるアシ（ラウ）地域の「ヘッド・チーフ」であったボボギ（前述、k島出身）の同名の息子も通っていた。なおこの息子ティモシー・ボボギは、一九六七年、ソロモン諸島出身者として三人目のカトリック司祭として叙任される（第四章参照）。

(21)　一九五〇～六〇年代のソロモン諸島において、協同組合は、現地人による自律的な経済活動の形態として植民地政府にも推奨されていた。たとえば一九六六年のマライタ評議会――第一章で述べた通り、マーシナ・ルール後に設立された自治組織――議事録には、当時のソロモン諸島に約九〇の協同組合が存在したという記述が見られる［Malaita Council 1966: 9-10］。

(22)　筆者が国立文書館で行った史料探索では、G漁業組合に直接関連する史料は見出されず、以下での記述・再構成は、もっぱらT地域での聞き取りに基づくものである。ただし、「マライタ地区漁業報告書（Malaita District Fisheries Report）」と題された国立文書館のファイルに収められた一連の文書［Malaita District 1956-58］からは、G漁業組合設立に先立つ一九五六～五八年、w島出身の男性ケレシ（Mariano Kelesi）――彼はこの直後、マライタ評議会議員になる――が、ホニアラでの販売用に魚の燻製を製造するプロジェクトに取り組んでおり、イロイもこれに助手のような立場で関わっていたという事実がうかがわれる。

(23)　第一章で述べたように、人工島の各部分は一般に男性一人、多くても二～三人で建設されるものであり、多数の人々により「一緒に、協力して」建設されるということはない。この点で、組合参加者たちの共同労働によって築かれたa島の埠頭は、サンゴの砕片を積み上げるという通常の人工島と同様の工法で建設されていながらも、その他の部分とはまったく異なる由来と性格をもつと言える。

(24) 当時一〇代だったイロイの長女は、a島上で、組合参加者たちが現金の分配を受ける場面に立ち会ったことを今でも記憶していると語ってくれた(二〇〇九年八月)。

(25) これらの船には、魚の輸送のためにコンクリート製の水槽が備えられていたが、冷蔵・冷凍設備などはなかったとされる。

(26) 一九七三年、ソロモン諸島政府と日本企業の合弁会社として、主に缶詰向けのカツオ漁を行うソロモン・タイヨー(**Solomon Taiyo Ltd.**)が設立された[秋道 一九九六:七五―七六]。T地域の中高年層は、当初ツラギに拠点を置いたこの会社が、カツオ漁の付随漁獲物(**by-catch**)をホニアラの市場に供給し、結果的にG漁業組合の活動を圧迫することになったという事情を指摘している。

(27) 高齢者たちの証言によれば、T地域からも、すでに一九五〇年代半ばには一定数の若者がホニアラに移住・滞在し、カトリック教会に寄宿するなどしながら賃金労働に従事していた。第四章で触れたように、T氏族最後の祭司の長男がホニアラで事故死したのもこの頃である。

(28) なお、「自分とイロイは同じ氏族に属する」という指摘は、単に両者の間の親族関係が純粋に男系的であることを意味するのみであり、それが具体的にどのような男系的関係なのか、たとえば両者の家系の分岐がどの世代で生じたのか、といったことを明示するものではない。この点で、この日マエリがそのように述べたことと、他の機会における再三の聞き取りを通じて筆者が把握したように、彼が自身とイロイの間の親族関係について明確な認識をもっていないこととは矛盾しない。

(29) マエリが言うように、イロイの父が漁業組合の活動中にホニアラで亡くなったことは、イロイ自身を含む他の人々にも証言されている。この死は一九六八年頃のことで、彼は当時、おそらくまだ四〇代の若さであった。また、すでに述べたように、イロイの父は今日まで、u島にただ一人、キリスト教式に埋葬されたままになっている。

(30) 加えて以下の考察は、同じく序論で言及した、フィジーの人々における土地と「われわれ」をめぐる意識の時間性についての春日[一九九九]の分析から大きな示唆を得ている。

結論

序論で述べたように、本書は、アシの人々における「海に住まうこと」の現状を、根本的に非同一的な、「ぶれたポートレート」と言うべき様態で描き出そうとする試みであった。そのような現状は、本書の冒頭で紹介した「ツナミ」からの避難についての語りに、すでに暗示的なかたちで要約されていたものである。そして以上の各章は、本書で言う「住まうこと」の偶有性、すなわち、現にそうであるような居住＝生活が、つねに同時に別様な居住＝生活の可能性を潜在させており、人々が、それら異なるあり方の間をつねに揺れ動いているような生の姿を、相互に異なりつつも重なり合う多様な主題に即して記述・考察するものとなっていた。

第二章では、現在に至る「海に住まうこと」の歴史について物語る一群の伝承が、「われわれ」の居住＝生活の現状を必然的なものとして正統化するどころか、むしろそれがあくまで偶然的な状態に過ぎないことをアシの人々に繰り返し確認させる語りとなっていることを見た。そこではまた、アシにおける移住・居住の社会的単位であるかに見える氏族の集合性も、女性の移住によって具象化される婚姻・通婚関係という個別的な契機によって相対化されていた。同様な事情は、第三章で考察した、「海に住まうこと」と密接に結び付いた伝統的葬制「トロラエア」に関しても認められる。この葬制は、氏族の集合的同一性を前景化するかに見えて、他方で同時に、アシの「海に住まうこと」が、婚姻を通じた女性の移住という出来事につねに媒介され、それによって可能になっていることを示していた。これによりトロラエアは、「われわれ」の居住＝生活を、現住地とかつての居住地、自集団の同一性と他集団との関係といった異なる契機の間で宙釣りの状態に保つものとなっていた。

第四章では、二〇世紀を通じたキリスト教受容によってもたらされた、新たな偶有性の契機について考察した。今日のアシは、「われわれは教会に従って暮らしている」という自明性の意識の反面で、「カストム」として名指される異質なものの存在によって、自らの居住＝生活を不断に揺さぶられている。ここに見出されるのは、キリスト教受容という過去における変化についての意識が、現在において新たな動きを引き起こすという循環的な運動である。これにより、アシにおける「住まうこと」の現状には、それがどのようなものであり、またどのようなものになりうるかについて、根本的に未知の可能性が導入されていた。

第五章と第六章では、そのような「住まうこと」の偶有性が、その重要な一面において、アシにおける生業を通じた自然環境との関わりに根差したものであることを示した。現在アシの間で行われているような漁撈活動と自給的農耕には、自然環境を利用することを通じて、逆説的にも、環境の中に自分たちが関与しない余白を創出し維持するような、根本的に両義的な性格が認められる。そのような余白は、具体的には、「われわれ」が漁の対象とすることができない深い海や、不断に生い茂ることによって「われわれ」や「他人」の潜在的・顕在的不在を証拠立てる草木などとして見出される。そしてこのような余白の存在により、アシの「住まうこと」の内部には、現在とは異なる環境との関わり方の、したがって現状とは別様な居住＝生活の可能性がつねに創出され、人々によって想像され続けることになる。すなわち、アシにおける「住まう」という営みは、つねに「われわれ」の同一性には回収されえない「自然」の領域との関わりにおいてなされており、その別様な可能性は一面で、そのような「自然」の他者性によってもたらされているのである。

最後の第七章では、そのような可能性が、アシにおいて、単に空想的・観念的なものではないことを見た。マーシナ・ルールおよび漁業組合という、居住＝生活の革新を目指すかつての試みは、現在、日常的景観の中に点在するそれらの痕跡を媒介として想起され、過去に実現していた、現状とは異なる調和的な集合的居住＝生活の姿を、人々に繰り返し思い起こさせている。このような想起の体験を通じて、アシの人々は、「われわれ」の居住＝生活は実際に別様でありえたし、今後もそうでありうる、という可能性を繰り返し認識している。このようにアシは、現にそうであるような「住まうこと」を生きつつ、それとは異なる多様な可能性を不断に生きているのであり、この人々の「海に住まうこと」の現状は、そのように多様な可能性をも含めた重層的なかたちで理解されなければならないのである。

それでは、本書におけるこのような考察は、人類学の理論的現状の中にどのように位置付けられるのか。この点について、最後に筆者の認識を示しておきたい。

まず、本書の民族誌としての一貫した特徴は、それが強い意味で〈他なるもの〉と向き合いながら生きる人々を描き出しているという点にある。「われわれ」の同一性に回収されえないそのような〈他なるもの〉は、具体的には、u島のような無人の島や、そこに、あるいは本島上に見られる草木の茂み、人工島上のバエに具現される「カストム」や、人々が決して漁の対象とすることができない「マタクワ」の海域、さらにはまた、今日では村外れの単なる茂みとなっているかつての「タウン」などとして見出された。本書が描いてきたのは、アシの人々が、これらの〈他なるもの〉と継続的に向き合うことを通じて、別様な「われわれ」の可能性を生きていること、言い換えれば、自ら潜在的に他になって（生成して）いるということに他ならない。そのような体験においてアシは、たとえば自らの居住空間を「タウン」と区別しつつ、他方で時にそれを「まるでタウンのようだ」と評したり、またそれが「タウン」のようになりうることを予期したり、というように、自らを自らにとって潜在的に他であるものとして生きている。このような、本質的に非同一的と言うべき生のあり方は、古典的な人類学、たとえば第三章で見たオーストロネシア語圏の葬送儀礼についての分析が想定していたような、「われわれはわれわれである」という自己同一性をつねに維持し確認しようとする伝統的社会という姿とは根本的に異質である［cf. ヴィヴェイロス・デ・カストロ 二〇一五、Viveiros de Castro 1992］。

筆者の見るところ、アシにおけるこのように偶有的で非同一的な生のあり方についての考察は、アシという個別事例を超えた人類学的な射程をもつ。一面においてアシの事例は、他地域の多くの事例においては必ずしも顕在化されていない――それどころか、時には隠蔽・抑圧されている――偶有性、あるいは「われわれ」自身の他者性の契機を、つねに明示的かつ意識的なものに保っているという点で特徴的である。このことは、たとえば第二章における、居住＝生活の現状をつねに別様でもありえたものとして意味付けるアシの「トポジェニー」についての考察に明らかであろう。すなわちアシは、海上居住という特殊な生活様式のために、個別の場所あるいは環境との自らの関わりを、つねに偶有的なものとして維持する独自の論理を発達させ、また実践してきたのである。しかし他面において、そのような論理は、他地域の事例に即して、そこで必ずしも明示化されていない、人々の生の偶有性という契機を、民族誌的に――たとえば神話・伝承、儀礼や生業活動に関して――探究するための手がかりともなりうる。そしてそのような作業は、序論で紹介したヴィヴェイロス・デ・カストロやストラザーンによる現代的な探究とも共鳴し合うことになるだろう。

なお、アシにおける生の偶有性・非同一性という以上の論点は、本書が、人類学／民族誌のおそらくもっとも基本的な主題である、差異あるいは他者性をどのように扱っているかという問題にも関わる。この問いに端的に答えるならば、本書は、自己と区別される外的な他者をではなく、自己――具体的には、アシにおける「われわれ」――それ自体の潜在的な他者性を記述しようとする試みである、ということになる。そこでの自己は、そのように潜在的な他者性を内包することにより、本質的に重層的な――ストラザーンの用語では「フラクタル」的な――ものとなっており、本書における「偶有性」とは、自己／他者のそのような重層性を表現するための概念に他ならない。本書は、他者性に関するそのようなアプローチを、人類学／民族誌がとりうる一つの現代的な形態として提示するものであり、この点において、序論で取り上げた「生成」の民族誌とも軌を一にしている。

さらに本書は、そのような他者性の契機を「自然」という主題と接続するものとなっている。本書の後半における考察は、自らがその中に居住＝生活する自然環境が、アシにとって根源的に〈他なるもの〉として経験されていることを示してきた。そのような他者性はアシに対し、「われわれ」の潜在的な不在を具象化する草木の茂みや、「われわれ」が決して関わり尽くすことのできないサンゴ礁の海、あるいはそれ「に従って（*sulia*）」漁をするしかない潮汐のリズム、さらには、同様に「われわれ」にはいかんともしがたい「ツナミ」の脅威などとして現れていた。このように根源的に〈他なるもの〉としての「自然」の体験を記述しようとする本書のアプローチは、人間と環境の本源的な一体性を強調する現象学的アプローチ［e.g. Ingold 2000］――そこでは、「自然」が客体として現れることは疎外の結果であり、非本来的とされる――や、「自然的なもの」と「社会文化的なもの」を、ともに一つのハイブリッドなネットワークを形作るものとして見ようとする近年の議論――主としてラトゥール（Bruno Latour）［e.g. ラトゥール二〇〇八］の影響下における――とは明確に異質である［cf. 里見二〇一四a］。

このような「自然」という主題は、本書において、一つの移行を通じて提示された。すなわち、前半の第二章から第四章が、「アシ／トロ」の区別や伝統的な祖先崇拝とキリスト教の関係など、基本的に社会文化的な意味での差異・他者性について考察するものであったのに対し、後半の第五章と第六章では、そのような社会文化的な水準を超え、アシにおける自然環境との実践的な関わりにおいて現出する他者性が主題とされていた。そこでの議論が示すように、アシの人々は、右で述べたような自己に潜在する他者性を、本質的に自然的な、すなわち「自然」の事物に即したかたちで認識し体験している。このため、この人々が生きる他者性について考えることは、不可避的に「自然」について考えることにもなる。この点において、本書における前半から後半への移行は、半ば必然的なものであり、またそのような移行は、本書冒頭における「ツナミ」についての語りによって予示されていたと言える。

筆者の見るところ、本書が遂行するそのような移行、すなわち他者性について考える上での、社会文化的な地平から「自然」の地平への移行は、現代の人類学が遂げるべき、あるいは現に一部で遂げつつある移行を体現するものである。すなわち、一九八〇～九〇年代の人類学におけるいわゆるポストモダニズム／ポストコロニアリズムが、たとえば「植民者／被植民者」あるいは「人類学者／現地住民」など、主として社会学的な意味での他者性を主題化するものであったのに対し、現在の人類学は、そのように社会学的な水準を超えて他者性について考えることを、自らの課題として設定しようとしている（あるいは、他者性についての思考は本来そのようにしかなされえないと認識しつつある）。人類学におけるこのような理論的移行は、これまでしばしば「存在論的転回（the ontological turn）」と呼ばれてきた［e.g. 春日二〇一一、Henare et al. (eds.) 2007; Venkatesan et al. 2010］。この点において本書は、人類学におけるいわゆる存在論的転回に対し、一つの民族誌的応答をなすものでもある。

すなわち筆者の認識では、本書が描いてきた、本質的に他でありうるものとしてのアシの「海に住まうこと」、およびそれに関するこの人々自身の認識・体験は、明確に一つの「存在論（ontology）」をなしている。そうだとして、ここでの「存在論」はどのような意味で用いられているのか。筆者なりの整理として、この問いに、人類学において「存在論」という語が用いられる際の二つの主要な用法の区別と関係を示すことによって答えたい。すなわち、人類学における第一の用法として、「人間存在」についての根源的思考という意味での「存在論」がある［e.g. Meyers 1986; Sykes 2010; J.F. Weiner 1991］。本書で明らかにしてきたような、「住まうこと」――人々がある場所に「いる、とどまる（*too*）」こと――についてのアシの了解は、まさしくこの意味での「存在論」に合致する。そこにおいて問題になっていたのは、自らを取り囲む自然環境との持続的な関わりの中で、本質的に時間的かつ空間的な存在として生きる人間のあり方に他ならない。他方で、近年の存在論的転回において焦点化されている第二の意味として、人間存在に限定されない「存在一般」、たとえば動植物やモノ（無生物）とそれらの間で結ばれる関係についての思考としての「存在論」がある［e.g. Henare et al. (eds.) 2007; Kohn 2013］。この第二の用法に対しては、「そのようなものが本当に人類学に扱えるのか？」という疑義が直ちに提起されるであろう。

このような疑問に対して、本書は次のように答える。すなわち、以上で展開してきた考察は、「われわれ」が「住まう／ある」ことについてのアシの実践や認識が、根底において、また不可避的に、「われわれ」すなわち人間存在の領域を超え出るということを示してきた。そして、人類学において「存在論的」と呼ばれるべきは、他でもなく、人間存在からそれを超えた〈他なるもの〉、たとえば「自然」の領域への、このような移行の運動であろう、と。言い換えれば、おそらくアシの事例に限らず一般的に、右で述べた第一の意味での「存在論」は、第二の意味での「存在論」へと必然的に移行するのであり、民族誌的な記述・分析においてそのような移行を遂行してみせることこそが、人類学的な「存在論」のありうるかたちなのである。[1] このような意味で、本書で論じてきたアシの「海に住まうこと」はまさしく、人間を超えた〈他なるもの〉との関わりを本質的に含んだ、一つの「存在論」をなしていると言うことができる。

最後に本書は、より一般的に、人類学／民族誌とは何でありうるかについての、一つの理解を提示し体現するものでもある。右で述べたように、本書はアシの人々を、無人の島や深い海、あるいは草木の茂みといった〈他なるもの〉と不断に向き合う人々として描き出してきた。ところでそもそも、アシのこのような姿は、自らとは異なる他者、たとえば筆者にとってのアシの人々と持続的に向き合う人類学者のそれとも相同的である。すなわち、本書は根本において、「他者と向き合うアシの人々という他者と向き合う人類学者（筆者）」という入れ子状の構造をもっている。このような関係が示唆するのは、アシの人々が〈他なるもの〉と関わることによって自らの潜在的な他者性あるいは偶有性を経験していたように、人類学者も、この人々との民族誌的な対面を通じて、自らの偶有性、すなわち「われわれ」は別様でもありえ、したがって「彼ら」のようでも、さらにまた他でもありうるという可能性・潜在性を生きる——そしてその中で、人間を超えた「自然」と呼ぶべき領域に接する——という事情に他ならない。津波という「自然」の出来事が、日本における「われわれ」の居住＝生活の偶有性を露呈させ、そうすることで筆者とアシの人々を予期せずして結び付けた、冒頭の二〇一一年のエピソードも、まさしくそのことを示唆していると言えるだろう。

おそらく、「われわれ」の偶有性についてのこのような認識は、これまでも人類学の営みを一貫して支えてきたような、あるいは、それなしでは人類学の営みが意味をなさないような基本的な契機であり続けてきた。そこにおいて「人間」は、「われわれ」が現にそうであるようなあり方をはるかに超え、「われわれ」がそうでありうるようなさまざまな可能性からなる広大な領野、しかも右で述べたように、「われわれ」を超えたものとも不可避的に接続していくような領野として見出される。この意味において、アシにおける「われわれ」の本質的な偶有性を描き出す本書は、いわゆる存在論的転回をも踏まえ、人類学が今日何でありうるかについての再帰的な考察と、その実践的な例示をなすものと言える。

註

（1）筆者の理解では、ヴィヴェイロス・デ・カストロの一連の著作［e.g. ヴィヴェイロス・デ・カストロ 二〇一一、Viveiros de Castro 1992］が示しているのもこのことに他ならない。

あとがき

本書は、二〇一四年九月に東京大学大学院総合文化研究科に提出した博士学位論文「ソロモン諸島マライタ島北部のアシ／ラウにおける『海に住まうこと』の現在：別様でありうる生の民族誌」をもとに、出版向けに加筆・修正を加えたものである。また、本書の一部の章は、もともと以下の論文として発表された。ただしいずれも、博士論文および本書への収載に際し大幅に加筆・修正されている。

第二章 「『海の民』のトポジェニー――ソロモン諸島マライタ島北部の海上居住民ラウ／アシにおける移住伝承と集団的アイデンティティ」『くにたち人類学研究』六：二六―五三（二〇一一年）

第三章 「海を渡る生者たちと死者たち――ソロモン諸島マライタ島北部のアシ／ラウにおける葬制、移住と親族関係」『文化人類学』八一：一六一―一七九（二〇一六年）

第四章 「『カストム』をめぐる生成――ソロモン諸島マライタ島北部の『海の民』ラウにおける社会文化的動態とアイデンティティ」『超域文化科学紀要』一七：八三―一〇三（二〇一二年）

第七章 「想起されるマーシナ・ルール――ソロモン諸島マライタ島における社会運動の記憶と集住の現在」

『社会人類学年報』三九：三一—一四九（二〇一三年）

本書とそのもととなった論文の執筆は、非常に多くの方々のご支援によってはじめて可能になった。これらの方々に、ここであらためて謝意を表したい。もっとも、ここに名前を挙げることができるのはそのごく一部だけである。

東京大学大学院では、博士課程における指導教員であった箭内匡先生に、一貫して手厚いご指導をいただいた。本書を書き上げることができたのは、大部分箭内先生からの学問的な支えのおかげであり、これに対しては感謝の言葉もない。また、東京大学東洋文化研究所の名和克郎先生は、博士課程在籍中の筆者に対し、先生との自由な対話を通じて人類学を学ぶ機会を繰り返し与えてくださった。筆者がこれまで人類学を学び続けることができたのは、名和先生のそのような教育スタイルによる部分が少なくない。また、一橋大学大学院の春日直樹先生は、筆者が人類学を学び始めた当初から、その著作を通じて導きの糸を示してくださった。これまでの研究生活において、さまざまなかたちで春日先生から教えを受ける機会に恵まれたことは、筆者にとって望外な幸いであり、この機会に先生にあらためて御礼申し上げたい。また、博士論文の審査に際しては、箭内先生、名和先生、春日先生と並び、東京大学大学院の森山工先生と北海道大学大学院の宮内泰介先生が審査委員を務めてくださった。お二人からの貴重なご意見、ご批判にも、この場を借りて御礼申し上げたい。

一橋大学大学院の大杉高司先生は、本書の執筆に至る過程で、現代の人類学理論を学ぶ機会をたびたび筆者に提供してくださった。大杉先生のご厚意と寛大さに、あらためて心から御礼申し上げたい。同じように、人類学についての理論的対話に繰り返し筆者を引き出してくれた一橋大学大学院の久保明教氏、および関西大学の浜田明範氏にも、あらためて感謝したい。なお、本書のもととなった博士論文の校正に際しては、同じソロモン諸島マライタ島を調査地とする筑波大学大学院の佐本英規氏が力を貸してくれた。もちろん、本書の内容・形式上の責は筆者ひとりが負うものである。

また、本書を上梓するに当たり、筆者が人類学ではなく社会学を専門としていた頃の師である東京大学名誉教授の内田隆三先生に、格別の感謝を捧げたい。学問に取り組む上でのあるべき姿勢を筆者に教えてくださったのは、誰よりもまず内田先生であり、そのために、先生は今日まで筆者にとって第一の師であり続けている。今はただ、不肖の弟子として、先生からの学恩にとても報いることができないことをかみしめるばかりである。

さらに、本書のもととなったソロモン諸島での調査に際しても、数多くの方々のお世話になった。まず調査開始に際しては、筑波大学大学院の関根久雄先生と京都大学大学院の古澤拓郎先生から多大なお力添えをいただいた。また、マライタ島での調査を許可してくれたソロモン諸島国教育・人材開発省、ソロモン諸島国立博物館、マライタ州政府にもあらためて御礼申し上げたい。フランシス・デヴェ（Francis Deve）氏は、現在に至るまで筆者のソロモン諸島における最大の友人であり、彼の支えなくしては、筆者の調査・研究はとうてい行われえなかった。マライタ島での調査の中でお世話になった方々すべての名を挙げることはとうていできないが、ここでは以下の方々を挙げておきたい（敬称略）：Benedict Akwai, Salome Oruna, Francis Dara, Peter Fakaia, Luciano Sikwa'ae, Meke Sifoli, Boniface Oiga, Olomani Billy Lone, Lawrence Fadaua, Lawrence Koiko, Eddie Ganikui, Mary Taikui, Eddie Taikui。

なお、本書のもととなったソロモン諸島での調査は、トヨタ財団二〇〇七年度研究助成（助成番号：D07-R-0157）、独立行政法人日本学術振興会平成二三～二四度科学研究費補助金（特別研究員奨励費、課題番号：23・9761）、ならびに公益信託澁澤民族学振興基金「平成二五年度大学院生等に対する研究活動助成」によって可能となった。また、本書をまとめる過程での研究活動は、平成二六～二七年度科学研究費補助金（特別研究員奨励費、課題番号：26・2197）によって支えられた。さらに、本書の出版に際しては、平成二八年度科学研究費補助金（研究成果公開促進費、課題番号：16HP5118）の交付を受けた。これらの関係機関にあらためて謝意を表したい。

また、本書の出版を快く引き受けてくださった風響社の石井雅氏にも、この場を借りて御礼申し上げたい。本書の内容を削減することなく、もともとの論文に近いかたちで出版することができるのは、石井氏のご厚意とご尽力のおかげである。

最後に本書を、筆者に少しなりとももものを考えることを教えてくれた、マライタ島の人々に捧げたい。

二〇一六年五月

里見龍樹

参照文献

秋道 智彌
一九七六 「漁撈活動と魚の生態――ソロモン諸島マライタ島の事例」『季刊人類学』七（二）：七六―一三一。
一九九五 『海洋民族学――海のナチュラリストたち』東京大学出版会。
一九九六 「漁業」秋道智彌・関根久雄・田井竜一（編）『ソロモン諸島の生活誌――文化・歴史・社会』、七〇―七八ページ、明石書店。
二〇〇四 『コモンズの人類学――文化・歴史・生態』人文書院。
二〇一三 『漁撈の民族誌――東南アジアからオセアニアへ』昭和堂。
東 浩紀・大澤 真幸
二〇〇三 『自由を考える――九・一一以降の現代思想』日本放送出版協会。
飯田 卓
二〇〇八 『海を生きる技術と知識の民族誌――マダガスカル漁撈社会の生態人類学』世界思想社。
今村 仁司
一九九五 『ベンヤミンの〈問い〉――「目覚め」の歴史哲学』講談社。
井龍 康文
二〇一一 「サンゴ礁のなりたち」日本サンゴ礁学会（編）『サンゴ礁学――未知なる世界への招待』、三―三〇ページ、東海大学出版会。
ヴィヴェイロス・デ・カストロ、エドゥアルド

二〇一一　「強度的出自と悪魔的縁組」山崎吾郎・小倉拓也（訳）『現代思想』三九（一六）：一七〇―二〇九。
二〇一五　『インディオの気まぐれな魂』近藤宏・里見龍樹（訳）、水声社。
内堀基光・山下晋司
一九八六　『死の人類学』弘文堂。
大林太良ほか（編）
一九九〇　『東南アジア・オセアニアにおける諸民族文化のデータベースの作成と分析』（国立民族学博物館研究報告別冊、一一号）、国立民族学博物館。
小野林太郎
二〇一一　『海域世界の地域研究――海民と漁撈の民族考古学』、京都大学学術出版会。
掛谷誠
一九九八　「焼畑農耕民の生き方」高村泰雄・重田眞義（編）『アフリカ農業の諸問題』、五九―八六ページ、京都大学学術出版会。
春日直樹
一九九七　「『発端の闇』としての植民地――カーゴ・カルトはなぜ『狂気』だったか」山下晋司・山本真鳥（編）『植民地主義と文化』、一二八―一五一ページ、新曜社。
一九九九　「土地はなぜ執着を生むか――フィジーの歴史と現在をつうじて考える」杉島敬志（編）『土地所有の政治史――人類学的視点』、三七一―三八九ページ、風響社。
二〇一一　「序章　人類学の静かな革命――いわゆる存在論的転換」春日直樹（編）『現実批判の人類学――新世代のエスノグラフィへ』、九―三一ページ、世界思想社。
河合洋尚（編）
二〇一六　『景観人類学――身体・政治・マテリアリティ』時潮社。
キージング、ロジャー・M
一九八五　『マライタのエロタ老人――ソロモン諸島でのフィールド・ノート』青柳まちこ（監訳）、ホルト・サウンダース。
吉良竜夫
一九八三　『熱帯林の生態』人文書院。
クリフォード、ジェイムズ
二〇〇三　『文化の窮状――二〇世紀の民族誌、文化、芸術』太田好信ほか（訳）、人文書院。

国際協力事業団
一九九三『ソロモン諸島国全国水産物流網改善計画——事前調査報告書』国際協力事業団。
古東哲明
一九九八「偶然性」廣松渉ほか（編）『岩波哲学・思想事典』、三七七ページ、岩波書店。
後藤明
一九九六『海の文化史——ソロモン諸島のラグーン世界』未来社。
佐藤廉也
一九九九「熱帯地域における焼畑研究の展開——生態的側面と歴史的文脈の接合を求めて」『人文地理』五一（四）：四七一—六七。
二〇一一「アフリカから焼畑を再考する」佐藤洋一郎（監修）、原田信男・鞍田崇（編）『焼畑の環境学——いま焼畑とは』、四二七—四五五ページ、思文閣出版。
里見龍樹
二〇一一『「海の民」のトポジェニー——ソロモン諸島マライタ島北部の海上居住民ラウ／アシにおける移住伝承と集団的アイデンティティ」『くにたち人類学研究』六：二六—五三。
二〇一二「『カストム』をめぐる生成——ソロモン諸島マライタ島北部の『海の民』ラウにおける社会文化的動態とアイデンティティ」『超域文化科学紀要』一七：八三—一〇三。
二〇一四a「人類学／民族誌の『自然』への転回——メラネシアからの素描」『現代思想』四二（一）：一四八—一六一。
二〇一四b「サンゴ礁の海に暮らす」佐藤靖明・村尾るみこ（編）『衣食住からの発見』、一七〇—一八五ページ、古今書院。
里見龍樹・久保明教
二〇一三「身体の産出、概念の延長——マリリン・ストラザーンにおけるメラネシア、民族誌、新生殖技術をめぐって」『思想』一〇六六：二六四—二八二。
白川千尋
二〇〇五『南太平洋における土地・観光・文化——伝統文化は誰のものか』明石書店。
杉島敬志（編）
二〇〇一『人類学的実践の再構築——ポストコロニアル転回以後』世界思想社。
ストラザーン、マリリン

二〇一五『部分的つながり』大杉高司ほか（訳）、水声社。
二〇一六「歴史のモノたち――出来事とイメージの解釈」深川宏樹（訳）『現代思想』四四（五）：八〇―九七。

竹川大介
一九九五「ソロモン諸島のイルカ漁――イルカの群れを石で追込む漁撈技術」『動物考古学』四：一―二五。
二〇〇二「結節点地図と領域面地図、メラネシア海洋民の認知地図――ソロモン諸島マライタ島の事例から」松井健（編）『講座・生態人類学五　核としての周辺』、一五九―一九三ページ、京都大学学術出版会。
二〇〇七「外在化された記憶表象としての原始貨幣――貨幣にとって美とはなにか」春日直樹（編）『資源人類学〇五　貨幣と資源』、一八九―二二七ページ、弘文堂。

棚橋訓
一九九三「ソロモン諸島のマアシナ・ルール運動」清水昭俊・吉岡政德（編）『オセアニア三――近代に生きる』、三五―五二ページ、東京大学出版会。
一九九六「カーゴ・カルトの語り口――ある植民地的／人類学的言説の顛末」青木保ほか（編）『岩波講座文化人類学　第一二巻　思想化される周辺世界』、一三一―一五四ページ、岩波書店。
一九九八「ソロモン諸島の社会運動と中心世界の使い方」清水昭俊（編）『周辺民族の現在』、二六四―二八四ページ、世界思想社。
二〇〇〇「メラネシアの社会運動と『都市化の経験』――マアシナ・ルール運動とパリアウ運動の検討から」熊谷圭知・塩田光喜（編）『都市の誕生――太平洋島嶼諸国の都市化と社会変容』、一五七―一八二ページ、アジア経済研究所。

トゥアン、イーフー
一九九三『空間の経験――身体から都市へ』山本浩（訳）、筑摩書房。

床呂郁哉・河合香吏（編）
二〇一一『ものの人類学』京都大学学術出版会。

中野和敬
一九九四「メラネシアの自給農業」『TROPICS』三（一）：七九―八六。
一九九五「焼畑と森林生態」田村俊和ほか（編）『湿潤熱帯環境』、八九―一一一ページ、朝倉書店。
一九九六「農業と農産物」秋道智彌・関根久雄・田井竜一（編）『ソロモン諸島の生活誌――文化・歴史・社会』、五一―六九ページ、明石書店。

中森亨・井龍康文
一九九〇「サンゴ礁の地形区分と造礁生物の礁内分布」サンゴ礁地域研究グループ（編）『日本のサンゴ礁地域一　熱い自然――サンゴ礁の環境誌』、三九―五六ページ、古今書院。
ハイデガー、マルティン
二〇〇九「建てる 住む 思考する」『ハイデガー――生誕一二〇年、危機の時代の思索者』大宮勘一郎(訳)、一二八―一四八ページ、河出書房新社。
フィフィイ、ジョナサンとロジャー・M・キージング
一九九四『豚泥棒から国会議員へ』関根久雄（訳）、中山書店。
福井栄二郎
二〇〇五「村落の誕生――ヴァヌアツ・アネイチュム島村落の歴史的変遷」『文化人類学研究』六：一八一―一九七。
福井勝義
一九九四「自然の永続性――焼畑と牧畜における遷移と野火の文化化」掛谷誠（編）『講座　地球に生きる二――環境の社会化』、一一五―一四二ページ、雄山閣。
藤井真一
二〇一四「『平和の人類学』の射程――ソロモン諸島の『エスニック・テンション』を事例に暴力回避と紛争解決を考える」『年報人間科学』三五：一〇七―一二六。
古澤拓郎・大西健夫・近藤康久（編）
二〇一一『フィールドワーカーのためのGPS・GIS入門』東京外国語大学アジア・アフリカ言語文化研究所。
宮内泰介
二〇一一『開発と生活戦略の民族誌――ソロモン諸島アノケロ村の自然・移住・紛争』新曜社。
メイヤスー、カンタン
二〇一六『有限性の後で――偶然性の必然性についての試論』千葉雅也・大橋完太郎・星野太（訳）、人文書院。
メトカーフ、ピーターとリチャード・ハンティントン
一九九六『［第二版］死の儀礼――葬送習俗の人類学的研究』池上良正・池上冨美子（訳）、未來社。
森山工
一九九六『墓を生きる人々――マダガスカル、シハナカにおける社会的実践』、東京大学出版会。

箭内匡
一九九五　『想起と反復――現代マプーチェ社会における文化的生成』博士論文、東京大学大学院総合文化研究科。
二〇〇二　「アイデンティティの識別不能地帯で――現代マプーチェにおける『生成』の民族誌」田辺繁治・松田素二（編）『日常的実践のエスノグラフィ――語り・コミュニティ・アイデンティティ』、二一四―二三四ページ、世界思想社。
二〇〇八　「イメージの人類学のための理論的素描――民族誌映像を通じての『科学』と『芸術』」『文化人類学』七三（二）：一八〇―一九九。
吉岡政德
二〇〇五　『反・ポストコロニアル人類学――ポストコロニアルを生きるメラネシア』風響社。
吉田集而・堀田満・印東道子（編）
二〇〇三　『イモとヒト――人類の生存を支えた根栽農耕』、平凡社。
ラトゥール、ブルーノ
二〇〇八　『虚構の「近代」――科学人類学は警告する』川村久美子（訳）、新評論。
レヴィ＝ストロース、クロード
一九七二　『構造人類学』荒川幾男ほか（訳）、みすず書房。
一九七六　『野生の思考』大橋保夫（訳）、みすず書房。
レルフ、エドワード
一九九九　『場所の現象学――没場所性を越えて』高野岳彦ほか（訳）、筑摩書房。
ワグナー、ロイ
二〇〇〇　『文化のインベンション』山崎美惠・谷口佳子（訳）、玉川大学出版部。
ワースレイ、ピーター
一九八一　『千年王国と未開社会――メラネシアのカーゴ・カルト運動』吉田正紀（訳）、紀伊國屋書店。

Akimichi, Tomoya
1978　Ecological Aspect of Lau (Solomon-Islands) Ethno-Ichthyology. *Journal of the Polynesian Society* 87(4): 301-326.
1991　Sea Tenure and Its Transformation in the Lau of North Malaita. *South Pacific Study* 12(1): 7-22.
Akin, David W.
1999　Compensation and the Melanesian State: Why the Kwaio Keep Claiming. *The Contemporary Pacific* 11(1): 35-67.

2013 *Colonialism, Maasina Rule, and the Origins of Malaitan* Kastom. Honolulu: University of Hawai'i Press.

Allen, Matthew G. et al.

2006 *Solomon Islands Smallholder Agriculture Study. Vol. 4: Provincial Reports*. Canberra: AusAID.

Anderson, Astrid

2011 *Landscapes of Relations and Belonging: Body, Place and Politics in Wogeo, Papua New Guinea*. New York: Berghahn.

Aswani, Shankar

1998 Patterns of Marine Harvest Effort in Southwestern New Georgia, Solomon Islands: Resource Management or Optimal Foraging? *Ocean & Coastal Management* 40(2-3): 207-235.

1999 Common Property Models of Sea Tenure: A Case Study from the Roviana and Vonavona Lagoons, New Georgia, Solomon Islands. *Human Ecology* 27(3): 417-453.

Aswani, Shankar et al.

2007 Customary Management as Precautionary and Adaptive Principles for Protecting Coral Reefs in Oceania. *Coral Reefs* 26(4): 1009-1021.

Barker, John

1990 Mission Station and Village: Religious Practice and Representation in Maisin Society. In *Christianity in Oceania: Ethnographic Perspectives*. John Barker (ed.), pp. 173-196. Lanham: University Press of America.

Barrau, Jacques

1971[1958] *Subsistence Agriculture in Melanesia.* Bernice P. Bishop Museum Bulletin 219. New York: Kraus Reprint.

Battaglia, Debbora

1990 *On the Bones of the Serpent: Person, Memory, and Mortality in Sabarl Island Society*. Chicago: University of Chicago Press.

Bender, Barbara (ed.)

1993 *Landscape: Politics and Perspectives*. Providence: Berg.

Biehl, João and Peter Locke

2010 Deleuze and the Anthropology of Becoming. *Current Anthropology* 51(3): 317-351.

Bennett, Judith A.

1987 *Wealth of the Solomons: A History of a Pacific Archipelago, 1800-1978*. Honolulu: University of Hawai'i Press.

Bloch, Maurice

1994[1971] *Placing the Dead: Tombs, Ancestral Villages and Kinship Organization in Madagascar*. Prospect Heights: Waveland Press.

Bloch, Maurice and Jonathan Parry

1982 Introduction: Death and the Regeneration of Life. In *Death and the Regeneration of Life*. Maurice Bloch and Jonathan Parry (eds.), pp. 1-44. Cambridge: Cambridge University Press.

Bonnemaison, Joël

1985 The Tree and the Canoe: Roots and Mobility in Vanuatu Societies. *Pacific Viewpoint* 26: 30-62.

Boutilier, James

1983 Killing the Government: Imperial Policy and the Pacification of Malaita. In *The Pacification of Melanesia*. Margaret Rodman and Matthew Cooper (eds.), pp. 43-87. Lanham: University Press of America.

Brewer, Tom D. et al.

2009 Thresholds and Multiple Scale Interaction of Environment, Resource Use, and Market Proximity on Reef Fishery Resources in the Solomon Islands. *Biological Conservation* 142(8): 1797-1807.

Brookfield, Harold C. with Doreen Hart

1971 *Melanesia: A Geographical Interpretation of an Island World*. London: Methuen.

Burt, Ben

1982 Kastom, Christianity and the First Ancestor of the Kwara'ae of Malaita. *Mankind* 13(4): 374-399.

1994a *Tradition and Christianity: The Colonial Transformation of a Solomon Islands Society*. Chur: Harwood Academic Publisher.

1994b Land in Kwara'ae and Development in Solomon Islands. *Oceania* 64(4): 317-335.

Carrier, James G.

1987 Marine Tenure and Conservation in Papua New Guinea: Problems in Interpretation. In *The Question of the Commons: The Culture and Ecology of Communal Resources*. Bonnie J. McCay and James M. Acheson (eds.), pp. 142-167. Tucson: University of Arizona Press.

1998 Property and Social Relations in Melanesian Anthropology. In *Property Relations: Renewing the Anthropological Tradition*. C. M. Hann (ed.), pp. 85-103. Cambridge: Cambridge University Press.

Carrier, James G. (ed.)

1992 *History and Tradition in Melanesian Anthropology*. Berkeley: University of California Press.

Carrier, James G. and Achsah H. Carrier

1989 *Wage, Trade, and Exchange in Melanesia: A Manus Society in the Modern State*. Berkeley: University of California Press.

Central Bank of Solomon Islands

c2010 *Central Bank of Solomon Islands, Annual Report 2009*. Honiara: Central Bank of Solomon Islands

Chapman, Murray and R. Mansell Prothero (eds.)

1985 *Circulation in Population Movement: Substance and Concepts from the Melanesian Case*. London: Routledge and Kegan Paul

Cochrane, Glynn

1970 *Big Men and Cargo Cults*. Oxford: Clarendon Press.

Cooper, Matthew

1971 Economic Context of Shell Money Production in Malaita. *Oceania* 41(4): 266-276.

Coppet, Daniel de

1981 The Life-Giving Death. In *Mortality and Immortality: The Anthropology and Archaeology of Death*. S. C. Humphreys and Helen Kind (eds.), pp. 175-203. Academic Press: London.

Coppet, Daniel de and Hugo Zemp

1978 *'Aré'aré. Un Peuple mélanésien et sa musique*. Paris: Éditions du Seuil.

Corris, Peter

1970 Kwaisulia of Ada Gege: A Strongman in the Solomon Islands. In *Pacific Islands Portraits*. J.W. Davidson and Deryck Scarr (eds.), pp. 253-265. Canberra: Australian National University Press.

1973 *Passage, Port and Plantation: A History of Solomon Islands Labour Migration, 1870-1914*. Carlton: Melbourne University Press.

Damon, Frederick H., and Roy Wagner (eds.)

1989 *Death Rituals and Life in the Societies of the Kula Ring*. DeKalb: Northern Illinois University Press.

Dinnen, Sinclair and Stewart Firth (eds.)

2008 *Politics and State Building in Solomon Islands*. Canberra: ANU E Press; Asia Pacific Press.

Errington, Frederick

1974 Indigenous Ideas of Order, Time, and Transition in a New Guinea Cargo Movement. *American Ethnologist* 1(2): 255-267.

Eves, Richard

1997 Seating the Place: Tropes of Body, Movement and Space for the People of Lelet Plateau, New Ireland (Papua New Guinea). In *The Poetic Power of Place: Comparative Perspectives on Austronesian Ideas of Locality*. James J. Fox (ed.), pp. 174-196. Canberra: Department of Anthropology, Australian National University.

Feld, Steven

1996 Waterfalls of Song: An Acoustemology of Place Resounding in Bosavi, Papua New Guinea. In *Senses of Place*. Steven Feld and Keith H. Basso (eds.), pp. 91-135. Santa Fe: School of American Research Press.

Feld, Steven and Keith H. Basso (eds.)

1996 *Senses of Place*. Santa Fe: School of American Research Press.

Foale, Simon

2006 The Intersection of Scientific and Indigenous Ecological Knowledge in Coastal Melanesia: Implications for Contemporary Marine Resource Management. *International Social Science Journal* 58(187): 129-137.

Foale, Simon and Martha Macintyre

2000 Dynamic and Flexible Aspects of Land and Marine Tenure at West Nggela: Implications for Marine Resource Management. *Oceania* 71(1): 30-45.

Foale, Simon and Bruno Manele

2004 Social and Political Barriers to the Use of Marine Protected Areas for Conservation and Fishery Management in Melanesia. *Asia Pacific Viewpoint* 45(3): 373-386.

Foale, Simon et al.

2011 Tenure and Taboos: Origins and Implications for Fisheries in the Pacific. *Fish and Fisheries* 12(4): 357-369.

Foster, Robert J.

1995 *Social Reproduction and History in Melanesia: Mortuary Ritual, Gift Exchange, and Custom in the Tanga Islands*. Cambridge: Cambridge University Press.

Fox, Charles E.

1974 *Lau Dictionary*. Canberra: Department of Linguistics, Research School of Pacific Studies, Australian National University.

Fox, James J.

1997 Place and Landscape in Comparative Austronesian Perspective. In *The Poetic Power of Place: Comparative Perspectives on Austronesian Ideas of Locality*. James J. Fox (ed.), pp. 1-21. Canberra: Department of Anthropology, Australian National University.

Fox, James J. and Clifford Sather (eds.)

1996 *Origins, Ancestry and Alliance: Explorations in Austronesian Ethnography*. Canberra: Department of Anthropology, Australian National University.

Fraenkel, Jon

2004 *The Manipulation of Custom: From Uprising to Intervention in the Solomon Islands*. Wellington: Victoria University Press.

Frazer, Ian

1987 *Growth and Change in Village Agriculture: Manakwai, North Malaita*. Armidale: South Pacific Smallholder Project, University of New England.

Geertz, Clifford

1963 *Agricultural Involution: The Process of Ecological Change in Indonesia*. Berkeley: University of California Press.

Gillett, Robert and Wayne Moy

2006 *Spearfishing in the Pacific Islands: Current Status and Management Issues*. FAO/FishCode Review 19. Rome: FAO.

Goto, Akira

1996 Lagoon Life among the Langalanga, Malaita Island, Solomon Islands. In *Coastal Foragers in Transition*. Tomoya Akimichi (ed.), pp. 11-53. Osaka: National Museum of Ethnology.

Green, Alison et al.

2006 Fisheries Resources: Coral Reef Fishes. In *Solomon Islands Marine Assessment: Technical Report of Survey Conducted May 13 to June 17, 2004*. Alison Green et al. (eds.), pp. 195-266. TNC Pacific Island Countries Report No.1/06. South Brisbane: The Nature Conservancy, Indo-Pacific Resource Centre.

Guidieri, Remo

1972 La route des morts. Introduction à la vie cérémonielle Fataleka. *Journal de la Société des Océanistes* 28: 323-335.

1980 *La route des morts*. Paris: Éditions du Seuil.

Guo, Pei-yi

2001 *Landscape, Migration and History among the Langalanga, Solomon Islands*. Unpublished PhD Dissertation. Pittsburgh: Department of Anthropology, University of Pittsburgh.

2003 'Island Buiders': Landscape and Historicity among the Langalanga, Solomon Islands. In *Landscape, Memory and History: Anthropological Perspectives*. Pamela J. Stewart and Andrew Strathern (eds.), pp. 189-209. London: Pluto Press.

Hames, Raymond

2007 The Ecologically Noble Savage Debate. *Annual Review of Anthropology* 36: 177-190.

Hamilton, Richard J. et al.

2012 Fishing in the Dark: Local Knowledge, Night Spearfishing and Spawning Aggregations in the Western Solomon Islands. *Biological Conservation* 145(1): 246-257.

Harris, David R.

1971 The Ecology of Swidden Cultivation in the Upper Orinoco Rain Forest, Venezuela. *The Geographical Review* 61(4): 475-495.

Harrison, Simon

2004 Forgetful and Memorious Landscapes. *Social Anthropology* 12(2): 135-151.

Henare, Amiria, Martin Holbraad and Sari Wastell (eds.)

2007 *Thinking Through Things: Theorising Artefacts Ethnographically*. Abingdon: Routledge.

Hertz, Robert

1928[1907] Contribution à une étude sur la représentation collective de la mort. In *Mélanges de sociologie religieuse et folklore*. pp.1-98. Paris: F. Alcan.

Hirsch, Eric

1995 Landscape: Between Place and Space. In *The Anthropology of Landscape: Perspectives on Place and Space*. Eric Hirsch and Michael O'Hanlon (eds.), pp. 1-30. Oxford: Clarendon Press.

Hirsch, Eric and Michael O'Hanlon (eds.)

1995 *The Anthropology of Landscape: Perspectives on Place and Space*. Oxford: Clarendon Press.

Hogbin, H. Ian

1970 *Experiments in Civilization: The Effects of European Culture on a Native Community of the Solomon Islands*. New York:

Schocken Books.

Hviding, Edvard

1996 *Guardians of Marovo Lagoon: Practice, Place, and Politics in Maritime Melanesia*. Honolulu: University of Hawai'i Press.

Hviding, Edvard and Tim Bayliss-Smith

2000 *Islands of Rainforest: Agroforestry, Logging and Eco-tourism in Solomon Islands*. Aldershot: Ashgate.

Ingold, Tim

2000 *The Perception of the Environment: Essays on Livelihood, Dwelling and Skill*. New York: Routledge.

Ivens, Walter G.

1978[1930] *The Island Builders of the Pacific*. New York: AMS Press.

Jansen, Tony et al.

2006 *Solomon Islands Smallholder Agriculture Study. Vol. 2: Subsistence Production, Livestock and Social Analysis*. Canberra: AusAID.

Jebens, Holger (ed.)

2004 *Cargo, Cult and Culture Critique*. Honolulu: University of Hawai'i Press.

Jensen, Casper Bruun and Kjetil Rödje (eds.)

2010 *Deleuzian Intersections: Science, Technology, Anthropology*. New York: Berghahn.

Johannes, Robert E.

1978 Traditional Marine Conservation Methods in Oceania and Their Demise. *Annual Review of Ecology and Systematics* 9: 349-364.

2002 The Renaissance of Community-Based Marine Resource Management in Oceania. *Annual Review of Ecology and Systematics* 33: 317-340.

Jolly, Margaret

1982 Birds and Banyans of South Pentecost: Kastom in Anti-Colonial Struggle. *Mankind* 13(4): 338-356.

Jolly, Margaret and Nicholas Thomas (eds.)

1992 The Politics of Tradition in the Pacific. *Oceania* 62(4) (Special Issue).

Josephides, Lisette

1991 Metaphors, Metathemes, and the Construction of Sociality: A Critique of the New Melanesian Ethnography. *Man (N.S.)* 26:145-161.

Keesing, Roger M.

1970 Shrines, Ancestors, and Cognatic Descent: The Kwaio and Tallensi. *American Anthropologist* 72: 755-775.

1978 Politico-Religious Movements and Anticolonialism on Malaita: Maasina Rule in Historical Perspective. *Oceania* 48(4): 241-261; 49(1): 46-73.

1981 Still Further Notes on 'Maasina Rule'. *Journal of the Anthropological Society of Oxford* 12(2): 130-133.

1982a *Kwaio Religion: The Living and the Dead in a Solomon Island Society*. New York: Columbia University Press.

1982b Kastom and Anticolonialism on Malaita: 'Culture' as Political Symbol. *Mankind* 13(4): 357-373.

1985 Killers, Big Men, and Priests on Malaita: Reflections on a Melanesian Troika System. *Ethnology* 24(4): 237-252.

1992 *Custom and Confrontation: The Kwaio Struggle for Cultural Autonomy*. Chicago: University of Chicago Press.

Keesing, Roger M. and Peter Corris

1980 *Lightning Meets the West Wind: The Malaita Massacre*. Melbourne: Oxford University Press.

Keesing, Roger M. and Robert Tonkinson (eds.)

1982 Reinventing Traditional Culture: The Politics of Kastom in Island Melanesia. *Mankind* 13(4) (Special Issue).

Kohn, Eduardo

2013 *How Forests Think: Toward an Anthropology beyond the Human*. Berkeley: University of California Press.

Köngäs Maranda, Elli

1970 Les femmes Lau, Malaita, Iles Salomon, dans l'espace socialisé. Notes de topographie sociale. *Journal de la Société des Océanistes* 26: 155-162.

1973 Five Interpretations of a Melanesian Myth. *Journal of American Folklore* 86(339): 3-13.

1975 Lau Narrative Genres. *The Journal of the Polynesian Society* 84(4): 485-491.

1976 Lau, Malaita: "A Woman Is an Alien Spirit". In *Many Sisters: Women in Cross-Cultural Perspective*. Carolyn J. Matthiasson (ed.), pp. 177-202. New York: Free Press.

1978 The Averted Gift: the Lau Myth of the Seeker of Exchange. In *The Yearbook of Symbolic Anthropology*. Eric Schwimmer (ed.), pp. 37-50. London; Montreal: C. Hurst & Company; McGill-Queen's University Press.

Küchler, Susanne

1993 Landscape as Memory: The Mapping of Process and Its Representation in a Melanesian Society. In *Landscape: Politics and Perspectives*. Barbara Bender (ed.), pp. 85-106. Providence: Berg.

2002 *Malanggan: Art, Memory, and Sacrifice*. Oxford: Berg.

Laracy, Hugh

1971 Marching Rule and the Missions. *Journal of Pacific History* 6: 96-114.

1976 *Marists and Melanesians: A History of Catholic Missions in the Solomon Islands*. Honolulu: University Press of Hawaii.

Laracy, Hugh (ed.)

1983 *Pacific Protest: The Maasina Rule Movement, Solomon Islands, 1944-1952*. Suva: University of the South Pacific.

Lawrence, Peter

1964 *Road Belong Cargo: A Study of the Cargo Movement in the Southern Madang District, New Guinea*. Manchester: Manchester University Press.

Leach, James

2003 *Creative Land: Place and Procreation on the Rai Coast of Papua New Guinea*. New York: Berghahn.

Lichtenberk, Frantisek

2008 *A Dictionary of Toqabaqita (Solomon Islands)*. Canberra: Pacific Linguistics, Research School of Pacific and Asian Studies, Australian National University.

Liep, John

2007 Massim Mortuary Rituals Revisited. *Journal de la Société des Océanistes* 124: 97-103.

Lindstrom, Lamont

1982 Leftamap Kastom: The Political History of Tradition on Tanna (Vanuatu). *Mankind* 13(4): 316-329.

1993 *Cargo Cult: Strange Stories of Desire from Melanesia and Beyond*. Honolulu: Center for Pacific Islands Studies, School of Hawaiian, Asian, and Pacific Studies, University of Hawaii; University of Hawaii Press.

Malaita Council

1966 *Minutes of Malaita Council Meeting, January 31st–February 4th, 1966*. BSIP 27/II/3. Honiara: Solomon Islands National Archive.

Malaita District

1931-48 *Malaita District Office. Register of Land Disputes. 1931-48*. BSIP 27/VIII/17A. Honiara: Solomon Islands National Archive.

1949-50 *Malaita District Annual Report, 1949-50*. BSIP 27/VI/14. Honiara: Solomon Islands National Archive.

1956-58 *Malaita District Fisheries Report. Vol. 1 (Jul. 1956-Nov. 1957) and Vol. 2 (Aug. 1957-Jun. 1958)*. BSIP 10/II/FIS/A/2. Honiara: Solomon Islands National Archive.

Maranda, Pierre

2001 Mapping Cultural Transformation through the Canonical Formula: The Pagan versus Christian Ontological Status of Women among the Lau People of Malaita, Solomon Islands. In *The Double Twist: From Ethnography to Morphodynamics*. Pierre Maranda (ed.), pp. 97-120. Toronto: University of Toronto Press.

Maranda, Pierre, and Elli Köngäs Maranda

1970 La crâne et l'utérus. Deux théorèmes Nord-Malaitans. In *Échanges et communications. Mélanges offerts à Claude Lévi-Strauss à l'occasion de son 60ème anniversaire*. Jean Pouillon and Pierre Maranda (eds.), pp. 829-861. Paris: Mouton.

McDougall, Debra

2005 The Unintended Consequences of Clarification: Development, Disputing, and the Dynamics of Community in Ranongga, Solomon Islands. *Ethnohistory* 52(1): 81-109.

McDowell, Nancy

1985 Past and Future: The Nature of Episodic Time in Bun. In *History and Ethnohistory in Papua New Guinea*. Deborah Gewertz and Edward Schieffelin (eds.), pp. 26-39. Sydney: University of Sydney.

McFarland, William N.

1991 The Visual World of Coral Reef Fishes. In *The Ecology of Fishes on Coral Reefs*. Peter F. Sale (ed.), pp. 17-38. San Diego: Academic Press.

Meltzoff, Sarah Keene and Edward LiPuma

1986 Hunting for Tuna and Cash in the Solomons: A Rebirth of Artisanal Fishing in Malaita. *Human Organization* 45(1): 53-62.

Metcalf, Peter

1982 *A Borneo Journey into Death: Berawan Eschatology from Its Rituals*. Philadelphia: University of Pennsylvania Press.

Miller, Daniel (ed.)

2005 *Materiality*. Durham: Duke University Press.

Molea, Toata and Veikila Vuki

2008 Subsistence Fishing and Fish Consumption Patterns of the Saltwater People of Lau Lagoon, Malaita, Solomon Islands: A Case Study of Funaafou and Niuleni Islanders. *SPC Women in Fisheries Information Bulletin* 18: 30-35.

Mondragón, Carlos

2009 A Weft of Nexus: Changing Notions of Space and Geographical Identity in Vanuatu, Oceania. In *Boundless Worlds: An Anthropological Approach to Movement*. Peter Wynn Kirby (ed.), pp.115-133. New York: Berghahn.

Munn, Nancy D.

1986 *The Fame of Gawa: A Symbolic Study of Value Transformation in a Massim (Papua New Guinea) Society*. Durham: Duke University Press.

Myers, Fred R.

1986 *Pintupi Country, Pintupi Self: Sentiment, Place, and Politics among Western Desert Aborigines*. Washington: Smithsonian Institution Press.

Nakano, Kazutaka

2012 A Markedly Important Aspect of the Human Ecology of Swidden Cultivation: The Labour Requirements for Producing Staple Crops in Solomon Islands and North Thailand. *South Pacific Study* 32(2): 71-103.

Nakano, Kazutaka and Nobufumi Miyauchi

1996 Changes in Physical and Chemical Properties of Surface Soil in a Swidden and Subsequent Fallow in a Northwestern Region of Malaita Island, Solomon Islands. *South Pacific Study* 17(1): 1-20.

NASA Landsat Program

2011 Landsat ETM+ scene p087r066_7x20001026, Surface Reflectance, GLCF, College Park, Maryland,10/26/2000.

Pannel, Sandra

1996 Histories of Diversity, Hierarchies of Unity: The Politics of Origins in a South-West Moluccan Village. In *Origins, Ancestry and Alliance: Explorations in Austronesian Ethnography*. James J. Fox and Clifford Sather (eds.), pp. 216-236. Canberra: Department of Anthropology, Australian National University.

Parsonson, G.S.

1966 Artificial Islands in Melanesia: The Role of Malaria in the Settlement of the Southwest Pacific. *New Zealand Geographer* 22(1): 1-21.

1968 The Problem of Melanesia. *Mankind* 6(11): 571-584.

Patterson, Mary

2002 Moving Histories: An Analysis of the Dynamics of Place in North Ambrym, Vanuatu. *The Australian Journal of Anthropology* 13(2): 200-218.

Polunin, Nicholas V. C.

1984 Do Traditional Marine "Reserves" Conserve? A View of Indonesian and New Guinean Evidence. In *Maritime institutions in the Western Pacific*. Kenneth Ruddle and Tomoya Akimichi (eds.), pp. 267-283. Osaka: National Museum of Ethnology.

Rappaport, Roy A.

1971 The Flow of Energy in an Agricultural Society. *Scientific American* 225(3): 116-132.

Reuter, Thomas

2006 Land and Territory in the Austronesian World. In *Sharing the Earth, Dividing the Land: Land and Territory in the Austronesian World*. Thomas Reuter (ed.), pp. 11-38. Canberra: Department of Anthropology, Australian National University.

Richards, Andrew H., Lui J. Bell and Johann D. Bell

1994 Inshore Fisheries Resources of Solomon Islands. *Marine Pollution Bulletin* 29(1-3): 90-98.

Robbins, Joel

2001 Secrecy and the Sense of an Ending: Narrative, Time, and Everyday Millenarianism in Papua New Guinea and in Christian Fundamentalism. *Comparative Studies in Society and History* 43(3): 525-551.

Ross, Harold M.

1973 *Baegu: Social and Ecological Organization in Malaita, Solomon Islands*. Urbana: University of Illinois Press.

1977 The Sweet Potato in the South-Eastern Solomons. *Journal of the Polynesian Society* 86(4): 521-530.

1978a Baegu Markets, Areal Integration, and Economic-Efficiency in Malaita, Solomon Islands. *Ethnology* 17(2): 119-138.

1978b Competition for Baegu Souls: Mission Rivalry on Malaita, Solomon Islands. In *Mission, Church, and Sect in Oceania*. James A. Boutilier, Daniel T. Hughes and Sharon W. Tiffany (eds.), pp. 163-200. Lanham: University Press of America.

Ruddle, Kenneth, Edvard Hviding and Robert E. Johannes

1992 Marine Resources Management in the Context of Customary Tenure. *Marine Resource Economics* 7(4): 249-273.

Rumsey, Allan and James F. Weiner (eds.)

2001 *Emplaced Myth: Space, Narrative, and Knowledge in Aboriginal Australia and Papua New Guinea*. Honolulu: University of Hawai'i Press.

2004 *Mining and Indigenous Lifeworlds in Australia and Papua New Guinea*. Wantage: Sean Kingston.

Sabetian, Armagan and Simon Foale

2006 Evolution of the Artisanal Fisher: Case Studies from Solomon Islands and Papua New Guinea. *SPC Traditional Marine Resource Management and Knowledge Information Bulletin* 20: 3-10.

Scheffler, Harold W. and Peter Larmour

1987 Solomon Islands: Evolving a New Custom. In *Land Tenure in the Pacific, 3rd ed.* Ron Crocombe (ed.), pp. 303-323. Suva: University of the South Pacific.

Schneider, Gerhard

1998 Reinventing Identities: Redefining Cultural Concepts in the Struggle between Villagers in Munda, Roviana Lagoon, New Georgia Island, Solomon Islands, for the Control of Land. In *Pacific Answers to Western Hegemony: Cultural Practices of Identity Construction*. Jurg Wassmann (ed.), pp. 191-211. New York: Berg.

Scott, Michael W.

2007 *The Severed Snake: Matrilineages, Making Place, and a Melanesian Christianity in Southeast Solomon Islands*. Durham: Carolina Academic Press.

Sillitoe, Paul

1996 *A Place Against Time: Land and Environment in the Papua New Guinea Highlands*. Australia: Harwood Academic Publishers.

Solomon Islands Government

c2001 *Report on 1999 Population and Housing Census: Basic Tables and Census Description*. Honiara: Solomon Islands National Statistics Office.

c2002 *Report on the 1999 Population and Housing Census: Analysis*. Honiara: Solomon Islands National Statistics Office.

c2013a *Report on 2009 Population and Housing Census: Basic Tables and Census Description*. Honiara: Solomon Islands National Statistics Office.

c2013b *Provincial Profile of the 2009 Population and Housing Census: Malaita.* Honiara: Solomon Islands National Statistics Office.

Stasch, Rupert

2009 *Society of Others: Kinship and Mourning in a West Papuan Place.* Berkeley: University of California Press.

Strathern, Andrew and Gabriele Stürzenhofecker (eds.)

1994 *Migration and Transformations: Regional Perspectives on New Guinea.* Pittsburgh: University of Pittsburgh Press.

Strathern, Marilyn

1988 *The Gender of the Gift: Problems with Women and Problems with Society in Melanesia.* Berkeley: University of California Press.

1995[1972] *Women in Between: Female Roles in a Male World: Mount Hagen, New Guinea.* Lanham: Rowman & Littlefield.

1999 *Property, Substance and Effect.* London: Athlone Press.

Sykes, Karen

2010 Ontology Is Just Another Word for Culture. Against the Motion (1). *Critique of Anthropology* 30(2): 168-172.

Tanahashi, Satoshi

1992 A Note on Maasina Rule Movement: A Complementary Viewpoint. *Man and Culture in Oceania* 8: 131-137.

Thomas, Nicholas

1991 *Entangled Objects: Exchange, Material Culture, and Colonialism in the Pacific.* Cambridge: Harvard University Press.

1992 The Inversion of Tradition. *American Ethnologist* 19(2): 213-232.

Tonkinson, Robert

1982 Kastom in Melanesia: Introduction. *Mankind* 13(4): 302-305.

Toren, Christina

1995 Seeing the Ancestral Sites: Transformations in Fijian Notions of the Land. In *The Anthropology of Landscape: Perspectives on Place and Space.* Eric Hirsch and Michael O'Hanlon (eds.), pp. 163-183. Oxford: Clarendon Press.

Trompf, Garry

1995 Missions, Christianity and Modernity. In *The Religions of Oceania.* Tony Swain and Garry Trompf (eds.), pp. 192-222. London: Routledge.

Tryon, Darrell and Brian Hackman

1983 *Solomon Islands Languages: An Internal Classification*. Canberra: Department of Linguistics, Research School of Pacific Studies, Australian National University.

Umezaki, Masahiro et al.

2000 Impact of Population Pressure on Food Production: An Analysis of Land Use Change and Subsistence Pattern in the Tari Basin in Papua New Guinea Highlands. *Human Ecology* 28(3): 359-381.

Venkatesan, Soumhya et al.

2010 Debate: Ontology Is Just Another Word for Culture. *Critique of Anthropology* 30(2): 152-200.

Vischer, Michael P. (ed.)

2009 *Precedence: Social Differentiation in the Austronesian World*. Canberra: ANU Press.

Viveiros de Castro, Eduardo

1992 *From the Enemy's Point of View: Humanity and Divinity in an Amazonian Society*. (Catherine V. Howard trans.) Chicago: University of Chicago Press.

Wagner, Roy

1972 *Habu: The Innovation of Meaning in Daribi Religion*. Chicago: University of Chicago Press

1979 The Talk of Koriki: A Daribi Contact Cult. *Social Research* 46(1): 140-165.

1986 *Asiwinarong: Ethos, Image, and Social Power among the Usen Barok of New Ireland*. Princeton: Princeton University Press.

Watson, James B.

1970 Society as Organized Flow: the Tairora Case. *Southwestern Journal of Anthropology* 26(2): 107-124.

Weiner, Annette B.

1976 *Women of Value, Men of Renown: New Perspectives in Trobriand Exchange*. Austin: University of Texas Press.

Weiner, James F.

1991 *The Empty Place: Poetry, Space, and Being among the Foi of Papua New Guinea*. Bloomington: Indiana University Press.

White, Geoffrey M.

1988 Symbols of Solidarity in the Christianization of Santa Isabel, Solomon Islands. In *Culture and Christianity: The Dialectics of Transformation*. George R. Saunders (ed.), pp. 11-31. New York: Greenwood Press.

1991 *Identity Through History: Living Stories in a Solomon Islands Society*. Cambridge: Cambridge University Press.

1993 Three Discourses of Custom. *Anthropological Forum* 6(4): 475-494.

White, Geoffrey M. and Lamont Lindstrom (eds.)

1993 Custom Today. *Anthropological Forum* 6(4) (Special Issue).

Whitehouse, Harvey

1998 From Mission to Movement: The Impact of Christianity on Patterns of Political Association in Papua New Guinea. *The Journal of the Royal Anthropological Institute (N.S.)* 4(1): 43-63.

Whitmore, Timothy. C.

1966 *Guide to the Forests of the British Solomon Islands*. Oxford: Oxford University Press.

Woodford, Charles M.

1908 Notes on the Manufacturing of the Malaita Shell Bead Money of the Solomon Group. *Man* 8: 81-84.

262
図 5-3　夜間の潜水漁における移動経路と出漁場所　*264*
図 5-4　ジャケの出漁のトラック・データ（2011年 9 月 9 日）　*271*
図 5-5　ブーガの出漁のトラック・データ（2011年 7 月 8 日）　*271*
図 6-1　T 村周辺における耕地の分布　*306*
図 6-2　ジャケ宅の畑　*309*
図 7-1　現在の T 村周辺　*357*
図 7-2　マーシナ・ルール当時（推定）　*357*

表

表 5-1　T 地域における主な漁獲対象　*261*
表 5-2　灯油ランタン／懐中電灯を用いる漁の諸特徴　*265*
表 5-3　T 地域における月齢・潮汐と出漁パターンの対応関係　*270*

写真・図表一覧

写真

口絵1　T村沖の島々の間を渡る人々
口絵2　無人のu島
口絵3　a島
口絵4　T村の教会前の広場
口絵5　「トロ」に向かう道
口絵6　夜間に漁をする男性
口絵7　T村周辺の耕地

写真1-1　「人工島」　*62*
写真1-2　T村の家々　*71*
写真1-3　a島上の空間　*81*
写真2-1　T村の「埠頭」　*108*
写真2-2　T村の「埠頭」から東方の島々を望む　*109*
写真2-3　l島　*117*
写真3-1　フォウエダ島とそのバエ　*160*
写真4-1　a島の墓地の前で、ミサ中の説教をする司祭　*198*
写真4-2　T村の教会の敷地　*204*
写真4-3　T村の教会堂　*208*
写真5-1　大型のクーラーボックスに詰められ、出荷を待つ魚　*255*
写真5-2　加圧式灯油ランタン、通称「バタフライ」　*260*
写真5-3　灯油ランタンを用いた夜間の漁　*263*
写真6-1　無人の人工島（k島）　*298*
写真6-2　T村南西側の耕地帯の景観　*307*
写真6-3　ジャケ宅の畑　*311*
写真6-4　T村付近の畑　*317*
写真6-5　人工島上の植物　*322*
写真6-6　t島　*331*
写真7-1　a島の「埠頭」　*344*
写真7-2　T村外れの「タウン」　*356*

図

図0-1 ソロモン諸島　*20*
図1-1　マライタ島とその言語区分　*61*
図1-2　T村と沖合人工島群　*71*
図1-3　T村（拡大図）　*73*
図1-4　a島（平面図）　*80*
図1-5　a島居住者の系譜・親族関係　*89*
図2-1　T村沖の人工島の形成時期（推定）　*121*
図2-2　T村沖の人工島の形成時期（推定）　*122*
図2-3　移住と人工島群の形成過程（模式図）　*125*
図2-4　伝承に語られるG氏族、S氏族の父系的祖先の移住経路　*127*
図2-5　a島居住者の系譜・親族関係　*128*
図3-1　a島、e島に住むG氏族の成員男性の葬送経路　*161*
図3-2　アシの諸氏族における頭蓋骨の移送経路　*167*
図3-3　G氏族における移住と葬送経路の形成　*172*
図3-4　a島、e島に住むG氏族の成員男性の葬送経路　*178*
図3-5　a島からx島に婚出したG氏族の成員女性の葬送経路　*179*
図3-6　x島からa島に婚入した他氏族の成員女性の葬送経路　*180*
図3-7　氏族の葬送としてのトロラエアと「女のトロラエア」の関係　*183*
図5-1　T地域周辺のサンゴ礁（広域図）　*253*
図5-2　T地域周辺のサンゴ礁とその微地形

有用植物　*277-280, 320-325*
よそから来て居着いた人　*93-95, 110, 111, 116, 144, 148, 224, 333*
よその霊　*181, 182, 184, 194*
ヨハネス（Robert E. Johannes）　*248, 250, 251*
余白　*51, 52, 259, 272, 283, 309, 382*
夜の海　*2, 22, 49, 245-249, 257, 259, 273, 274, 285, 286, 290*

ら

ラウ　*1, 53, 59-62, 64, 65*
——・ラグーン　*1, 20, 25, 47, 50, 62, 98, 118, 139, 146, 153, 236, 247, 261, 287, 297*
ラトゥール（Bruno Latour）　*385*
ラモ　*66, 129, 133, 134, 147, 149*
ララシー（Hugh Laracy）　*67, 100, 210, 239, 350, 361, 364, 365, 376, 378, 379*
ランガランガ　*60, 98, 99, 254, 257, 289, 291, 292*
ランタン漁　*264, 265, 293, 294*
乱獲　*251, 252, 267*
リーダー（シップ）　*69, 90, 208, 345, 351, 352, 356, 361, 363, 367, 376, 378*
離礁　*264-266, 292, 293, 295*
離水礁原　*264, 292*
両義（性，的）　*24, 33, 36, 43, 54, 56, 111, 113, 154, 184, 187, 189-200, 219-221, 233, 234, 249, 252, 267, 268, 272, 284-286, 299, 300, 308, 309, 311, 317-319, 321, 324, 325-327, 329, 330, 333, 334, 364, 369, 375, 382*
漁師　*22, 246, 247, 249, 254, 255, 257, 259-262, 265-270, 272, 274-277, 281, 284-296, 309*
歴史人類学　*35, 36, 39, 350*
歴史的変化　*3, 34, 35, 51, 200, 233, 234*
ロトゥ　*200*
ロボ　*266, 292*
労働交易　*65, 66, 119, 126, 148, 149, 223, 312*
労働部隊　*69, 350, 358, 360*

わ

ワイナー（Annette B. Weiner）　*156, 157, 191, 192, 195*
ワグナー（Roy Wagner）　*55, 147, 156, 157, 191, 192, 348*
ワトソン（James B. Watson）　*55*
ワースリー（Peter Worsley、ワースレイ）　*41, 347-350, 373*
災い　*228, 230, 233, 234*

ヴァヌアツ　*32, 114*
ヴィヴェイロス・デ・カストロ（Eduardo Viveiros de Castro）　*37-45, 55-57, 195, 384, 388*

216
——・アーブ　*109, 110, 191*
ベル（William R. Bell）　*67, 100, 147, 377*
ベンヤミン（Walter Benjamin）　*56*
別様
——でありうる　*4, 19, 28, 29, 98, 112, 144, 189, 221, 248, 286, 334, 349, 372, 376*
——でありえた　*4, 51, 144, 158, 383*
ホグビン（H. Ian Hogbin）　*148, 191*
ポストコロニアリズム　*350, 386*
ポスト・マーシナ・ルール　*352-354, 364, 367-369, 377*
ホニアラ　*25, 46, 56, 57, 75, 82, 90, 91, 94, 98, 101, 109, 197, 237, 239, 242, 246, 253-258, 281, 282, 290, 298, 299, 328, 341, 344, 364-371, 377-380*
ボヌメゾン（Joël Bonnemaison）　*31, 53, 114*
ボボギ（Timothy Bobongi）　*239, 378, 379*
保全倫理　*250, 251*
放っておく　*321, 324-326, 340*
他なるもの　*383, 385, 387, 388*
本源主義　*31, 34, 224*

ま

マーシング・ルール　*358-360, 362, 377*
マーナオバ島　*99, 129, 139, 142, 152, 166, 167, 173, 191, 211, 275, 288, 289, 292, 296*
マーナ・ビシ　*86, 103, 142, 149, 216*
マーナ・ベウ　*85, 86, 103, 109, 150, 177, 216*
マイ　*62, 74, 247, 249, 254, 260-262, 265-267, 283, 284, 287, 289*
マエリ（Maeli）　*95, 96, 206, 370, 371, 375, 380*
マオマ　*103, 157, 165, 189-191, 194, 217*
マタクワ　*265-268, 273, 280-285, 289, 292-294, 333, 383*
——の縁　*265, 266, 268, 293*
マライタ評議会　*69, 379*
マラウ　*211, 240, 242, 365, 379*
マランダ（Pierre Maranda）　*64, 65, 85, 86, 100, 147, 165, 190, 192-194*
マリスト会　*68, 210, 211, 239*
マレフォ（Malefo）　*21, 165, 177, 185-187, 214, 218, 229*
マングローヴ　*19, 82, 107, 177, 274, 297, 354*
埋葬　*20, 27, 82, 109, 151, 152, 155, 158, 159, 162, 163, 169, 171, 173-179, 181, 191-195, 197, 198, 201, 212, 218, 227-229, 232, 237, 240-242, 332, 378, 380*
前借り　*274, 290, 295, 296*
ミサ　*21, 47, 81, 197-199, 201, 205, 206, 237, 343, 374*
未開社会　*38, 40, 42, 44, 348, 349*
未来　*31, 45, 56, 375, 376*
満ち潮　*266, 268, 272*
宮内泰介　*32, 93, 94, 101, 104, 105, 304, 320, 335, 339, 340*
民族紛争　*65, 94, 105, 258*
無人（化，の）　*1, 19, 23-25, 27, 28, 30, 62, 73, 76, 77, 88, 97, 123, 193, 194, 218, 225, 232, 234, 293, 297, 298, 328, 329, 332, 333, 359, 360, 365, 383, 387*
メラネシア島嶼部　*64, 114, 155-158, 170, 187, 190-192*
メルロ＝ポンティ　*33*
喪　*157, 163, 164, 192*
藻場　*254, 262, 268, 293, 294*
問題　*28, 119, 139, 145, 201, 237, 299, 327, 335*

や

箭内匡　*37, 39, 40, 42, 54, 56*
焼畑農耕　*22, 49, 51, 53, 61, 75, 94, 144, 236, 299-303, 308, 309, 315-319, 324, 329, 335, 337, 339*
山の民　*21, 60, 61*
闇夜　*261, 269, 272, 294, 295*
揺れ動き　*3, 4, 30, 48, 49, 331, 346, 348, 376*

161, 205, 210, 224, 240, 242, 361, 376, 377, 378
ハイデガー（Martin Heidegger） 33, 53
バエ 20, 21, 82, 84, 85, 95, 102, 103, 109, 110, 113, 127, 150-153, 158, 159, 162-164, 166-171, 173-175, 177-179, 181, 182, 185, 191-194, 198, 199, 201, 202, 210, 212, 226-230, 232, 233, 237, 238, 240-243, 332, 383
バエグ 60, 61, 88, 98, 99, 103, 160, 161
バエレレア 60, 61, 70, 88, 98, 99, 103, 128, 135, 161, 191, 377
バカレ老人（Olomani Bakale） 117, 118, 147, 218, 358
パネル（Sandra Pannell） 115, 116
白人 38, 39, 222, 223, 226, 238, 240
畑仕事 48, 75, 275-278, 288, 309, 310, 318, 324, 325, 355
働き者 275, 277, 278, 296, 325
反植民地主義運動 49, 51, 78
反転可能性 329, 334
ビシ 86, 103, 142, 149, 216
ピジン語 22, 47, 75, 147, 207, 227, 291, 296, 310, 320, 356
火入れ 301, 314, 315, 337
引き潮 2, 265, 266, 268, 269, 272, 287, 294
非男系的 89, 104, 117, 118, 124, 131, 132, 139, 140, 173, 184, 306
——親族 89, 117, 118, 139, 173
非キリスト教徒 86, 151, 152, 159, 193, 211, 213-217, 222, 237, 240, 241, 333, 361
非決定（性，的） 26, 29, 55, 97, 200, 233, 234, 209
非同一（性，的） 4, 19, 30, 39, 44, 52, 55, 56, 158, 219, 381, 384
必然 29, 30, 31, 45, 88, 112, 115, 116, 118, 133, 135, 144, 145, 146, 189, 202, 266, 381, 386, 387
広場 21, 72, 81, 82, 102, 197, 198, 204, 245, 294, 343
ファガ・ファーフィ・マエア 231
ファタレカ 60, 91, 92, 94, 98, 104, 127, 129, 133, 160, 339, 340
ファファラー 171
ファーム 69, 345, 352, 356, 358, 360, 362, 363, 366, 368
フィジー 36, 56, 66, 100, 119, 149, 337, 365, 379, 380
フィッシャリー 72, 255, 343-346, 354, 355, 366, 370-372
フィニシ 133, 135
フェラ 86, 99, 103, 162, 216, 310, 317
フェルド（Steven Feld） 53
フォア 84, 85, 103, 109, 147, 170, 214, 227
フォウエダ島 20, 64, 65, 82, 100, 103, 110, 117, 118, 128, 129, 136, 140-142, 148, 153, 159, 165-167, 171, 173, 174, 184-186, 193, 194, 211, 254, 289, 378
フォックス（Charles E. Fox） 99, 114, 115, 191
フォックス（James J. Fox） 31, 114, 115, 191
フタ・ニ・ゲニ 89, 90, 92, 93, 104, 117, 119, 124, 173
フタ・ニ・ワネ 89, 90, 104
フナフォウ島 65, 100, 103, 124, 128, 130-132, 135-138, 140, 141, 150, 168, 171, 254, 289, 291
ブマ 211, 240, 379
フラクタル 42-44, 55, 385
フリ 299, 310, 327-329, 331, 340, 341
——・ラオア 310, 327-329, 340, 341
——・ルマ 299, 328
ブル 326-328, 330
ブロック（Maurice Bloch） 54, 154, 155, 157, 195
父系
——出自 32, 50, 86, 87, 131, 136, 137, 144, 145, 168, 184, 193
——的祖先 85, 91, 110, 111, 126, 127, 129, 133, 135, 148, 165-168, 183, 184, 222, 306
不在 299, 328-330, 332-334, 382, 385
負の循環 277-280
埠頭 73, 83, 107, 238, 245, 343, 346, 354, 366,

転出　*1, 89, 103, 108, 119, 120, 123, 125, 128, 129, 139, 141-143, 150, 162, 173, 174, 192, 218, 231, 240, 296, 298, 299, 328, 332, 333, 367, 377*
伝道所　*68, 102, 210-212, 216, 239, 240*
伝統
——的知識　*51, 69, 202, 345, 354*
——文化　*24, 35, 36, 39, 48, 54, 200, 201, 220*
電灯漁　*264, 265, 268, 293, 294, 295*
トーマス（Nicholas Thomas）　*35, 36, 39, 200, 220*
トーラー（住まうこと）　*23-25, 53, 323*
トアバイタ　*60, 68, 88, 98, 191, 340*
ドゥルーズ（Gilles Deleuze）　*37-39, 195*
トポジェニー　*114-116, 118, 145, 149, 384, 389*
トロ（内陸部）　*21-23, 47, 48, 53, 61, 78, 81, 90-92, 94, 95, 111, 127, 129, 131, 135, 149, 162, 173, 202, 205, 206, 213, 217, 221-223, 226, 228, 234-238, 242, 245, 246, 273, 279, 280, 282, 286, 304, 306, 310, 330, 334, 336, 359, 376,*
トロ（山の民）　*21, 47, 61, 70, 76, 98, 99, 101, 138, 144, 161, 191, 192, 194, 195, 201, 219, 221-223, 239, 240, 242, 275, 276, 333, 340, 358, 360, 385*
トロラエア　*50, 152-154, 157-161, 165, 166, 168, 170, 173, 174, 176, 180, 182-193, 195, 200, 212, 217, 242, 378, 381, 382*
——のマオマ　*165, 189, 191, 217*
トンキンソン（Robert Tonkinson）　*35, 200, 220*
土地
——権　*93, 96, 105, 134, 140, 145, 279, 280, 300, 370, 371*
——所有者　*95-97, 239, 240, 288, 344, 367, 370, 371, 378*
——に手を加える　*300, 308, 324-326*
——の循環的利用　*301, 302, 318*
——不足　*93, 111, 225, 236, 300, 304, 326, 333*
——保有　*26-28, 40, 56, 93-97, 104, 105, 116, 305, 371*
——利用　*49, 93-95, 239, 297, 299-301, 303-305, 307-309, 312, 316, 319, 320, 322, 324-327, 329-331, 333, 334, 336, 339*
都市　*23, 31, 39, 75, 94, 245, 253-256, 258, 281, 282, 285, 288-290, 343, 364, 366-368*
灯油ランプ　*245, 247, 295*
闘争　*351-353, 362, 372, 377, 378*
同一性　*4, 30, 31, 35-40, 42-44, 48, 53-56, 91, 92, 111, 124, 130-132, 134, 138, 144, 145, 155, 157, 158, 169, 188, 195, 202, 203, 205, 219-221, 224, 225, 234, 242, 348, 349, 353, 372, 381-384*
動態　*35, 36, 38, 41, 42, 90, 153, 170, 221, 235, 236, 262, 340, 348, 389*
道徳　*48, 270, 275-280, 282, 283, 288, 300, 323, 325, 326, 364*

な

内陸部　*23, 28, 32, 33, 47, 52, 61, 69, 78, 91, 102, 104, 108, 127, 130, 162, 203, 205, 224, 228, 279, 303, 304, 345, 356, 359*
怠け者　*275, 296*
に従って　*67, 115, 152, 186, 192, 201, 205, 214, 219, 222, 227, 232, 265, 268-270, 272, 294, 305, 382, 385*
ニューギニア　*33, 43, 53, 55, 147, 156, 292, 373*
二次葬　*155, 158-160, 162-164, 166, 169, 179-182, 191-194*
二次林　*205, 228, 302, 304, 307, 317, 320, 325, 330, 335*
二重の墓地　*197, 199, 202, 212, 219, 226, 237, 242*
二面（性，的）　*29, 87, 97, 145, 153, 163, 175, 181, 182, 184, 188, 209, 272, 273, 284, 324, 348*
沼地　*3, 77, 204, 321, 325, 355, 360, 362*
ノース・マラ　*354, 355, 366, 370*

は

パーソンソン（G.S. Parsonson）　*62-64, 99, 149*
バート（Ben Burt）　*32, 53, 79, 93, 102, 105, 116,*

宣教師　*63, 64, 68, 72, 96, 191, 200, 210, 211, 215, 237-240, 349*
洗礼　*68, 82, 120, 126, 147, 148, 152, 193, 200, 210-217, 227, 237, 240-242, 332, 361, 378*
——記録　*126, 147, 148, 211, 240, 378*
戦士　*66, 67, 129, 133, 147*
戦闘　*27, 51, 63, 66-69, 94, 100, 113, 129, 132-136, 140, 149, 192, 231, 240*
潜水漁　*22, 75, 245-247, 249, 252, 253, 258-262, 265, 268, 269, 272, 274, 278, 281, 284-286, 288, 291-293, 295, 300*
潜在（性，的）　*3, 4, 26, 28, 29, 36, 40, 43-45, 54, 56, 92, 95, 138, 185, 188, 227-229, 232-235, 248, 249, 280, 284-286, 302, 311, 328-330, 333, 334, 348, 355, 370, 371, 375, 376, 381-385, 388, 396*
祖先崇拝　*21, 23, 59, 64, 67, 68, 82, 84-87, 103, 104, 109, 127, 149-152, 160, 165, 168-170, 174-177, 181, 183, 192, 193, 199, 210, 212-218, 226, 227, 229, 230, 241, 385*
想起　*54, 111, 144, 165, 281, 299, 332-334, 343, 346, 349, 352-355, 364, 367-370, 372, 374, 375-377, 383, 389*
葬宴　*103, 157, 165, 190-92, 194*
葬儀の終わり　*164*
葬制　*49, 50, 98, 137, 151, 153-155, 157, 158, 160-163, 165-171, 174-177, 179, 182, 183, 186-191, 193, 195, 200, 235, 242, 381, 389*
葬送
——儀礼　*54, 113, 146, 154-158, 164, 169, 170, 182, 187-192, 195, 384*
——交換　*156, 157, 190, 191*
存在論　*52, 386-388*
——的転回　*386-388*

た

タウン　*60, 69, 78, 90, 245-249, 256, 257, 259, 273, 281, 282, 285-287, 298, 345, 346, 352, 355, 356, 358-366, 368, 369, 372, 374, 375, 377, 378, 383*
タリシバラー　*87, 113*
タロイモ　*75, 77, 192, 312, 317, 318, 320, 322, 330, 337, 340*
他者（性）　*38, 39, 43, 52, 54, 55, 134, 188, 189, 220, 221, 237, 284, 330, 353, 382, 384-388*
他人　*150, 331-334, 341, 382*
多義（性，的）　*25, 29, 36, 37, 43, 44, 166, 180, 233, 235, 237, 248, 266, 283, 286, 287, 330, 364, 372*
多段階葬　*50, 159, 175, 191, 194*
太平洋戦争　*51, 57, 68, 83, 100, 334, 345, 350, 376, 377*
大規模集落　*76, 102, 203, 206, 207, 209, 286, 308, 348, 349, 362, 364*
竹川大介　*99*
男性小屋　*85, 109, 113, 136, 150, 152, 158*
潮汐　*101, 262, 266, 268-270, 294, 336, 385*
調和的　*207, 319, 363, 364, 371, 374, 375, 383*
ツラギ　*360, 366, 380*
ツナミ（津波）　*2-4, 25, 46, 77, 94, 236, 284, 333, 381, 385, 386, 388*
通婚　*30, 50, 57, 79, 86, 88, 89, 93, 104, 124, 125, 126, 130-132, 136, 137, 144, 153, 158, 173, 182, 184, 188, 306, 381*
妻方居住　*104, 195*
妻たち　*87, 88, 104, 178, 288*
ディメ（Dime）　*91, 93, 151, 152, 192, 227, 228, 229, 237, 242, 359, 368, 378*
デデア　*159, 162, 164, 165, 169, 170, 175, 178, 180*
出来事　*27, 30, 41, 42, 50, 54, 57, 112, 113, 116, 120, 130-132, 135, 136, 138, 144-146, 185, 187, 188, 374, 375, 382*
定着　*21, 67, 68, 77, 88, 91, 93, 102, 108, 111, 112, 115, 126-128, 130-132, 138, 140, 146, 151, 152, 168, 171, 173, 184, 202, 207, 212, 213, 215, 216, 238, 306*
抵抗　*350-353, 362, 377, 378*

集合（性，的）　*50, 54, 57, 95, 104, 131, 144, 145, 153-155, 158, 160, 164-166, 168, 169, 178, 180, 182-185, 187-190, 195, 207, 285, 348, 349, 352, 356, 362-364, 372-375, 378, 381, 383*
——化　*155-157, 169, 170, 174, 175, 178, 182, 188, 190, 193, 195*
——的生活　*207, 348, 362, 378*
——的葬送　*153, 154, 160, 165, 166, 169, 182, 184, 187, 188*
集住形態　*90, 91, 189, 206, 207, 369*
重層（性，的）　*56, 199, 202, 219, 362, 385*
集団的同一性　*36, 130, 131, 138, 224, 225, 234, 242*
祝別　*208, 209, 229, 230, 232, 242, 243*
女性
——の移住　*87, 104, 113, 137, 154, 185, 186, 187, 381, 382*
——の移動　*131, 153*
——の死者　*153, 159, 163, 164, 166, 180, 181*
——の葬送　*163, 176, 177, 181*
除草　*298, 327, 337, 338*
小規模集落　*78, 206, 207, 356, 363, 376*
商業的漁業　*52, 72, 236, 253, 257-259, 281, 282, 300, 366, 368*
植民地　*3, 27, 31, 32, 34-36, 38, 49, 51, 56, 57, 59, 63, 65, 67-69, 78, 90, 99, 100, 102, 106, 119, 120, 191, 220, 221, 240, 258, 345, 347, 349-352, 362, 367, 368, 373, 376-379*
——時代　*27, 31, 32, 34, 35, 36, 51, 57, 65, 119, 120, 349*
——政府　*67, 69, 191, 240, 258, 345, 349-352, 367, 368, 377-379*
身体　*33, 42, 64, 85, 86, 138, 177, 205, 206, 247, 261, 274, 275, 286, 296, 336, 373*
真実　*27, 28, 97, 233*
親族関係　*26-28, 50, 57, 78, 79, 86, 87, 89, 90, 96, 105, 124, 129, 131, 134, 140, 148-152, 206, 207, 231, 232, 239, 282, 306, 332, 363, 370, 371, 374, 380, 389*
親族・姻族関係　*79, 93, 105, 140, 195, 305, 306*
人格　*42, 156, 157*
人口増加　*23, 28, 93, 104, 111, 236, 300, 303, 315, 333*
人工島
——群の形成　*57, 101, 107, 112, 120, 121, 123, 124, 137, 189*
——と祖先崇拝　*84*
——の拡張　*1, 54, 83, 84, 102, 322*
——の「起源」　*63*
——の創始者　*79, 83, 84, 87-89, 102-104, 120, 123, 124, 126, 129, 131, 148-150, 166, 167, 171, 174, 175, 185, 193, 194, 239, 241*
——の創設　*50, 112, 118, 120, 139, 147*
——の派生　*119, 124, 223*
人類学者　*35-37, 42-44, 55, 191, 334, 386-388*
スー地域　*88, 110, 129, 133, 193, 309, 354, 355*
スコット（Michael W. Scott）　*55, 376*
ストラザーン（Marilyn Strathern）　*7, 41-45, 54, 55-57, 144, 147, 153, 156, 181, 190, 348, 372-374, 384, 385*
スルフォウ島　*64, 68, 167, 239, 378*
頭蓋骨　*151-153, 158-162, 164-171, 173-176, 178-180, 182, 183, 185, 186, 188, 189, 191-195*
水路　*77, 101, 260, 264, 265, 289, 291, 293, 294, 325*
正統化　*50, 115, 116, 134, 140, 146, 381*
正統性　*26, 27, 50, 95-97, 118, 140, 145, 370*
生業　*21, 22, 24, 48, 49, 51, 52, 61, 64, 69, 74, 236, 247, 252, 275-280, 286, 296, 335, 339, 366, 382, 384*
生成　*35, 37, 39-44, 54-56, 234, 348, 349, 353, 383, 385, 389*
西洋世界　*51, 53, 63, 66, 102, 106, 120, 223, 224, 234, 251, 297, 347*
製氷機　*254, 255, 258, 289*
先住集団　*26, 28, 50, 78, 87, 92, 93, 95, 96, 105, 116, 125, 134, 138, 140, 145, 148, 149, 206, 222, 231, 239, 240, 304, 306, 370*

個別（性，的）　*42, 45, 50, 54, 56, 57, 113, 131, 132, 145, 153-155, 157, 158, 166, 169, 178, 182-185, 187, 189, 373, 381*
後藤明　*98, 292*
交易　*32, 36, 47, 61, 63, 65, 66, 98, 119, 126, 138, 148, 149, 220, 223, 312*
耕地帯　*305-308, 310, 324, 325, 335, 336, 341, 355*
国立文書館　*57, 239, 240, 351, 360, 379*
婚姻　*84, 87-89, 101, 103, 104, 124, 130-132, 138, 144, 145, 147, 150, 153, 154, 156, 157, 176, 185-188, 194, 195, 274, 296, 306, 381, 382*
——・通婚関係　*89, 124, 130, 381*
婚資　*87, 131, 181, 184, 195, 210, 237*
痕跡　*33, 84, 108, 297, 298, 353-355, 369, 372, 374, 375, 383*

さ

サイクロン　*3, 76, 77, 101, 206, 218, 219, 276, 308, 338, 362*
サゴヤシ　*26, 72, 81, 210, 277, 278, 280, 320, 322, 324-326, 330*
サツマイモ　*51, 52, 66, 73, 75, 300, 303, 308, 310-317, 321, 322, 325, 330, 336-340*
サンゴ　*1, 52, 62, 81, 83, 102, 107, 380*
サンゴ礁　*1, 19, 45, 50, 62, 74, 250, 254, 258, 261, 262, 264, 267, 273, 289, 291, 292, 385*
差異　*43, 45, 57, 99, 163, 176-179, 187, 191, 220, 256, 257, 263, 264, 287, 292, 293, 333, 351, 353, 369, 384, 385*
災厄　*27, 28, 82, 85, 150, 201, 215, 228, 241, 242*
祭司　*85, 86, 128, 135, 136, 149, 150, 152, 153, 158, 159, 164-166, 170, 174, 200, 212-215, 217, 218, 227, 232, 239-242, 358, 380*
三次葬　*158-160, 163-167, 169, 176, 179, 180, 182, 183, 185, 191-193*
ジャウ（Diau）　*46, 47, 79, 197, 317, 343, 344, 345, 353, 354, 359, 366, 374*
ジャケ（Diake）　*262, 263, 265, 269, 274, 293-295, 309, 310, 313, 316, 335, 336, 339*
ジョリー（Margaret Jolly）　*32, 35, 200, 220, 224*
氏族　*50, 57, 85-89, 91, 92, 94, 103, 104, 109-113, 116, 121, 123-125, 130-132, 135, 139, 140, 144, 145, 153, 154, 157-160, 164-170, 173-189, 200, 202, 207, 236, 279, 280, 287, 370, 378, 380, 381*
市場→市場（いちば／しじょう）
——交易　*47, 61, 98, 395, 396*
自然　*4, 52, 92, 94, 149, 162, 236, 237, 243, 278, 279, 286, 297, 318-320, 333, 335, 339, 340, 382, 385, 386, 387, 388*
資源管理　*65, 250, 251*
資源ストック　*278, 279, 280*
自給的生活　*23, 32, 40, 94, 249, 256, 282, 304*
自給的農耕　*28, 51, 57, 74, 75, 93, 104, 222, 225, 226, 236, 252, 278, 286, 299-301, 303, 308, 309, 312, 319, 324, 325, 335, 363, 382*
自己同一性　*30, 35-39, 48, 53, 92, 195, 203, 205, 219-221, 353, 384*
自動車道　*27, 70, 101, 254, 276, 310*
自明性　*48, 95, 202, 209, 219, 223, 235, 382*
自律　*351, 352, 362, 372, 379*
時間　*22, 24, 25, 33, 48, 51, 56, 70, 74, 102, 158, 162, 189, 191, 207, 212, 215, 246, 249, 259-261, 265, 267-270, 272, 274, 277, 283, 285, 286, 288, 292, 294, 295, 300, 302, 308-310, 315, 316, 321, 323-325, 336, 338, 343, 345, 346-348, 351, 372, 376, 380, 387*
時間的限定　*268, 270, 272, 285, 295*
潮に従う　*268, 269*
茂み　*3, 19, 20, 22, 27, 75, 82, 151, 162, 198, 204, 225, 227, 228, 232, 297-300, 303, 305, 313, 317, 318, 326-328, 330-333, 335, 355, 360, 362, 383, 385, 387*
茂るにまかせる　*51, 299, 327, 330, 333*
社会運動　*69, 345-350, 389*
社会的再生産　*155-157, 170, 188, 195*
首長　*361, 362, 378*

——集団　*59, 87-90, 110, 112, 123, 124, 126, 129, 142, 148, 159, 162, 169, 175-177, 183, 188, 193, 194, 373*
——パターン　*32, 66, 76-78, 105, 119, 126, 133, 134, 149, 203, 210, 217, 306, 336, 361*
漁獲効率　*272, 288, 289, 292, 293, 295*
漁業（協同）組合　*257, 344, 346, 353, 354, 361, 363, 364, 366-371, 375, 378-380, 383*
漁場　*74, 139, 140, 248, 254, 262, 264, 265, 267, 287-289, 293, 295, 363*
漁撈活動　*23, 48, 49, 51, 61, 65, 70, 75, 76, 84, 236, 247-250, 252-255, 257, 259, 262, 263, 266-268, 272-275, 277-279, 281, 283-287, 291, 292, 295, 308, 319, 325, 329, 363, 366, 368, 376, 382*
協同組合　*257, 344, 353, 365, 366, 368, 379*
脅威　*82, 227-229, 232, 242, 385*
教会
——堂　*72, 82, 201, 204, 208-210*
——に行く　*21, 203, 205, 211, 213, 214, 218, 219, 231, 233, 238, 240, 242*
——に従った　*29, 199, 200, 202, 212, 219, 226, 228, 235, 335*
——に従って　*201, 205, 219, 232, 382*
——の敷地　*72, 77, 78, 201, 204-206, 208, 216, 240, 241, 332, 335*
——の時代　*51, 201, 203, 232*
——の墓地　*199, 201*
境界付け　*35, 213, 215, 228, 268, 284, 325*
禁忌　*27, 28, 64, 69, 82, 85, 86, 103, 113, 128, 132, 136, 138, 142, 147, 149, 150, 153, 177, 200, 210-213, 215, 216, 230, 231, 241, 361*
禁漁　*248, 287, 288*
緊張（関係）　*4, 29, 40, 44, 54, 56, 97, 144, 153, 257, 334, 361, 364*
クイーンズランド　*66, 68, 100, 119, 148, 312*
クワイオ　*60, 67, 68, 85, 161, 190, 193, 211, 350-353, 377, 379*
クワラアエ　*60, 91, 92, 98, 105, 127, 161, 197, 224, 350, 376, 378*
供犠　*38, 82, 85, 109, 150, 151, 164, 165, 170, 171, 173, 175, 181, 190, 198, 200, 210, 212, 215, 217, 227, 229, 241, 242*
偶然的　*50, 102, 112, 116, 118, 130, 138-140, 224, 374, 381*
偶有（性，的）　*4, 23, 29-31, 35, 40, 44, 49-52, 54-56, 59, 97, 111, 112, 132, 134, 135, 138, 144-146, 155, 157, 158, 188, 189, 194, 233-237, 248-286, 297, 301, 330, 343, 349, 372, 374, 381, 382, 384, 385, 388*
けがれ　*86, 136, 215, 218, 241, 242*
ケレシ（Mariano Kelesi）　*379*
ケンゲス＝マランダ（Elli Köngäs Maranda）　*64, 65, 85, 86, 100, 103, 147, 165, 181, 190, 192-194*
系譜　*55, 69, 85, 87, 95, 96, 101, 113, 116, 124, 126, 130, 149, 164, 165, 222, 230, 304, 345, 365*
景観　*45, 75, 120, 144, 189, 197, 199, 202-206, 210, 225, 226, 228, 230, 233, 234, 299, 303, 305, 306, 308, 326, 327, 335, 373, 383*
月齢　*268-270, 275, 288, 294, 295*
現金収入　*24, 76, 98, 101, 222, 223, 226, 236, 246, 247, 249, 253, 255-259, 273-279, 281, 282, 285-288, 290, 300, 335, 343, 364, 366*
現象学　*33, 34, 53, 385*
ごちゃ混ぜ　*78, 90, 178, 206, 282, 363, 364, 371, 374*
コクラン（Glynn Cochrane）　*364, 379*
ココヤシ　*101, 276-279, 296, 297, 311, 320-326, 335, 340*
コミュニティ　*206-209, 219, 335, 374, 376, 379*
子ども　*22, 25, 72, 81, 84, 91-93, 101, 104, 113, 135, 136, 143, 149, 153, 192, 211, 214, 215, 217, 231, 238, 241, 274, 276, 290, 307, 309, 310, 323, 337, 358, 359*
故地　*23, 28, 32, 33, 40, 52, 59, 90-94, 97, 104, 111, 128, 129, 144, 189, 193, 194, 202, 209, 225, 226, 235, 236, 249, 273, 279, 280, 282, 300, 303, 304, 329, 330, 334, 346*

365, 369
カトリック教会　21, 67, 68, 72, 74, 77, 86, 96, 100-102, 197, 199, 204, 207, 209-211, 213, 215, 217, 229, 237-240, 308, 335, 361, 365, 379, 380
カトリック福祉組合　365
カヌー　22, 73, 74, 79, 81, 82, 87, 103, 136, 143, 152, 153, 159, 162, 164, 188, 197, 211, 245, 260, 264-266, 288, 293, 307, 336
ガノ　305, 335
可能性　4, 22, 28-31, 36, 39, 40, 44, 49, 52, 54, 56, 97, 98, 100, 112, 118, 135, 144, 146, 148, 149, 158, 189, 192, 195, 202, 219, 221, 227, 234-236, 241, 247-249, 259, 273, 279-286, 303, 315, 328-331, 333, 334, 339, 346-349, 373, 375, 376, 381-383, 388
加護　85, 156, 170
海岸部　2, 3, 19, 23, 25, 31, 34, 46, 52, 59-62, 66, 69, 70, 75-77, 79, 90, 92-94, 102, 105, 111, 127, 128, 135, 136, 153, 158, 163, 164, 168, 177, 178, 194, 203-206, 210, 211, 216, 217, 219, 223-225, 228, 230, 236, 238, 241, 253, 273, 300, 302-304, 306, 308, 312, 323, 335-337, 345, 356, 358, 360, 362
海上居住　1, 4, 19, 24, 34, 45, 49, 50, 52, 59, 61, 98, 99, 161, 224, 384, 389
海底微地形　254, 261, 263, 289, 292
海洋資源　65, 249-252, 281, 287, 288
懐中電灯　260, 262, 264, 265, 291, 294, 295
外婚　87, 88, 103, 131
外洋　74, 254, 258, 260, 264, 266, 267, 273, 280-284, 289, 291, 292, 294, 295, 376
——漁　258, 280-284, 291, 295, 376
隔離　85, 86, 142, 149, 177, 194, 210, 211, 223
春日直樹　56, 106, 347, 380, 386, 390
学校　2, 3, 21, 46, 60, 72, 73, 77, 201, 204, 210, 240, 354, 361, 365, 378, 379
間世代的　83, 84, 171, 275-280, 296, 323, 325
——関係　276-278, 280, 296
環境　4, 33, 34, 49, 51-53, 236, 237, 252, 259, 286-288, 301, 323, 324, 326, 340, 382, 384, 385, 387
還流的移住　367
ギアツ（Clifford Geertz）　302, 308, 318, 319, 339
キージング（Roger M. Keesing）　35, 66, 67, 78, 79, 85, 98, 100, 144, 161, 190-193, 200, 205, 220, 224, 237, 347, 350-352, 360, 376, 377
キャッサヴァ　75, 310, 311, 312, 317, 318, 321, 322, 325, 337, 364, 378
キャリアー（James G. Carrier）　35, 55, 251, 292
キリスト教　3, 20-23, 27, 29, 34, 39, 49-51, 57, 63-68, 72, 82, 85, 86, 90, 102, 103, 137, 146, 149, 151-154, 156, 159, 189-193, 19-207, 209-219, 221-223, 226-230, 232-235, 237, 238, 240-242, 251, 332, 333, 335, 349, 361, 373, 374, 376, 377, 380, 382, 385
——式の墓地　198, 199, 212
祈祷　201, 227, 229
記憶　49, 51, 89, 100, 114, 120, 239, 287, 334, 343, 345, 346, 351, 353, 354, 356, 358, 362, 364, 369, 371-374, 376-378, 380, 389
規範　222, 224, 268, 270, 272, 294, 325
逆説（的）　30, 50, 134, 153, 154, 158, 182, 184, 185, 187, 188, 226, 228, 232, 246, 247, 252, 257, 267, 272, 273, 301, 308, 319, 324, 328, 331, 334, 375, 382
休閑　51, 226, 299, 301, 302, 303, 305, 310-319, 326-329, 335, 337, 339, 340
——期間　301-303, 312, 315, 316, 318, 319, 335, 337, 339
——地　299, 302, 303, 305, 310-314, 316, 317, 326-329, 337, 339, 340
給与所得　256, 282, 290
居住
——環境　33, 34, 49, 323, 324
——空間　1, 23, 24, 30, 33, 34, 45, 48, 50, 62, 76, 78, 81, 84, 99, 111, 140, 146, 162, 192, 203, 205, 212, 215-220, 225, 226, 228, 233, 280, 282, 383

網漁　75, 103, 139, 140, 247, 258, 268, 288, 290, 292, 293, 366
過ち　136, 227, 228, 231, 232, 235, 241, 242
イギリス　56, 65, 67, 69, 291, 376
イデオロギー　54, 105, 115, 116, 156, 188, 224
イメージ　41, 45, 56, 188, 246-249, 252, 257, 273, 285, 300, 318, 329, 330, 364, 368
イロイ（「本当の土地所有者」と疑われる人物）　25-29, 51, 72, 96, 97, 100, 102, 105, 110, 119, 126, 148, 206, 209, 222, 230-232, 239, 332-344, 367, 371, 378
イロイ（漁業組合の創設者）　240, 337, 344, 345, 353-355, 361, 364-368, 370, 371, 378-380
インゴルド（Tim Ingold）　53
移住
——史　21, 26, 32, 49, 50, 91, 95, 97, 109-113, 119, 130, 131, 137, 140, 143-146, 148, 151, 153-155, 160, 166-168, 170, 174, 184, 186, 189, 193, 202, 224, 233, 235, 243, 377
——伝承　88, 112, 113, 115, 116, 126, 127, 130-132, 134, 135, 138, 141, 144-146, 149, 151, 153, 166, 171, 200, 202, 299, 304, 345, 365, 389
移送経路　168-171, 173, 174, 194
一次葬　155, 158-164, 169, 171, 174-179, 181, 183, 192, 193, 195, 198
市場（いちば／しじょう）　47, 60, 61, 74-76, 78, 94, 98, 137, 138, 150, 245, 253-258, 274-276, 281, 282, 285, 288-290, 343, 358, 366, 368, 371, 380
一緒に　22, 90, 170, 173, 176, 208, 352, 359, 362, 363, 366, 368, 370, 371, 374, 378, 380
入れ子（構造）　43, 55, 183, 187, 228, 266, 316, 318, 387
姻族　79, 93, 105, 125, 138, 140, 141, 156, 157, 163, 182, 186-188, 194, 195, 305, 306
ウィーナー（James F. Weiner）　31, 33, 53, 105, 147, 156, 157, 191, 192, 377, 386
ウキタ　200, 205, 212, 214, 218, 222, 227, 229, 240-242, 361
海に住まう　1, 3, 4, 19, 23, 24, 29, 31-33, 35-37, 40, 44, 48-51, 55, 57, 59, 91, 95, 99, 102, 108, 110-112, 123, 124, 127, 128, 130-132, 135, 137, 138, 145, 146, 153, 187, 189, 203, 223, 235, 236, 247-249, 252, 262, 267, 273, 285, 286, 300, 331, 381, 383, 386, 387, 389
エイキン（David W. Akin）　100, 237, 350, 351, 360, 361, 365, 376, 377, 378
エリントン（Frederick Errington）　347
エルツ（Robert Hertz）　154, 155, 160, 169, 191
英国国教会　63, 67, 68, 191, 210, 239, 361
オイガ（Oiga）　213, 239, 241, 306, 358, 391
オーストロネシア語圏　114, 115, 145, 147, 154-157, 160, 170, 182, 187, 188, 190-192, 195, 384
オメア　27, 134, 149
オロ　54, 105, 115, 116, 156, 188, 224, 265, 292
小野林太郎　270, 292
夫方居住　87, 104, 177, 179-181, 195
驚き　370, 372-374
女
——のトロラエア　166, 180, 182-184, 186, 187, 195
——のバエ　163, 177-179, 181, 194
——の場所　89, 90, 104, 119, 131, 132, 173, 184, 185, 187, 188
——の場所に住む　89, 90, 104, 119, 184

か

カーゴ・カルト　41, 42, 100, 346-349, 353, 373, 374
カカマ　77, 320, 321, 324-326, 340
カストム　22, 51, 68, 69, 100, 177, 190, 192, 197, 199-203, 205, 210-235, 237, 238, 241, 242, 332, 345, 353, 354, 356, 365, 382, 383, 389
——に従った　199, 200, 202, 212, 213, 222-224, 226, 235
——の時代　51, 177, 201, 203, 230-232, 332
ガダルカナル島　25, 27, 94, 211, 242, 250, 358,

索　引

ａ島　*20-22, 47, 59, 70, 74, 79-84, 86-89, 91, 92, 102, 104, 105, 109, 110, 112, 114, 116, 120, 123, 124, 126, 129-132, 135, 141-143, 148-153, 159, 164-167, 169, 171, 173-175, 177, 185, 186, 188, 192-194, 197-201, 210-212, 214, 218, 219, 225-230, 232, 237-243, 245, 247, 257, 276, 298, 307, 336, 341, 343-346, 353-355, 359, 360, 363, 365-368, 371, 372, 374, 375, 380*

ｅ島　*74, 82, 88, 101, 102, 120, 123, 124, 126, 141, 148-150, 152, 153, 159, 166, 167, 173, 192, 199, 210, 239, 242, 243, 358, 359*

Ｅ氏族　*213, 217, 241, 306, 358*

ｆ島　*82, 105, 124-126, 148, 213, 214, 239, 289, 359*

Ｆ氏族　*88, 117, 124, 129, 168, 169, 173, 184, 185, 192-194, 217, 218, 241*

Ｇ漁業協同組合　*257, 366*

Ｇ氏族　*79, 86-89, 91, 92, 102, 104, 105, 110, 112, 114, 123, 124, 126-130, 132, 135, 136, 138, 140-142, 148-150, 152, 159, 165-167, 169, 171, 173-175, 179, 184-186, 189, 193, 194, 210, 217, 239, 241, 257, 336, 365-367*

ｋ島　*73, 74, 82, 88, 101, 117-120, 123, 124, 129, 139, 168, 169, 173, 174, 184, 185, 186, 191-194, 213, 217, 218, 239, 243, 245, 297, 358, 359, 362, 378, 379*

ｌ島　*91, 116-120, 123, 124, 132, 139, 142, 143, 147, 148, 151, 152, 181, 192, 201, 213, 218, 237, 243, 248, 281, 341, 358, 359*

Ｍ村　*367, 371*

Ｎ氏族　*105, 124, 150, 167, 191*

ＯＤＡ　*72, 254, 280, 281, 284*

Ｒ氏族　*117, 119, 124, 148, 193, 194*

ｓ島　*105, 124, 150, 167, 193, 201, 241, 336, 338*

Ｓ氏族　*88, 89, 91, 92, 104, 110, 112, 114, 126, 129-135, 137, 138, 142, 149, 150, 152, 185, 193, 217, 227, 237*

Ｔ氏族　*26, 28, 72, 77-79, 87, 90, 94-97, 105, 125, 148, 206, 209, 214, 217, 230, 231, 239, 240, 242, 276, 288, 289, 306, 367, 370, 380*

ｕ島　*19, 20, 23-30, 70, 73, 97, 102, 105, 110, 119, 120, 124-126, 148, 230-232, 297, 332, 378, 380, 383*

あ

アイ・ニ・マエ　*50, 110, 111-119, 121, 124, 134, 147, 151*

アイヴェンズ（Walter G. Ivens）　*62-64, 74, 75, 80, 84, 93, 99, 100, 102, 120, 123, 147-149, 152, 162-164, 167, 168, 190, 192, 247, 257, 268*

アウキ　*46, 56, 60, 67, 69, 70, 75, 90, 94, 98, 101, 246, 253-258, 275, 276, 281, 282, 289, 354, 359, 364*

アエ・バラ　*86, 103*

アラタ　*139*

アラド（Alado）　*109-111, 144, 193*

アルトーア　*277, 300, 319-326, 329, 330, 340*

アレアレ　*60, 161, 350, 377*

秋道智彌　*65, 75, 100, 139, 247, 268, 287, 291, 292, 380*

浅瀬　*83, 139, 140, 254, 260, 261, 264-268, 284, 287, 291-294*

新しいもの　*22, 37, 41, 42, 44, 204, 214, 348, 349*

跡地　*299, 308, 327, 328, 331, 333, 340, 354, 362, 372*

著者紹介

里見龍樹（さとみ　りゅうじゅ）

1980年、東京都生まれ。

2014年、東京大学大学院総合文化研究科超域文化科学専攻博士課程を単位取得退学。博士（学術）。

現在、日本学術振興会特別研究員PD。

専攻は文化人類学、メラネシア民族誌。

主な著書に、『景観人類学——身体・政治・マテリアリティ』（時潮社、2016年、共著）、主な論文に、“An Unsettling Seascape: Kastom and Shifting Identity among the Lau in North Malaita, Solomon Islands”（*People and Culture in Oceania* 28、2012年）、「身体の産出、概念の延長——マリリン・ストラザーンにおけるメラネシア、民族誌、新生殖技術をめぐって」（『思想』1066号、2013年、共著）、「人類学／民族誌の『自然』への転回——メラネシアからの素描」（『現代思想』42巻1号、2014年）、訳書に、マリリン・ストラザーン『部分的つながり』、エドゥアルド・ヴィヴェイロス・デ・カストロ『インディオの気まぐれな魂』（いずれも水声社、2015年、共訳）。

また、本書のもととなった博士論文に対し、第15回アジア太平洋研究賞（井植記念賞）を受賞。


「海に住まうこと」の民族誌　ソロモン諸島マライタ島北部における社会的動態と自然環境

2017年2月10日　印刷
2017年2月20日　発行

著　者　里 見 龍 樹
発行者　石 井　雅
発行所　株式会社　風響社

東京都北区田端4-14-9（〒114-0014）
TEL 03(3828)9249　振替 00110-0-553554
印刷　モリモト印刷

ISBN978- 4-89489- 236-1 C3039